战胜孤独症

关键反应训练家庭指南

升级版

〔美〕琳恩·科恩·凯格尔　　克莱尔·拉泽布尼克◎著

加州小胖妈　　付 霄◎译

OVERCOMING AUTISM

北京科学技术出版社

著作权合同登记号 图字：01-2023-4722

图书在版编目（CIP）数据

战胜孤独症：关键反应训练家庭指南：升级版 /
(美) 琳恩·科恩·凯格尔 (Lynn Kern Koegel) , (美)
克莱尔·拉泽布尼克 (Claire LaZebnik) 著 ; 加州小胖
妈, 付霄译. -- 北京：北京科学技术出版社, 2024.1
　书名原文: Overcoming Autism
　ISBN 978-7-5714-3280-5

　Ⅰ.①战⋯　Ⅱ.①琳⋯②克⋯③加⋯④付⋯　Ⅲ.
①孤独症－儿童教育－特殊教育　Ⅳ.①G766

中国国家版本馆CIP数据核字（2023）第214007号

策划编辑：潘海坤　路　杨
责任编辑：路　杨
责任校对：赵艳宏
图文制作：艺琳设计工作室
责任印制：吕　越
出 版 人：曾庆宇
出版发行：北京科学技术出版社
社　　址：北京西直门南大街16号
邮政编码：100035
电　　话：0086-10-66135495（总编室）　　0086-10-66113227（发行部）
网　　址：www.bkydw.cn
印　　刷：河北鑫兆源印刷有限公司
开　　本：710mm × 1000mm　1/16
字　　数：451千字
印　　张：24.75
版　　次：2024年1月第1版
印　　次：2024年1月第1次印刷
ISBN 978-7-5714-3280-5

定　　价：98.00元

作者简介

琳恩·科恩·凯格尔，世界杰出的孤独症干预专家之一。她与丈夫共同创立了位于加州大学圣巴巴拉分校的著名的凯格尔孤独症中心，并担任该中心的总监。她拥有教育心理学博士学位以及言语和听力科学硕士学位。她经常受邀在各种孤独症有关的会议中发表演讲，分享她在孤独症领域的专业知识。

克莱尔·拉泽布尼克，一位多产的作家。她创作的小说《和从前一样》（*Same As It Never Was*），被美国广播公司改编为家庭电影《你好姐姐，再见人生！》（*Hello Sister, Goodbye Life*）。其他小说有《聪明的和漂亮的》（*The Smart One and the Pretty One*）以及《家庭和其他不可退还的礼物》（*Families and Other Nonreturnable Gifts*）等。克莱尔毕业于哈佛大学，并与她的丈夫——一位编剧以及四个孩子一起居住在加利福尼亚州的帕西菲克帕利塞兹。

译者简介

　　加州小胖妈，特殊教育专业硕士，注册行为分析师（BCBA）。大学毕业后曾在上海外企工作多年，2014年底移居美国。近年来在美国主要从事儿童行为干预工作，目前为加州一家ABA机构项目督导，主要负责制订训练计划、培训干预师，并对家长进行指导等。儿子三岁时确诊为孤独症，在上海及加州接受干预多年，目前就读于加州某公立中学普通班。作为家长，小胖妈曾在国内孤独症领域公众号发表文章多篇，2018年创办个人公众号"星宝在加州"，致力于孤独症知识的科普及干预经验的推广。2019年开始涉足翻译工作，译著有《高功能孤独症儿童养育指南》及《孤独症儿童家庭游戏指南》。

　　付霄，注册行为分析师（BCBA），美国亚利桑那州立大学特殊教育专业硕士，目前居住于美国纽约，近年来一直在为孤独症儿童提供行为干预服务。她相信，如果社会能给予孤独症人士更多理解和宽容，他们的生活会更便捷和美好。

推荐序

　　这是一本在孤独症康复领域进行长年研究并实践的专家写给家长的行为干预指导书。与我看到的其他此类技术指导书有所不同，这本书不仅讲解了非常实用的行为干预策略，而且在开篇部分特别为刚获得诊断的家长讲解了最初面临的那些困扰和焦虑，以诚恳耐心的态度给出中肯的建议，帮助"新家长"更好地度过最初的困难时光。例如，家里其他人不认同医生的诊断时该怎么办。只有长期与孤独症家庭近距离接触的人才会理解这类问题对于初期家长的重要性。

　　包括我自己在内，几乎所有的"新家长"在最初都会被孤独症的诊断一下子打懵，不知所措，沉浸在痛苦与悲伤中难以自拔；还有一些家长会在接下来的时光里四处乱撞，被网络等各类媒体上的纷繁信息所迷惑。一些似是而非、真假难辨的说法，尤其是那类靠传奇故事来夸大宣传的种种"捷径"，最能迷惑"新家长"。

　　本书的作者以自己多年来在孤独症康复领域的专业研究，结合一线实践的丰富经验，用通俗易懂的文字，为"新家长"做了贴近真实生活的讲解，指引了科学的干预方向，让处于焦虑中的家长在面对千奇百怪的各类"传奇"疗法时，能够更为理性地做出正确选择，更有效地利用自己的宝贵资源为孩子争取到最佳的进步机会。

　　本书与其他专门讲解行为干预的指导书还有一点不同，它从家长最常遇到也是最头疼的孤独症特征性表现入手划分了章节，针对孤独症孩子的突出症状，包括被视作最为核心的问题的刻板行为和社交障碍，还包括最为棘手的情绪发作、自我刺激，以及在学校和社区的融合问题，分章节逐一地做了行为分析视角的科学解释，并给出了清晰、具体且实用的干预策略。

　　本书的作者是关键反应训练（PRT）的开发者。PRT是作者经过多年的研究与实践专门针对孤独症康复而探索出的一个循证数据支持的康复模式，20多年来在学术界和实际应用当中得到了广泛推崇。我早年也受邀参加过作者团队在北京举办的PRT培训学习，非常认同这个理念和具体操作策略并从中受益。面对孤独症孩子，我们都感觉到要教的东西实在太多了，即便有了诸如传统的回合式教学（DTT）等卓有成效的干预模式，但时间好像总是不够，好像什么都需要去教。那么，哪些关键技能才是对于孤独症孩子来说最为重要、最值得我们将有限的资源和精力花在上面的呢？PRT干预模式也正是源于这方面的难点与痛点而开发出来的。作者团队通过理论分析和实践数据，找到那些可以帮助孩子成长的"关键行为"，并围绕它们开发出了针对性的训练方法中，达到了事半功倍的效果。这个干预策略正是本书的核心内容，它能更高效地帮助我们的孩子进步。

秋爸爸

双胞胎孤独症孩子父亲
医学分子生物学博士
北京协和医学院副教授

译者序一

　　作为译者，这是我翻译的第三本书，也是花费时间最长、过程最为曲折的一本书。由于种种原因，前后历时一年半，才终于完成翻译，有种如释重负的感觉。在这里，我要衷心感谢北京科学技术出版社的编辑路杨一路以来对我的鼓励和支持，使我能够克服困难坚持到最后。同时也非常感谢我的师妹付霄，在我翻译遇到瓶颈时，她能够在百忙中抽出时间，协助翻译了部分章节，使得整本书能及时完成。

　　尽管在翻译过程中遇到了很多困难，尤其是这期间我的本职工作异常繁忙，使得有段时间无暇兼顾翻译，但是，我还是咬牙坚持了下来，因为真的是太喜欢这本书了。作为家长，几年前我就已经买了这本书的英文版，在通读一遍后，有点相见恨晚的感觉。因为书里提到的孤独症孩子的很多行为问题，我的儿子身上也都或多或少曾经出现过，虽然后来基本都通过干预解决了，但过程相对比较曲折。我有时忍不住在想，如果能早点接触到这本书，当初在干预儿子的行为问题时，也许会做得更好。

　　带着这个遗憾，成为注册行为分析师后，在处理一些客户类似的行为问题时，我会开始参考本书中的做法。同时，每当有小龄孤独症孩子的家长问及行为问题的应对策略时，我也会向他们推荐这本书。此外，这本书在其他方面尤其是协助孤独症孩子的社交策略方面，给出了非常全面具体的建议，可操作性很强，值得父母们借鉴。

　　不过，值得一提的是，本书中提到的很多案例，是非常理想的状态下才能够实现的。而大多数情况下，即便是在美国，也没办法完全做到。比如，书中提到学校工作人员如何协助孤独症孩子进行社交，根据译者了解到的情况，能给孩子社交提供这么全面且具体支持的学校凤毛麟角。大多数情况下，学龄期孤独症孩子的社交，非常依赖父母和学校以外的协助和支持。对于父母而言，这难度很大，也非常有挑战性。

　　此外，和我之前翻译的两本书一样，由于两位作者都身处美国，书里提到的一些内容比如机构、学校为孤独症儿童提供的支持以及孩子之间进行社交的方式、玩的游戏，都和国内有一定差异。但是，基本的干预策略尤其是关键反应训练，都是有循证支持、对孤独症孩子行之有效的方法。书中提到的很多例子，无论是对于国内的家长，或者是机构的工作人员，以及学校的老师等专业人员，都非常具有参考价值。

最后还要说的是，在翻译的过程中，尽管译者已经努力精益求精，但由于水平和时间精力方面的限制，难免有错漏和不足，恳请大家批评指正。

加州小胖妈

2023年6月于美国加州

译者序二

 翻开这本《战胜孤独症》，您即将踏入一个由关键反应训练的创始人之一凯格尔博士为孤独症儿童精心构建的关键行为训练的世界。这本书为家长和教育者展示了一套既简明易懂又行之有效的方法，帮助孤独症儿童在日常环境中学习和掌握关键技能。

 作为一位长期投身于孤独症儿童教育的从业者，我深知家长和教育者在陪伴孩子的学习旅程中所遭遇的各种挑战。在凯格尔博士的书中，我们不仅能看到许多有深度的指导策略，更有诸如利用M&M豆帮助孩子提高共同关注技能的巧思，每次阅读都令我深感佩服。我已将此书推荐给众多我在美国提供服务的家长以及提供指导的一线服务人员，自己也在工作中实践了书中所述的许多方法。每当见证书中的建议在实际操作中带来的积极成果时，我都深深地为这本书的深远影响所感动。

 我真诚地希望这本书能为所有中国的读者带来宝贵的启示，赋予大家更多的勇气与力量。让我们与孤独症儿童一起迈向更加光明的未来。

付 霄

2023年10月于美国纽约州

英文版所获赞誉

"对于孤独症儿童家庭来说，寻找专业可靠的资源一直都是一项艰巨的任务。《战胜孤独症》为这些家庭提供了宝贵的支持。它不仅帮助家长更好地了解孩子的需求，还教导家长如何更有效地管理孩子的行为以取得更有成效的结果。我会毫不犹豫地向我的学生、同事和孤独症儿童家长强烈推荐本书。"

——布鲁斯·J·马塞克

医学博士，美国职业心理学委员会委员
马萨诸塞州总医院儿童及青少年精神科医生
哈佛医学院心理学副教授

"我刚刚读完这本书。老实说，我相信这是我在孤独症领域读过的最好、最实用的书籍。它的内容非常出色，科学性强，且以通俗易懂的语言呈现。我将在我举办的每一次演讲和研讨会上推荐它。"

——格伦·邓拉普

南佛罗里达大学孤独症及相关残疾中心执行主任

"《战胜孤独症》这本书真是太棒了。它与孤独症领域的任何其他书籍都不同，它为孤独症儿童的家庭带来了启示。"

——罗布·霍纳

俄勒冈州立大学特殊教育学教授

"太棒了！这本书对孤独症儿童的家庭将会有很大的帮助！"

——乔伊斯·莫克

医学博士，儿童发育专科医生

"作为一名孤独症儿童的家长，我当然能理解琳恩和克莱尔所说的'你所做的一切都会影响孩子的成长。'对于很多人来说，她们的书《战胜孤独症》是非常宝贵的指南，为家长提供了重要的信息和建议。"

——乔·曼特纳

演员

"作为一名儿童权益的倡导者，我强烈推荐这本书。它可以成为家庭和专业人士的宝贵工具，用于应对孤独症儿童的各种问题。"

——罗布·莱纳

电影导演

"感谢这本书的出版。我已经寻找了多年，才找到一些可以帮助我照顾我的孤独症孩子的有用资源。这本书我最喜欢的是引言部分，作者鼓励父母要相信自己。最重要的是，这本书给了我希望。只要获得适当的支持，我的女儿就能够茁壮成长，并在她想做的任何事情上取得成功。"

——一名孤独症儿童的父亲

前　言

2003年，临床医生琳恩·科恩·凯格尔博士和作家克莱尔·拉泽布尼克决定联手写一本书——《战胜孤独症》，把她们对有研究依据的孤独症干预方法的认知以及作为孤独症孩子家长的第一手经验分享出来。以下是本书英文版出版时，两位作者想对读者说的话。

自从书出版以来，我们①收到了无数来自世界各地的人的电子邮件。他们告诉我们，书中的建议不但有充分的研究依据，而且通俗易懂，使得他们从中获益良多，同时也深受鼓舞。

多年过去了，我们决定将书再版，因为书中提到的干预措施至今依然有效——它们经受住了时间的检验，并证明了自身的价值。最近的研究也进一步证实，严谨的、个性化的行为干预，是帮助孤独症儿童的最佳方法。

为什么要推出新的版本？

我（琳恩·科恩·凯格尔）和丈夫罗伯特·凯格尔博士，一直在加州大学圣巴巴拉分校的凯格尔孤独症中心进行开创性研究。在书的新版本中，我们介绍了自己的研究，对一些领域进行了进一步的阐明或填补了空白，也为书的内容更新奠定了更坚实的基础。

在过去十年中，无论是专业人士还是非专业人士，在对孤独症人士的认识和干预方式的看法上，都发生了巨大改变。对此，我们也希望借这个机会，对近些年关于孤独症的公众讨论，在本书中进行整合和介绍。

研究表明，不管是对于专业人士还是家庭成员，关注孤独症人士的长处，有助于确立更清晰的干预目标，同时减轻自身的压力，从而获得更大的成功。因此，我们特意增加了一些章节，来指导父母如何更好地利用孩子的才能，同时，鼓励

---

① 本书中的第一人称"我们"，是指两位作者，即琳恩·科恩·凯格尔和克莱尔·拉泽布尼克。

专业人士带着积极的态度去设计客户的训练计划，给孤独症儿童家庭带来激励和鼓舞。

近年来，"孤独症人士权益倡导运动"不断发展并受到关注，改变了公众讨论的焦点，即我们的目标不是为了消极地消灭孤独症，而是积极地给予患有孤独症的儿童和成年人支持，引导社会理解并认识到他们的独特优势，从而为他们创造更美好的未来。

我们深深地体会到，在有孤独症人士参与的对话中，他们所带来的视角是多么独特，他们对很多事情也很有想法。对此，我们一直是持乐观和支持的态度的。在这次修订中，我们要感谢孤独症人士权益倡导者近年来做出的努力，并鼓励我们的读者去拥抱孩子的优势、才能和想法。

我们一再强调，对于有特殊需求的孩子的家庭，我们的社会需要提供支持。当一个孩子因与众不同而被回避，或者他的父母因让他参与同龄人的活动而受到谴责时，那将是我们所有人的失败。我们希望看到我们的社区能团结起来，给所有成员提供支持，而不仅仅是为了一部分人——那些符合人们预设标准的人，否则不利于社会对特殊群体的接纳。

最后我们想说的是，近年来，随着公众对孤独症的认识有所提高，孤独症儿童家庭获得信息的机会比以前要多很多。当我们创作这本书的第一版时，我们觉得需要尽可能地把内容阐述得简单清晰。在新的一版中，虽然内容清晰仍然是我们写作的目标，但我们认为可以对孤独症儿童家庭及其治疗师可用的干预选项进行更复杂的讨论，并更详细地解释关键反应训练的含义，以及为什么坚持基于循证的干预措施很重要。

十年后

过去十年里，我们自身在专业方面都有了进一步的提升，这也对本次修订带来了益处。

我和丈夫罗伯特·凯格尔博士及同事、学生一直站在孤独症儿童行为研究和治疗的最前沿。几年前，我的侄子被诊断出患有孤独症，因此现在我会从个人经历和专业的角度来看待孤独症，也对其有了更深入的洞察力，并在这个新版本中呈现出来。

在本书第一版出版时，克莱尔的儿子安德鲁在上小学六年级，而现在他已经是一名二十一岁的大学三年级的学生了！在第一版中，克莱尔第一次讲述了她和安德鲁的故事。如今本书再版，回首往事，克莱尔更加清楚，在她的家庭曾经做出的选择中哪些是正确的、哪些她仍心存疑虑需要再做进一步的探讨研究。

我们是来分享经验的

我们研究孤独症的时间，加在一起超过五十年了，可以说是这个领域的先行者。虽然在这期间有过无数次的波折，受到过质疑，也看到一些没有研究依据的干预方法的出现，但这本书能再版，我们非常欣慰。因为我们在第一版中推荐的干预方法的效果，已经得到了时间和研究的证明。我们还会在这个领域继续研究下去，争取帮助到更多的孤独症儿童家庭。

致　谢

　　我们非常感谢本书第一版的编辑珍妮特·戈德斯坦，她非常聪明和有见地，对完善本书的内容提供了极大的帮助。还有艾米丽·默多克·贝克，她让我们为这本书注入了新的活力。此外，促成本书出版的还有金·威瑟斯庞和亚莱西斯·赫尔利。而我们各自的丈夫罗伯特·凯格尔和罗伯·拉泽布尼克，以及同行科林·萨默斯、李·克恩、贝基·莫迪和杰夫·伍德，他们自告奋勇成为最初稿的读者，并且非常积极主动，对我们帮助很大。最后，我们要感谢凯瑟琳·约翰逊和艾德·贝伦森，他们为孤独症儿童做了很多工作。

琳恩的致谢词

　　致鲍勃①——我的丈夫、合伙人、同事、出色的研究员，以及给予我最大支持的人，感谢你引领我进入孤独症的世界，并且让我懂得，我们可以通过不懈地奋斗和努力，为孤独症儿童及其家庭带来改变。记得我们在卡马里奥州立精神病院第一次见面时，我表达了自己对为孤独症儿童家庭提供志愿服务的兴趣。他说："你不会想在这里做志愿者的，因为你会感到很压抑。这里我只有一个实验室，你还是别来了吧！"然而谁能想到，如今这里建起了一所州立大学！

　　我还要感谢我的女儿们——阿什莉·克恩·凯格尔医生和布里特妮·琳恩·凯格尔博士，出于帮助他人的目的，她们允许我分享她们童年的故事——有些是讨人喜欢的，有些不是那么讨人喜欢。两个女儿都从事儿童家庭教育的研究，对此我深表感激。她们都非常努力，非常自律，有毅力，一直致力于促进儿童的身体、情感和行为的健康发展。能够拥有她们，我感觉自己是世界上最幸运的妈妈。

　　同时，我要感谢我的研究生和中心的临床医生们，没有他们的努力，这本书不可能完成。他们和孤独症孩子们一起做的工作，也作为我们的例子放到了书中，这

---

　　①　鲍勃是罗伯特的昵称。

些例子都很具有代表性。

此外，对于出现在本书中的孩子及其家人，我要向他们表达我诚挚的谢意。为了保护他们的隐私，我们对他们的姓名、身份和个人特征做了修改。这些孩子的父母以极大的热忱投入到对孩子的干预中，而他们的孩子也都表现颇佳，他们的坚持不懈是令人敬佩的。

接下来，我要对参与我们项目的研究人员表示衷心的感谢。很荣幸能和他们一起致力于通过科学研究寻求答案，来提高特殊儿童及其家人的生活质量，他们也帮助和完善了我的研究。同时，我还要感谢我的其他家人——我的父母山姆和丽塔、莱克西、罗恩、杰克、李、斯科特、泰勒、米娅、亚历克斯、莫妮卡、蒂娜、达尔和亚历莎·林，能和他们成为亲人，我深感荣幸。

本书中描述的临床实例，部分是基于由美国卫生与公众服务部、美国国家心理健康研究所、美国教育部及加州康复服务部等部门资助的研究，以及加州大学圣巴巴拉分校教育研究生院的凯格尔孤独症中心提供的资料。感谢所有无私奉献的人，尤其是孤独症儿童的家长。

最重要的是，我要感谢克莱尔，和她一起工作的每一分钟，都充满了激情和乐趣。她的热情、智慧、坦诚和人格魅力，让我感觉写作就像在度假一样。

克莱尔，谢谢你成为今天的你；也感谢你，让安德鲁做他自己。你有一个超级棒的家庭！

一位母亲①的致谢词

当你的孩子被诊断为特殊儿童时，你会遇到更好的一群人。

除了是一位绝对出色的临床医生，琳恩还是很多人都梦寐以求的写作伙伴，因为她是那么慷慨、优雅和有见地，而我也很荣幸能受她邀请参与这本书的写作。感谢她那精彩的、美妙的经历，更感谢在我的儿子成长为一个优秀的年轻人方面她发挥的巨大作用。当我们决定更新《战胜孤独症》这本书时，我很高兴，不仅因为这是一件有价值的事情，还因为这意味着我可以更频繁地见到琳恩——我们住在不同的城市，如果我们有段时间没有用电子邮件联系的话，我就会思念她！此外，她的丈夫鲍勃，多年来一直在推广和支持这本书。能够认识他们，我感到非常幸运。

琳恩团队的成员都非常出色，正是他们多年来一直帮助安德鲁，使安德鲁从一

---

① 本书中的"一位母亲"，指作者克莱尔。她的儿子安德鲁患有孤独症。

个沉默、孤僻的孩子，变成了一个喜欢社交、善良、有趣的年轻人。对于他们中的任何一位，我怎么感谢也不够——因为，他们救了我的孩子。这些我无比感激、爱戴和钦佩的人，他们是道恩·达文波特、韦恩·塔什吉安、B.J.弗里曼、皮特·坎德、桑德拉·阿恩岑、罗伯塔·菲尔兹·波斯特、克里斯汀·斯坦顿、辛西娅·费伯、艾莉森·泽瓦洛斯和苏西·盖蒂。我也感谢我的兄弟泰德·斯科韦尔，他教我要坚持寻求科学证据，而不要简单相信我读到的信息。在过去的二十多年里，我学到的关于孤独症的一切，都印证了他给我的建议的正确性。

我还非常感谢我的好朋友们，他们在吃午餐、喝咖啡和散步时与我见面，一遍又一遍耐心地提醒我要信任自己和孩子，他们会给予我们最大的支持。在这里，我就不一一列出他们的名字了，因为我担心漏掉他们中任何一个人的名字。他们知道我有多爱他们！

我最感谢的还是我的家人，因为他们允许我把我们的生活呈现在公众面前。我选择不使用我孩子的真实姓名，不是因为我觉得这件事有什么可耻的，而是因为要考虑到孩子自己的想法和立场。

我的孩子们所取得的每一次成功都离不开最疼爱他们的父亲——我的丈夫罗伯，他一直都积极参与孩子们的生活并给予最大的支持。作为父亲和丈夫，他从未停止为整个家庭而努力，并照顾着我们所有人。

引 言

问题 1： 我儿子刚被诊断出患有孤独症。儿童发育专家给了我一份治疗师名单，但我不知道从哪里着手。我不知所措，也非常烦闷。如果我做出错误的决定，儿子没有好转怎么办？他的未来会怎样？

问题 2： 我们一直很疑惑，不知道我们的儿子究竟哪里出问题了。他很多方面的发育都正常，但他又不像其他孩子那样玩耍。我们确实感觉他有些地方不太对劲，但又说不清到底是怎么回事。后来我们听到了"孤独症谱系障碍"这个词，但不知道这代表了什么。儿子的诊断究竟能给我们带来什么？我们以后的路究竟该往哪里走？

生活中没有什么比孩子被诊断为特殊儿童更让父母担心的了。孤独症谱系障碍（Autism Spectrum Disorder，ASD，简称孤独症）是一种广泛性发育障碍性疾病，可引起儿童精神残疾。被诊断为孤独症的孩子，其父母并不知道孩子的预后会怎样。没有人能够肯定地对你说："我们确切地知道你孩子在二十岁时会是什么样子。"

但是，对于诊断，人们可以随意发表评论，而这些评论大多数对你没有任何帮助。你会听到诸如："他只是说话晚了""我表弟的孩子就有孤独症，他们改变了他的饮食，然后就好了"和"太难过了，他可能永远不能上大学了"。你会开始阅读相关文章，并尝试在网上搜索有用的信息，然后你会发现有很多观点是相互矛盾的——关于某些干预方法，有些人坚称有用，而有些人则认为完全没用。有些人甚至相信，对于孤独症孩子，就应该让他一个人待着，因为"他可以成为他想成为的任何人，而你所做的任何事情都不会给他带来改变"。

现在，你会发现，他们都错了，错得如此离谱，令人难以置信。因为，你所做的一切努力，都会给孩子带来积极的改变。

你可以为孩子做很多事情，多得超出你的想象。这本书的出版使得我们可以向你展示，基于多年实证研究的早期干预项目，可以极大地改善孩子的孤独症症状，甚至达到"战胜"的程度。一些孤独症儿童会变得看上去与同龄人没有太大差别。

你觉得这很神奇吗？其实这并不是奇迹。一个不会说话的孩子突然开始说句子，一个总是自残的女孩突然变得喜欢弹钢琴而不是打自己的头，一个孤僻的男孩突然意识到和其他孩子一起玩很有趣……这些都是实实在在发生在我们身边的事情。但是，孤独症孩子的转变确实不是一瞬间的。好消息是，经过家庭、学校、社会的共同努力，孩子的积极转变都能实现。

■ 这需要艰苦的工作

到目前为止，还没有任何药物、饮食或方法可以治愈孤独症。许多药物反而可能对幼儿产生长期严重的影响。然而，有一些经过充分研究、经过时间验证的干预方法可以产生积极的影响——出色的行为干预措施可以让家庭和专业人士系统地减少或消除孤独症儿童的症状，并提升他们的能力。

对孤独症儿童而言，他的任务也很艰巨，因为他会面临着一些巨大的挑战。然而，他的目标可能不像你那么清晰：他总是希望能保持现状，并且可能不急于寻求改变。比如，就拿语言和社交来说，他不会因为自己"失去"了这些技能就急于找回来。相反，在孩子刚开始学说话和交流时，他会觉得很辛苦，而且感觉这是不必要的，从而很可能会企图采取一些不适当的方式来获得他想要的东西，比如哭闹和发脾气。当然，这会让你和孩子都感到非常沮丧：你想让孩子改掉发脾气的坏习惯，而孩子希望发脾气像以前一样管用。你们双方各自的目的不同，结果都令人沮丧。

然而，如果你遵循我们的建议，你的孩子将了解如何进行有效的社交——虽然这不会立即发生，而且对你们俩来说，要做的事情有很多，但它终将会发生，并且会改变你们的生活。

我们知道，现在对你而言是个非常艰难的时刻。如果你的孩子刚刚被诊断患有孤独症，你可能需要一些时间来适应（详见第一章"诊断：如何面对这最坏的消息？"）。你可能会花几天时间哭泣、尖叫、埋怨配偶及其他家人，然而你应该尽早开始行动，毕竟，孩子需要你的帮助。

如何使用本书？

我们写这本书的目的，是希望传达正确的信息，帮助父母用科学的干预方法极大地改善孤独症儿童的生活质量。

在本书中，针对孤独症儿童的症状，我们会教你如何应对以及应采取的具体干预措施。在干预的过程中，你会在所在地区寻找专业的临床医生和治疗师来帮助你，毕竟他们的作用是我们无法替代的。如果你是家长，我们将提供建议，帮助你如何找到这些专业人士；如果你是这个领域的专业人士，我们将会提供指导，帮助你了解该如何更好地服务孤独症儿童家庭。

■ 根据症状划分章节

如果你浏览过本书的目录，你会看到大体上这本书的章节是根据不同的症状来组织的——往往也是通过这些症状，孤独症才被人们所了解。

我们选择每一章只介绍一种症状的原因很简单：每个孤独症孩子都是不同的，因此需要的干预计划也不同。不可能有一个干预计划是适用于所有孤独症儿童的，因为孤独症是一组症状的统称，这些症状可以（但不总是）包括社交障碍、攻击性行为、自我刺激行为和重复行为、语言发育迟缓等。了解你的孩子表现出来的每个症状，并通过全面的干预计划（我们将向你展示如何做）系统地解决它，你将看到你的孩子的症状会逐渐得到改善。

我们的方法源于多年的研究成果，并基于人们熟知的"行为干预"或"应用行为分析"——换句话说，如果孩子表现出问题行为，我们可以对其进行干预，并通过引入和加强正向行为来取代他的问题行为。

我们的方法被命名为关键反应训练（Pivotal Response Treatment，PRT）。PRT专注于寻找和教授孤独症儿童关键目标领域相关的能力，来促进孩子的全面进步。我们在与时间赛跑，你的孩子需要赶上他的同龄人，我们没有时间和精力去针对孩子的每一个问题进行干预——这就是我们只关注一些关键能力的原因。在第十章中，你将详细了解到这一干预方法是如何帮助孩子全面进步的。

几十年前，孤独症儿童被认为是无法进行学习的，父母们也因为绝望而选择了放弃，孩子们的余生往往都在机构里度过。现在我们不仅知道这些孩子可以学习，而且了解到他们大脑建立新神经通路的能力也是惊人的。了解这段历史很重要，因为现在仍然有人认为孤独症儿童无法被教育，他们的未来是在出生时就决定了的。这些人长期坚持的这些旧信念，已经被证明是错误的，所以不要让任何人阻止你教你的孩子。

■ 不同能力水平，不同需求

我们知道，孤独症是谱系障碍，患儿之间差别很大。我们的方法是针对每个孩子的独特需要的，适合处于不同能力水平的孩子。

当你第一次读这本书时，你可能会选择关注与你的孩子问题有关的章节。如果你的孩子总是自言自语并挥舞自己的双手，那么你肯定想阅读关于自我刺激行为的内容。如果你的孩子有攻击性行为，那么第三章"眼泪、崩溃、攻击行为和自伤"的内容可能对你有帮助。如果你的孩子超过三岁也不会说话，那么你可以阅读第二章"打破长期的沉默：教孩子学会沟通"中我们介绍的教授语言技巧的方法……当你发现其中一个主题对你的孩子来说不是问题，但你可能还是想阅读有关它的章节时，我们还是建议你首先关注对你的家庭带来最大压力的以及对你孩子造成最大困难的领域。我们的目标是，利用孤独症儿童的优势，来提高他们在一些关键领域应具备的能力。

尽管干预有侧重点，但并不代表你不应该为孩子在日常生活中与他人进行良好的沟通、社交和表现得体制订综合训练计划。你仍然需要确保通过系统、有效的干预措施解决孩子在特定领域的问题，以便你以最少的时间看到孩子最大的变化。这些变化有助于改善你的家庭生活，让孩子能够参与更多的社交活动。

■ 带着同理心去阅读

本书描述的干预措施，可以帮助你的孩子战胜孤独症最严重的症状。书中也介绍了一个孤独症儿童家庭的故事（安德鲁的故事），我们会读到安德鲁从诊断到逐渐变好的整个经历。如果你是孤独症儿童的父母，当你感到受挫、恐惧、焦虑甚至偶尔绝望时，请记住，你并不孤单。

这本书是出于两位女性之手。琳恩·科恩·凯格尔博士是加州大学圣巴巴拉分校凯格尔孤独症中心的临床主任，该中心是由她和她的丈夫罗伯特·凯格尔博士一起经营的，其使用的干预措施是全美历史最悠久的研究和临床项目之一，已被基于数据支持的应用行为分析（Applied Behavior Analysis，ABA）证明可以改善孤独症儿童的症状。该中心的目标是培养和教授孤独症儿童的"关键反应"，这是一种将干预措施集中在特定领域的方法，而这些领域的改善，已被证明可以导致孤独症的许多其他症状得到广泛积极的改善。研究表明，专注于孤独症儿童的某些关键行为，会在更短的时间内获得更大的干预效果。

过去很多的方法都令人不快，孤独症孩子们尖叫着被拖进诊所，然后在很长一段时间里，孩子的破坏性行为会被忽视——或者更糟的是，还会受到惩罚。相比之下，本书中描述的方法是个性化的、以家庭为中心的，而且对儿童友好。事实上，我们的目标就是让孩子在学习的同时获得乐趣——有时孩子感到太有趣了，他甚至不知道自己是在接受干预训练。

凯格尔夫妇针对孤独症儿童的工作得到了专业领域的认可和广泛好评。作者在本书中推荐的干预措施一直走在行业前沿，充满人文关怀，也在业内得到了验证和发展，会给整个孤独症儿童家庭带来希望和欢乐。

这本书的合著者克莱尔·拉泽布尼克女士，是一位小说家，也是四个孩子的母亲。她最大的儿子在两岁时被诊断患有孤独症，这促使她全身心地投入到儿子的干预生活中。在本书中，克莱尔描述了她自己作为孤独症儿童母亲的想法和经历，并对她和家人如何应对孩子的每一个具体症状进行了探讨。

在本书中，凯格尔博士①提供建议并对孤独症儿童的干预措施进行了描述，同时也谈到如何让干预在现实生活中发挥作用，以及在有众多分心因素和压力的情况下，父母如何把家庭经营好。

■ 给人带来希望的故事

这是一本关于希望的书。我们很乐观，但并不盲目。我们希望你亲身体会，当制订并始终遵循深思熟虑的干预计划时，孤独症儿童的症状可以并且确实改善了许多。为此，凯格尔博士收录了几个不同家庭的故事。整个故事脉络从他们第一次寻求她帮助时开始，到孩子在本书再版时的情况结束。我们希望这些真实的故事能给你带来启发。书中介绍的每一个孩子几乎都有问题行为或发育迟缓，都非常具有破坏性，以至于他们的家庭几乎无法应对。然而，在正确的帮助和干预下，这些孩子现在都成长为快乐、对社会有贡献的青少年和成年人。

如果你感到气馁，读这些故事会对你有好处。它们证明，即使是令父母最头疼的孩子，通过恰当的干预，能力也会大大提高。我们将为你提供有价值的参考意见。

■ 照顾好自己

当你养育一个残疾孩子时，你生活的各个方面都会受到影响，所以书中也介绍

---

① 本书中的此称谓是指琳恩·科恩·凯格尔博士，而不是她的丈夫。

了如何处理孤独症孩子生活各个方面的问题的内容——如何应对最初的诊断，如何保持你的家庭生活正常运行，以及如何满足你孩子的学习需求，等等。我们以专业人士和孤独症儿童家长的角度，帮你学会正确看问题。如果你有一个孤独症孩子或者你是一位专业人士，那么书中讨论的许多问题你都会遇到。

■ 为什么选择这本书？

目前，被诊断患有孤独症的儿童越来越多。报刊、网络、电台等媒体都对孤独症做过报道。我们对孤独症也没有那么陌生了。

本书描述的干预措施具体、可操作性强，且经过了行业的实践验证，旨在帮助孤独症儿童适应日常生活。干预方法如果能得到正确实施，将立竿见影地改善孩子的症状。同时，本书也让家长在最艰难的时刻获得情感上的支持。

凯格尔博士在工作中与不同能力水平的儿童都深入接触过。克莱尔知道成为一个有特殊需要的孩子的母亲是什么感觉。我们希望读者感到自己是被理解的，同时，我们也希望能给他们力量。

你可能会觉得，干预工作很辛苦，道路也很漫长，但有了这本书的帮助，你就不会感到孤单和茫然。

一位母亲陪孩子走上干预之路的故事

当你的孩子被诊断出患有孤独症的那一刻，作为父母，你会变得脆弱和不堪一击。你想要的，只是让你爱的这个小家伙变得更好。你害怕这种"神秘"的残疾会永远毁掉孩子的生活，害怕他永远不会知道拥有浪漫的爱情或上大学是什么感觉，或者你最害怕孩子可能永远都不会说话。你四处张望，不顾一切地希望有人来让一切都好起来，但你要谨慎选择孩子的干预方法。

■ 对选项进行排序

此刻，你是如此脆弱，会很轻易地成为某些人的理想目标。他们会向你保证他们的方法立竿见影，但请不要相信这一点。针对孤独症没有灵丹妙药，也没有症状立刻就消失的奇迹——至少在我快二十年的工作中没见过。而基于多年科学研究验证的、有效的干预措施，是可以给孩子带来改变的。

我们接触的第一个治疗师，是我们的儿科医生推荐的一位言语治疗师（或称言语–语言病理学家）——罗伯塔博士。当时我们的儿子安德鲁两岁半，还完全不会说话。他有时会发出一些动物的声音，但仅此而已。在罗伯塔博士和安德鲁接触了一段时间之后，我们在她的建议下，带他去了加州大学洛杉矶分校的神经精神病学研究所，在那里安德鲁被正式诊断患有孤独症。当时罗伯塔博士坐下来和我们说："我认为他能学会说话，但这不会是一个简单或快速的过程。你们要为大量艰苦的工作做好准备，并做好要花费很长时间的打算。"

在那些日子里，我总会反复梦到，当我和安德鲁在一起时，他会突然转向我说些什么——不仅仅是一两个词，而是一个完整的句子，这让我难以置信。直到我从梦中醒来，我才意识到这不是真的——安德鲁仍然不能叫"妈妈"，我心中充满了恐惧。

周围有很多人告诉我关于其他孩子的故事——他们开口说话很晚，其实只是在等待时间，而一旦开口说话就会说得很好。我仍然抱有一丝希望，希望安德鲁也是如此。我原以为通过带他去看言语治疗师，我会启动他的整个语言习得的进程，他会很快"懂得"如何说话，然而事实并非如此。

我想，如果另一个治疗师奇迹般地出现并告诉我"你在开玩笑吗？我可以让这个孩子在月底前说出完整的句子"，我会完全听从这个治疗师的建议并且付很多的报酬。不过，我并没有遇到这样的治疗师。后来我意识到选择罗伯塔博士是正确的。安德鲁的语言习得是一个缓慢的过程，需要多年的言语治疗。即使在他能开始说话之后，很长一段时间他也几乎完全是仿说。

虽然安德鲁学习语言的过程很辛苦，但最终他还是学会了说话这项技能。如今，作为一个青年人，他的说话方式基本与同龄人一样——可能稍微有点结巴，还有一些奇怪的发音，不过通常别人和他闲聊时不会留意到，关于这一点我将在后面的章节中进行讨论。

罗伯塔很坦诚，也善于沟通，会和我们分享在帮助安德鲁的过程中遇到的挫折和突破，使我们感到大家是一个团队，将共同面对每一个问题或困难。她后来成了我们很好的朋友，从她那里，我们学会了放弃不切实际的幻想，学会了享受儿子取得的实际进步所带来的喜悦。

■ 警惕"不好"的治疗师

现在我将我们的经历，与我多年前一位朋友（她也是孤独症孩子的母亲）的经历进行对比。她曾打电话向我寻求建议，说她为孩子聘请了一位治疗师，而治疗师的方法就是把她尖叫的孩子带走，在一个单独的房间里长时间训练孩子，不允许父母靠近，过后父母和治疗师也没有太多的交流。这位妈妈说，她和她的孩子都对这种安排感到不舒服，但是当她试图与治疗师谈谈她的顾虑时，治疗师却说："你不是想要疗效吗？我现在可以告诉你，你想要孩子得到改善的唯一办法，就是继续和我合作。如果你停止治疗，你就会伤害你的孩子，破坏他可能取得的任何进步。"

所以，她很害怕，也很苦恼。直觉告诉她，这个治疗师不好，但她害怕解雇他会影响儿子的进步。

听完她的倾诉后，我对她说："如果一个治疗师利用你的恐惧来让你继续和他合作，这不是一个好人或一个好的治疗师。他也不应对你做不切实际的承诺，更不应该说你的孩子只有在他的帮助下才能有进步这样的话。一个好的治疗师，会与父母分享孩子的干预过程，并且知道孩子的进步需要团队的力量。"

■ 本书提到的干预方法

当你阅读本书时，你会看到最有效的干预方法其实并不神奇，也不依赖于任何一位特定的治疗师。事实上，本书中介绍的方法好就好在合乎逻辑、简单明了且通俗易懂。这并不是说你不应该让专业人员参与你孩子的干预。我们需要的正是一个由专业人士和家庭成员组成的团队，大家一起共同努力、制订计划，并始终遵循一致的教学流程。也就是说，任何有智慧、敬业、愿意学习的人，都可以在其中做出贡献。

我们应该把经验分享出去。如果你孩子的干预取得了成功，那么，每个与他接触的人都应该知道。对于不成功的方法也是如此——人们应该知道要回避它。很关键的一点是，所有参与干预计划的人要遵循一致的干预原则。

■ 相信自己

当选择由谁来参与你孩子的干预计划时，请相信你的直觉和勇气。远离任何利用你的恐惧和不安全感、声称他比你更了解你的孩子、当他和你的孩子一起工作时不让你进入干预房间的人（他至少应该详细地告诉你他具体对孩子做了什么）。对那些承诺能彻底解决你孩子问题的人一定要警惕。

你希望对别人给予信任吗？那么，请相信你的孩子吧。因为正是他，要参与所有这些艰苦的工作，而且很有可能，他会成功。相信他会尽最大努力战胜这种严重的残疾。我哥哥曾说，安德鲁是他见过的最勤奋的孩子。直到现在，我仍然认为，安德鲁比我认识的任何人都更加努力，对于很多我们其他人自然而然就会做的事情，他必须要非常努力地学习才能做到。与此同时，他也有动力去做这些——你可以看到，对于每一次收获、每一点进步，他都为自己感到那么地自豪。

■ 你不必不平凡

你可能读到过其他孤独症儿童母亲的故事。她们那么坚强，全身心投入孩子的干预工作，完全牺牲了自我，从不休息。

和她们比，我是完全不同的类型，我也不是"虎妈"。我会宁愿和我的孩子出去吃午饭，也不愿坐在房间里训练他，我会做任何事情避免他有对抗情绪。而且我对孤独症的科学研究知之甚少，只知道有人在研究它的发病基因。

我完全敬佩我在其他书中读到的那些故事中的母亲，那些不惜一切代价为孩子提供需要的东西、联系她们听说的每一位专家、质疑权威并阅读她们能获得的任何信息的母亲。我希望她们每个人都能获得成功。

在我看来，你只需要采取正确的干预方法，并愿意为之付出努力，就离成功不远了。

让我们从读这本书开始吧。

目　录

第二章 打破长期的沉默：教孩子学会沟通 / 39

第三章 眼泪、崩溃、攻击行为和自伤 / 77

第四章 自我刺激行为和重复行为 / 117

第五章 社交技巧：帮孩子发展有意义的社交互动 / 139

第六章　与恐惧和偏执作斗争：把你的孩子带回现实世界 / 193

第七章　教育：为孩子寻找合适的学校 / 219

第一章

诊断：如何面对
这最坏的消息？

> **问题1：**在我的孩子两岁时，我带他去看了儿科医生，当时医生问我孩子是否有语言能力。我说他还没开口说话。然后医生问我，他是否会和其他孩子一起玩。我说他对其他孩子不太感兴趣，有时似乎沉浸在自己的小世界里。然后医生就拿出一本关于孤独症的小册子，这让我惊呆了。这么小的孩子有可能患孤独症吗？如果是这样，我该怎么办？

> **问题2：**我的女儿四岁了。在她三岁的时候，可以背诵一些儿歌并能从一数到十。字母表中的大多数字母她也都认识。我们认为她是个天才。但后来我们发现，她似乎对与我们交谈不感兴趣。她在公园玩时还会推别的孩子。我姐姐提醒我有没有想过孩子可能患了孤独症。但是，她喜欢和我拥抱，似乎也不介意被触摸。这些都不太像典型的孤独症表现啊！

　　每个父母都对自己的孩子心怀梦想和希望。然而，当孩子被诊断出患有孤独症时，一切希望都随之破灭了。孤独症是一种严重的发育障碍性疾病。目前，孤独症的确切病因还不明了，也没有彻底治愈的方法。孤独症儿童之间的表现差异很大，进步情况也不尽相同。

　　我[1]很热爱我的工作，但是告诉父母们他们的孩子患有孤独症的消息，是我在工作中很讨厌的部分。尽管大部分来到我们中心的孩子是已经确诊或者怀疑是孤独症的，但从我口中告诉他们真相仍然让我感到很为难。因为——正如我将在下面讨论的——我们的社会还没有进步到能真正欣赏孤独症孩子拥有的美好特质。孤独症儿童家庭得到的社会支持也远远不够。但是，从临床医生的角度，我希望给父母带来希望，告诉他们，即使我们无法预测孩子的未来，但是通过良好的干预，很多孩子的能力都能大大提高。在这些孩子中，至少20%的孩子症状将完全消失，而几乎一半的孩子看上去将和典型发育的同龄人表现非常接近（除了

---

　　① 本书中的第一人称"我"，大部分语境下是指作者琳恩，只有在"安德鲁的故事"中的"我"是指另一位作者克莱尔。

一些很小的困难还需要应对）。如果干预措施实施得当，所有孤独症孩子的情况都会得到改善。并且随着干预方法的持续改进，孩子们的预后会越来越好。

现在，你需要做的最重要的事情，就是要确保孩子能得到最好的干预。同时，所有给孩子提供服务的人——父母、学校老师、孩子的治疗师等——也应使用一致的干预方法。虽然需要付出很多的努力，但最终你会发现，一切都是值得的。

到底什么是"孤独症"？

要了解孤独症的现状，我们需要了解一些它的发展历史。相对来说，目前关于孤独症领域的研究还不成熟。"孤独症"一词首次出现于 1943 年由里奥·凯纳发表的一篇题为《影响情感交流的孤独症障碍》（Autistic Disturbances of Affective Contact）的论文中。文章发表在《紧张的孩子》（*Nervous Child*）期刊（已停刊）上。凯纳博士在文章中描述了他观察的 11 个二至八岁的孩子，他们有类似的症状，包括与他人沟通互动困难以及有不寻常的兴趣。他们都有着想要独处的倾向，所以被称之为"孤独"症儿童。在此之前的文章中，有这些症状的儿童通常被贴上精神分裂症的标签。

虽然孤独症症状标准已经经过修订，但上述特征仍然是诊断的基础。要被诊断为孤独症，孩子必须有社交沟通困难这一特征。在 2013 年之前，需要有三个不同的症状才能被诊断为孤独症——社交障碍、交流困难和兴趣狭窄。但也有很多人认为，社交和交流不能真正分割，所以现在已经合并在一起了。这样看诊断应该很容易，但实际远没有这么简单。尽管大多数人都认同孤独症是先天神经发育障碍导致的，却没有发现明确的生理指征。这意味着，没有血液或染色体测试可以告诉你孩子是否患有孤独症。诊断只是基于对孩子行为的观察，而这些行为的表现可以有很大不同。例如，有的孩子与大人相处融洽，但对同龄人不感兴趣；有的孩子对大人或其他儿童都完全没有兴趣；有的孩子总是重复别人说的话；有的孩子可以说简单的句子，但无法维持一段对话；有的孩子则完全不说话——这些表现都符合社交沟通障碍的范畴。另外，有的孩子会整天骑着摇马；有的每天必须按照特定顺序为爸爸妈妈整理鞋子；有的是反复只玩一个玩具；有的整天在电脑上研究开发新的操作系统，这些都属于狭窄兴趣的范畴。

更令人困惑的是，大多数孩子只是呈现了这些症状的部分表现，所以不容易判断他们是否患有孤独症。

如果你的孩子有明显的社交沟通障碍和狭窄兴趣，他就可能符合孤独症的诊断标准。此外，还有一些其他的类型现在也被纳入了孤独症谱系障碍的范畴。

例如，在2013年，美国精神医学学会（American Psychiatric Association，APA）提出，由于尚未发现明确证据来区分阿斯伯格综合征、待分类的广泛性发育障碍（Pervasive Developmental Disorder-Not Otherwise Specified，PDD-NOS）和高功能孤独症，因此决定将它们都归入孤独症谱系障碍。

之前被诊断为阿斯伯格综合征的孩子，本身没有语言发育迟缓的现象，但在社交互动方面有困难。这些孩子往往有特殊的兴趣爱好，同时难以和他人进行对话。例如，我们工作时遇到的两个小男孩，一个只想谈论飞机上的厕所，另一个只想谈论劳力士手表。这些孩子感兴趣的领域往往是别人不常关心的，而他们对同伴感兴趣的领域往往也不屑一顾。

PDD-NOS也称为"非典型"孤独症。患儿通常只有上述三种典型症状中的两种，即在社交互动方面有困难，外加交流困难或有狭窄兴趣。

所以，正如你前面所看到的，长期以来，人们把孤独症的症状归类为好几种诊断，彼此都很相似。现在它们将会被合在一起，统称为孤独症谱系障碍。

根据新的诊断标准，基于每种症状对孩子正常生活造成的影响程度，医生会对其进行打分和分级（从一到三共三个级别），来确定孩子以后需要辅助的程度。例如，孩子如果由于社交沟通障碍严重而需要大量辅助、兴趣狭窄、重复行为明显，而且行为非常刻板难以改变、很容易沮丧，那很可能会被归为三级。

相反，如果孩子在社交方面有明显的沟通困难，并且表现出某种程度的狭窄兴趣，但不是很刻板，而且只需要轻微的辅助，那么他将被归为一级。

这意味着什么呢？有些人担心，先前被诊断为PDD-NOS或阿斯伯格综合征的患儿，可能不再符合孤独症的诊断标准。但通常专家们的建议是，诊断一旦给出，就不要轻易拿掉它（这使得事情变得更加复杂，因为两个具有相同症状的人，可能有不同的诊断，原因仅仅是因为他们接受诊断的时间不同）。其他人担心将症状统合到一起会使其特异性减少。

但时间会证明一切，而毫无疑问的是，未来还会有更多变化。家长要记住的最重要的事情是，如果你的孩子需要支持，你就必须确保他得到了支持。如果你的孩子症状达不到诊断标准，但社交仍然存在问题，那么你就必须为孩子制订相应的社交干预计划。正如我们将在整本书中讨论的那样，如果你的孩子没有社交互动、无法和同伴相处融洽，那么，你就要尽早努力去帮助孩子，提高他的对话和社交能力，这将对他的一生产生重大影响。

孤独症的起因

尽管研究人员非常努力，但依然无法找到孤独症的确切起因，即使是世界上最好的专家，也表示孤独症不只是一个单一的原因造成时，可能是多因素共同作用的结果。这并不完全令人惊讶，因为孤独症症状是如此纷繁复杂。

但与此同时，我们确实发现了一些事实。比如，在孤独症儿童里，男孩数量大约是女孩的五倍。我们知道有一些潜在的遗传因素在起作用，例如一对双胞胎，其中一个是孤独症患儿，那么另外一个很大概率也会是。此外，我们发现兄弟姐妹间也有类似情况，只是概率没有双胞胎那么高。但即使是这些，实际情况也很复杂。比如，有的同卵双胞胎中只有一个孩子患有孤独症，有的有更多子女的家庭中只有一个孩子患有孤独症，这提示某些基因以外的因素触发了它。所以，孤独症绝对不是只受遗传因素影响这么简单。

有少量研究指出，如果孩子出生时母亲超过三十五岁、父亲超过四十岁，孩子患孤独症的概率会增加。还有的研究表明，如果母亲分娩时不满二十岁，那么她的孩子患孤独症的概率微乎其微。由此推断，孤独症可能与父母年龄或某些环境因素有一些相关性。

孤独症很可能源于遗传和环境因素的共同作用，美国已经在这方面的研究投入了超过十亿美元，却仍然不知道确切原因。我们可能穷尽一生，也无法确定孤独症的真正起因。但我们可以找到许多方法来帮助孤独症儿童充分发挥其潜力，而这对父母来说才是最重要的。

令人难过的消息

曾经有一对父母带着他们十九个月大的儿子凯莱布来我们中心。小孩子特别可爱，但一个字都不会说，对任何人都不感兴趣。在我们相处的整整两个小时里，他一直在转圈。房间里的玩具他都不碰，叫他名字也没有回应。这个孩子的孤独症症状是如此明显，在我看来，对他的诊断，我不会有任何疑问。

由于孩子的表亲患有孤独症，所以父母是带着一本关于孤独症的书找到我的。我原以为他们是直接来咨询如何给孩子进行干预的，但后来我发现他们从心里还没有接受孩子患有孤独症这个事实。于是，我尽可能婉转地告诉他们凯莱布患的应该就是孤独症了。但令我惊讶的是，这对父母想要的是我安慰他们，告诉他们孩子并不是孤独症患儿。当时我真不知道该说什么才好。

之后，我指出了凯莱布的具体症状——他还没开始开口说话（注意我说"还没"）；他的社交看起来有些问题，这在没有语言的孩子中比较常见；他虽然和其他人互动不多，但似乎确实喜欢和他的父母拥抱，这是非常好的一点。我告诉他的父母有很好的干预方法可以帮助凯莱布，而且我们一次只针对一种症状进行干预，我相信会有好的效果。

凯莱布的爸爸看上去博学多才、见多识广。虽然他认同儿子确实不会说话、对其他人不感兴趣，但他认为凯莱布并没有任何狭窄兴趣。我非常温和地指出，和凯莱布同龄的典型发育的孩子会玩各种玩具，也会对周围的事物感兴趣，但凯莱布的大部分时间都在转圈，这就是典型的重复刻板行为。听到我的分析后，凯莱布的爸爸看起来很震惊。

他停止说话，慢慢低下头，满脸的沮丧。有趣的是，凯莱布的妈妈则显得如释重负——她看起来对儿子的所有担忧都释然了。我反复提醒他们，针对孩子的孤独症，是有好的干预措施的。我们将从使用激励程序（见第二章）开始教凯莱布学说话，这将有助于发展他的社交能力和减少重复刻板行为。

我知道，尽管我们给的建议很有帮助，听起来也很有希望，但对孤独症孩子的父母而言，要接受孩子的诊断还是很难的。我们对凯莱布的干预大概进行了两个月后，他会说七十多个词了，也能参与很多他喜欢的社交活动。而只有当他没有在参与喜欢的活动时，他才会又出现重复刻板行为。

我的个人经历

虽然我无法切身体会孤独症儿童父母的感受，但我也有过当知道孩子出问题时内心忐忑不安的经历。

在我怀第二个孩子的时候，医生诊断我是前置胎盘。这意味着宝宝不能正常地自然分娩。在我怀孕第三个月时我出现了阴道流血，当时我有点紧张，于是打电话给我的医生，他的反应令人震惊。他没有叫我去他的诊所，也没有给我任何建议，只是说了简单的几句话："你很可能会流产。我得走了，我办公室里有个病人。这个你不要太担心。"——这么没有同情心的医生，我还是头一次遇到。

在那之后，我换了医生。从心理上来说，和新的产科医生在一起，是比以前感觉好很多。但我出血的情况还在继续，到了怀孕五个月时，我先是需要卧床休息，然后住进了医院。

终于迎来了分娩的日子，然后我知道事情不妙。因为孩子生下后，医生并没有把她交给我，而是赶紧送进了新生儿重症监护室。过了一会儿，儿科医生来看我，他说："她有 80% 的概率会活下来。"我哭喊道："你的意思是她有 20% 的概率会死掉？"当时医生的表现让我感觉他并不理解我为什么会有这么大的反应，因为他觉得我们胜算概率还是很大的。但作为父母，我能想到的就是我的宝宝有 20% 概率会死掉。后来我丈夫告诉我，他那天的感觉和我一样，简直糟透了。医生根本没有安慰我们，只是在说一些冰冷的统计数据。现在，我是多么高兴看到我的女儿已经成长为一个健康、快乐的年轻女孩——真希望那时我就能知道这些。

第一版《战胜孤独症》出版以后，我的侄子被诊断出患有孤独症。在他两岁半时，当同龄的孩子已经会说短句、会和别人互动交流时，他则只会偶尔仿说几个词。当时他还特别喜欢扔东西，以至于任何进入他家的人，都有可能会被飞来的玩具击中。他和外界的交流几乎只局限于尖叫和发脾气，很多事情他宁愿冒着危险去做，也不情愿找大人帮忙。

当我们尝试在和他一起玩的时候引导他说话，他通常会觉得很烦，然后开始扔玩具。他有一个最喜欢的拼装玩具，这个玩具大约有十五片，可以组装成隧道和坡道，还可以让小球从上面滚下来。他虽然很喜欢这个玩具，但每当我们提示他说"球"时，他就会生气和沮丧，然后把玩具拿起来扔掉。不过他真的很聪明。这个对我来说需要参照说明书才能拼好的玩具，对他来说轻而易举一会儿就拼好了。所以，尽管他的语言能力不好，但我们可以做的还有很多。

当然，这并没有使我们的压力得到减轻，尤其是要面对来自外界的眼光。我记得有一次，我们遇到一位加州政府机构的工作人员，当她从我们身边经过时，我的侄子往她的方向扔了几次玩具。结果她瞥了他一眼，而且看上去有点害怕。我试图向她解释，扔东西是孤独症儿童狭窄兴趣的体现，但她根本不感兴趣，而且根本没有打算和我侄子进行任何互动——相反，她只是想尽快离开那里。这让我们感觉很糟糕。在我眼里，我的侄子多么可爱啊！

所以，我非常能理解当你发现孩子身上有地方不对劲而且预后也不确定时，你的那种感受。多年来，我与成千上万孩子的父母提到孤独症，见证了他们的沮丧和难过。通常，父母们的反应也不尽相同：有的会哭，有的会生气，有的会否认他们的孩子患有孤独症，有的选择无奈接受。无论怎样，对他们来说都是不容易的。

没有办法提前做好准备

目前，我们无法通过产前检查对孤独症进行筛查。孤独症孩子出生后，即便有一些早期迹象，也不容易被察觉。很多父母发现他们的孩子在出生后的头一两年一切都很好，大动作（如坐起、爬行、走路等）发育也都很正常。

对大多数父母来说，直到他们的孩子十八个月或再大一点仍然没有说话时，他们才开始担心。而这时如果周围的朋友或者没有经验的儿科医生告诉他们"不同的孩子语言发育有差异，不用太担心"，他们可能会因此而失去宝贵的干预时间。

有一些早期迹象（在孩子会说话之前）可以帮助你识别出孤独症的可能症状。例如，孩子不喜欢玩躲猫猫之类的小游戏；不会用手指向物品，而是更愿意握住父母的手并把它放在想要的物品上，或者当他想出去时把父母的手放到门把手上；不会回应自己的名字；总是一遍又一遍地玩同一个玩具。有的父母还反映，当他们把孩子单独留在婴儿床上时，孩子不但不哭，反而看起来很享受长时间的独处时光。

当然，很多父母往往会在孩子确诊后才会回忆起孩子之前有的异常表现，但大多数父母通常不会把这些表现放在心上，直到他们注意到孩子到了该说话的年龄还没有开始说话。

专业人士会犯错吗？

大多数孤独症儿童可以在他们三岁之前被明确诊断，前提是诊断人员在孤独症领域有丰富的专业知识和经验。我们现在还在做一些研究，希望能对婴儿早期社交方面的异常做出更好的判断（有关信息请参阅本书末尾的"推荐资源"部分）。关于孤独症诊断方面的错误，大致有以下几个方面。

最常见的错误是漏诊，即未能诊断出孩子患有孤独症——因为症状非常轻微，以至于被忽视了。有的孩子最开始出现沟通困难时，还没有表现出重复刻板行为或狭窄兴趣，所以最初并没有被诊断为孤独症。有人甚至认为，有的孩子有狭窄兴趣、重复刻板行为，是由于缺乏社交沟通导致的，而并非患有孤独症。但无论出于何种原因，如果你发现孩子的发育异常，即使只是在沟通和社交能力方面，也需要尽早重视起来。

另外，如果孩子有了很大的改善，有时人们会认为你的孩子被误诊了，但事实并非如此。因为孩子越早接受干预，其孤独症症状越能得到改善，以至于这些孩子看起来更像是发育迟缓而非患有孤独症。这从另一个方面说明，孩子越早接受干预，他们的进步就越快。

会是别的疾病吗？

医生在给孩子做诊断时，先需要排除其他可能的潜在问题。那么，我们如何区分孤独症和其他儿童残疾性疾病呢？这可能很棘手。例如，有听力障碍的儿童可能表现出类似孤独症的症状。我的女儿曾经患有严重的慢性中耳炎，当时她没有社交能力，对人也没有回应，并且大部分时间都花在自我刺激行为上。在其他孩子身上我也见过类似的情况。很多孤独症孩子会对某些声音特别敏感，例如打开糖果包装纸的声音或者自己喜欢的视频的声音。而有听力障碍的孩子，则对任何低于一定强度的声音都没有反应。一个好的听力学家或耳鼻喉科专家，将能够帮助你排除孩子是否真的有听力问题。

另一种可能性是语言发育迟缓。如果孩子语言发育迟缓，和同龄孩子比起来，他很可能在和他人进行社交互动时会遇到一些困难，但通常他不会像孤独症孩子那样回避社交互动。此外，我们在孤独症儿童身上看到的狭窄兴趣现象，在语言发育迟缓的孩子身上也没有。

很多家长问我，他们的孩子会不会只是开口说话晚而已，就像爱因斯坦那样。确实有的孩子学说话比较晚，但很少有孩子会在有明显语言发育迟缓（即使不是孤独症）的情况下不接受干预就能够完全变好。我们不会建议家长等待看孩子是否会自然变好，因为这有可能就是浪费时间，导致孩子进一步落后。而进行干预对孩子来说有益无害，为什么不早点开始呢？

还有许多其他类型的发育迟缓，但这类孩子通常各个方面的能力水平都比较平均，而孤独症儿童往往在一些非语言领域具有优势。他们可能擅长拼拼图和进行非语言活动，甚至可能喜欢以某种特定的顺序对物品进行排列。

诊断的真正含义是什么？

孤独症是一组神经发育性障碍。关于它的症状，每个患儿不尽相同。不要试图拿你的孩子和其他孤独症儿童作比较。在孤独症儿童中，有的很难控制自己的自我刺激行为，比如摇摆和旋转；有的难以掌握语言，甚至在四岁时对大人所说的一切仍然无法用语言来回应；有的易怒且攻击性强；有的则内向平静；有的不喜欢被紧紧抱住的感觉；有的会一直缠在父母身上。你需要先了解自己的孩子，以及他的长处和短处，才能有针对性地干预。

需要提醒的是，如果有人说他可以预测你的孩子的未来，请不要相信！我们工作中曾遇到一个家庭，他们的孤独症孩子三岁了，总是躺在地板上，肌肉僵硬挺直，不停地尖叫。他的父母曾被"专业人士"告知，他永远不会有朋友，永远不会结婚，而且可能永远不会说话。然而针对这个孩子，我们制订了一个干预计划，结果是他到上学前班时已经没有任何孤独症症状了。

你永远无法预测未来，但是你可以努力改变结果。

如何对待刚确诊的孩子？

当父母得知他们的孩子有严重的残疾时，往往会质疑自己养育孩子的能力，并想知道他们是否必须以与之前不同的方式对待孩子。

这里有一条黄金法则：当你心存疑问时，就以平常心对待孩子，就像他没有残疾一样。

父母都希望让孩子的生活更轻松，孤独症儿童的父母也不例外。我们都会尽量避免引发孩子发脾气或不安的情况出现，这是可以理解的。但如果你发现自己在不断降低对孩子的行为要求，并为孩子找各种借口，只是因为他有残疾，那你需要停止这种纵容，来寻找新的方法。不管你的孩子是否诊断出孤独症，你都应该期待他有良好的行为举止，并且即使在确诊后也要继续坚持你的要求。

如果你为孩子制订了目标，就请坚持下去。不要假设有他无法及时掌握的东西。他可能从来没有说过一句话，但不要让任何人得出他永远不会说话的结论。如果有人否定你的孩子，那只是教学方法的问题，而不是孩子的问题。目前，孤独症领域的专业人士已经针对孤独症的每一种症状给出了很多干预方法。你可以不断尝试不同的教学方法，直到找到适合你的孩子的方法。

最重要的是，不要改变你的期望——希望孩子战胜孤独症的症状，过上有质量、有意义的生活。你的坚持和毅力是孩子最大的财富。如果你放弃了，你的孩子永远不会成功。

该怎样告诉孩子真相？

很多孤独症儿童的父母，尤其是孩子能够进行社交对话的父母，会问我是否应该告诉孩子关于孤独症的诊断。对于这个问题，我不确定答案是什么，但我确实有一些自己的想法。

是否讨论孩子的残疾问题，这是每个家庭自己的决定，与孩子想知道信息多少有关。我认为即使我们自身对孤独症还没完全了解，我们也可以专注于跟孩子讨论他们的强项和弱项，而非给他们贴上任何标签。也就是说，我们不需要非得告诉孩子具体的诊断名称，而是针对孩子对自身的疑问，给出合理的解释和建议即可。

这里有一些例子。米娅的妈妈反映，有时米娅回到家后会说她觉得自己在学校不合群。她妈妈问我，这会不会是一个告诉米娅她从小被诊断有孤独症（现在仍然有一些轻微症状）的好时机。我的建议是，既然米娅只是受到孤独症的轻微影响了，那就和她讨论她的优缺点即可。几周后，当我见到米娅时，她这样对我描述她的小弟弟："艾弗里很早就学会说话了，我学会说话有点晚，但我很早就学会了如何阅读。"当说起这些事实的时候，她似乎也很自在。所以，我们应该做的是让米娅了解自己的长处，知道每个孩子都有强项和弱项，让她知道要勇敢面对挑战，每个孩子都是独一无二、与众不同的。

和米娅的例子不同的是，我们曾干预过一个后来学习了临床心理学的研究生，她非常聪明。在上学前班和小学期间，她曾在我们中心接受干预。后来她在读大学和研究生期间都表现出色，有很多朋友。但是当她的父母告诉她她小时候患有孤独症后，她就总是担心自己大脑出了什么问题。她为此承受了巨大的压力，甚至影响到了她的工作。

然而，并不是每个孩子对诊断都那么难以接受。我们工作中曾遇到一个十几岁的女孩，多年来她一直在做心理咨询，其间各种医生为她贴上一大堆心理问题的标签。在她十四岁的时候，一位精神科医生认为她患有阿斯伯格综合征，然后把她推荐到了我这里。一天晚上，当我和她的妈妈通电话沟通她的评估报告时，她听到了，而且一直追问妈妈，要看自己的报告。报告中更详细地描述了她需要努力改善的领域，例如学会以同理心回应他人、改善眼神交流、减少谈话中不恰当的身体姿势，等等。报告中也指出了针对每个领域都有有效的干预措施。看到这些后，女孩松了一口气，因为她终于明白了自己的问题是什么，同时她也非常努力地去学习干预方法，包括与他人互动及进行有趣的对话等。对她来说，知道自己的具体问题在哪里会很有帮助。

我想我要说的是，关于是否要告诉你的孩子他有孤独症，真的没有标准答案。毕竟关于孤独症还有太多的未知，而告诉孩子他有"残疾"但无法完全解释清楚这具体意味着什么，可能还不如简单地和他谈论他的长处和短处来得简单。有些孩子在得知自己的真实情况后可能会如释重负，因为知道了到底在自己身上发生了什么，而且还有干预可以去做，有很多其他人也面临同样的挑战。所以，如何最好地回答这个问题，仍然存在争议。随着孤独症干预水平的进步，很多孤独症孩子的能力都会有很好的提升，能和别人讨论他们过去的症状。有更多的研究会帮助我们确定，与孤独症孩子讨论其残疾问题的最佳方式是什么。需要再次提醒的是，每个孤独症孩子都有自己的长处，如果只是抓着孩子的短处不放，将不利于孩子的发展。

采用好的干预方法

通过正确的干预方法，几乎所有被诊断患有孤独症的儿童都会有进步。我们在孤独症干预领域已经取得了很大的进展，并且这样的趋势会继续下去。研究人员们每天都有新的发现。这本书将帮助你找到合适且有价值的干预方法，让你看到，以科学的态度，通过持续不懈的努力，真的可以为你的孩子带来翻天覆地的变化。

同样，请记住，如果不进行干预，你的孩子很可能会变得更糟。孤独症的症状也不会随着孩子长大就自然变好。在没有干预的情况下，很少有孩子能摆脱语言发育迟缓的问题。你需要为你的孩子尽快启动专门的干预计划。

即使你的孩子年龄很小并且症状轻微，而且你不确定他是否患有孤独症，你仍然需要处理那些他已经显现的轻微症状——记住，标签并不重要，但症状很重要，而且必须对症状进行处理。你不需要明确诊断后才开始制订干预计划——帮助你的孩子处理每一个问题和症状，这才是最重要的。

立即投入行动是如此重要，我再怎么强调也不为过。这个领域的每位专家，都同意早期干预是关键和必不可少的。"观望"的做法对你的孩子很不利。孤独症儿童倾向于回避困难的事情，而且因为沟通对他们来说很困难，所以，当他们遇到需要跟别人沟通的情形时，他们就会选择逃避。结果，他们会变得更加孤立和退缩。因此，立即启动干预程序至关重要。这本书将帮助你做到这一点。

关注孩子的优势和才能

在孤独症干预领域，很多项目都是基于孤独症孩子的弱项展开的。从业者被教导要找出孩子需要帮助的每个领域，去定义这些领域，并对其进行干预。人们根据孤独症孩子的弱项来制订干预目标和目标行为，这并不奇怪：我们只有证明孩子的弱项是非常明显的，才有资格享受相关机构提供的服务或补贴、政策扶持，因此，对应的干预也只能针对孩子的弱项而非强项。

遗憾的是，对父母们来说，这种模式并不友好，也不一定能最有效地引导他们走在正确的干预道路上。

让我们以一个孤独症儿童的案例为例：如果我用两种不同的角度来形容杰森，请你看看感受是不是不同。"三岁的杰森语言能力严重受损，他只会说六个词语。""三岁的杰森能说六个词语，它们是'果汁''饼干''平板''视频''骑'和'上'。我们可以利用这些词语教他学会提要求，进行活动扩展，来进一步增加他的词汇量。"比较一下，是不是后一种表达让你感觉好很多？这听起来更有希望，也让你更渴望开始孩子的干预工作。这是一种更积极的看问题的方式。

研究表明，孤独症孩子的父母觉得专业人士总是专注于他们孩子的弱点。这需要改变。我们需要重新思考和重新学习对孤独症孩子进行评估的方式，我们应该专注于孩子的强项。

为孩子制订干预计划也是如此。专业人士需要专注于孩子在哪些方面做得很好，以及他取得成功的方式——然后找出孩子具有这种优势的原因，利用孩子的优势促进他其他能力的发展。许多父母告诉我，学校的老师只有在孩子出现问题时才会打电话向他们报告。这不只是对父母来说是令人沮丧的，可能对孩子的进步也没有帮助。你需要知道的不仅仅是你的孩子在圆圈时间①发脾气（老师可能会报告），还需要知道他在音乐时间有完美的行为（老师可能不会告诉你）。只有全面了解孩子在学校的表现，你才能分析原因并找出对策。例如，孩子在音乐时间比圆圈时间表现更好，也许是因为在圆圈时间里所用的材料对他来说太具有挑战性或老师要求太严格了他无法适应。了解孩子在什么情况下可以安静地坐着，会让你知道如何增加和泛化他的积极行为。

我们在关注孩子优势的同时，请记住，孤独症孩子在视觉处理能力方面可能

---

① 圆圈时间（Circle Time），即大家围坐成一个圆圈进行活动的时间。

比语言能力要强。学习字母、数字和其他任何需要视觉处理的知识，对你的孩子来说可能很容易。你可能不会相信，我教过的孩子里，很多人早在上幼儿园之前就学会了阅读。事实上，我干预过的许多孤独症孩子到了学前班都在给班级里其他孩子讲故事（这使他们在同龄群体当中显得特别突出，并且会让其他孩子的父母很羡慕）。

如果我们花时间寻找孩子的优势，就可以尽量利用孩子的优势。但如果我们把所有的时间都聚焦在孩子的缺陷上，他的优势就得不到发挥和发展。因此，请确保每一位和你的孩子接触的专业人员能以积极的态度接近他，并且首先专注于孩子的优势和才能。

管理好你的情绪

由于当今的社会对残疾儿童还没有全然的接纳和理解，所以当父母被告知他们的孩子有残疾时，他们会心烦意乱。我们尝试过帮助这些父母缓解面临的压力，以及如何应对花费时间和金钱带来的负担。但即使获得了一些支持，父母们还是不可避免地会经历一段艰难时期。

以下是很多父母在刚刚知道孩子患有孤独症后的一些共同感受，以及我们给出的应对的建议。

■ 否认

事实上，我遇到的大多数孤独症儿童的父母，在带孩子去看儿科医生之前就察觉孩子不太对劲了，但他们内心不愿意承认。他们希望从儿科医生那里得到安慰，听到医生告诉他们孩子很好、没什么问题。尤其是如果父母自己小时候开口说话就晚，他们可能会抓住这个作为孩子没有语言问题的借口。

一位母亲甚至告诉我，她很确定她的孩子有些地方不对劲，但她从未向儿科医生表达过她的担忧，反而总是告诉医生孩子一切都很好。每次常规检查后，医生都没有"发现"任何问题，她于是就松了口气。当然，医生一年只看孩子几次，每次十五到二十分钟，如果没有母亲的提示，他甚至没有想过要寻找孩子残疾的迹象。她浪费了很多时间，就是不想承认自己亲眼所见的事实。

过去，医生不会总是问父母一些关于儿童发育障碍相关的问题，但现在，随着孤独症发病率的上升，情况有所改变。

即使在孩子被诊断出患有孤独症后，一些父母仍会希望是误诊。他们会坚持认为自己的孩子只是说话晚，因为这个被诊断为孤独症未免太夸张了。其他父母可能会试图为孩子的行为找借口，比如会说："所有两岁的孩子都会发脾气。"有的父母会把他们的孩子带到好几位专家那里，希望能得到不同的意见，直到最后不得不接受诊断以及采取必要的行动。

有时，父母中的一方会持续数月甚至数年不愿意承认孩子的诊断，即便另一方已经接受了事实并开始采取必要的干预来帮助他们的孩子。遗憾的是，如果有一方不愿意参与孩子的干预，可能会给他们的婚姻带来巨大的压力。

确实，要接受一个你这么爱的孩子有残疾，寄希望于诊断是错误的，这是非常自然和可以理解的。但是，即使你对诊断还有所怀疑，也不要因此而阻碍你采取行动帮助孩子。我在前面提到过，在这里我想再重申一下：不要被孩子身上贴的标签吓住。如果你特别想否认孩子患有孤独症，那也请不要回避孩子表现出来的症状，要帮助孩子克服他的障碍，这是最重要的。

■ 负罪感

在发现自己的孩子患有孤独症后，大多数父母想知道是不是在妈妈怀孕期间或者孩子出生后不久发生的事情可能对孩子造成了影响。甚至有一位母亲问我，她和丈夫在孩子刚出生时大吵了一架，情绪特别不好，这会不会导致孩子患上孤独症？另一位母亲则问我，她的儿子是否因为没有母乳喂养而得孤独症。

早期的精神分析理论认为，冷酷而缺爱的母亲是导致孩子患上孤独症的原因，这加剧了母亲的内疚感。后来这种说法因缺乏实证被推翻。此后的科学研究表明，孤独症儿童的母亲和普通儿童的母亲并没有什么不同。但过去这种理论对很多母亲造成的伤害却无法挽回。

作为父母，我们常常因为没有养育好孩子而担心、责备自己，想知道是否可以做些什么来补救。

孤独症儿童的父母特别容易陷入这样的自我怀疑，部分原因是他们的孩子早期的生长发育尚处于正常范围，因此当孩子开始出现社交和沟通障碍时，父母会非常震惊。父母可能觉得，是因为他们没有做正确的事情来促使孩子正常发育，这是他们的错。如果父母急于将问题归咎于不良的养育方式，他们可能不会争取尽快获得家庭所需的专业帮助，这可能会导致未来更大的问题——谱系孩子有的问题最开始是小问题，但随着孩子年龄的增长，可能会变成大问题。所以，当孩子的社交能力表现得和同龄人不一样时，不要责怪自己养育子女的方式，而要积极寻找帮助他的方法。

当然，你会很自然地想到是否真的有方法可以预防孩子患上孤独症。但你需要记住，内疚对你的孩子没有帮助。没有证据表明，不良的养育方式是孤独症的发病原因。浪费时间去拿这些无谓的恐惧来折磨自己，这会阻碍你采取行动的脚步。

■ 相互谴责

现在，越来越多的家庭会同时拥有多个孤独症子女，所以他们一般会找寻父母双方的基因问题，但通常这样的研究最后会演变为家庭内部的互相谴责。我在工作中遇到过很多对夫妻，都会谴责是自己的另一半有孤独症的遗传基因。

你知道吗？孤独症的特质，我们每个人身上或多或少都会有一点，只是程度不同。这些特质只有严重到了一定程度，才会符合孤独症的诊断标准。如果一位父亲喜欢咬指甲或者不喜欢社交，不一定就对他那喜欢来回摇晃的孩子负有遗传上的责任。同样，如果一位母亲难以表达自己的情绪且总是喜欢坐在摇椅上，也不代表她必须对她那痴迷转动扇叶的孩子负有遗传方面的责任。

虽然评估家庭是否有遗传问题可能有助于今后的生育计划，但夫妻之间相互指责并不能帮助孩子获得需要的帮助——也不会对你的婚姻有益。让配偶感觉最糟糕的，莫过于让他（或她）觉得，选择与你结合是一个错误。

你们有孩子，是因为你们彼此相爱。如果孩子有残疾，这虽然是严酷的现实，但夫妻俩应当共同面对，而不是相互推卸责任。

■ 愤怒

当孩子被诊断出患有孤独症时，一些父母会感到愤怒。我曾经遇到一个家庭，他们四岁的儿子刚被诊断出患有轻度孤独症。在我们第一次上训练课时，孩子的父亲坐在角落里，双臂交叉，全程盯着我。我离他最近，能感受到他的愤怒。直到后来，他意识到我正在尽力帮助他的儿子，情绪才缓和了很多。

其实，愤怒并不总是浪费时间。我的一个朋友曾经指出，那些在不利情况下生气，并把这种愤怒情绪化为采取适当和有用行动的人，在很多人失败的地方，往往会取得成功。对这类愤怒，我表示认同，"我们要打败它！"但是，如果愤怒只会让你心存怨恨，导致你对那些试图帮助你的人感到不满，这对你和孩子都是不利的。

■ 被孤立感

当孩子被诊断出有残疾时，你会期望整个社会都能迅速过来帮忙，但事实并非如此。你往往会独自一人，在没有支持或指导的情况下，弄清楚整个事情。残疾儿童通常被排除在社区、普通学校、常规的社交活动之外。事实上，一些父母告诉我，他们的孩子甚至被排除在家庭聚会之外。因此，许多父母感到被孤立也就不足为奇了。

一些父母并没尽可能地坚持让孩子参加正常的社交活动，而是竭尽全力避免让孩子与朋友的孩子一起玩耍，为此他们经常拒绝其他人关于聚会和郊游的邀请。于是，他们接受的邀请越少，和朋友联系的机会就越少，最后只能自己找乐趣了。

同样，由于担心孩子在公共场合的行为让自己难堪，很多父母会避免让孩子离开家。这就开始了一个恶性循环：孩子在社会上被孤立，因此无法学会在社交场合表现得体；而随着他在社交场合的行为恶化，父母更觉得不得不让他待在家里。同时，父母与他们的朋友和亲戚缺少联系，会使他们更感到孤单。

如果你的孩子外出时在公共场合表现出不良行为，请阅读第三章关于孤独症儿童破坏性行为的内容，这会帮助你应对孩子的问题行为。你可以尝试为你的孩子创造尽可能多的积极社交的机会，让他学习和成长。同时，可以请人帮你们照看一下孩子，这样你和另一半仍然可以偶尔一起出去享受一下难得的二人时光。

当你将自己的孩子与典型发育的孩子比较时，情感上很难接受，请首先接受这个现实。我建议你找你的好朋友、家人、心理学家、支持小组，或者你孩子的治疗师谈谈你的感受。很多家长也反映，在线聊天群可以提供很好的情感支持。有两位母亲，他们的孩子均有阿斯伯格综合征且情况非常相似，她们通过网络取得联系后，就成了彼此的支持，也一起分享了应对挑战的想法。你需要和会倾听、有同理心的人交谈。请记住，你的朋友会敬佩你的力量和勇气。享受朋友的陪伴吧，坦诚面对他们，你会发现有朋友陪在身边是多么值得感恩的事情。

有时我们要面对的情况是，周围人会责怪你的孩子缺乏教养，这会让你非常难受。有的人可能缺乏同情心，或者对特殊人群缺乏了解。一些人会对别人外在的身体残疾表示同情，我自己就是个最好的例子——我经常到一家杂货店购物，因为我个子矮，够不到最上面架子上的货物，因此不得不请求一个高个子店员帮忙，请他从高架子上帮我取东西。人们之所以对我表示友善并乐于帮助我，是因为他们可以看到我身高的不足。然而，当孤独症儿童发脾气或哭闹时，情况就不一样了，因为孩子的残疾别人看不见，因此很容易被人看成是"熊孩子"。

每个孤独症儿童的父母都知道，在公共场合和一个有行为问题的孩子在一起是什么感觉。周围人的凝视，流露出的厌恶眼神，都深深戳痛了父母的心，令他们感到难过和沮丧。

请你不要在意他人的眼光。要时刻提醒自己，孩子有孤独症不是你的错，你是解决他的问题的很重要的人，你知道如何回应孩子。如果其他人指责你溺爱孩子或不够权威，请告诉自己："他们又知道什么呢？"你才是那个更清楚如何与自己的孩子交流的人。

当人们不请自来地无端批评指责你，要记住，对于这些毫无用处的建议，你不用浪费精力去争论，也不用为自己辩护。你需要与乐于帮助和支持你的人在一起，这样你才能集中精力，帮助孩子充分发挥其潜能。所以，当其他人觉得有必要告诉你你的养育方式不正确时，请不要在意。

■ 沮丧

毫不奇怪，抑郁情绪在孤独症儿童的父母中很常见。有时它会持续很长时间，有时只是一小会儿。我知道，很多孤独症孩子的父母都在服用医生给他们开的抗抑郁药。我的建议是，找一个可以帮助你的人来克服你的悲伤情绪。当你得知自己孩子有残疾时，心情抑郁是正常的，但如果抑郁情绪导致你停止活动和退出社会，就会给你的婚姻和孩子带来损害。有时你孩子的干预者会是你很好的情感支持来源，他们很专业，对你正在经历的一切都感同身受。还有一些机构把情况相似的孩子的父母联系在一起。一些家长觉得支持小组有帮助，而其他家长则觉得没有帮助——你可以尝试一下，看看自己对此感受如何。和有严重情绪问题的父母相比，快乐的父母通常能够为他们的孩子提供更多的帮助。所以，请照顾好自己的情感需求，如果你需要一些额外的心理帮助和安慰，不妨采取行动。

养育孤独症孩子会让父母们精疲力尽，但只要积极为孩子寻求干预，就会带来希望。你如果能保持乐观的态度，就会更容易度过艰难的时期。

父母可能面对的压力

在孩子被确诊孤独症的最初几个月或几年内，很多父母最想问的问题可能是"晚上我还能睡好吗？"。养育残疾孩子带来的压力是无法预测的：你不知道未来会怎样，你不知道是否做出了正确的选择，你不知道是否可以继续应对令人抓狂的生活，你往往也不知道自己将如何支付孩子需要的所有特殊服务的费用。再加上经常休息不好，你要承受的压力是巨大的。

值得我们关注的是，有特殊需要孩子的父母，他们的压力往往来源于不同的领域。妈妈们更多会在照顾孩子方面感到有压力，会为孩子的进步情况担心；而爸爸们的压力往往更多与经济负担有关。他们处理压力的方式也有差异——女性喜欢倾诉，而男性往往会想办法采取行动解决问题。例如，有一家人在一家商店购物而店员要求他们离开，因为他们的孩子一直发脾气而打扰了其他顾客。孩子的妈妈可能会想要花一个晚上来向好朋友或亲戚吐槽，说当时自己多尴尬——对她来说，谈论这件事就是一种解脱。但孩子爸爸更有可能觉得他必须采取行动——他可能会坚持要打个电话去向商店的店长投诉。因为这些差异，夫妻之间可能会对彼此失去耐心，所以，你可以将婚姻压力添加到你的问题列表中，尽管这个列表可能已经很长了。

无论孤独症儿童家庭得到什么样的支持，都无法缓解孩子有残疾时父母面对的所有压力。这里说的压力，不是所有父母都会遇到的。我的意思是，如果父母的压力水平已经上升到临床层面，会导致健康问题——数据表明，和典型发育孩子的父母相比，孤独症孩子的父母存在更多的健康问题。在他们的孩子没有得到帮助的情况下，许多父母会感到精力不足，有些人甚至会对性生活失去兴趣。

下面，我描述了最有可能影响孤独症父母的压力来源，并就如何应对提出了一些建议。请记住，我的建议绝不能取代专业人士、朋友、家庭成员或家长团体提供的良好的情感支持，所以如果你感到不知所措和害怕，请记得向他们寻求帮助。

■ 担忧未来

在让孤独症儿童的父母彻夜难眠的所有恐惧中，最大的一个可能就是担心孩子的未来。

许多孤独症儿童在标准化测试中表现不佳，这时专业人士可能会根据测试结果告诉父母们，他们的孩子的认知能力往往比父母认为的更糟糕。

在考虑孩子的认知水平时，需要关注大脑的可塑性，这非常有用。研究发现，许多受过严重脑外伤的孩子，能够通过发育完全恢复其大脑受损区域周围的神经通路。我们的目标是帮助孤独症儿童恢复受损的神经通路。孤独症儿童经过良好、合理的干预，是可以取得很大进步的。

当然，最开始的日子会显得特别漫长。低龄的孤独症儿童会更依赖父母。他们在穿衣、清洁和如厕等方面，比典型发育的儿童需要更多的帮助。由于存在语言发育迟缓，父母可能需要帮助孩子与他人沟通。所有这些，都需要父母付出时间和精力，这常让他们不堪重负，甚至感到永无出头之日。

请记住，孩子在低龄阶段的养育都很难，虽然你可能要比大多数父母花更长的时间才能熬出头，但确实好日子会在后头。大多数孤独症儿童都能学会基本的自理能力，终究有一天，有很多事情孩子将不再需要你为他做。

■ 积极寻求正确的干预措施来缓解压力

减少你对未来恐惧的最好办法，就是对孩子采取富有成效的干预措施。

首先，你要掌握一些关键信息，多与你信任的人——有类似经历的父母、孤独症领域的专家、你接触到的医生交流；要警惕一些所谓的"专家"，他们会借父母心烦意乱的时候，号称可以治愈孩子的孤独症；要确保你正在使用的干预措施是科学的，并且有据可查，确保它们已经接受过许多孤独症儿童的测试，并且已在孤独症干预领域被广泛应用。其次，你要了解使用的干预方法有哪些局限性——一些干预措施只在小范围内起作用，或者仅仅针对少数症状或一小部分孤独症儿童有效。既然你已经付出了时间和金钱，就要对所用的干预方法了解彻底。

■ 何时需要警惕？

有大量证据表明，当干预计划进展顺利、父母又能积极参与时，孤独症儿童能够表现得更好。你应该参与孩子所有的干预进程，帮助孩子在每个环境中进行学习。如果提供干预的一方不让你观摩他们的课程，或者孩子只有在他们的干预课程上才表现得好，你需要警惕。如果治疗师要求单独与孩子进行几次课程，以与孩子建立联结，这是合理的。但如果超过了合理的时间，治疗师需要与你进行充分沟通，以便你确切知道发生了什么。

如果干预人员告诉你，他没有记录孩子的任何变化，你需要警惕——评估一个干预方案是否有效的正确方法，就是分析孩子正在发生的改变。换句话说，如果你的治疗师排斥你、指责你，或者使用无法衡量结果的干预方法，你应该考虑寻找其他治疗师或干预机构。

■ 感觉与孩子有隔阂

大多数孤独症儿童不会寻求成人的关注，也不会和别人分享他们喜欢或感兴趣的事物。孤独症儿童通常不会从躲猫猫等简单的小型社交游戏中获得乐趣，而当你发现窗外有趣的东西招呼他们过来看时，他们可能也不会跑过来。这些简单而有意义的小互动，可以激发父母的最佳状态，此时，父母的注意力通常对孩子的反应起到正强化的作用。

当孩子患有孤独症时，与父母之间有意义的小互动并不经常发生。所以，孤独症儿童的父母需要掌握一套全新的育儿技巧，这给他们的内心又增加了更多压力。遗憾的是，许多优秀的父母会觉得，他们缺乏与孩子打交道的能力，因为在和孩子互动时，他们会发现自己的直觉是错误的，和孩子之间情感上很疏离，这让他们很沮丧。他们经常在错误的道路上越走越远，久而久之，便会停止和孩子进行任何自然的互动。因为他们担心如果自己稍微一放松，和孩子随便玩玩闹闹，就会失去宝贵的干预时刻。

有些干预措施对父母和孩子进行互动提出了异常苛刻的要求，这也给父母带来了压力。其实，有一些有效的干预措施——就像本文中所描述的——可以在自然情境下实施。你不需要逼着自己每天必须坐下来，花几个小时训练你的孩子——要做到这样太难了。如果你做不到，你会觉得非常内疚，因为你没有像预期那样花那么多时间来训练孩子。即便你真的做到了，但为此你牺牲了和自己生命中其他重要的人相处的时间，你同样会感到内疚。

如果你将干预措施巧妙融入日常生活中，你的孩子会学到更多，你的家庭生活也会因此而更加充实。

■ 寻找欣赏孩子的方法

你的孩子可能有需要干预的领域，但每个孩子都有其特殊的优势领域。不要只关注孩子的问题领域，他的优势可以用来改善弱势。请你专注于好好发展孩子的优势领域。

例如，我们工作中曾遇到过一名学龄前儿童，他非常喜欢看书，但从未参与任何类型的游戏，包括互动游戏和假装游戏。我们没有强迫他玩他不喜欢的玩具，而是利用书跟他进行游戏，我们会根据书中的故事情节扮演不同的角色。我们还使用书来带他练习轮流玩、学习社交对话和练习学习技能。久而久之，他学会了假装游戏，懂得了分享，并能对看到的故事发表评论。当他进入学前班时，他已经学会了自主阅读，并且能够大声朗读故事给全班同学听。这给同学们留下了深刻的印象，在自由活动时间里，同学们都争着请他读书给大家听。

庆祝孩子的进步很重要，无论进步有多小。你也许更容易想起你的孩子落后了多少，但如果你专注于他所取得的进步，你会意识到他已经往前走了多远。此外，别忘了确保和那些爱你和你的孩子的人分享他的进步。

最后，不要忘记他是你最爱的宝贝，每个孩子都想要感受到父母的爱。任何你们双方喜欢在一起做的活动都很珍贵，无论是蜷缩在沙发上看半个小时你们最喜欢的电视节目，还是一起出去吃冰激凌。虽然你需要改变一些与孩子互动的方式来促使他进步，但同样，你也需要保持父母和孩子基本的亲子关系。如果你认为自己只是孩子的"治疗师"，那么你需要重新做回父母该有的样子。

■ 维持正常家庭生活的压力

养育一个孤独症孩子，会给家庭生活带来很大的冲击。很多父母——尤其是妈妈们——由于把关注的焦点都放在了孩子身上，以至于几乎忘记了自己的伴侣和家中其他的孩子。这就是为什么对孤独症孩子使用自然情境下的干预措施很重要，这是全家人都可以参与的活动。如果你还有其他孩子，请教会他们如何以积极、丰富的方式与兄弟姐妹互动，他们可以成为你的好帮手。研究表明，孤独症儿童的兄弟姐妹不会体验到他们父母所承受的巨大压力，也不会过度担心，所以不要觉得你必须"保护"他们，让他们置身事外。而且，孤独症儿童的兄弟姐妹由于从小就对孤独症有全面的了解，他们成大以后，很可能会成为富有同情心的专业人士。我见过他们中有很多人成年后进入了和残疾人相关的领域工作。

再提醒一下，孤独症儿童的干预措施必须适用于整个家庭系统。如果一个干预计划要求你做的事会扰乱你家庭的日常生活，或者如果该计划正在教孩子的行为是违背你的个人或文化价值观的，你必须向负责该计划的人提出来。

确保你有和另一半独处的时间，并且让自己从看护人和治疗师的角色中脱离出来休息一下。不要害怕寻求亲戚、朋友和其他人的帮助。如果一天中的某些时间对你来说特别困难，可以考虑雇帮手，或者咨询相关机构寻找志愿者。这些必要的帮助会让你成为一个更好的父亲（或母亲）和更好的伴侣。拥有美满的婚姻和幸福的家庭生活，将为每个家庭成员带来益处，包括你的孩子。

有关家庭生活的更多建议，请参阅第八章。

■ 经济上的压力

父亲们尤其会感到经济上的压力。

孤独症儿童的干预需要很高的花费，而许多家庭的大部分经济负担是由父亲来承担的。虽然没人会承认，但事实是，旨在帮助有需要的人的机构——学校、保险公司、残疾人中心——通常只愿意把他们的资源用来支持孩子短期的密集干预，而非长期的。所以，你的压力不仅来源于孩子的严重残疾，还来源于可能需要支付昂贵的干预费用。

如果你负担不起干预费用，请寻找其他支持来源。在美国，很多学校通常会承担部分干预计划的费用。许多州都有协助孤独症儿童家庭分担经济压力的机构。保险公司通常也会承担一些干预费用。许多大学和高中都有志愿者，他们会参与一些项目，免费为孤独症儿童家庭提供帮助。如果你的家庭在经济上有困难，请尽可能努力去寻找帮助。

经典问题解答

问题： 我们去咨询的儿童发展心理学家告诉我，说我的孩子患有孤独症和智力障碍。这是个双重打击，让我和家人非常痛苦。孩子会同时得这两种病吗？

通常，诊断人员会尝试给出主要诊断，然后是次要的（如果有的话）。有智力障碍的孩子往往在语言和非语言领域的发育迟缓程度相当，而孤独症儿童能力相对较强的领域通常大多数集中在非语言领域，例如拼拼图、喜欢研究电器的工作原理等。此外，孤独症儿童通常在运动领域的发育如学会坐起、走路等的时间与发育里程碑对应的时间点相符，而有其他类型残疾的儿童可能达不到发育里程碑中对应的运动发育特点。

有可能是因为你的孩子在社交和语言方面发育迟缓，且他在考试中得分不高，所以给人的印象是他有智力残疾。别忘了，要对孤独症儿童进行测试是非常困难的，因为这些孩子通常对通过测试没有动力也不感兴趣。在非标准化条件的考试中，很多孩子的得分会高得多。你通常可以通过观察来判断，孩子在非语言方面的能力是否比语言方面的能力要强。比如，你的孩子是否会玩玩具？他是否能完成一些简单任务，例如打开储物柜的门闩获取零食，或者用钥匙开门？我一直记得，有个父亲告诉我，当他的儿子在语言测试中被告知要用手指向床时，他指向了烤箱。这位父亲说，每天晚上他都会叫儿子跳上床，而每次儿子听到后都直接上床睡觉了——他从来没有向烤箱走去！这说明，语境对孤独症儿童的表现有很大的影响。

再提醒一下，诊断的标签并不重要，真正重要的是针对你孩子表现出来的各种症状制订个性化干预计划，因为那才能帮你真正解决孩子的问题。

问题：学校的老师说我的孩子同时有孤独症和多动症。这可能吗？

许多孤独症儿童的活跃度要么很高，要么就低于同龄人（过度活跃或过度不活跃）。这可能是因为孩子们没有学会恰当的社交互动方式，也有可能是他们没有以正常的方式应对从环境而来的刺激，或者因为学习对他们而言太难了，所以他们看似心不在焉并总是昏昏欲睡。同时，由于他们会频繁采取行动来逃避社交活动，这也可能使他们看起来比同龄人更活跃。当孩子们开始学习如何以恰当的社交方式进行互动时，随着他们沟通能力的改善，他们的活跃度通常会稳定下来。

多动也可能与自我刺激有关（换句话说，他们在重复活动上体现了较高的活动水平）——孩子们可能需要一定程度的刺激，只是他们没有以正常的方式来获得。不管是什么原因，你都可以通过良好的干预计划来提高孩子的活动水平。

问题：因为我丈夫白天要工作，所以我的儿子全部的干预课程都是我负责开车送他去上的，和所有参与干预的专业人员交流也是我来做的。当我们需要在家里对孩子进行干预或者孩子出现破坏行为时，我丈夫总是说："你知道该怎么做。"我厌倦了做家里唯一的"专家"，但我不得不承认，有时候很难用语言解释清楚到底该做什么。我该如何做才能使自己感觉更公平些呢？

通常情况下，父母中和孤独症孩子在一起时间比较多的一方，对干预策略会了解得更多，这样就会导致：懂得越多的人，被要求做的事情就越多；变得越专业的人，大家就越期望他能继续做。你的丈夫可能真的觉得，在和孩子打交道时，他不如你有知识或有能力，但这并不意味着他应该为自己辩解，他应该努力跟上你的步伐。

你可以尝试利用周末或晚上的时间，约上你们都喜欢的治疗师对你的丈夫进行一对一的辅导，帮助他学习和孩子打交道的成功策略。然后确保他每周花一些时间，来陪孩子进行一些对父子俩来说都很有趣的活动。我们曾经帮助一个家庭的孤独症儿子发展社交技能。当我们在室内活动时，孩子的父亲总是"忙于工作"，但当我们尝试户外活动时——参观公园或远足——他一次都没错过。

请记住，通常父母中的一方很难去"教"另一半如何很好地对孩子进行干预。沟通得不好的话，还可能影响夫妻关系。如果夫妻双方都能很好地参与孩子的干预，那是最好不过了。

> **问题：** 我已经接受了我女儿患孤独症的事实，并准备开始帮助她，但我的丈夫对给两岁的孩子贴标签的行为感到愤怒。他说孩子只是发育晚了，会赶上来的。我应该做些什么？

你不需要让你的丈夫接受孩子的诊断，但你确实需要让他认识到你们的孩子需要干预来帮助她克服症状。如果他对"孤独症"这个词感到不舒服，不要觉得你必须使用它。他已经承认女儿发育有问题，所以你可以告诉他，以更科学的方式来解决这些问题没什么坏处，而且肯定会有帮助。你们可以一起讨论，找出你们都比较担心的地方，并请专家推荐干预策略，来帮助孩子战胜孤独症的症状。

如果你们俩都专注于孩子的症状而非纠结标签，那么最终你们将朝着正确的方向前进。所以，不必太担心丈夫是否接受孩子的诊断。

安德鲁的故事：面对诊断[1]

我们其实之前一直在怀疑，担心安德鲁患有孤独症，但我们总在试图否认。所以，当诊断专家对我们说"我认为他有孤独症"时，我并不感到意外。这个消息让人痛苦，我们不想听到它，但它还是来了。

当我们得到正式诊断时，安德鲁才两岁半。有一段时间，我们知道他与其他孩子不同。他不说话，在社交上的表现也越来越差。起初——而且很长一段时间——我认为安德鲁的问题是由于我不是个称职的妈妈造成的。我想知道我做了什么会让我的孩子如此——他比其他孩子更爱哭、更黏人，会坚持坐在我的腿上，也不愿意和别人一起玩。他长得很好看，身体也很

---

[1]　本书中的"安德鲁的故事"，均由他的妈妈、本书作者之一克莱尔·拉泽布尼克所写。

健壮，坐起、爬行、走路都没问题。他认识字母，会拼很难的拼图。但是他脾气很古怪，很容易紧张，我想这应该是我养育不当的结果吧？我哪方面做错了呢？我是不是太溺爱他，抱他太多，让他看电视太多了？他是我的长子，做母亲对我而言，是一种全新的、令人困惑的经历。

安德鲁语言发育有问题，难道也是我的错吗？我一直在对他说话，重复他的咿呀声，尽可能地促进他的语言发展，可他还是不会说话。

是因为我的不称职，还是因为他有什么严重的我不知道的问题呢？我想不了那么多，只是希望他能表现正常。

儿科医生开始介入

我还记得安德鲁两周岁时接受的检查，那是第一次发现他语言发育有问题。在检查刚开始时，我不小心掉了个东西滚到椅子下，安德鲁俯身看了下东西去了哪里。在检查的最后，儿科医生说安德鲁仍然不会说话，他对此有点担心。考虑到我和我老公都非常健谈，安德鲁不说话应该不会是受我们的影响。但后来医生又提到，安德鲁对掉落的物体反应很正常，这又让他稍微放心了些。医生说他不确定安德鲁是否有问题，所以他让我们自己决定是否要去看言语治疗师。

儿科医生是我喜欢和信任的人，所以听到他说他没觉得安德鲁除了不会说话外有特别明显的问题——我松了一口气，以至于我忽略了自己脑海中的那个小声音说："但我知道他和其他孩子不一样。"我非常想相信安德鲁并没有什么问题，而我不愿意承认的是我确实发现他不对劲，因为我和他在一起的时间远比医生多。在六个月后的一次检查中，儿科医生坦率地说他确实很担心安德鲁的状况了，因为安德鲁还是没有开始说话。医生还建议我们带安德鲁去看一位叫罗伯塔·菲尔兹·波斯特的言语治疗师。

然后我们去了，我们在一旁看着罗伯塔和安德鲁的互动，希望她能告诉我们是我们多虑了，安德鲁完全正常，我们应该回家好好享受和他在一起的时光就好。

然而，罗伯塔没有说那样的话，她只是给安德鲁安排了一个每周的定期预约，并建议我们和他玩一些游戏来提高他的社交互动能力。

在随后的定期会面上，当罗伯塔对我们说："对于安德鲁，你们认为大概是什么问题呢？"这时我喃喃自语道："该不会是孤独症吧？"——我希望罗伯塔会坚决不同意我的看法。

然而罗伯塔小心翼翼地说："我不是诊断医生，但他的行为确实表明很有可能是孤独症。你可能需要带他去评估一下。"

最开始我们只是有点担心，但当听到专业人士说也许孩子真的是有问题时，我们决定要确定一下究竟安德鲁的问题出在哪里，于是我们带他去见了加州大学洛杉矶分校的 B.J. 弗里曼博士。她说，她很肯定安德鲁患有孤独症。

我们内心最大的担忧得到了确认。

与伴侣互相倾诉

我来自一个家庭成员之间感情淡漠的家庭。成员间不会互相倾诉或表达"我爱你"，重要日子也不怎么庆祝。所以，我认为我必须对安德鲁的诊断保持冷静，表现得好像没什么大不了的。我做了一些研究，打电话给专家，争取解决孩子面临的问题。我认为，如果自己情绪崩溃，那只会浪费大家的时间。得知诊断后的第一天，罗伯和我两人都很平静。我们问了弗里曼教授一些问题，然后回家，决定第二天去书店买一些关于孤独症的书。我们讨论这一切时都异常冷静。

但当晚上我摇着安德鲁入睡时，看着怀中熟睡的孩子，我终于忍不住抽泣起来。我漂亮的小男孩患有孤独症，他的未来是黑暗和可怕的。我爱他，但我无法把他从这件事中拯救出来。我从来没有感到这么无助过。

几个月后，我发现罗伯也常常背着我独自在某个地方哭泣。我不知道为什么我们没有一起哭——我们应该这样做才对。我们花了将近一年的时间从这件事中恢复过来，这一年差点毁了我们的婚姻，因为我们都选择隐藏我们的痛苦而非彼此倾诉。

而现在，当我遇到和我们有同样境遇的家庭时，我跟他们说的第一件事就是，"夫妻双方一定要互相交流，告诉对方你有多难过。"你可能认为在另一半面前要表现得很勇敢，但假装坚强对任何人都没有帮助。你们有共同的经历，会体会相同的感受。一起承担困难可以把你们拉得更近，而非把对方推开。

并且，请不要忘记勇敢的真正含义：勇敢并不意味着不害怕，而是即使你很害怕，也会面对现实并采取行动。所以，不要觉得你需要坚忍和淡漠：继续向前，当情绪到来时，面对它，并采取积极的行动，投入到帮助孩子的工作中去。

告诉人们

你知道的，你应该把这件事情告诉人们。你不需要在街上或其他任何地方走到陌生人面前讲述，但你要向爱你的人坦白。当我们的孩子被诊断出患有孤独症时，我们立即告诉了家人和朋友。首先，我们打电话给他们，然后推荐他们阅读一篇全面介绍孤独症的文章，并在文章中就与安德鲁相关的细节进行了解释。我认为我们这样做是正确的。（顺便说一下，你可以做同样的事情，这本书的内容就是很好的参考。）

我们的朋友和家人都没有因为我们的孩子有孤独症而离开我们，而是一直围绕在我们周围。在这些年中，他们成了我们坚强的后盾，一直为安德鲁取得的每一点进步而欢呼。

老实说，告诉人们我们正在经历的事情，只会让我们的生活更轻松。在那之前，我们担心安德鲁偶尔的异常行为会令人反感，但一旦他得到正式诊断，大家的反应让我们放松了很多。周围的人不再好奇，也不再怀疑我们作为父母做错了什么。我们认识的大多数人，在看到我们这些年的努力和进步后，都表示很敬佩我们。

真正的朋友不会因为你成功而更爱你多一分，也不会因为你有问题而爱你少一点。真正的友谊就是在对方最困难、最需要帮助的时候提供无条件的支持，即使彼此之间平时联系并不是很多。多和你的朋友谈谈心，向他们倾诉你有多痛苦。如果他们想要提供帮助，就让他们做吧。你正在应对一个巨大的挑战——别放过身边能够获得的帮助。

面对别人的议论

尽管我在前面提到跟别人坦白你孩子的情况是有益处的，但我也不得不承认，对于有一些朋友当时对我说的话，我的反应糟糕透了。虽然我看上去是多么平静和理性，但我还是觉得心被伤透了。让我给你一些例子，表明当时人们所说的话是多么平常，而我对此的反应是多么偏激。

有些朋友听到这个消息，在我看来，急得都跳了起来——"哦，怪不得，这就说得通了。我的意思是，很明显有些事情在发生……"这种反应总是让我很生气。你是在告诉我，对你而言，我孩子的行为看起来很奇怪？你以前从来没有对我说过什么，但现在你就一直坐在那里，来随意评判我们？

（别忘了，我不会总是那么理性，我也有情绪。好在谢天谢地，当时我没有大声反驳回去。）

另一些朋友企图安慰我："哦，真的吗？会没事的，我敢肯定再过几年就好了。"我们咨询的专家都不确定安德鲁未来会怎样，你怎么就这么肯定？你能未卜先知吗？让我静一静吧。

有时人们会试图表现得好像这没什么大不了的，因为他们自己典型发育的孩子也曾经历了类似的事情，但结果完全不同。"最早那几年对所有孩子来说都很难，"他们说，"我孩子三岁了都接不住球，那时我们也非常担心，但是现在你看——他已经是垒球队的队长了！"等一下——你的孩子有被诊断患有孤独症吗？如果他没有，你的经历我真的不想听。

我知道，那些表示同情的人是好意——"哦，太可怕了！我为你感到遗憾，你心里肯定不好受。"问题是，这一刻，我是如此情绪化，他们这些话只会让我感觉更糟。我的儿子——一个漂亮、聪明、可爱的小男孩——变成了这样，以至于人们因为他而可怜我。那感觉真是糟透了。

最糟糕的是，有的朋友没有以任何医学或神经科学做依据，就对诊断结果提出质疑："他们敢肯定吗？因为在我看来，安德鲁很好啊！有时医生说这些话，只是因为这是他们喜欢说的。我就不信。"你不信，对吧？你有没有想过，我们也不想相信啊，哪怕安德鲁确实有典型的症状！我们跑回家阅读了我们能找到的关于孤独症的所有信息，得到的结论是多么令人心碎——孤独症的典型症状安德鲁都有：自我刺激，他有；社交障碍，他有；语言发育迟缓，他有；无法与他人进行眼神交流，他有；无法用手指向他想要的东西，他有；不能听从简单的指示，他还是有。关于孤独症我们已经做了深入的了解，并且已经接受了这个事实。所以，请不要再怀疑我们或我们信任的专家了。

这一切的重点

当时我意识到，我已经进入了一种状态，就是动不动就感觉被冒犯。不过这是有原因的：我想要让大家明白，面对诊断，我感觉自己是多么脆弱和无助。

当然，事实是，和我交谈的每一位朋友和亲戚，都是善良而富有同情心的。他们都提供了帮助和支持。只是我当时看不到，这是因为我伤得很重，而且伤口还很新鲜，伴着那暴露的神经，我当时感觉自己只剩一个残缺的躯壳。

你应该能体会到，当你得到孩子的诊断结果时，感受会和我的很像。

在你的生活中，出现了一件以前没有的大事。它坐在那里等着你，你尽量不把所有的时间都花在思考它上，但是它还是占用了你太多的时间和精力。你就是忍不住会一直想它。

最糟糕的是在半夜，当你躺在床上，忍不住想孩子的未来会怎样。你想尽量保持乐观，但你的脑海里总是会浮现出电影《雨人》中达斯汀·霍夫曼的形象。他在机构里生活，说话总是断断续续的，没有社交。孤独症孩子的未来是如此暗淡，让我实在感觉太痛苦了。

我的儿子未来会是这样吗？现实生活中，我从没接触过成年孤独症人士。那是因为他们都进入了机构吗？老实说，我不知道。如果说安德鲁必须有一天被送到机构，那我们能攒够钱让他留在一个好的机构来度过他的余生吗？或者他最终会进入精神病院，并被殴打和折磨吗？他刚出生的小弟弟将来该怎么办——他要努力一辈子去为他在机构里的哥哥提供支持吗？

我甚至还有一个更糟糕的想法——如果安德鲁的小弟弟也有孤独症，那该怎么办？我能承受两次打击吗？

我常常整晚为这些事情焦虑，但早晨起来一切照旧，事情并没有什么起色。还有很多事情和问题需要我处理：必须开车带孩子去做各种干预；要时刻评估选择的干预是否正确；担心孩子在学校如何与其他孩子相处；承受来自其他孩子父母对自己的评价；没有多余的时间陪家里其他的孩子……

天哪，这真的很难！如果你现在正在经历这一切，你就会知道它有多难。

但是也请记住：事情在逐渐变好。

一直在变得更好

在安德鲁十岁的某一天，我和丈夫在外面共度了一晚。这是有了孩子以来我们第一次享受二人世界。我们住在马里布的一家小旅馆里，那天晚上，当我们沿着海滩散步时，我们手牵着手，畅想着将来有一天退休了就到海滩附近的一个小别墅生活。那时只有我们两个人，孩子们都长大了，都可以独立生活了。

这真是一个美好的梦。

多年来，我们一直在担忧安德鲁成年以后的问题，他是不是还要和我们住在一起？我们有能力支付机构昂贵的费用吗？但逐渐地，随着安德鲁各项能力的提高，他开始在大多数领域赶上同龄人，我们的顾虑也慢慢少了一些。某种程度上，我们的想法从"他可能需要我们一直照顾"变成了"他长大后能够自己照顾自己"。

诚然，没有人知道未来会怎样，但是只要放下恐惧，就能看到光明的未来。

我们是如何走到这一步的？

简短的回答是：干预。我们在安德鲁身上做的努力，改善了他的症状，鼓舞了我们的士气。行动带来希望。你如果不做任何事情、不积极采取措施，就容易让自己陷入抑郁的心情中出不来。

那么，我们是如何知道该怎么做的呢？起初我们也是手足无措，那段时期绝对是我们人生的至暗时刻。然而幸运的是，当我们得到正式的孤独症诊断时，安德鲁已经在言语治疗师罗伯塔那里接受干预了。她把我们介绍给了弗里曼博士，弗里曼博士又给我们介绍了一位出色的行为治疗师——韦恩·塔什坚（他像凯格尔博士一样，使用正强化来改善孩子的行为，让孩子习得和年龄相当的技能），以及一位作业治疗师。

可想而知，安德鲁的干预花费昂贵。我们支付了其中的一部分，我们的保险也支付了一些，最终我们发现，公立学校系统也可以提供部分资助资金。

好的资源是会逐渐积累起来的。我们咨询了值得信赖的专家，以及遇到了越来越多的孤独症儿童的父母，我们共享好的资源，同时彼此交流经验。但是，别人向你推荐的资源也并非都有用——例如，有位母亲给我推荐了一位很棒的音乐治疗师，他培养了安德鲁对音乐的热爱，还教会了他弹钢琴。后来这位音乐治疗师还给我们介绍了一个自称"计算机治疗师"

的人，结果我发现他的课程完全是在浪费时间。

请相信自己的直觉，也为自己的选择负责。

在安德鲁上幼儿园的时候，我的一个朋友（她的两个孩子都是孤独症）告诉我们她在圣巴巴拉发现了一家非常棒的孤独症儿童诊所，是由一对夫妻带领的专业团队负责的。她说他们的干预方法是以家庭为基础并且以孤独症儿童的特定重要技能为干预重点，所有去过那里的孩子都获得了奇迹般的进步。我们赶紧以最快的时间预约到了诊所负责人琳恩·科恩·凯格尔博士。后来凯格尔博士教授给我们的干预措施，都可以融入日常生活。我们的生活也变得越来越正常了。这对安德鲁乃至整个家庭而言，就是最好的干预。

我们曾和那么多卓越的人合作过，在此我们将凯格尔博士的建议分享给大家，同时我们也将干预方法持续地融入日常生活。在整个过程中，凯格尔博士不断帮助我们完善和整合我们的干预措施，使安德鲁取得了长足的进步。罗伯和我都觉得，我们比以往任何时候都更有能力引导安德鲁朝着正确的方向前进。

不要丧失信心

我的一位好朋友曾和一位儿科医生共进晚餐。当他们谈论起孤独症时，那位儿科医生表示，他认为早期干预对孤独症儿童的未来并没有什么影响，一切都是先天决定的。"没错，大多数干预措施，"医生说，"它们不会给孩子带来伤害，但也没什么效果。我不建议我的孤独症患者采用它们。"

听到这位医生的言论，我的朋友觉得很震惊，他认为医生的话很不负责任。多年过去了，朋友也见证了安德鲁接受干预后的效果——凯格尔博士太了不起了，她所采取的措施把安德鲁从一个黑暗、孤僻的世界拉了出来，并帮助他战胜了孤独症最严重的症状。

我们知道是干预改变了安德鲁，这些干预方法也有科学研究做支持。从我们与第一位言语治疗师合作开始，我们看到了这个曾经离我们越来越远的孩子开始转身逐渐回到我们身边。我们看到了经过系统和科学验证的干预方法的效果。

没有人说这很容易

让孤独症孩子参与到活动中去，这很困难，尤其是在最关键的头几年。

虽然凯格尔博士的干预措施旨在把干预融入日常生活，教父母与孩子互动，然而事实是，大多数孤独症孩子对任何形式的活动都很抗拒，会不自觉地回到他们自己的个人世界里。对此，父母需要很辛苦地不断把他们拉回来，有时会让人精疲力尽。

在我们干预旅程的一开始，罗伯塔一次又一次地向我们强调，必须尽可能地让安德鲁参与到活动中，但我记得自己无法做到。那时我们的小儿子刚出生，他夜里总是哭闹，让我整晚忙个不停。白天的我不是在照顾小婴儿，就是开车送安德鲁从一个干预机构到下一个干预机构。我感觉太累了，所以常常放任安德鲁在那里沉浸在他自己的世界中做喜欢的事情。

当时我的丈夫正在写一部篇幅很长的情景喜剧。他每次回家都很晚，常累得精疲力尽。我们俩倒在沙发上，谁都不想动弹，然后就会听到安德鲁一个人在玩他的自我刺激小游戏或者在毫无意义地喃喃自语。这时，我会有满满的挫败感，我的担心很快就变成了愤怒——我一直认为这都是罗伯的错。如果他愿意陪着安德鲁玩该多好。我都和孩子们一起度过了一天了，难道不该轮到他了吗？

当然，罗伯可能也在想，他已经工作了一整天，实在没有精力了，如果我能够起床与安德鲁互动一下，那么他就不会感觉如此糟糕了。

事实是我们俩都没有精力管安德鲁，我们为此互相怨恨。

那时我们意识到是时候开始寻求一些额外的帮助了。

我们很幸运，因为我们还有经济能力来解决这个问题。我们聘请了一个名叫皮特·坎德拉的本科生——他之前在干预中心和安德鲁接触过——他每天来家里一个小时，或者是下午，或者是晚上，目的是陪着安德鲁玩，帮助他参与到一些活动中。坎德拉的到来极大地改善了我们的生活质量。

在美国，有些州会为孤独症儿童家庭提供这样的帮助。当然，很多家庭也可以求助于关系比较密切的朋友和亲戚。他们有的出钱，有的出力。我的妹妹内尔曾有一段时间在晚上常来我家，只是为了和安德鲁一起玩，好让我们休息一下。她的精力简直让人难以置信——那时，她还没有自己的孩子，所以她不介意陪着安德鲁。她带安德鲁一起玩了很多有趣的游戏，每次安德鲁都很开心。

后来我们终于明白了，寻求外援是明智的。

确认干预方法

大多数时候，罗伯和我对我们选择的干预措施及治疗师都很信任，不过有时也会忍不住起疑心。例如，安德鲁刚满三岁时就经历了一段低谷期（那段时间他没什么进步，反而出现了倒退），我们都感到有些恐慌。我们知道，有的孩子通过一系列桌面训练取得了长足进步，他们都是长时间坐在桌子旁，跟着训练有素的治疗师上课。从一开始，我们就强烈地感觉到，我们的孩子还那么小，这些干预课程我们不想让他参加，因为这会让他感觉更像工作而不是玩。总之，这么做就是感觉不自然。

但随着安德鲁进步的脚步放缓，罗伯和我开始后悔没尝试一种据说可以让很多没有语言的孩子说话的方法。所以，我们询问了所有认识的专家，看看他们对这种方法的看法。

他们中没有一个人认为我们应该去采用它。他们都同意，像安德鲁这样聪明、有上进心的孩子，无论如何都会取得进步的。我们为安德鲁选择的干预方法都是有趣的、好玩的，都能积极促进安德鲁的社交能力发展。虽然那种方法可能会让安德鲁的语言能力有提高，但大多数人认为这是有代价的。比如，他的回答会变得很机械，他会更像是一只受过训练的动物，而不像正常孩子。

罗伯和我经过商量决定把目前的干预措施坚持下去，通过游戏和社交，让安德鲁模仿典型发育孩子的学习方式。也许我们会花费多一些的时间，但我们很有信心，相信最终结果也会更好。

后来证明我们的决定是正确的，通过坚持原本的干预方法，安德鲁很快又取得了进步，慢慢成长了起来。

本书第一版出版时安德鲁的情况

曾经有一段时间，我以为我永远不会听到安德鲁叫我"妈咪"，永远无法给他一个简单的指令让他跟随，永远不能让他独自去朋友家玩耍，永远不会送他去典型发育孩子的学校……我甚至一度担心安德鲁可能会孤独地过每一天，而别人都无法靠近他。

但是，当我们在本书第一版中讲述安德鲁的故事时，我回顾过去走过的路，才意识到安德鲁走了多远：他已经成长得很好了，他读完小学六年级后将进入一所普通的私立中学学习，为此他很兴奋地做了计划。在那里，我们希望他能像其他学生一样继续进步。

事情总会改变的。孩子在变得更好。

十年后

已经过去十年了。我们过去心存的希望，有的实现了，有的没有实现。在班级里，安德鲁做得很好，他也变得更加独立，但是安德鲁还是有被孤立的情况。我记得有一天坐公共汽车送他上学，他在车上兴高采烈地和其他孩子打招呼，但其他孩子围在一起压根就没有理睬他。如果你是孤独症儿童的父母，你会非常明白当我看到自己的孩子被嘲弄时的感受。中学时代对安德鲁来说可能是他最艰难的时期。（公平地说，我的其他孩子对读中学的感觉也是一样——这可能是必经之路。）

后来，安德鲁在高中刚开始时也遇到了一些困难，但情况已经好了很多，我认为是我们为他做出了正确的选择。他去了家附近的一所私立高中，那所学校对各种类型孩子的包容性很强。在学校里，安德鲁结交了几个非常亲密的朋友，而且他很喜欢他的学校。几年后，当他得知妹妹也决定要去那里就读时，他兴奋得欢呼起来。

安德鲁现在在佛蒙特州上大学，离家大约 2,500 英里①。我们不参与他的日常生活，除了偶尔打电话给他或者给他邮寄爱心大礼包。他自己选择课程，确保按时上课并通过考试。去年他换了专业，他甚至没有事先告诉我们。但当我们发现时，我们还是同意了。这是一个很好的现象，他可以自己决定选修哪些课程。

当安德鲁放假回家时，他会开车为家里办很多事，例如去购物或者接送弟弟妹妹。他坚持自己洗衣服，会主动帮我拎重的东西。暑假时他还找了一份实习工作，并计划大学毕业后就开始正式工作。尽管安德鲁也承认，职业生涯最开始时会很艰难，但他愿意迈出第一步。

安德鲁的生活仍然不完美——有挫折，也有失望，有的甚至超出了普通孩子所能承受的，但现在已经不需要由我来继续讲述他的故事了。安德鲁现在是个成年人了，他的一生是他自己的。我和他的爸爸都很爱他，也为他担心，我们会竭尽全力帮助他，但是现在，故事属于他自己了。

---

① 1 英里约等于 1.61 千米。

寻找激励

这本书第一版的许多读者告诉我，安德鲁的故事鼓舞了他们：给他们带来了希望，并且激励他们继续努力干预，即使孩子的进步很有限或很缓慢。

我很高兴分享我们的故事，这样的分享能为他人带来帮助是再好不过的了。在安德鲁刚确诊时，我迫切希望见到在谱系里年龄大一些的儿童和成人，但我能找到的不多。我不知道为什么会这样，但一种猜测是，那时人们对孤独症的普遍看法不是那么开通，如果有人得到了诊断但情况良好，他的家人就不想使用这个标签；或者有人被确诊了而且情况不好，他的家人可能没有坚持带他出去进行正常的社交活动。无论如何，我感到茫然和沮丧，这让我更加担心，不知道儿子的未来会发生什么。

所以，现在有这么多成年孤独症人士站出来，自豪地宣布自己属于谱系人士，并把自己的生活分享出来，这真的太好了。当然，还有天宝·葛兰汀——一位行业里顶尖的专家，她在世界各地就孤独症进行演讲，关于讲述她的生活的电影还获得了艾美奖。凯文·侯赛尼是一位年轻而才华横溢的艺术家，其作品分布在世界各地的博物馆。约翰·埃尔德·罗比逊写的书是关于自己作为阿斯伯格人士如何生活的，他的书成了《纽约时报》评选出来的年度畅销书。另外还有很多作家和演讲者，他们都自豪地说："这就是我，我很高兴成为我自己。"我真希望在多年前就能遇到这些成功的谱系人士。他们证明了，不要给孩子设限，因为他们有能力做任何事，去任何地方，决定自己成为什么样的人。我为此深受鼓舞。

社会对孤独症看法的改变

最近，我被要求在一家图书馆就我的写作生涯发表演讲。我一共写了八部小说，所以我想我会被问及很多关于小说的问题，包括如何创作小说以及如何出版一本书。但我一提到与凯格尔博士合作了两本关于孤独症的书时，大多数观众对此提出了很多问题，尽管当天的主题不是关于孤独症的。上个世纪九十年代，大多数人对孤独症人士的印象还停留在电影《雨人》里的主人公形象。然而在过去的十年里，孤独症领域发生了巨大变化：你不必只能从孤独症支持小组得知什么是孤独症，因为关于它的科普已经很多了。

现在，如果我和新认识的人提到我曾参与了两本有关孤独症图书的写作，他们几乎会立即说自己的亲戚中也有孩子患有孤独症。他们通常会询问为什么现在孤独症孩子越来越多？然后他们会想知道我儿子的情况，当我说"哦，他现在在上大学"时，他们不再感到特别惊讶了，这让人很欣慰。他们会询问有关孤独症儿童干预的问题，以便回去将有用的信息传递给他们的朋友或亲戚。人们也了解到，孤独症的孩子也有可能上大学，并开始思考，"对一个孤独症孩子来说，读哪所大学最好？"

我喜欢这些变化。我曾经觉得，如果别人知道安德鲁有孤独症，他们就会把安德鲁看成可怜的残疾人。我不希望大家这样看待安德鲁，他只是社区里普通的一员，大家希望他能好好读书，为将来打好基础——就像看待其他孩子一样。

通过娱乐进行科普

在我写的几部小说中，有一些孤独症儿童的角色。例如，在我的第二部小说中，主人公是在一家针对小龄孤独症儿童的诊所里工作；而在我的另一部小说中，孤独症儿童是古怪的、有爱心的、独特的、被接纳的一位家庭成员。我创造这些角色，部分是因为我的切身经历，还有就是我想通过作品提升社会对孤独症人士的接纳度。通过娱乐的方式，往往能使人们更容易接受新的思想、信息和观点。

我很高兴看到许多其他作家也在做同样的事情。例如，在美国有一部剧叫《为人父母》，里面的一个角色就是孤独症人士；大名鼎鼎的演员休·丹西也主演了一部关于患有阿斯伯格综合征的年轻人的戏剧。我的姐夫肯·拉泽布尼克写了一部名为《在谱系上》的剧本，讲述的是一对患孤独症的男女坠入爱河的美丽故事，该戏剧已经获得了很多奖项，人们还推测，斯蒂格·拉尔森的电影《龙文身的女孩》中的女主角也患有阿斯伯格综合征。

我希望作家们能继续努力，在作品中创造更多的谱系人士角色，让更多的人了解孤独症、接纳孤独症。

期待社会变得更加包容

十年前关于孤独症儿童的干预方向是让他们变得更像典型发育儿童，然而现在我们需要把重心放在鼓励孩子社交、理解和接纳自己的差异性上。

当社会变得更加包容时，我们都会受益。不同的观点、不同的经历、不同的文化——这些丰富了我们的知识体系，而文明的基础是接纳。让我们都努力变得更容易接纳他人。如果你遇到有人谈论"课堂上的怪异孩子"或以任何方式来贬低那些与众不同的人时，你可以提醒对方，一个包容的、富有爱心的、接纳多样性的社会，对每个人都有好处。

现在我要离开我的"演讲台"，去继续我的工作了。

第二章

打破长期的沉默：
教孩子学会沟通

> 问题1：我的外孙很乖，他很少哭闹，学习爬行、坐起、走路也都正常。就在他过两周岁生日前，他还会说几句话。但几个月后，他就不再说话了。现在我的外孙快三岁了，他还是没有什么语言，总是哭闹。医生告诉我的女儿，他可能患有孤独症。我们能做什么呢？
>
> 问题2：我的孩子二十个月大时，会唱童谣；二十二个月大时，可以唱字母歌。我们认为她是个天才。但是在过去两年里，她很少跟人交流。现在她两岁半了，似乎对任何人都不感兴趣。如果我们提醒她，她就会重复我们说的话，但她自己从不尝试与任何人互动。她以后能学会与人对话吗？

我记得我的女儿出生的时候，我迫不及待盼望她开口说话。我想了解这个小人的性格，了解她内心深处的秘密、她的痛苦和快乐。当她还不能坐起来时，我就教她认识接触到的每一样东西，积极地鼓励她发音。于是在她一周岁生日后不久，她就可以开口说句子了。在她一岁半时，可以说几十个字。她学得很快，早上都可以叫爸爸起床。每天我们都惊叹于她的词汇是多么丰富。在我女儿两周岁生日前后，她已经可以把会说的词组合起来进行简单的对话了。也许因为我是一名言语治疗师，所以我如此专注地观察她的沟通能力——或许我只是像其他父母一样，渴望体验和自己的孩子交谈的乐趣。

所以，我能深深体会到孤独症儿童父母的痛苦。孤独症儿童最明显的特征之一是沟通障碍——这不仅意味着孩子开始说话晚，还意味着他的社交沟通能力要比典型发育的儿童差。这会影响到他与其他人进行任何形式的互动，也缺乏与他人交流的兴趣。

几年前，我在诊所遇到一个家庭。爸爸从事电影行业，参与了一部又一部成功电影的制作。他有钱有名，还娶了一个美丽聪明的妻子。按照大多数人的标准，他是一个非常成功的人士。但是，他的孩子却患有孤独症，到三岁了还没开始说话。有一天，他向我吐露心声，说如果他孩子能说话的话，他愿意放弃所拥有的一切，甚至是他自己的声音。

有一个不会说话的孩子会给一个家庭带来很多压力和痛苦：他不能告诉你他不喜欢家里的保姆，或者他耳朵疼，或者他想吃什么。有一些孩子即使有语言，通常一开始只使用他们"独特"的词语来提出请求，而不是说一些对父母有意义的话，比如"妈妈""爸爸"或者"我爱你"。

"缺乏沟通"是什么意思？

虽然大多数孤独症儿童都有沟通问题，但他们实际面对的困难千差万别。有些孩子根本不会自己开口说话，如果他们没有获得及时的干预，那么很可能就永远不会说话了。虽然他们可能会发出一些声音，但是不会说出任何有意义的词语或句子。另有一些孤独症儿童可能很早开始说话，但后来语言发展就停止了。顺便说一句，这种先会说话后来又倒退的模式很不寻常，经常导致父母相信他们孩子身上"发生"了一些事情——一些外部事件导致孩子的神经出现了问题，而这个问题在出生时是没有的。然而，这也可能是一个动机问题——如果对孩子而言学会沟通很困难，为什么还要继续努力呢？

还有一种类型的孩子确实发展出了一些语言交流技能，但还是存在语言发育迟缓的问题。这些孩子通常使用文字和语言来表达他们的基本需求和愿望，但对纯粹的社会性交流兴趣不大。

仿说

有的孤独症儿童会发展出所谓的"仿说"或"仿说式"演讲。仿说是指孩子因为不理解，重复部分或全部之前听过的另一个人说的短语。他们有时是听到后立即重复；有时则是稍后再重复；有时会过了较长时间如一天、一周或一个月再重复，这被称为"延迟仿说"。父母经常把孩子的仿说误以为是在与人沟通。我认识一位妈妈，她经常对孩子说"我爱你"。而她的孩子会毫无感情地重复这句话，这让她很开心，会给孩子一个大大的拥抱。实际上这只是孩子在不理解这句话的情况下进行的仿说。这令人心碎。延迟仿说的一个常见例子，是孩子会重复自己几小时、几天甚至是几周前看过的最喜欢的视频中的词、短语或句子。有的孩子还可以唱整首歌曲，但没有真正理解其中的含义。

孩子仿说有时是因为不明白别人刚刚说过的话，有时他们可能是理解的但无法使用正确的语法进行表达。例如，如果你问一个孩子："你想要麦片吗？"他回答"你想要麦片"，而不是"我想要麦片"。这就是他理解你的问题，但还不能正确地使用人称代词。还有的情况是，孩子会随声附和你说的话，所以如果你说"你想要麦片还是巧克力蛋糕"，他会回应你"你想要麦片还是巧克力蛋糕？"，或者只是说"巧克力蛋糕"。这是两种不同类型的仿说，我们将在本章后面讨论如何进行评估。

弥补语言的不足

通常，孩子出现了沟通困难，会让父母开始怀疑他可能有残疾。没有办法交流，孩子将难以满足自己的需求，并可能诉诸哭泣、发脾气或其他类型的破坏性行为，来表达他的欲望和挫折。

为了弥补不说话的缺陷，大多数孤独症儿童表现出被称为"机械手"的举动。也就是说，他们会牵着大人的手，带大人到他想要的物品或活动场所那里。这种方式可以帮助他们在没有语言的情况下，满足自己大部分的需求，但也会导致大人更难教他们说话了——没有社交动力，同时所有需求基本都能得到满足，会让他们觉得没有必要开口说话。就像我的侄子那样，相比要开口说出自己的需求，他更愿意冒着生命危险争取自己解决问题。比如，过去他常常爬上书柜或厨房柜台上取自己想要的物品或最喜欢的零食。

孤独症儿童能学会说话吗？

过去我们认为，即使有干预，大约只有一半的孤独症儿童能学会说话。但是，我们现在已经对教学方法进行了改进。如今，大部分接受包含语言行为方法在内的早期干预的孩子（这就是我们将在本书中描述的），是能够学习使用文字和语言进行交流的。具体来说，如果我们在孩子三岁之前开始对沟通能力进行干预，而且方法得当，大约95%的之前不使用语言的孤独症儿童将学会口头交流；对于三岁到五岁之间开始接受干预的儿童，如果干预前完全没有语言，学会说话的概率为85%～90%；而五岁以后才开始接受干预的孩子，只有20%的孩子最终学会口语交流。

值得一提的是，虽然从大数据看，五岁前是学语言的关键期，但在五岁以后也有一部分孩子学会了口语交流。事实上，两年前我们曾遇到一个十五岁的男孩，他之前一点语言能力都没有。虽然他如厕技能没有问题，但在我们第一次对他进行干预时，他却尿裤子了，因为他无法开口询问厕所在哪里。经过大约两个小时的训练，使用本章后面描述的方法，我们成功引导他说了"饼干"这个词（说了两次），而且说得非常清楚。得知他能开口说话，他的妈妈欣喜若狂。因为他们的家庭住址离我们诊所很远，所以有几个月的时间这个孩子是在家里接受干预的，用的就是本章后面描述的方法。在这几个月里，他的妈妈又教他以完美的发音说出了六个不同的单词。当他们再次来到诊所时，我们给孩子进行了一周的干预，继续教他越来越多的单词。一周结束时，他已经能重复很多大人说的单词，自己也能独立说二十多个单词。又过了六个月他回到诊所时，能说大约五十到六十个单词，所以我们开始让他一次就说两个单词。

后来这个孩子就可以说短句了。尽管他还不会表达自己的情绪和感受，但能够开口让我们知道他日常生活的基本需求了。这是一个除了他的妈妈，家里其他人都放弃了的孩子。没有人认为他可以学会说话，但他的妈妈有决心，愿意付出努力扭转局面。

但我们也要考虑统计数据的意义，并不是说五岁以后干预就一定能获得语言能力。我的诊所曾经来过一个孩子：当时孩子四岁十个月，一个字也不会说。他的父母表示从来没有人尝试训练他用语言交流。我们跟这个家庭待了一周的时间，发现孩子真的一点都没意识到自己需要用声音来进行交流。他有很多问题行为，例如咬人、打人和扔东西，还有发脾气——到了这一周结束的时候，他终于明白破坏性行为无法让他得到自己想要的（幸运的是，经过我们的干预，他的这些行为在迅速减少），但他仍然不会用语言表达自己的需求。

所以，请不要等待。孩子越长时间不用语言进行沟通，就越不容易将语言与表达自己的需求联系起来。通常，典型发育的孩子会在10月龄或11月龄左右开始说话。男孩可能会晚一点，但如果他们到了18月龄还一个字不说，建议尽早做一下检查。请记住，大多数孩子在接近两周岁时，会积累不少的词汇，能够把字词组合起来，所以不要让你的孩子落后太多。

通常，孩子学说话是从社交词汇如"妈妈"和"爸爸"开始。他们常会指着某个物品说"那个"，然后你就可以告诉他物品的名称是什么。如果你的孩子只是说出他想要的物品，但是不看你，也不用手指，那请尽早带孩子去评估。盲目等待会耽误孩子获得最佳干预成果的时机。

语言的复杂性

口语交流是非常复杂的。每个词都有特定的含义，要按照一定顺序组合起来，才能表达完整的意思。同时，说话者还必须以正确的音量、音调等说出来，才能保证听起来正确。在不同语境下对字词进行组合，使用正确的手势、面部表情等肢体语言，以及富有同理心，人们才能发展和维持好的社交关系。幸运的是，人类的大脑天生就可以轻而易举地、自然而然地学习这些。

如果人的大脑中控制语言的部分出了问题，那么就连简单地说一声"嗨"，也可能让人感觉像做微积分那样难。你不仅要弄清楚自己要说什么、怎么说，而且当其他人回应你时，你需要努力尝试理解对方的意思，然后说出对你来说更复杂的词语。

相比之下，回避与他人进行口语交流要轻松得多，许多孤独症儿童确实也是这样做的。

教无语言孩子开口说话

孤独症儿童最初可能不明白为什么学习如何说话如此重要。他们会认为当需要橙汁时，就拉着大人的手，把他带到盛橙汁的杯子旁边就可以了，这多简单，何必那么辛苦地学说话呢？

我们的目标是让学习语言变得有趣而且有意义——有趣到甚至孩子都没有意识到他正在学习说话，这做起来并不容易。

■ 重要概念：辅助和辅助撤销

孩子可能需要一些帮助或"辅助"来进行学习。辅助可以是口头辅助、身体辅助或手势辅助。例如，当你教孩子第一个单词时，刚开始你需要示范说出整个词，这是口头辅助；如果你教孩子打棒球，你可以先站在他身后，把你的手放在他的手上，帮助他在正确的时间挥杆击球，这是身体辅助；提醒孩子穿衣服、穿鞋时，用手一指，这是手势辅助。

然而，我们的最终目标是让孩子完全独立掌握新的技能。为此，我们需要逐步撤销辅助。这似乎是一件简单的事情，但很多时候撤销计划做不到位的话，孩子就不能独立掌握技能。你可能在孩子的干预过程中听说过"停滞"这个词：这是一种常见现象，通常是源于学校里的助教帮孩子太多——有时多到孩子一直学不会独立。发生这种情况是因为没有建立一个辅助撤销计划。

而有时大人辅助撤销得太快，也会影响孩子掌握新的技能。所以，当你在教孩子一种新的行为（或者当其他人在教）时，要确保有一个科学的、渐进的、系统的辅助撤销计划。

例如，如果你的孩子完全不与同龄人互动，并且正在学习如何发起问候和开始对话，学校的助教最初可能需要陪伴他，并为孩子示范整个句子。例如，"嗨，泰，我可以和你们一起打手球吗？"当然，我们不希望助教一整年都这样做。我们希望的是，孩子以后能够独立发起问候以及和同伴一起玩。所以，辅助撤销计划可能是：先用语言直接提示孩子打招呼并加入同伴正在玩的游戏进行十次后，不再用直接提示，可以是暗示孩子过去询问是否可以加入游戏，然后让孩子自己和同伴玩，而助教退到后面去。结束后可以让孩子告诉助教，他是否和同伴打招呼并要求加入游戏了，这样你就可以持续跟踪进度，直到孩子能独立参与，那么辅助就可以完全撤销了。

当教孩子第一个词时，最开始你可以提示说出整个词，然后将提示撤销为仅说出这个词的一个音节，且只演示嘴形而不发声，然后期待你的孩子独立地说这个词。关于辅助和辅助撤销的具体细节，我们将在本章其余部分再详谈。

对于身体辅助，你其实是希望提供的辅助越来越少，直到你的孩子在没有你帮助的情况下能够独立展示应有的行为。手势辅助也一样，一开始你可能需要指着孩子的鞋子，提醒他穿衣服的下一步是什么，但最终你指的次数会越来越少，直到孩子可以独立完成。

制订一个好的辅助撤销计划需要制订者深思熟虑，并能科学系统地循序渐进，直到孩子做出正确的反应，能在没有额外辅助的情况下独立完成。如果你发现辅助撤销得太快，孩子无法独立完成整件事，不用太担心。这本来就很有可能会发生。你只需要回到孩子能独立完成的那一步，然后将接下来的一步进行拆解（变成更小、更简单的步骤）来教，或者把辅助撤销得慢一些。

这听起来似乎很容易做到，但实际工作中我见过很多辅助撤销得太快的例子——孩子们没有机会在不同的环境或时间里充分练习正在学习的新技能。让我给你举个例子。如果孤独症孩子在普通班里上课，那通常会有助教全天辅助，但一旦他们做得很好，学校会建议把助教撤掉（没有遵循系统的辅助撤销计划）。但是，孩子在学校里的每门课都需要仔细检查，并且辅助撤销需要在孩子完全成功地掌握了新技能的时候开始，这才是撤销辅助的好时机。在此期间，助教需要和班上负责的老师一起检查，确保在没有助教的情况下，孩子在辅助撤销过程中仍然能够成功。每个人都需要意识到，即使孩子没打扰到任何人，但如果他没有积极学习或者在操场玩时还是独自一人，那么仍然需要辅助。

同样，如果你正在努力通过玩伴的方式来提高孩子的社交能力，而孩子在计划好的活动中做得很好，不要突然把计划好的活动停掉，而是要逐渐系统地减少你的存在和帮助，直到你的孩子能够独立表现出和之前你辅助他时同样的能力水平。一个计划周全的辅助撤销计划，将有助于确保你的孩子在不同情境中继续长期独立展示出你教给他的新技能。所以，我们既要给予孩子足够的辅助，同时也不要忘记实施辅助撤销计划，以免耽误孩子宝贵的时间。

■ 重要的六个步骤

你可以通过以下六个基本步骤，来教会孩子说话：

1. 找到孩子的兴趣所在

首先也是最关键的事情，是识别出哪些东西或活动是你孩子感兴趣的。

因为孤独症儿童没有社交动机，所以他们对学说别人的名字不感兴趣，但通常孩子肯定会有想要并且想努力得到的东西。有时这是显而易见的东西，比如小宝宝喜欢的瓶子或毯子，但有时你必须要更加努力地去寻找。

当你开始教授孩子语言时，我们建议你使用确切的、具体的物品，如玩具和食物——你可以把它拿在手里，当孩子试图说话时，把它交给孩子。（如果你一时找不到孩子喜欢的物品，他喜欢的活动也可以作为有用的、具体的奖励。）这有几个原因：一是孩子的思维非常直接，向他们展示图片或物品标签是行不通的，他们不会将其与实物联系起来，而如果你正把这个物品拿在手上，那就不一样了。二是他们不一定能将他们对图片的认识转化到实际对象上，所以虽然你也许可以拿着一张杯子的照片教他们这是一个"杯子"，但他们可能不会联想到实际的杯子上。此外，如果孩子们学会识别常见的玩具和食物，那么无论是在家里还是在学校，他们都会很熟悉这些物品。要知道，能获得自己想要的物品对孩子有很大的正强化作用。我们希望孩子能意识到，即使开口说话真的很难，如果自己做到了，就会有好事发生。

不要担心会把孩子宠坏

如果我们希望孩子能尝试开口说话，那就需要让孩子觉得这个事情虽然很难但是值得。所以，如果你的孩子唯一想要的就是一块糖果，那就利用它，哪怕是晚饭前。如果你的孩子唯一喜欢的是开关灯，那就将其作为奖励。不要担心这会增加孩子的行为问题——其实并不会。事实上，只要处于适当的环境中，这样做还会使孩子的问题行为减少。例如，在孩子将要开灯或关灯之前，教孩子说"灯"。最主要的是，你提供了孩子非常想要的东西，他愿意努力完成这项对他来说很艰巨的任务。

孩子必须找到值得他自己去努力的事情。所以，如果你的女儿想要某种食物，并愿意尝试说出它的名称来获得它，那么你必须马上把它给她，帮她建立起名称和实际食物之间的连接。

对于有特殊需要的孩子，这种联系需要非常明确和直接——你向孩子展示了某样东西，他试图说出了它的名称，你马上把东西递给他。这样一个连接就完成了。孩子会明白说话是有回报的。

强化，强化，再强化

前面我们提到孩子通过开口说话获得了他喜欢和想要的物品，这是"自然强化物"（或"自然奖励"）。如果你试图教他但没有这种天然的强化物，教学就会慢很多。如果妈妈已经坐在前面，他为什么要说"妈妈"呢？如果此时外面没有下雨，而孩子看到的是一张云的照片，那让他学说"雨"这个字就不容易。

要确保对孩子说话的奖励是他想要的，而不是你认为他应该想要的东西。我曾经听过一个有趣的故事，是关于一个爸爸和他典型发育的女儿的。当时女儿正在参加足球比赛，她一直抱怨没心情打比赛并且想离开，但爸爸希望她再努力一点。最后，爸爸半开玩笑地说："如果你能踢进一个球，剩下的比赛你就可以坐下来等了。"爸爸话音刚落，女儿突然冲上球场，没用几分钟就来了个射门。她的球队得分了，而她也得到了想要的——可以坐下来观看剩下的比赛。显然，并不是每个孩子在受到激励时都能进球，但它确实体现了真正吸引人的奖励可以发挥的强大作用——因为对于大多数孩子只要制订一个目标就足够了。对那个女孩来说，她知道现在的目标是进球，只要球进了她就可以获得坐下来休息的奖励。

正确的奖励是如此重要，所以我们诊所的游戏室看起来就像玩具商店一样。我们希望每个孩子都能在那里找到他真的很想要的东西，而且我们知道，不同的孩子会被不同的事物迷住。例如，露露喜欢能带给她视觉刺激的玩具，所以我们给她买了带球的玩具，这些玩具会滚下坡道。在她说了"球"之后，她就会看到球从斜坡上滚下来。另一个叫大卫的孩子喜欢音乐，他会说的第一个词是"音乐"，每次他说"音乐"，我们就会打开音乐玩具。当他已经能熟练地说"音乐"这个词了，我们教他转动玩具上的旋钮来播放音乐，所以他不仅可以提要求，而且当我们把玩具交给他时，他知道如何使用它。大卫的妈妈反映，在家里，他也会打开其他音乐玩具玩了。他不仅学会了如何说，还学会了如何玩。

带孩子进行练习时，你需要为孩子找到合适的物品。你可能比其他任何人都更清楚你的孩子喜欢什么，同时要确保你选择的玩具适合他的年龄。诚然，当你的孩子读初中或高中时，你当然不希望他还拿着婴儿玩具到处走。我们诊所曾遇到一个叫马库斯的男孩，他十四岁了，还没有语言。他随身携带了一些音乐玩具，是专门为学龄前儿童设计的。尽管他非常喜欢这些玩具，但这会损害他在社区环境中的形象。经过几次会议，我们发现他很喜欢听音乐，所以我们为他买了一个小型便携式音乐播放器。最初我们是希望他能用耳机来听音乐的，但他无法容忍在头上有任何东西，所以我们选择了不用耳机就能听音乐的播放器，它看起来比学龄前玩具更适合他的年纪。他的妈妈给他下载了一些很棒的音乐，其他同龄孩子都很羡慕。几个月内，他已经学会了二十多个词语，其中许多是和听音乐相关的，例如"收音机""开""歌曲""更多"等。

活动也很重要

我们在前面的示例中提到了玩具或糖果这些简单的奖励，但请记住，活动本身也可以算作奖励。如果孩子喜欢荡秋千、滑滑梯，或者叫爸爸用双手把自己举高，那么，他会很有动力学说相关的词语，好让自己可以进行这些活动。

我们曾遇到一个孩子，大人很难让他开口说话。于是，我们尝试教他说"再见"，来表示他想结束训练。回想起来还挺滑稽的，因为这个家庭每周从洛杉矶一路开车到诊所来，在路上堵几个小时，当他们到了诊所，孩子成功地说了"再见"，我们就让他们立即回家——我们是想确保他说了"再见"以后就马上得到自然奖励。有趣的是，当他意识到新学到的词语能使自己控制何时离开时，他开始花更长的时间玩诊所的玩具了，然后在离开的时候说"再见"。最终，我们成功地把他的语言扩展到包括玩玩具在内的他喜欢的活动上。

2. 为孩子示范

既然你已经花时间弄清楚了你的孩子最想努力得到的东西是什么——糖果、玩具、或电视节目等——是时候让他学会提出要求了。利用这些东西，为孩子"示范"对应的词，发音要清晰而准确。在最开始的阶段，争取只说其对应的名称，而不要夹杂任何其他内容，否则你可能会让孩子感到混乱。例如，如果你拿着毯子，就只说"毯子"，然后等待孩子学说这个词。

也许……现在该轮到孩子了

如果你的孩子正确地说出了你想让他说的词语，你就把东西给他，或者让他参与喜欢的活动，你的任务就完成了。他说出了正确的词语，然后得到了回报，那么你们可以转到学习下一个词了。

但事情往往不会总是那么简单，否则你可能也不会阅读这一章了。

更有可能的是，如果你的孩子不会说话，他将无法理解你的意思，那么他就容易回到破坏性行为上，用哭泣和发脾气之类的行为得到他想要的东西。

所以，如果你的孩子为了得到想要的东西表现出破坏性行为，尽量不要屈服，尽管这可能很困难。你的孩子需要学会用语言来代替哭泣，要明白哭泣是无效的。

在你等待的过程中，要冷静，看看孩子能发出什么声音，哪怕是噪声或者说出词语的其中一个字，任何声音都行。只要听起来孩子像在试图和你沟通，就立即给他想要的物品。例如，露露想要一个球，于是她的妈妈说"球"，然后等待。露露试图抓住球几次后就发出了"啊啊"声，她的妈妈立刻把球给了她。

就是这么做——说出这个词语，等待孩子发音，然后给予孩子他想要的物品，直到孩子清楚地知道语言是唯一能让他得到想要的东西的工具。

有些孩子很快就知道哭是行不通的，于是他们开始尝试其他行为，而恰恰发音也可能是他们要尝试的。这没关系，他们只需要知道此刻他们必须做点什么。你只需等待他们做出口头尝试后给予奖励就好。

我们在工作中曾遇到一个小男孩，他的行为非常具有代表性。当他想要某样东西时，先是哭闹，然后试图去抓他想要的东西，并且用拳头捶地板。当这些行为不起作用时，他推了他的妈妈。然后他拉着妈妈的手，试着把手放在他想要的糖果上。最后，他发出了一个很微弱的声音，更像是一声呻吟，但它确实是声音，然后他妈妈就给了他糖果。下一次，他以几乎相同的顺序重复了上述行为，但他较早就发出了类似呻吟的声音。这种情况持续了一段时间后，他的破坏性行为变少了，直到最后，孩子发现他必须要发出声音才能得到他想要的东西，于是他开始更多地通过声音来进行交流。

有些孩子在上了我们的第一节或第二节课程后，就会马上学会用词或声音来表达需求，而有些孩子则可能需要几个月。不过，大多数幼儿迟早都能学会使用文字和语言进行交流。

但是，我承认，对于孩子和你，这是一项艰苦的工作。这就是为什么你也必须遵循我的下一项建议。

奖励积极的尝试，不要苛求完美

试想，如果你想做一件对你来说真的很难的事情，有人说"你做错了"，你会感觉如何？现在还是同样的场景下，将"你做错了"替换为"很棒的尝试！"，感觉是不是更好了？对孤独症儿童来说也是如此。孩子第一次学习说出词语时，总会有一些时刻，他发出来的音是完美的，而其他时候听起来会很接近正确发音但并不完美。过去我们认为应该对孩子的发音给出评判——是"好"还是"不好"，但现在我们了解到，如果鼓励孩子的尝试（只要是孩子真正的积极的尝试）而非看重结果，孩子会做得更好。

以蹒跚学步的迈莉为例。发"瓶子"这个词对她来说很难，偶尔她会说得接近正确发音，但其他时候她只会发"b"这个音（译者注："瓶子"的英文单词是"bottle"）。当我们每次试图要求她发音完美才给予奖励时，她都会感到很沮丧并停止尝试。然而，当我们奖励她所有的发音尝试甚至那些听起来有点奶声奶气的发音时，她更愿意利用所有机会练习发音。最终，通过练习，她学会了说"瓶子"这个词。

我们之所以给出这样的建议，目的是要让孩子有说话的动力，并愿意说很多话。如果因为做不到完美发音而感到沮丧，那他就更不愿意说话了。所以，如果尝试说出第一个词语对孩子来说很难，那就奖励他尝试的这个行为，无论是表扬还是给予适当的强化——如果你的孩子说"咕"而不是"果汁"，不要坚持等到他说出完整的词语再给予奖励，尝试用他想要的果汁作为强化物，随着时间的推移，你通常会看到孩子发音会逐渐正确。

留意孩子发出的声音并予以引导

同样，当孩子说完整的词语有困难时，你可以通过让他选择发简单的声音，来帮助他获得对应的物品或进行喜欢的活动。这个做法是让孩子了解，不同的物品对应不同的声音——在这个阶段，这个概念比任何特定的词都重要。你的孩子应该能找到他觉得舒服的声音，而你也可以帮助他进行选择。最好要有创意，例如，如果孩子喜欢玩水，那就可以教孩子说"sh"这个音来表示玩水，可以用"兔兔"来代表他特别喜欢的大白兔奶糖。

仔细聆听孩子玩耍时发出的声音。对于一些孩子，说不同的词语会很困难，但实际上，他们可以随机发出很多声音。既然你知道孩子能够发出这些声音，你就可以赋予它们意义，与具体的物品和活动对应上。

例如，四岁的米克知道他需要发出声音来获取他想要的东西，但他总是发出相同的声音。这代表他没有意识到，自己发的声音可能需要改变——他只是知道眼下发这种声音就管用。我们打算想办法让他知道，不同的声音有着不同的含义。

我们注意到，他整天重复发出的声音，听起来像是发动机低速运转的声音，声音并不是很清晰，只感觉他是在往外吐气。米克也有很多他不喜欢的东西，他通常就把它们推开来表示拒绝。我们教他利用发出类似发动机低速运转声同时伴随摇头来表示拒绝。米克很快就学会了，这意味着他的词汇表中又增加了一个"词"，并且他意识到，他可以而且应该在不同的时间使用不同的词。从那以后，米克的词汇量开始急剧增加。

吸引孩子的注意力

如果你的孩子很明显想要某样物品，但不懂物品的名称或发音和实物之间的联系，这可能是注意力的问题。我们注意到，当有些孩子非常专注于玩玩具时，他们会对周围的一切视而不见。在我们教孩子说物品名称时，如果孩子还没有经过我们上面描述的发音训练，他通常只会盯着想要的物品，而不会留意到我们正在说的词语。

对孩子而言，这些"特定线索"（我们用来获得孩子注意力的特定术语）因人而异。对一些孩子来说，击掌是有效的；有些孩子喜欢我们把他们抱起来转一下；而有些孩子对与他们想要的玩具有关的声响感兴趣，例如当孩子想要一辆玩具车时，可以教他发出汽车"嘀嘀"的声音。所以，如果孩子光顾着看自己想要的东西，而没有意识到要用语言提需求时，你可能想尝试使用这些特定线索来转移他的注意力一小会儿，时间只要足够让孩子能注意到你的口头示范就可以。这个对一小部分没有学习过使用语言来提需求的孩子有帮助，因为他们没有关注到我们要示范的词。所以请注意，孩子语言表达进展缓慢，有时是注意力的问题，且这并不意味着孩子不能学会说话。

示范，但不要过度提示

如果你的孩子没有发出声音或发出的声音不准确，你可能会想将他的嘴唇保持在发音所需的位置上。请不要这样做。对于大多数孩子，这对他们更快地学习特定的发音没有帮助。反而是如果你一直示范这个词的正确发音，孩子才容易学会。

我们过去曾尝试帮孩子摆好正确的发音口型——例如，如果我们在教"妈妈"这个词时，我们经常把孩子的嘴唇凑到一起——但是发现很多孩子太依赖这个提示，以至于只有在我们固定住他们的嘴唇时，他们才发出正确的声音。

不要动手强迫孩子看你

同样，虽然眼神交流是社交的重要组成部分，但是，动手强迫孩子看你，却不是一个好主意。在我们中心，你不会看到我们做这件事，但是我知道有的机构的治疗师会这样做：大人会抓住孩子的下巴，强迫孩子看向自己。通常，这看起来更像是惩罚——我甚至还见过当孩子转移了视线时，大人会粗暴地把孩子的脸拧回来。

想一想：如果你强迫让孩子的脸朝着你，你真的认为他会喜欢和你交流吗？或者说，他将来会想与你进行任何社交互动吗？我肯定他不会。

你不仅要教孩子会说话，还要教他想要说话，这不是通过强迫他来做到的。既然孩子学说话那么难，那就必须让孩子觉得付出的努力是值得的。这就是你选择孩子最喜欢的玩具和活动的原因——让整个事情变得有吸引力。动手去纠正孩子，会破坏你所试图营造的积极、舒适的氛围。

有一些吸引人的、和缓的方法，可以帮助你的孩子进行社交沟通。例如，当孩子请求所需的物品时，你可以等到他和你有一些良好的眼神交流时再把东西给他。换句话说，你可以将眼神交流融入教学过程中，而不需要单独就眼神制订新的训练计划。此外，如果孩子有动力并享受社交互动，他将更有可能表现出良好的眼神交流。

逐渐增加词汇量

有一些孤独症儿童，当他们意识到需要通过语言来获得想要的东西时，词汇量会突然大大增加，但另外一些孩子则需要一段时间词汇量才能逐渐丰富起来。如果你的孩子总是用同一个词语表达所有的需求，而此时如果父母试图通过提示来让孩子学习很多新词，可能会让孩子感到不堪重负。在这种情况下，你可以逐渐增加孩子学习的新词语的数量。

例如，艾琳四岁了，她遇到自己想要的东西时会说"还要"。因为说话对艾琳来说很困难，我们决定先教她一个生词，而此外的其他需求，仍然由"还要"来表达。我们发现艾琳很喜欢爸爸把她抱起来转圈圈，所以我们选择的这个新词是"抱抱"。几天后，艾琳才明白了，当她希望让爸爸抱她时，必须要说的词是"抱抱"而不是"还要"。我们逐渐增加教授艾琳的词语的数量，她也学得更容易了，后来她掌握了庞大的词汇量。

有些孩子需要在提示词的帮助下学习新词语。例如，我们工作中曾遇到一个五岁的小女孩，刚开始她要什么都说"走"，因为那时她就会说这个字。当我们思考她是怎样学会了"走"这个字时，我们意识到，这是从我们说"各就各位，预备，走！"开始的。于是，我们尝试了其他一些连接词。比如，我们说"一二三！"，然后把她推到秋千上。很快，我们就只说"一、二"，然后暂停，因为我们知道艾琳会接着说"三"。以这个模式训练了一段时间后，再学习新词时，艾琳已经不需要借助提示词了。

把语言干预融入孩子的日常生活

你和孩子的生活现在会发生一些变化。我们希望你的孩子明白，谈话可以随时随地发生。对孩子而言，仅仅接受语言治疗或者仅在他与治疗师在一起时进行交流，这是远远不够的。我们希望他一天当中有很多说话的机会。这听起来似乎很难，而要使这项任务变得简单，你需要把语言干预融入孩子的日常生活中。所以，每天当你有契机可以运用语言干预策略时，就尽量利用它。如果你的孩子喜欢乘车，你可以在打开车门之前让他说"打开"，系安全带前说"扣"，启动引擎前说"钥匙"，然后在你开始驾驶之前说"走"。如果你的孩子对吃饭感到很兴奋，你可以让他在你布置餐桌的时候说"盘子"。如果孩子最喜欢的食物是"通心粉"，你可以让他说了"通心粉"后给他一勺。如果孩子想喝水，你可以在他说了"水"之后再把水给他。

你可以规划一下，在一天中如何利用现实中真实的活动和物品对孩子进行语言干预，激发孩子说话的动机。这样，他就会知道每天说话是必需的——而当他说话时，好事就会发生。

3. 下一阶段：让孩子自己主动说话

现在，你已经确定了孩子最喜欢的物品和活动，孩子尝试说话时你也做了提示，并且也给孩子提供了他想要的，让他能体验到尝试开口说话的成就感。在你说出一个词之后，孩子也能说这个词了——或者至少试图要说这个词。

那么接下来，我们希望他开始单独或自发地说话。要达到这个目的，我们可以向孩子展示他想要的物品，然后稍等片刻，直到他主动尝试开口。请你不要着急先说出这个词，给他一点时间自己解决。如果你的孩子没有尝试，请继续给孩子提供示范——我们不希望他感到沮丧。但每次都稍等片刻，同时，用期待的眼神看着孩子，让他有机会自己说出这个词。这样他可能会习惯了看到想要的东西时说出它的名称，也可能会意识到大人的暗示，然后自己说出那个词。逐渐地，口头提需求会慢慢变成孩子的习惯。

等待孩子主动开口提需求可以让你明白孩子是真的在学习说词语。有时孩子会有些混乱，不要担心，即使孩子确实说错了词语也没关系，至少他在努力。大人只需示范正确的词语怎么说，并给孩子机会说出来。如果你怀疑孩子不理解你让他说的词语的意思，而只是机械地重复你所说的，就请参阅后文关于仿说的内容。

4. 请记住，在每个阶段都要让孩子保持社交互动

语言能力需要在互动和功能性的语境中逐渐发展。使用真正的玩具并且轮流玩、功能性地使用这些玩具，能帮助孩子培养分享意识，以及学习成为一名好的玩伴。

这样做不仅能促进孩子社交技能的发展，还能让他在玩的时候会有更多学习语言的机会。例如，我们有一个钓鱼玩具（小鱼在转盘上转，它们的嘴一张一合，每条鱼的嘴里都有一块磁铁），孩子需要使用具有磁力的杆子，去把鱼吸上来。玛格丽特是个六岁的小女孩，她通过玩这个游戏学会了说"鱼"这个字。但她一开始总是自顾自地玩，不和别人互动。虽然她的妈妈也有一根杆子，但玛格丽特似乎忘记了还有其他人在一起玩的事实。为了促进她的社交互动，我们拿走了一根杆子，这样，玛格丽特和妈妈就不得不轮流用杆子钓鱼。每次轮到玛格丽特时，她都必须要提需求才可以玩。这个方法给玛格丽特更多机会来说出她新学的字，同时鼓励她和别人互动玩耍。

5. 继续前进：将提请求转化为对话

通过使用上述方法进行干预，大多数孤独症儿童在进入幼儿园时都能学会用语言来提需求。一旦孩子们可以用词语来索求他们喜欢的物品，有的孩子会很自然地将词语串在一起来提出更具体的要求，而有的孩子则需要专门教才能学会。

大多数孩子需要有足够的词汇量（五十个词或更多），才开始把词串起来。因此，当你考虑开始教孩子把词串起来时，要确保孩子自己能说的词足够多。

将两个或三个词串在一起

最简单的办法就是教孩子把已经会的两个词串起来。例如，我们在工作中曾遇到过一个小男孩，每次我们试图给他一些他不想要的东西时，他都会尖叫。他发现用这招拒绝不想要的东西很管用，所以他总是这么干。于是，我们尝试教他说"不要"。当他不想要某样东西时，只要他说"不要"，我们就把东西拿开。经过大约一个月的努力，最终孩子终于明白说"不"会起作用，而尖叫却不会。像他这样的情况——和很多其他孩子一样——是有效的沟通替代了尖叫。然后，我们开始教他给物品命名。一旦他的词汇量足够多，我们就能够将"不要"与其他词结合起来，比如"不要火车""不要生菜"等。我们还教他说"还要"，这样他就可以将它与想要的东西结合起来，比如"还要饼干"或"还要动画片""还要水果"。因为把两个词放在一起对他来说是一个挑战，所以起初我们仍然让他用单字提需求，偶尔增加难度，让他练习把两个词放在一起说。

我们要留意孩子是不是在仿说——确保孩子不只是重复你在说什么，而是自发地在说这些话。一旦他能够在你之后说出两个词，请记住暂停一下，让他有机会在没有你提示的情况下也能说出这两个词。

另一种提示方法是，当孩子提出一个字的需求时你再补充一个字。例如，如果你的孩子知道"开"和"门"这两个字，当他说"开"时，你可以回应"开门"，等到他重复"开门"后再把门打开。过了一阵儿，你也可以考虑再停顿一下，来确保在没有你示范的情况下，孩子也能够说出这两个字来。

能进行不同的词语组合

要确保你的孩子可以灵活地将词语进行不同的组合。不知道有多少父母曾告诉我们，说他们的孩子可以说"整句"了。然而我们发现，其实孩子只会说一句话，就是"我想要这个那个"。有时他们甚至会说："我想要这个那个，谢谢。"虽然这是一个好的开始，但对很多孩子而言，这个句子本质上并没有清楚表达出孩子到底想要什么。请记住，孩子需要先学会将两个词语进行灵活组合，然后再学习说三四个词的短句。所以，如果你的孩子经常使用同一个长句，但不会其他句子，他可能并没有真正掌握如何说句子。

我们希望的是，孩子能够对各类新词做两两组合，因为这才是学习造句的开始。一旦他们真的掌握了如何把两个词组合在一起，我们就可以尝试添加越来越多的词语，比如表示颜色、形状和数字等的词，例如，"要更多绿色的棒棒糖"或"打开蓝色的门"。

学会使用动词 [1]

语言发育正常的孩子，通常在两岁半左右会开始给英文动词后面加上 -ing；到四岁时，他们就会使用过去时了。当然，虽然他们明白很多时候需要在动词后面加后缀表示动作发生在过去（比如英文动词的过去式一般是后面加 ed，但也有一些例外，如下面的例子），但仍会犯一些错误。例如，当要表达去过公园玩时，他们可能会说"I wented to the park."而非"I went to the park."（译者注：在英语中，动词"去"的过去式是 went 而不是 wented）。我们也注意到，当孤独症孩子开始在语言方面取得长足进步时，许多动词他们往往都不会使用。对他们中的一些孩子来说，动词时态真的很难学。遗憾的是，过去时真的很难教，因为静态图片没法捕捉动作，而在现实生活中，比如像"汽车驶过"这样的事情，当你试图解释时，动作通常已经消失并完成了。后来我们发现立体书很有用，可以用来显示正在发生或刚刚发生过的动作。它使得教授动词时态变得容易很多。

例如，教动词和动词时态时，拿一本立体书，里面主题是孩子喜欢的，你不停地去拉书的机关，使得图片不断弹出。然后提示孩子问："他正在干什么？"一

---

① 本部分内容，是指在英语语境下的学习。

旦孩子重复了这个问题，你就可以用现在时态回答："他正在跳！"

同样，要教过去时态，请拉动机关让图片弹出一两次然后停止，就像动作刚刚发生一样。然后提示孩子问："刚才发生了什么？"并用过去时态回答："他刚才跳了！"

通过这种方法，帮助孩子理解动词的不同时态。值得一提的是，"他正在干什么？""刚才发生了什么？"，这些都是我们常用到的社交语言，是孩子发起与他人社交互动的好问题（后面会继续介绍）。

6. 鼓励主动

你现在可能已经注意到，你的孩子使用语言大多数情况下——甚至可能是全部情况——是为了提出请求。这其实很好，因为这也符合我们最开始的预期，我们想确保孩子在提出请求之后能立即获得回报（例如得到他想要的东西）。很显然，人最迫切的沟通需求就是要获得某样东西——关于这点，新手妈妈们往往体会最深，尤其是在新生宝宝哇哇大哭时。

但是，在人类的发展历程中，语言还扮演着其他重要的角色。通过研究我们发现，衡量孩子语言能力发展是否成功的最重要的标杆，不是他会说多少词和句子，而是他能否用语言开展对话或互动，例如向其他人提问。很多孤独症儿童不会主动发起对话，比如除了提需求就不会向别人提问或进行互动。显然，为了做到这一点，孩子需要会一些语言，但并不像你想象的那么多——很早的时候，蹒跚学步的孩子就可以指着物体说"那个"来获取大人的关注和他想要的东西。一旦你的孩子可以主动提要求并开始使用短语了，你就可以教他主动发起提问或互动。

典型发育的孩子通常是通过提问来扩展语言的，而我们发现，我们教孤独症儿童的方式和普通孩子的学习方式越接近，他们的进步就越大。

教会孩子主动提问

在这里，我们希望你再通过收集一些孩子最喜欢的东西来刺激孩子的动机，只是这次要把它们放在一个不透明的袋子里，并且让他知道东西在那里。一旦你引起了他的注意，你就可以示范你想要教他问的问题，比如说"那是什么？"，然后拿出一个孩子想要的东西。接着把东西放回袋子里，让孩子知道轮到他来尝试提问了。如有必要，可以通过重复问题来提醒他——但你可能不需要这样做。一旦孩子主动说话，或重复"那是什么？"，就从袋子里取出一样东西并且说出名称，然后交给孩子。我们发现，通常只需要几次练习，孩子就会很高兴地继续问"那是什么？"，从而能从袋子里随机获得更多他想要的物品。你可能已经习惯了孩子问"这是什么？"或"那是什么？"，来让孩子学会物品的名称。现在我们把顺序倒过来了，即我们让孩子先问"那是什么？"。你可能都无法想象，这对孩子的社交和语言发展有多重要。现在你的孩子可以开始发起一些互动了，最终能帮助他学习新事物和交朋友。

现在，你的孩子开始学会主动提问了，而且喜欢这样做，因为他知道提问了就有好事发生。你还可以让孩子通过提问来认识物品的名称，包括孩子不是那么喜欢的物品。尝试往袋子里放一些新物品，即孩子不喜欢也不讨厌的物品（称为中性物品），比如纸巾或铅笔。当孩子已经提问并得到了三样他喜欢的物品后，你从袋子里拿出一个他不是那么喜欢的物品。当孩子问了"那是什么？"之后，你告诉孩子答案，孩子就知道了新物品的名称。你可以逐渐添加越来越多的中性物品，直到你的孩子知道自己可以通过主动提问来获得有用的信息。

使用这些方法，大多数孩子会发现提问和获取信息之间的联系，并开始在新环境中使用新学到的问句。有一位四岁男孩的妈妈，之前她儿子从来没有问过一个问题，她告诉我们，在我们开始教她儿子主动提问不久后，当她不懂儿子问的问题是什么时，他非常焦躁。但是，儿子并没有像以前那样大吵大闹，而是指着格兰诺拉燕麦棒[①]说："那是什么？"她说："格兰诺拉燕麦棒。"然后他说："我想要格兰诺拉燕麦棒。"这个孩子是使用他学会的提问的方法来学习词语的——这正是典型发育的儿童学习新词语的方式！

教授其他问句

你会发现，一旦你的孩子懂得了问题和答案之间的关系，以及主动发问的益处，教授他其他的问句就更容易了，例如"在哪里？"和"谁的？"。

要教孩子问"它在哪里？"的话，你可以把他最喜欢的一个玩具藏起来，你们来玩寻宝游戏。你可以给孩子做示范，问"它在哪里？"，然后你回答"在沙发下"；或者你可以用布等物品将玩具盖起来，到时候再掀开。接下来轮到孩子提问来获得答案。

你可以教孩子问"是谁的？"并学习如何同时使用"你的"和"我的"这两个词。对许多孤独症儿童而言，要分清"你、我、他"是很困难的。这不难想象。当你说"这是你的"时，孩子必须知道反过来说"这是我的"。但对孤独症儿童来说，当听到"这是你的"时，他们往往会下意识地重复这句话。如果这时大人再解释说："当我说'它是你的'，你必须说'它是我的'，因为当你说'它是

---

① 一种能量棒，以香蕉、麦片为主料制成。

你的'时，我会认为它是我的而不是你的，所以你必须说'它是我的'。"哇！想想对孤独症儿童来说，这多么令人困惑啊！

解决这个问题的方法之一，是从只教孩子说"我的"开始。选择他最喜欢的一件物品，然后给孩子做示范，问："这是谁的？"当孩子问"这是谁的？"，你回答说"你的"，然后在你把物品给他之前提示他说"我的"。如果孩子重复你的话说"你的""我的"，说明孩子没理解哪个词才是他需要回答的。那么，最开始你可以轻声说"你的"，然后大声说"我的"，这样孩子就知道自己需要回答"我的"；或者你可以只提示孩子说"我的"，然后等孩子能够独立回答"我的"后，你可以再回到最开始我们提到的模式，即你说"你的"，然后孩子回答"我的"。很快，孩子就会明白，每次他听到"你的"时，都要学会用"我的"来回应。

当孩子的这个问题解决后，你就可以开始加入一些中性物品，即孩子不是那么喜欢也不是那么讨厌的物品，比如铅笔和钢笔。这可以用来教孩子说"你的"，即当孩子听到你说"我的"时，他会说"你的"。从以往的经验中我了解到，如果你打算把一些孩子非常想要的东西和其他东西放在一起，然后告诉孩子这些不是他的，他可能会不高兴。所以这个时候，你只需要利用一些孩子不是那么喜欢的东西即可！

要有创意

你可以创造性地教你的孩子进行各种提问，我们强烈建议多教孩子一些。例如，我们之前干预过的一个小女孩，她进步很大，学会了英文的很多语法结构，但是她却怎么也掌握不了过去时态。当她提问时，她总是说"它哪？"或"妈妈哪？"。所以，我们用她喜欢的玩具——一只会叫的小狗玩偶，和她一起玩了一个游戏。我们先是蒙住她的眼睛，然后把小狗玩偶藏在房间的不同地方，然后提示她问"它去哪儿了？"或"你把它藏在哪里了？"。女孩很喜欢这个游戏，因为她只要问了这个问题，她就可以玩小狗玩偶。起初她搞不清楚时态是怎么回事，经常忘记用过去时态。但很快她就意识到过去时态要用到什么词，并且能将动词做相应的变化。

主动发起社交

当孤独症儿童学会主动发起社交时，他们的表达方式发生了实质性的转变。之前，他们往往是一个人孤独地坐在那里，只有当大人要求时才会有回应。而现在，他们的社交互动方式看起来完全不同了，变成了双向互动，有来有往。简而言之，当孩子们主动发起社交时，他们就在进行有效社交。我们的研究表明，那些学会了主动发起社交互动的孤独症儿童，他们的长期干预结果是非常乐观的，反之则不然。所以，要尽量教你的孩子学会主动发起社交。从长远来看，这将给孩子带来巨大的改变。

改善有仿说或语言发育迟缓的孩子的语言

模仿别人说话是儿童语言发展的自然过程，但孤独症儿童模仿说话的方式有时却会阻碍其语言的发展，这种模式被称为仿说。就像它听上去的那样，仿说就是孩子重复刚刚听到的字、词、短语或句子，但通常没有真正理解它们的含义。

孤独症儿童的仿说和典型发育儿童的语言模仿行为是有区别的，因为前者不会通过重复词语来学习，并且这种行为不会在没有干预的情况下消失。

例如，每次我对亚伦说"嗨！"，他回复说"嗨！"，这听起来很友善。但当我说"嗨，亚伦"时，他会回复说"嗨，亚伦"。所以，亚伦并不是在向我打招呼——他只是在重复刚才我对他说的话。许多孩子仿说的时候，连词语或短语的语调都一并复制。所以，当我对孤独症儿童说话时，我很容易就知道他是否在仿说，因为我的嗓音不但高亢而且还很尖细！

■ 为什么孩子会仿说？

当孤独症儿童不理解你的问题时，他们经常会仿说。你很容易就能分辨出来，因为如果你的问题孩子能理解，他就会正确回答；反之，孩子则会机械重复你的问题。

有的孤独症儿童仿说，是因为不想付出努力去理解大人所说的话并准备答案——对他们来说这太费时费力了。相比之下，他会认为重复一下大人所说的内容，这就足够了。你会很惊讶地发现，孩子这样做是多么有效。例如，如果一个成年人说"你想去公园？"，孩子回应"公园"，大人会认为这是一个热情的回应。但如果你问同一个孩子："你想不想在装满冰块的桶里游泳？"，孩子很可能会回应"游泳"。你会发现，孩子只是在简单重复你问的问题的最后一个词，而并没有积极思考并回答问题。

不过，事情也并不是那么糟糕。要知道，孩子会仿说，就说明孩子具备了说词和短语的能力。现在，你的目标是让他学会在正确的时间和地点使用这些词或短语。下面有一些方法可以帮助你实现这一目标。

■ 教孩子说"我不明白"

许多孤独症儿童无法让别人知道，他们其实并没有了解对方刚刚问他们的问题，因此他们只能把问题重复一遍。这时，提醒孩子说"我不明白"就显得尤为重要。你可以通过选择特定的问题——那些你事先已经知道孩子肯定不会的，来提醒孩子回答"我不懂你的意思"或者"我不明白"，甚至问"你能帮我吗？"，具体视情况而定。一旦孩子在你的帮助下说了这些话，以后每当他的大脑无法处理别人的问题时，就提醒他这样说。这样，人们在听到后，就会改用更方便孩子理解的方式去提问，从而形成真正的信息交换。

■ 换种方式提问

如果你知道孩子是因为没有理解而重复你说的话，那么，试着改变你的问题，以便于孩子能理解。

例如，我们以前干预过一个初中男生，最开始他没有理解"哪里"这个词。每次我们问他"到哪里去？"，他就会把句子重复一遍。然后我们意识到，如果我们改为问他"去什么地方？"，他就可以理解这个问题并且做出回答。所以，他的妈妈开始将这两种问法搭配起来使用。她会说："凯力，我们今天去哪儿了？去了什么地方？"过了一段时间，妈妈可以不用说"什么地方"了，因为男孩已经明白了"哪里"是什么意思。通过改变提问方式，并将其与孩子知道的短语配对，可以减少孩子的仿说，而且还扩展了他的词汇量。

■ 添加另一个问题

对于几乎仿说大人所有的话或者刚刚开始学习单个词语的孩子，教他们说"我不明白"往往不太管用。在这些情况下，穿插另一个问题可能会有所帮助。例如，选择孩子非常喜欢的物品如糖果，然后问孩子："你想要糖果吗？"孩子说"糖果"，你可以接着问："你想要什么？"如果孩子回答"什么"，你会知道这是仿说。但如果孩子回答"糖果"，你就会知道他听明白了。

如果孩子这时还一直在仿说，大人可以稍微提示一下，比如说词语的第一个字，例如"糖"。如果孩子仍然没有回应，则提示孩子说整个词语。如果孩子跟着你说了整个词，接下来练习时可以再重新试着只提醒第一个字；而当孩子在这种情况下也开始说出整个词时，你甚至可以把提示部分变得更短，直到孩子能够在没有提示的情况下也给你正确的答案，而不只是重复你刚才所说的话。

■ 把孩子喜欢和不喜欢的东西配对

大多数时候，仿说儿童重复的是你最后说的词语，所以当你问孩子"你想要苹果还是橙子？"，孩子可能会说"橙子"，因为这是这句话里的最后一个词。这种情况下，你可以准备两样东西，一个是孩子喜欢的，另一个是孩子不喜欢的，并且确保大人在问的时候，把孩子喜欢的东西放前面。这样，孩子会更加努力地回答问题，来获得他真正想要的东西。

我们工作中曾遇到一个三岁的孩子，他会重复我们说的所有话。他喜欢薯条但讨厌生菜，他还会说"薯条"这个词，所以最开始我们问他"你要薯条还是生菜？"时，由于习惯了仿说，他总是说"生菜"，所以我们把生菜递给了他。过了一会儿，他开始自我纠正，说"生菜、薯条"。他好像是得出一个结论，就是如果他把两个词同时说了，就有可能得到想要的，而且他总是如此。所以，我们又回过头把问题重复了一遍，紧接着说"薯条"作为给孩子的示范。有一段时间，孩子只是偶尔会直接说"薯条"，而那是他能得到薯条的仅有的机会。渐渐地，他开始更频繁地说"薯条"，最终他不再把"生菜"这个词加进来了。当他学会想要薯条就只说"薯条"时，我们就不怎么示范正确答案了。更可喜的是，一旦孩子意识到他是真的在做出选择，也就是说，他可以在生菜和薯条中选择薯条，那么，孩子就会把这一方法应用到其他需要做选择的场景。过不了多久，孩子就能熟练地做出各种选择了。

■ 为自己而重复

有时，孩子仿说不是为了回答问题，他们重复整个短语和句子，只是为了单纯满足自己想再次听到这些话语的愿望。这种类型的仿说，可能和自我刺激有关。

同时，在某些情况下，如果孤独症儿童在不合适的时机重复父母说过的话，甚至他们在视频或电视节目里听到的台词，这可能会变成一个问题。

例如，在"9·11事件"刚过去不久，有一个孤独症儿童家庭要坐飞机横穿美国。这个家里患有孤独症的儿子登上飞机，系好安全带，然后大声宣布："在不久的将来，会在航班上配备空中法警，以减少飞机上发生恐怖活动的可能性。"而在飞机上只要有人提到恐怖分子，机组人员就要进行调查，因此导致飞机长时间延误——男孩的父母为此也很抓狂，这也给他们好好地上了一课。

尽管孩子确实把新闻中听到的内容和生活中的真实情形联系了起来，但是，他需要了解，在飞机上谈论和恐怖分子相关的话题是不被允许的。在这种情况下，你可以教孩子把信息出处也一起说出来。例如，如果孩子说"新闻报道航空公司会在航班上配备空中法警"，这样可能就没有那么让人恐慌了。

我在工作中曾经遇到一个男孩，他叫我"威尔玛"①。我觉得自己一点都不像威尔玛，但男孩确实是这么认为的。于是我们教他说"你让我想起《摩登原始人》里的威尔玛"，而不是仅仅只是叫我"威尔玛"。同样，教孩子给句子搭配上合适的上下文，也有可能会引发和别人的交流对话。

正如我们之前所说，孩子会仿说也有好的一面，因为这表明你的孩子会说字、词甚至是一些可能有用的短语。如果你努力把那些孩子仿说的词变成他自发说的词，把那些仿说的短语引入他的社交对话中，你就不但在帮助孩子掌握语言，而且帮他参与交流对话。

杰克的故事

我们认识杰克时，他快三岁了。他住在美国另一个州，但被转到我们诊所来了。在我们遇到他之前，他被临床医生诊断为患有孤独症。医生还告诉杰克的父母，他可能永远不会说话，即使他能说话了，听起来也不正常。未来他不可能上大学，也不会有任何朋友或社交活动。因此，他们一家来到我们中心时，看起来非常绝望和无助。

我们见到杰克时，他什么话也不说，只是不停地哭。他只有一个兴趣，就是看动画片《蓝色斑点狗》。动画片中蓝色的小动物是唯一能吸引他注意力的东西。他一个人时，会把动画片录像倒回他最喜欢的部分反复看。如果对他提出任何需求，他就会扑倒在地板上哭闹尖叫，直到大人摁下播放键，屏幕上又出现《蓝色斑点狗》的视频为止。

我们不希望孩子哭，我们也知道，必须要制止他的哭闹行为，否则，他不会取得任何进步。因为《蓝色斑点狗》录像是杰克唯一喜欢的东西，我们就把它用上了。我们把电视放在架子上，这样，杰克就够不着电视的按钮。我们希望杰克能说出第一个词"开"，然后我们再把电视打开。

杰克开始为电视尖叫，我们给他示范了"开"字怎么说，但他仍然只是不停地尖叫。我们感觉他连续尖叫了有几个小时那么长，但实际上，大概只有二十到

---

①　美国动画片《摩登原始人》中的人物角色。

三十分钟——当你身边有个孩子不停尖叫时，你会感觉时间过得很慢。

最终，杰克停止了哭闹，因为他意识到这不会让大人把电视打开。接下来，他开始做一件件自己习惯的事情——在房间里跑来跑去、上蹿下跳，还试图爬上桌子，诸如此类。以前，只要是他这样做，他就能得到他想要的。但在我们这里，我们保持冷静，并且一直在示范说"开"这个词。

最终，杰克微弱地尝试说了"开"，我们立马打开了电视，他的脸上露出了惊讶的表情。他只是从来没有想过，这种沟通方式多有效。

在第一次尝试之后，杰克似乎开窍了。他开始哭得少了，并且会尝试说"开"这个字，尽管每次需要花很长时间。每当他成功地说出了"开"这个字，我们就会为他播放动画片让他看一会儿，作为对他的奖励。一周结束时，我们告诉杰克的父母，杰克愿意为了看《蓝色斑点狗》而努力学习说话，并且教会了他们辅助杰克发声的一些方法。他们离开了诊所，并准备好好在家里帮助杰克。

几个月后，杰克的父母把他们拍的杰克的录像寄给了我们，从录像中看出来杰克的确学会了说"开"——只要他想看《蓝色斑点狗》时，他就会说这个字。但这是他唯一会说的字，而且还局限于特定情形下。因此，我们现在的任务是要扩大他的词汇量。

于是，这家人又回到我们中心待了一周。这次，我们试图找到除了《蓝色斑点狗》动画片以外，杰克喜欢的其他东西或事情。我们确实发现了一些——虽然不是很多。比如，杰克喜欢爬到爸爸的背上。杰克的爸爸会先蹲下来，然后杰克爬上爸爸的肩膀。随后他的爸爸会站起来，（在爸爸的保护下）让杰克像自由落体那样迅速降落到地上。杰克很喜欢这个活动。

我们对杰克的爸爸说："你知道这意味着什么！"从那时起，每当杰克想要爬上爸爸的背时，他的爸爸就会让他说"上去"。

我还记得，可怜的杰克爸爸那时每天要蹲下来几百次，就为了杰克能够说出"上去"这个词。每天结束时，他都精疲力尽。还好，这些付出最终被证明是值得的。

后来，我们发现杰克也喜欢上下电梯，所以我们每次要去坐电梯时，都会说"电梯"这个词来给杰克提示。就这样，通过努力，杰克学会了说"电梯"。

几个月后，我接到了杰克爸爸的一个电话，他听上去有些心烦意乱。他说，虽然杰克继续说我们教他的那几个词，但是，他开始不停地尖叫并跑来跑去。因为我不清楚杰克这样做的原因，我让他把具体情形拍下来并通过电子邮件发给我。

　　杰克爸爸发过来的视频提供了很多信息。虽然杰克发出的声音很尖，让人很烦躁，但看上去这不是随机发生的。只有当有人试图与杰克交流时，他才会尖叫。而且通过观察，似乎他并没有要通过尖叫来摆脱别人。在我看来，他之所以有这种看上去令人讨厌的行为，实际上是他在试图与人互动。这和他之前不会说话时的尖叫不同。他此时的尖叫是因为他想和别人交流，并知道这需要发出声音实现。

　　我再次与杰克爸爸交谈，得知杰克确实已经开始说更多的话了。因为杰克的尖叫是出于社交目的，所以一旦他的父母开始提示杰克用正确的词来主动和人交流，他就会说得更多。

　　我们花了好几个月的时间教会了杰克说最初的那几个词（或字），现在，它们就像种子一样在杰克心里生根发芽。因为这让他明白了词语的用处，并渴望能多利用它们。在他们第三次来中心时，杰克已经学会了说很多词，但他仍然只说单个词。他已经三岁了，虽然会说一些话，但语言发育方面还是有明显延迟。因此，在他们的这次来访中，我们不仅致力于扩大他的词汇量，还要教他进行词语组合——为造句打基础。

　　到了第三次干预课程快要结束时，杰克能够使用不少两个词语的组合了。他仍然喜欢坐电梯，所以，我们会在按电梯按钮前让杰克说"往上走"和"向下走"。令人难以置信的是，在我们仅仅示范了几次后，杰克就学会辨认并且说出了每一楼层的层级。抓住孩子的动机（喜欢坐电梯），就能给我们带来了如此多的惊喜。

　　因为杰克还是很黏他的父母，所以我们让他们在电梯到达时先让杰克进去而他们在外面站着，直到杰克说"妈妈进来"或者"爸爸进来"，他的父母才走进电梯。不过我们很快发现，这样做得很小心。因为有一次，爸爸妈妈还没来得及进去电梯门就关了。我们赶紧从楼梯跑上去找杰克。他摁了五楼，所以当我们找到他时，他正在五楼的走廊一个人来回走动，看上去还很开心。在那之后，在杰克叫他爸爸妈妈进电梯时，我们都确保有一位大人在里面陪着他。

　　杰克的语言能力稳步提升，到他四岁时，他可以使用简单的句子（比如"我想要两块饼干，谢谢！"）来交流了。但是，杰克所说的大部分内容都和他想要的东西有关，也就是说，他说的话并不真的具备社交属性——只是提需求、提需求、再提需求。所以，我们决定尝试教杰克主动问一些问题。

　　和以前一样，要实现这个目标，最关键的是要弄清楚杰克最感兴趣的是什么。我们发现杰克很喜欢各种硬币。因此，最开始我们把硬币挨个放进他的存钱罐中，晃了下罐子，提示杰克问"里面有什么？"，然后从里面倒出硬币给他。很快杰克就会不停地问"里面有什么？"。于是他的妈妈到处找地方藏硬币——她的钱包、杰克爸爸的口袋……她能想到的每一个地方。而相应地，杰克也会一直问她要硬币。很快，妈妈开始提示杰克问硬币"在哪里"，以及它们是"谁的"，等等。

就像我们教过的大多数孤独症儿童一样，自打那时起，杰克似乎好多了，和人的互动也多了，和典型发育的孩子看上去越来越接近了。他的语言似乎也不再那么迟钝了，因为他会通过很恰当地去问别人问题来获取信息了。看起来，杰克已经在一定程度上战胜了孤独症的症状。

当然，我们仍然需要提高杰克的语言技能，比如教他英文的过去时态。为了做到这点，当有人受伤或哭泣时，我们会教他问"刚才发生了什么？"。我们也开始传授杰克认知技能，比如让他数数后才能吃到自己最喜欢的糖果。他还学习字母，以及怎样沿着他最喜欢的小玩具的轮廓画圆形、正方形和三角形。

由于杰克进步很快，我们见面的次数变得越来越少，而且他的父母也不像以前那么频繁地给我们发邮件或者打电话了。我们偶尔会收到他们的感谢卡片，让我们知道杰克表现得有多好，我已经很久没有见到他了。后来再见到杰克，是我和丈夫鲍勃被邀请在他们所在的州发表演讲。我给他们打电话了说希望见一面。那时杰克五岁了，我们在一起过了一个下午。

我们和杰克的交谈很愉快，他还不停地开玩笑，还和我们玩猜谜游戏——他总是赢，因为他很聪明。事实上，杰克妈妈说幼儿园老师唯一的抱怨是：杰克是个"大嘴巴"！老师说杰克和其他孩子不停地讲话，她不得不经常提醒他不要在课堂上和其他孩子交谈。

杰克看起来太棒了，我试图在他身上找出孤独症的症状，这还真不是件容易的事。唯一残存的迹象，就是当他感觉兴奋时会跳上跳下，且双手在空中挥舞。我之所以会留意到这一点，是因为我正在刻意寻找他身上孤独症的迹象。但如果换作其他人，我确定都会认为他很好。事实上，我听杰克的妈妈说学校里似乎也从来没有人提到过他有什么不对劲。

毫无疑问，不是所有的孤独症儿童会和杰克一样变得这么好，但这是可能的。对杰克来说，在过去的几年时间里，他的父母承受了沉重的压力，不但付出了巨大的努力，还需要持续对杰克的举动保持警觉。而现在，杰克是一个聪明、善于表达、有爱心的孩子，有很多的朋友，也从不说任何消极或刻薄的话。他是那么积极向上、充满阳光。

经典问题解答

问题：我的孩子会说话，但没有人能听懂，甚至连我也只能理解一半。我们可以做些什么来帮助他呢？

有的孤独症儿童从刚会说话发音就很完美；有的则需要很长时间来学习发出声音；还有的是先会说难发的音，而后才学会容易发的音。

如果你的孩子刚学会说第一个词，你可能要等等看，看随着时间和练习的增加，孩子的发音是否会变得更清晰。如果经过一段时间的练习，孩子的发音仍然是一个问题，你可能需要一次选择教一个音，让孩子专注地练习发这个音。对大多数孤独症孩子而言，把单个音放在词里一起练，比单独练那个音会更有成效——因为这样会让他们更有动力。另外，当孩子在练习发声时，一定要确保有东西是值得孩子为之努力的，而且是他自己选的。言语治疗师可以帮助你选择合适的词，里面会包含你想要让孩子练的音，且同一个词里不会含有其他难发的音。

问题：我的孩子只是不明白为什么她必须要说话。我们已经尝试使用你介绍过的所有激励策略，但仍然没有取得进展。我们现在应该怎么做？

我们的研究表明，如果在幼儿园阶段开始对孤独症儿童进行沟通方面的训练，而且激励策略运用得当的话，大多数孩子能学会使用词语和（或）句子进行交流。但是，有一小部分孩子语言交流仍然有困难，就需要使用非语言的方式来进行交流。例如，图片系统就是个不错的选择，大多数笔记本电脑或平板电脑也可以安装帮助人沟通的应用程序。

在教孩子使用电脑上的图片系统时，使用的激励策略和我们之前提到的一样。唯一的区别是，之前是孩子要把词说出来（或尝试说出）才能获得物品，而现在，孩子必须先触摸电脑屏幕上的对应图像才能获得想要的东西。许多沟通应用程序会把单个词转换成一个完整的句子，比如，如果孩子指向了饼干，电脑程序会说："我想要一块饼干，谢谢。"

或者，可以把图卡和实物搭配起来使用。比如，从一张图卡开始，当你举起孩子喜欢的物品时，教孩子把画有该物品的图卡递给你。一旦孩子正确地拿起图卡并递给了你，他就会得到他想要的物品。然后，你再拿出另一张图卡，上面是其他图案——最好是孩子不想要的物品——然后把两张图卡举起来。这样，你可以教孩子在图卡之间学会辨认，找出他想要的物品的图卡。当孩子掌握了这些以后，你可以逐渐系统地添加越来越多的图卡，以确保孩子能随时接触到图卡，让他可以随时交流。

过去，如果孩子还不能发声，许多教师和治疗师很快就使用图片系统作为语言交流的"桥梁"。然而，最近的研究表明，如果只教孩子口语，这种方法也同样有效，所以我们通常一开始会采用这种方法。如果孩子没有进步，那么我们可能会切换到一个辅助与替代沟通系统 ①，但通常这是在我们已经努力教孩子口语一段时间后才会考虑的。孩子们进步的程度不尽相同，有的孩子在第一节课中就能开口说话，有的孩子则需要花上一年时间才学会说完整的句子。所以，可以考虑先试试教孩子用语言沟通，但如果你费了很大劲，孩子都没开口，或者孩子尝试开口说了但很难让别人听懂，这时，图片系统可能会有所帮助。你可以让孩子先尝试说话，然后指向图卡，这样就可以弄清楚孩子想要什么。

> **问题：**当我的孩子说话时，我只能时不时听懂某个词。他似乎想告诉我什么，但大部分听起来都含混不清。有什么建议吗？

我猜想，当你的孩子说一个字时，他很清楚自己在说什么，可当孩子想表达的内容越来越丰富时，对他来说就困难了。如果孩子说的句子里有些词别人能听懂，知道孩子想要什么，会导致孩子不容易发现其实自己并没有完全表达清楚。

当你听不懂孩子说的话时，可以让孩子停下来，并提醒他只说自己能理解的词。注意尽量以正向鼓励为主，以免打击孩子说话的积极性。例如，如果你知道孩子想要橙汁，他说"吧啦吧啦，吧啦吧啦，橙汁"，你可以在递橙汁之前提示他说"橙汁"。你也可以提示孩子说"我想要橙汁"或"还要橙汁"。这样做相当于给孩子反馈，他说的话哪些是别人能理解的，哪些不是。但这看上去似乎有点背离我们教孩子说话的初衷，因为我们努力的方向就是让孩子说的话越长越好。可是，如果孩子说的话别人无法理解，他想表达的信息就无法传递出去，这可能

---

① 美国听力障碍协会对辅助与替代沟通系统的定义：应用于临床、教育、研究实践领域，旨在暂时或永久改善较少有或无功能性语言个体的沟通技能，它是沟通障碍个体发展接受性和表达性语言能力最重要的辅具。

会让他感到沮丧。从这点上来说，与其让孩子说得很长但别人无法理解，不如让孩子说得短一点但别人能理解。

有时候孩子真的不知道你不理解他们说的话。我记得读过一篇研究文章，是关于不会发"g"这个音的孩子的记载。测试人员指着乌龟的图片说"看，乌堆"，孩子们回答说："这不是乌堆，是乌堆！"其实孩子听出来测试人员说错了，但孩子发音是错误的，只是他自己听不出来。

同样，在和别人交谈时，有时孤独症儿童也需要别人的反馈才能弄清楚他们说的哪些部分没有被理解，而让孩子说话时句子短一点，可能会更有帮助。

如果孩子有很多发音都不正确，那么就一段时间只选一个音来练，并结合有趣的活动，带孩子练习这个音。例如，我们工作中曾遇到一个孩子，他也是不会说"g"这个音，但他喜欢球。所以我们拿来一大堆球，并给每个球起带"g"音的名字——鬼球、狗球、高球等。当我们和他打球时，他必须说出球的名字。在这个有趣的游戏中，孩子很快学会了发"g"音。

但是，如果你要针对发声进行训练，请务必首先和言语治疗师确认，以确保你选择的音是和孩子年龄相符，并且孩子能够学会发的。有些音，比如"g、k"和"d、t""j、q、x"，对刚开始学说话的孩子来说都很难，更何况是晚开口的孩子——还记得当初爸爸妈妈教你说"自己"，而你每次说成"记己"的时候，他们都会心地笑了吗？然后，不需要专门做什么，你最终还是学会了正确地说出来。你的孩子可能也如此，也许不需要特别注意，就会发这些音了。所以，再提一下，在你开始专门给孩子的发音做特别训练时，别忘了和言语治疗师联系。

> **问题：**我的孩子对什么东西都不感兴趣，也不想和任何人互动。他就喜欢刺激——常常表现出自我刺激行为——且是无时无刻地。我不知道有什么样的活动或者事物能让他感兴趣，让他觉得值得为此开口说话。

有许多孤独症儿童最初看上去似乎并没有对任何事物感兴趣，这使得教他们更具挑战性。对于这类孩子，如果他实在不想互动，我们经常会选择"再见"或"完成"作为孩子学的第一个词。我们会一直在他身边，直到他努力尝试说"再见"或"完成"。你也许会惊讶地发现，孩子是多么有动力去说这个词！

有时我们也会利用孩子的重复行为，作为对他好好沟通的奖励。例如，我们工作中曾遇到一个男孩，他一整天都在反复玩球（一种自我刺激行为），那是他唯一做的事。所以你可能大致猜到了，他学会的第一个字是"球"——为了把球拿回来，他努力尝试说这个字。另一个孩子似乎只喜欢开关灯，所以他学会说的第一个字是"灯"。所以，找到足以能让孩子有动力去说话的事物，这的确是可以带来很大的改变。

看到这里你可能会有疑问，不是说要减少孩子的自我刺激行为吗？现在你告诉我要奖励他的这种自我刺激！这不会让情况变得更糟吗？

这是一个合理的担忧，但孩子的刺激行为不太可能变得更糟了，尤其是如果他必须做一些适当的事情才能继续这种行为。请记住，这只是一个开始，孩子开口说第一句话可能很难，我们首先要确保给予孩子他真正想要的奖励。稍后我们将继续努力把一些恰当的词语串起来，让孩子花越来越多的时间专注于沟通，这样，他花在重复行为上的时间也就越来越少了。

研究表明，孩子语言技能的提升，并不会导致自我刺激行为变得更糟。事实上，如果孩子运用语言的时机得当，自我刺激行为通常会减少，甚至完全消失。

问题：我的治疗师说，在我儿子学习如何说话之前，需要学会模仿非语言活动。这是真的吗？我们是否应该等到他学会模仿我们动作的时候才教他呢？

通常来说，模仿是交流和学习中非常重要的一部分。然而，大多数孤独症儿童不会通过模仿动作来学会说话。如果你等他学会这样做才教他，你可能会失去很多宝贵的时间。我们推荐尽早教孩子学会沟通。

然而，教孩子模仿他人是有价值的，而且完全可以通过有趣的方式来进行。一些活动，比如"模仿领头人"（领头人要变换不同的动作，大家必须模仿领头人做动作）和"西蒙说"（动作指令带"西蒙说"时，大家才做动作），都是很棒的非语言模仿游戏，可以让你的孩子通过这样有趣的游戏来开始学习和同龄人互动。你甚至可以简化这些活动，使得它们更容易学习，例如一次只做一项活动，尤其是孩子最喜欢的活动，如"模仿领头人"游戏里的跳跃或者游行活动。然后随着时间的推移，待你的孩子逐渐适应后，再慢慢增加活动。

安德鲁的故事：发展语言能力

安德鲁两岁半时，他根本不会说话（但奇怪的是，他可以模仿很多的动物的叫声，例如"哞"和"咩"）。对此，我们的儿科医生建议我们咨询一位他认识的言语治疗师——罗伯塔·菲尔兹·波斯特。

几个星期后，我们坐下来与治疗师进行了一次长谈，气氛很融洽。"他会学会说话的，"罗伯塔说，"但这不会是一夜之间就能发生的事，而是要经过很多年的努力。"

事实证明，她并没有夸大其词。

创造机会让孩子开口

虽然在安德鲁最初开始学说话时，我们并不认识凯格尔博士，然而我们的言语治疗师罗伯塔在教语言时使用的教学方法和凯格尔博士的非常相似。

在接受治疗师干预之前，安德鲁还在蹒跚学步阶段，在他想要什么东西的时候，要么把我们领到那个东西跟前，要么举手等待我们采取行动。比如，如果他手头没有玩具玩，他会举起手耐心地等待，直到有人注意到并过来帮他。对安德鲁而言，这就是他做的最主动积极的事情了。（面对那只举起的手，他的叔叔——一位老师——总是大声问道："后面那位，你有问题吗？"可惜的是，安德鲁从来没有回应过。）

不管怎样，罗伯塔说我们必须停止这样做，比如当安德鲁带我们到厨房或者他坐下来表示想要吃东西时，我们就跑过去把果汁或食物给他。我们必须要学会等待，直到安德鲁做出明确的尝试，把他想要的东西说出来。

比如，每次安德鲁想要一杯橙汁时，我们都等待——他特别喜欢喝橙汁，所以愿意努力尝试发音——不久他就会说"汁"了，再过了一段时间，他会说"橙汁"了。这是他说的第一个词！

但是，"妈妈"这个词，安德鲁一开始却似乎总是学不会，直到四岁才学会说"妈妈"。即便如此，他也不像别的孩子那样随时都能叫"妈妈"。如果你指着我问安德鲁"这是谁？"，他会说"妈妈"，就像辨认他认识的玩具或者是电视节目中的某个人物一样。过了很长一段时间，安德鲁才懂得如果他想喊我到他身边，应该叫"妈妈"。

这种情况一直持续了好几年，这真的让我很难受。好在安德鲁喜欢我抱他，经常会躺在我怀里睡着了，所以我知道他是爱我的，即使他不懂得用语言去表达。

简化，简化，再简化

罗伯塔告诉我们，当我们和安德鲁交谈时，必须尽可能简化语言。她建议我们不要说复杂的句子，比如："我们不想让你打人，因为你可能会伤害到别人。"而要将我们的指令变成简短的语句，例如就说："不要打人。"

这个方法似乎对安德鲁的语言发展起到了促进作用，而且同时也带动了安德鲁的弟弟里奥。里奥出生在安德鲁开始接受言语治疗的阶段，因为我们那时说的话都特别短，而且非常夸张，使得里奥在两岁前说话像个小教授一样。

通过这种方法，安德鲁学会了很多词语。过了一阵儿，他能说的词语居然比他能理解的还要多。最开始我没有意识到这有多奇怪，直到我又生了三个孩子，我才发现，在最初的几年里，典型发育的孩子懂的东西比他们会说的要多得多，而像安德鲁这样的孤独症孩子则相反。给事物命名和说简单的句子——由主语、动词、宾语组成——对他来说较容易，但如果人们说更复杂点的句子，对他而言还是很难。比如，一个简单的两步指令——"把鞋子拿起来放到你房间里"——就会让他感到困惑，即使他"懂得"这句话中的每一个字。

仿说

随着词汇量的增加，安德鲁学会了将简单的句子组合在一起。但可惜的是，他所说的很多句子只是重复我们之前所说的。

与我们合作的专家解释说，这种现象叫"仿说"，并指出安德鲁并不理解句子是由好几个成分组成的。很多时候他能理解句子的意思，但不明白在语法上句子是由几个部分构成的。

他也不理解代词的含义。如果我们说："你想要什么吗？"他会说："你想要什么？"代表他对问题的回答是肯定的。因为我们称他为"你"，所以我猜他认为这个词在句子中是指代他自己。

不久前，我和丈夫看了几年前我们在夏威夷度假时拍摄的影像资料。安德鲁那时是五岁左右，当时他正和弟弟在酒店露台上玩橡皮泥，我们问了哥俩一些问题并把他们的回答录了下来。当我再回看录像时，我震惊了——安德鲁在十分钟的视频里所说的一切都是仿说。而他两岁的弟弟则是说个不停，不但问了很多问题，还描述他正在做什么。这样的对比实在是太明显了，即使这么多年过去了，回想起来还是让人感到难过。

尽管如此，安德鲁在语言上还是持续进步，这是个好消息。慢慢地，他会说的越来越多，逐渐学会了不重复别人的话，而且能适当地回应。我们的两个言语治疗师都非常棒，他们为安德鲁付出了很多心血。我们的第二位治疗师每个星期会见安德鲁三次，同他在房间里玩游戏和聊天，教会安德鲁很多新的词语和短句。

凯格尔博士的建议：让孩子更多地主动说话

安德鲁五岁时，我们第一次带他去见了凯格尔博士。他们坐下来一起聊天，聊了将近一个小时。

我记得他们有一段对话是这样的：

"你昨晚做什么了，安德鲁？"

"我看了电影。"

"什么电影？"

"《玩具总动员》。"

"你喜欢它吗？"

"是的。"

"那太棒了。你知道吗？我昨晚也看了一部电影。"

然后是一阵沉默。凯格尔博士等待安德鲁能再说点什么，但安德鲁没有再说话，而是等她问他另一个问题。

后来，凯格尔博士对我们说："安德鲁不怎么主动说话，这是我比较担心的地方——他不会问我问题。而对大多数典型发育的孩子来说，他们对话的大部分都是在问问题，但安德鲁很少问我问题。这实际上是有问题的。"

她接着解释说，一旦孩子在主动说话方面有提高，孩子其他各方面能力也会有显著提升。

"你需要教安德鲁学会提问。"她说。

教安德鲁提问

凯格尔博士告诉我们，要促使安德鲁主动说话其实也很简单，我们只要提醒他问别人问题就可以——"安德鲁，你为什么不问问她喜欢这部电影吗？""安德鲁，强尼刚才说他腿受伤了。为什么你不问他是怎么伤的呢？""你有没有问过内莉阿姨她在奥哈伊①玩得开心吗？

我们按照凯格尔博士的建议去做了。安德鲁很听话，如果我们告诉他要说些什么，他就会照做。此外，我们还要求安德鲁所有的常规治疗师在和他一起的时候，都要提醒他主动提问。

这个方法是如此简单，但效果出奇地好。只是这么提醒了几周，安德鲁就开始能主动提问题了，而且问的问题越来越多。就好像他刚刚才发现，问问题会带来和别人的信息交流，令人感到开心，所以他想要问更多的问题——这对他的语言发展和社交技能的提升都有好处。

直到有一天，安德鲁问的问题实在太多，以至于我们都希望他能打住。事情是这样的，以前当着安德鲁的面，我们可以毫不忌讳谈论任何事情——确实是任何事情，因为他会沉浸在自己的世界而无视我们。但经过我们不断提示和引导之后，他开始总想知道我们在说什么、谁要去哪里、为什么这么说、我们说谁做了什么，诸如此类。打那以后，在安德鲁面前，我们说话都非常谨慎。我们还发现他听力很好，当我和他爸爸在低声交谈时，他总能听清楚我们在说什么。我们都不知道他的听力原来这么好，因为他以前对我们的谈话一点都不感兴趣！

安德鲁十一岁时的语言水平

安德鲁十一岁时，有一次他向我解释什么是"明暗对照法"②。因为他在他的一幅画中使用了这种技法，而我不知道这个术语是什么意思。他现在的词汇量越来越大，说话也变得非常有礼貌。

但是，还是会发生一些状况，提醒我们安德鲁在语言方面有困难。他经常一句话说了一半后，会停下来纠正自己，而且，当他这样做时，他经常不得不回到句子的起点，才能找到要修改的地方。他会特别留心让谈话"围绕主题"展开（他受过这方面的训练，因为他总是忍不住想把谈话引向他自己感兴趣的主题）。有时，他说到一半突然会为转移了话题而道歉，即使他转换话题的时机恰到好处。但是，大多数孩子不会为改变谈话

---

① 美国一处度假胜地。

② 绘画术语，即用细微的明暗渐变来造型的技法。

主题而道歉。

此外，在很长一段时间内，安德鲁都不太会用介词。这是我们之前没有意识到的。我们的语言多么复杂啊！各种搭配、组合、语法……然而对安德鲁而言，之前的经验已经一再证明了，通过努力和记忆，他是可以把语言学好的。

记得在安德鲁七八岁的时候，当时他说"橙汁"这个词已经说得非常好了。然而突然有一天，他开始改说"纸"。就好像他突然不知道"橙汁"这个词该怎么说了。我纠正了他的发音，结果他很快就重新学会了怎样说。这让我明白了，为了把已经学会的语言保持住，安德鲁必须要付出艰苦的努力。

安德鲁就这样坚持了下来。到了十一岁时，他可以和别人进行长谈、会打电话、拼写考试能拿一百分，而且，他还很有礼貌（这多亏了安德鲁的机械记忆能力，因为他特别记得要说"请"和"谢谢"）。我们周围的人都很惊讶安德鲁这些年的变化。我们的录像带记录了他的成长。

每天晚上，当我对他说晚安时，他都会说："我爱你，妈妈。"

这感觉太美好了。

十年后

已经过去十年了，回想起来，我有好多年没有在夜晚跟安德鲁说晚安了，主要是因为即使他从大学回到家里住，我也会比他早几个小时睡觉。安德鲁也不再是之前那个缠着我直说"妈妈，我爱你"的小男孩了。他真的长大了。

我对安德鲁接受言语治疗的记忆已经很模糊了。这不是说安德鲁的语言就完全没问题了，只是他不再需要治疗师来帮助他了。顺便说一句，安德鲁的电子邮件写得很棒——当我们和他就某些问题展开激烈辩论时，有时他会写出最有说服力、最有道理的电子邮件，彻底说服我们。我觉得，对他而言，写电子邮件这种方式更简单、更容易，因为这不需要把想法立马转换成语言说出来。这个我完全能理解——我自己也更喜欢邮件交流，而非与人面对面交谈。

最近在一次学校活动中，我和另一个妈妈聊天。当我们交谈时，我突然变得特别敏感，以至于能体会到很多人参加这类社交活动时的那种紧张心情。我尽量让自己看起来很放松，但大脑里却闪过无数问题：我的声音听起来够友好吗？还是友好过头了？我是不是过于直率了？我的牙齿上有东西吗？我说话声音是不是太大了？她说的话我听不清，我可以请求她重复吗？她会不会觉得我很烦？她对我说的话真的感兴趣吗？我应该继续和她聊，还是找借口走开？等等。

当时我忍不住想，"与人交谈真难啊！"。

是的，当你在与他人进行谈话时，你需要留意的地方实在太多了（我们将在第五章详细讨论）。想象一下，对方一直在滔滔不绝，而你却在纠结选哪个词、如何正确发音。当对方的谈话已经转移到下一个主题时，你还在试图弄清楚他最开始在谈论什么。

这让我明白了在对孩子进行语言干预时，为什么引导、鼓励孩子，让孩子保持对事物的兴趣，以及奖励他取得的成功，是如此重要。越是回首我们最开始的那些年，我就越发意识到，安德鲁在语言方面的困难可能是导致他如此孤僻的主要原因。我的丈夫和我都特别健谈——我们都从事文字工作（我们都是作家）。我们的二儿子是和安德鲁一起长大的，学语言对他而言很轻松，后来大家都公认他是个不错的演讲者，他还被邀请在高中毕业典礼上发表演讲。在我们家当时的环境中，我可以想象，可怜的安德鲁是感到多么无助——我们在喋喋不休地交谈，而我们说的话安德鲁却一句都听不懂。

所以，接受言语治疗从一开始就是安德鲁的首要任务。正如我上面所描述的，这花了我们非常多的时间。这个选择是正确的：安德鲁语言能力的进步拉近了他和其他人的距离，他的挫败感也少了很多，社交的动力也大大增强了。同时还要注意，让语言的使用变得有意义和有回报，是很重要的，哪怕你要用吃糖果和荡秋千作为给孩子的奖励。多鼓励孩子用语言表达他的想法，伴随孩子一生的社交互动就是这么简单地启动了。

最后一个注意事项

还记得我在前面部分说过的，一个简单的两步命令（"把鞋子拿起来放到你房间里"）也会让安德鲁感到困惑吗？嗯，就在安德鲁准备大学毕业论文的时候，有一天他的父亲给了他一个待办事项清单："早上九点去租车点，取我为你安排好的车，装上你宿舍里的东西，开车去爷爷家（车程两小时），找到藏在门口花盆里的钥匙（如果在那里的话），把所有东西都搬进屋里。如果钥匙不在那里，把箱子放在走廊上，然后离开，确保你在下午两点前开车回到租车点还车，否则你可能赶不上三点半的航班，那样你将无法到洛杉矶与我们会合（我和妈妈在那里等你）。"由于正在筹备论文，接到这个任务后，安德鲁不得不在出发的前一天晚上把整个宿舍收拾好，然后第二天按时起床去完成了这一切。

你想知道后来怎样了吗？是的，他完成得非常好！

第三章

眼泪、崩溃、
攻击行为和自伤

> **问题 1：** 我孩子三岁了。他有时发脾气会扑倒在地板上，用额头撞地板直到头上撞出大大的血泡。我试着紧紧抱住他，这样他就不会受伤。每次他这样做时，我都很害怕。这种情况每天都会发生，有时会持续两三个小时。是什么让他这么生气呢？
>
> **问题 2：** 我是一名助教，我辅助的是一个八岁的女孩，她在普通班就读，而且在大多数情况下她都表现得很好。但是，每当有事情让她感到沮丧时，她就会在所有人面前崩溃大哭。于是班里的其他孩子就会取笑她，我不知道怎么帮她，因为那时候她谁的话也不听。我们该怎么做才能让她不容易崩溃大哭呢？

对父母来说，看着孩子在自己面前失控崩溃，实在是令人难过。吵闹、大哭、撞头、尖叫、扔东西——这些都是会造成严重后果的破坏性行为，无论是在家里、学校，还是公众场合。

孤独症儿童的这些行为对父母造成的压力之大，往往令人难以置信。许多父母反映，他们觉得自己像犯人一样被困在家里，因为孩子的破坏性行为使得他们没办法离开家。我们曾经拜访过的一位妈妈说她已经两个星期没洗澡了，因为她不能让孩子没人管，即使只是几分钟。

父母们也在承受情感上的折磨——他们爱自己的孩子，希望能保护好孩子，所以，但凡看到他们难过受苦就会心碎。当孩子发脾气或抽泣时，父母想帮忙，但是并不总是知道该如何做。有时父母也担心，如果这样做了，究竟是会让孩子消停了，还是只会让情况变得更糟。同时，他们不免开始担心孩子这些行为可能会带来的长期后果。比如，如果孩子总是让治疗师受伤，治疗师还会愿意继续给他做干预吗？他是不是需要一直吃药吃到老？他最终会被安置住到有人看管的集体宿舍吗？孩子有那么多攻击性行为，会不会除了父母没有人爱他或者喜欢他？

在这些行为中，最令人痛心的，可能莫过于自伤。在我们中心，每当孩子伤到自己时，在父母的眼中，我们看到了恐惧和震惊。他们往往会跳起来紧紧抱住孩子，保护孩子，并且希望孩子不要再伤害自己，但同时又感到无比绝望，仿佛看不到任何希望。

问题行为带来的后果

所有这一切都意味着，我们面对的这些家庭正在承受着巨大的压力。家庭的朋友圈越来越小，也很难找到愿意给孩子做干预的人。

即使是那些破坏性行为不那么激烈的孩子的父母，也发觉自己很容易变得沮丧。毕竟，每当孩子哭泣或崩溃时，他不可能学技能，不会接受任何信息，也无法融入同龄人的世界。这一切都阻碍了他的进步。

那么，作为孤独症儿童的父母，你究竟该怎么做呢？你可以通过下面介绍的一系列方法，来打破孩子破坏性行为的恶性循环。这些方法都是我们多年经验的总结，会帮你打开通往全新生活方式的大门。

不要惊慌

孩子的问题行为使人抓狂。当孩子在你面前大发脾气时，你会心跳加速、浑身发抖——这些都是身体下意识的反应。我工作中曾遇到一个十一岁的男孩，个头比我高，体重比我重。他走进我们游戏室的时候握着妈妈的手，看起来已经有点激动。突然他向我扑来，紧盯着我的眼睛。尽管我上班时天天都和孤独症儿童在一起，但那一刻我也慌了神——我所能想到的，就是到桌子的另一边去，这样能离他远一点。我的大脑一片空白，甚至几乎忘记了这是我的地盘……实际上，我本来是知道如何应对类似行为的。

■ 注意安全

其实我也没有完全做错，因为冷静下来（至少内心保持镇定）才能让我做得更好。请记住，处理孤独症儿童攻击性行为的第一条也是最重要的原则是：要保证每个人是安全的。当你阅读到本章末尾时，你也许会尝试采用我们介绍的一些具体的措施，看看能不能改善你孩子的严重行为问题。

例如，迈克十七岁了，经常大发脾气，会攻击房间里的任何人。迈克又高大又健壮，出手又快。我们发现，如果我们严厉地大声说"坐下！"，他会听从。但这不是一个长期的解决方案——只是一个临时应对措施——但确实发挥了作用，使得我们在制订干预计划的同时确保了每个人的安全。同样，我们发现一些有攻击性的孩子，在他们的行为失控之前，引导他们进入一个新的活动也是不错的做法。

■ 等待行为结束

不过，通常情况下，要保证每个人的安全也就意味着和孩子保持距离，直到他的攻击性行为结束我们才可以恢复教学。重要的是，要认识到，对绝大多数孩子来说，当他们正在发脾气的时候我们不可能教他们任何东西。换句话说，当你的孩子在家里正在气头上时，你是不可能教他不要发脾气的。

你能做的是弄清楚是什么导致了孩子发脾气，这样你才能够努力防止它再次发生——这是下一步。

■ 注意不要奖励破坏性行为

请尽量不要奖励孩子的任何不良行为。也就是说，如果你的孩子因为他想要某样东西而出现破坏性行为，而行为出现时或之后你把东西立即给他，那将告诉他这是一种成功的沟通方式。同样，如果你的孩子试图通过尖叫、到处乱踢来摆脱某项家务或活动，你没有坚持让他仍然去做，他就会知道这是一个好办法，能让他摆脱不想做的事情。这样的孩子是通过表现出破坏性行为来达到自己的目的的。让我们回顾心理学的基础理论——如果行为能得到间歇性奖励，它们会变得更加顽固、不容易消除。所以，不要认为偶尔屈服是可以的。要尽力而为，永远不要奖励那些你想要孩子摆脱的行为，并确保孩子身边经常接触他的人都了解这一原则，包括兄弟姐妹、（外）祖父母、阿姨和叔叔、老师、助教、保姆等。毕竟，如果他们无意中在其他环境中强化了孩子的问题行为，那么孩子的坏行为就会持续下去。

同时，我们将教你如何帮助孩子学习更好的沟通方式。我们希望他知道要有礼貌地提需求、告诉别人他想要什么，而尖叫和发脾气是不管用的。

弄清楚为什么会出现问题行为

弄清楚孩子问题行为发生的原因，这非常重要。为此，你需要一个数据表。你可以把本书后面附录中的行为数据表复印几份。如果你的孩子问题行为有很多，你可能需要复印很多份。此外，还要确保你的孩子走到哪里，表格就跟到哪里，以便于和他互动的每个人都可以利用它来记录数据。你还可以考虑额外再备一些表格，发给为你的孩子提供服务的专业人员，然后等他们全部填写完以后再把信息汇总。

现在你有了数据表，就要开始记录了。每次你的孩子表现出破坏性行为，就在数据表增加一条记录。首先，在顶部写下问题行为，例如"打妈妈""咬姐姐""哭闹"等。接下来，记录行为发生的时间和地点。然后沿着列表往下，并在方框中打钩，指出行为出现之前和之后发生了什么，以及为什么会发生。制作这个表格的目的，是希望你能轻松快速地记录数据，同时又包含了所有重要信息。

在这一刻，你只是在记录信息，而不用考虑需要对自己目前的做法做出改变。你可能会觉得自己在浪费时间，但其实你不是——我向你保证，这样做是找出解决方案的第一步。记得把方框都填满，因为接下来，我们希望你能通过它来尝试找到孩子问题行为的规律。

找到问题行为的规律

这可能看起来很困难。你的第一反应可能是，"我已经知道我孩子为什么在尖叫——他就是生气了。"甚至，"我不知道他为什么尖叫，也许没什么理由，他天生就这样。"但破坏性行为很少无缘无故地发生。孩子看起来很简单的愤怒，可能是想表达更复杂的内容。

请记住：你的孩子肯定是从他的行为中获得了一些东西，否则他不会沉迷其中。重要的是，要弄清楚他得到了什么。这可能需要一两天甚至一两个星期才能弄清楚。但是一旦你这样做了，你就可以制订一个计划来减少或消除它。

举个例子，有一天你对孩子大喊大叫，有人问你为什么对他大喊大叫。你的第一个想法可能是，"我尖叫是因为我生他的气。"但这并不是那么简单，不是吗？你之所以尖叫，是因为你想让他安静；或者是因为你想让他打扫房间；或者是因为他把东西洒了一地却并没有清理它，你不希望这种情况再次发生。你尖叫是因为它能引起孩子的注意，并期望能带来一些好的结果（比如，孩子会按照你希望的那样去做）。如果你说自己大喊大叫只是因为生气，这等于根本就没打算找出真正的原因。

■ 做记录的重要性

顺便说一句，我知道填写数据表本身很容易，但当你的孩子的破坏性行为正在发生时，你很难保持冷静清醒。事实上，你可能在想，"我的孩子正在尖叫、在打人，你却要我填表？先告诉我如何让他停下来，我再考虑填你的表格吧！"

我理解你的感受。我们的治疗师总是会遇到有攻击性行为的孩子，在确保孩子不会伤害自己或其他人后，他们会冲进我的办公室，说："我们不知道该怎么办！我们应该做什么才好？"他们都是孤独症干预领域的专业人士，但有时当孩子崩溃时，他们也不知所措。尽管如此，当他们说不知道该怎么做时，我总是说："不，你知道该怎么做。"他们说："不，我们不知道。"我说："你知道的。"然后他们想了想，随后说："哦，是的——我们知道。"是的，他们会去拿数据表进行填写。

你要弄清楚为什么孩子会有破坏性行为，这是解决问题的第一步。它可能不像我们想的那么容易弄清楚，但是从长远来看，这样做是有效的。

让我给你举个例子。欧文，一个可爱的三岁小孩，以前经常用力咬自己的手指，以至于每个手指的指尖都有咬伤留下的瘢痕。大人告诉他不要咬手指显然没有用——这只会提醒他继续咬。而当我们开始记录他咬手指的时间后发现，他每次咬手指都是想要一些东西。所以，每当他开始咬手指，我们就提示他要用语言来提需求。我们等到他用语言表达后，作为正强化，我们对他给予关注或者给他提供他想要的物品。当然，这当中我们必须要谨慎，以免他领会到的是，"首先我咬手指，然后有人提示我该说什么，然后我得到了那个东西。"我们最不希望看到的是，欧文会觉得是因为咬手指才让他获得了想要的东西。所以，平时在他没有咬手指时，我们也和他一起练习如何运用语言提要求，以确保他会把成功（得到他想要的东西）归结为使用正确的语言而非咬手指。这很关键。很快，当欧文想要什么东西时，他开始用语言提需求，而非咬手指——现在对他而言，用语言提需求已经比咬手指更有效了。

如果你实在无法弄清楚你的孩子某种破坏性行为的原因，数据表里有一系列非常常见的原因可以帮助你了解。当你填写完数据表后，你可能会看到一种模式，可以通过以下方式之一来解释行为背后可能的原因。

■ 逃避任务

孤独症儿童表现出攻击行为或自残行为的目的可能是逃避做他不喜欢的事情——这通常包括大多数的社交互动。比如，当老师带着当天的作业走过来或请孩子坐下时，孩子可能就会开始咬自己。

如果孤独症儿童在被要求做任务时表现出破坏性行为，那么老师、家长和治疗师通常就会停下来。有一些研究表明，孤独症儿童的破坏性行为可以完全改变教室的课程安排：我见过很多教师的课程非常简单，以至于孩子基本学不到什么东西。老师们担心引发孩子的破坏性行为，于是简化了教学任务，以避免孩子发脾气。实际上，这对孩子的教育是有害的。孩子们很快就会学会，只要哭闹，老师就会撤回对他们的要求。

同样，孩子可能一个人玩玩具时表现得很平静，但当妈妈试图问是否可以一起轮流玩时，他可能会强行推开妈妈，目的只是避免与她互动。或者，当父母试图让孩子关掉电视去穿衣服准备出门郊游时，他可能会紧握拳头打自己的脸，因为他想避免做他不喜欢的活动（郊游）。

有时大人只是很正常地走过来打招呼，也会引发孩子的攻击性或自伤行为。他们要通过表现出破坏性行为，试图逃避即将到来的任务、活动或某个人。

■ 逃离任务

孩子问题行为出现的第二个常见原因，是逃离已经在进行的任务或活动。这往往在任务变得太难或者社交对话难度太高时发生。例如，一个孩子可能在"圆圈时间"坐得好好的，但当讨论变得太复杂而难以理解时，他可能会试图通过咬身旁同伴的耳朵来逃离"圆圈时间"的活动。如果孩子成功逃离了，这反而对他的咬人行为进行了强化。

同样，当一项任务对孩子来说太难时，他可能会转向攻击他人或自伤。他可能正在打扫自己的房间，收拾东西，把衣服放好。但当他开始收拾洗衣篮里最后一叠衣服时，他可能会觉得受够了，于是把叠好的衣服全扔到地板上，然后又踢又蹬，直到他从这项任务中逃离出来。逐渐地，他的破坏性行为可能会升级，直到大人放弃，不再要求孩子完成任务了。不幸的是，这反过来强化了他的问题行为。

■ 获取关注

尽管大多数人认为，孤独症儿童会尽量回避其他人，但有一些孩子会反复寻求关注——尽管他们获得关注的方式可能并不恰当。例如，我们工作中曾遇到一个四岁的女孩，叫布鲁克，她会不停地抓自己的胳膊和腿上的皮肤，直到流血为止。但是，当妈妈把她抱起来时，她的自伤行为就停止了，而且她从来没有在被大人抱的时候抓伤自己。所以，即使布鲁克很重、她的妈妈身材很娇小，她的妈妈大部分时间还是会抱着她，以免她伤到自己。布鲁克不知道该怎样以适当的方式引起妈妈的注意，但显然，她已经了解到，抓伤皮肤会达到自己的目的。有时候，我会看到有的孤独症孩子确实有兴趣与同龄人互动——这是一件好事——但因为社交沟通对他们来说很难，所以他们往往会试图通过使用不恰当的方式来引起同伴的注意，例如打人或推人。好的一面是，孩子想要吸引同龄人的注意；不好的一面是，孩子使用了不恰当的方法。为此，我们要教孩子学会用适当的行为来代替问题行为，这非常重要。这样不仅减少了孩子的破坏性行为，而且能帮他交到朋友。

■ 得到想要的东西

孤独症儿童从事破坏性行为还有一个常见原因，就是要获得他们想要的东西。

在出生后的第一年里，婴儿通过哭泣来表达他们的大部分需求。但在大约一年之后，他们开始学会用语言来表达需求。然而，如果用语言表达很困难，他们可能会继续使用早期的沟通方式，例如哭泣，来获得想要的东西。

例如，我的一位学生喜欢将他最喜欢的物品排成一排。每当家里的东西放错了地方，他就尖叫、用脚踩地板，直到妈妈将其恢复到正确的摆放顺序为止。

我见过很多孩子通过尖叫、哭闹、抢，来获得他们想要的东西，比如喜欢的食物或玩具，而不是使用语言。有一天我参观了一所学校，观察到一个六岁的孤独症小男孩，在午饭时间他经常抢其他孩子的食物。当其他孩子不给他食物时，他就哭闹尖叫着猛地冲向食物，直到得逞为止。为了躲避他的破坏性行为，其他孩子几乎都是眼睁睁看着他抢走了自己的食物，所以他的尖叫一直是有回报的。

弄清楚你的孩子从他的破坏性行为中得到了什么，是帮助他克服这些行为的重要线索。

排除严重的生理因素

在你开始学习如何干预孩子的破坏性行为前，排除任何可能的严重生理原因，这很重要。一些生理状况，例如耳部感染、感冒或头痛，会引起孩子的疼痛或不适，并导致破坏性行为出现。例如，有的耳朵感染严重的幼儿，会用头去撞婴儿床的栏杆。过敏也可能导致孩子出现自伤行为，例如反复抓挠发痒的部位即结痂处。另外，经前期综合征也有可能引起女孩问题行为暂时性增加。显然，你需要先解决这些身体方面的问题，而不要直接跳到行为干预上。

有时生理问题可能不是很明显。让我给你举个例子。格雷西每天都坐公交车上学，当她上课时，老师为每个学生安排了一份"当天的工作"。十天中有九天，格雷西都非常精神地走进教室，找到她的工作任务，并且顺利完成。然而，每十天里就会出现一次，当格雷西听说老师分给她任务时，她就会崩溃，躺在地板上，脸朝下，尖叫，腿到处踢。老师真的被难住了，直到她在家长会上提出了这个问题。原来格雷西偶尔有睡眠问题，因此，在她睡不好的日子里，对她提一丁点儿的需求都会让她崩溃。幸运的是，格雷西的父母表示，如果哪天格雷西没睡好，他们会在上学前给老师打电话。这样老师就知道格雷西什么时候会很脆弱，就不对她提很多要求了。

虽然我建议你首先排除孩子的任何生理问题，但是，我也需要在这个建议中添加一个提醒：小心不要把什么都归结为生理原因。毕竟，我们不能期待周围的一切都很完美，孩子才能有良好的行为。就拿我们大人来说吧，我们也经常会有失眠、头痛，或者其他感觉不太好的时候。尽管如此，我们仍然要去上班、做事，甚至一样要对别人表示友好。

所以，如果你发现自己总是为孩子的问题行为找借口，你可能给了他太多的自由。例如，我们工作中曾遇到一个可爱的两岁半的叫荷西的小男孩，他总爱大发雷霆。有一天，在我们和他一起开会时，我查看了之前的记录后发现，荷西的妈妈对于他发脾气总有各种借口——他晚上睡得不好、错过了午睡、没有吃午饭、正在长牙、跟大人去杂货店购物（这是荷西讨厌的事情）、爸爸到外地去了，等等。当我们半开玩笑地和荷西妈妈重新再看她的那些借口时，她突然幡然醒悟，意识到她正在为荷西很多常犯的毛病找借口。于是她终于同意，是时候开始解决荷西的问题行为了。

因此，如果你不断为你的孩子找各种借口开脱，你知道该做什么。放下借口，开始干预。

了解不该做什么

说到这里，关于孩子破坏性行为的原因和发生地点，相信你应该做了一些非常好的记录。你现在可以尝试努力消除这些行为了。但在我告诉你该怎么做之前，请让我先告诉你应该特别注意什么。

■ 抑制惩罚不良行为的冲动

对孩子的不良行为进行惩罚，这个诱惑是巨大的——毕竟，你就是希望它能停止，无论采取什么方式。问题是，虽然有时候惩罚有效，孩子的破坏性行为会减少，但通常会在以后再出现。惩罚是一种不会导致持久效果的"临时修复"，并不能彻底减少孩子的问题行为。

回到"旧时代"，体罚经常被用于孤独症儿童身上，从扇耳光到电击都有。为什么要用这些手段？因为管用。孩子们在震惊之余，会学会控制自己的行为。但这里有一个问题：孩子们通常只有在他们被打了一巴掌或者在房间受到电击时，才会控制自己的行为。这种自我控制无法泛化到其他情境中，因为引起孩子们问题行为的实际原因并未得到解决，孩子们也没有学会用另一种方式表达自己的需求。相反，他们只是学会了避免惩罚带来的痛苦。有时他们甚至适应了惩罚，以至于大人不得不在频率和程度上对惩罚进行升级，才能继续对问题行为起到控制作用。

没有父母愿意体罚自己的孩子。还有一个事实是，从长远来看，所有证据都表明，惩罚不是一种成功的方法，所以你应该将其排除在外。

■ 惩罚不起作用的另一个原因

一位妈妈告诉我，她儿子巴里都上幼儿园了，还经常把她的眼镜从脸上扒拉下来，每次她都会给他一巴掌。她的眼镜用回形针架着，一点都不牢。她解释说因为儿子经常把它打掉，不值得买一副新的——买了只会马上坏掉。通过一些观察，我们意识到，巴里从来没有学会如何用语言来获取妈妈的关注。于是，我们让巴里的妈妈提示他叫"妈妈"来引起她的注意，于是他打掉妈妈眼镜的行为也逐渐减少了。

事实是，每次巴里在扯掉妈妈眼镜的时候，都是想引起她的注意，哪怕等来的是妈妈打他屁股。这在大多数人看来是不好的体验，但在巴里眼里，这个举动仍然是成功的。

这里的重点是，一些常用的惩罚类型实际上会引发问题，并最终导致孩子的破坏性行为增加。

正如我们将在下面更详细地讨论的那样，为了消除不良行为，你必须教导孩子学会表现出可以达到同一目的的可取行为（即替代行为），同时确保不良行为不再奏效。巴里的妈妈不仅教巴里扯掉她眼镜的替代行为（叫"妈妈"），而且当巴里扯掉她的眼镜时，她选择不再给予关注。

■ 学校和纪律

大多数学校通过制定纪律来处理孩子的行为问题，但这样往往会反过来强化不良行为。

例如，在我们当地的一所小学里，学前班有个叫艾尔顿的孩子总是惹事，而每次校长都会把他送回家。很快，艾尔顿发现，每次他不喜欢某项活动时，他只要发脾气，就不用参加这项活动了，有时甚至会被马上送回家，等于接下来的时间都不用待在学校了。后来校长明白了，送艾尔顿回家实际上是对他的不良行为起到了奖励作用。为此，学校开始改变应对措施。接下来，就算艾尔顿再不喜欢某项活动，他也没有被送走。

同时，我们开始对艾尔顿进行自我管理训练（关于自我管理的解释详见第九章）。艾尔顿如果没有在我们的课上出现问题行为，就在本子上给他标记一个点。点数加起来达到一定数目可以兑换小奖品，例如贴纸、书籍和老师发的免除家庭作业通行证。此外，如果艾尔顿获得的点数足够多的话，他还会获得校长的特别表扬。如果课堂作业很难，那么，每次艾尔顿尝试完成，老师也会给他点数奖励，并且还会特意安排他坐到教室的前面（之前，老师让艾尔顿坐在后面，以免他干扰到老师讲课）。艾尔顿好的行为得到了奖励，之后，他的行为有了极大的改善。

我们的底层逻辑是，想想孩子能从后果中学到什么。首先，不断地把孩子赶走没有任何意义，因为本来他们就觉得在学校待着没劲。把孩子赶走，会导致一个恶性循环：孩子发现学习困难而哭闹，然后因此被赶走，这样孩子因为缺课学习就更落后，回来后发现学校的功课更难，问题行为反而增加了。让我们把这个恶性循环打破，对这些孩子所做的每一个小小的积极尝试进行奖励。这样一来，在孩子眼里，上学不再是接受惩罚，而是获得奖励。

分析数据并制定策略

请坐下来看看你记录的数据吧。研究一下在你的孩子破坏性行为发生之前发生了什么。你有没有看到有什么规律？

■ 先兆

许多孩子在破坏性行为发作前，都会表现出我们所说的"先兆"——即行为即将发生的某种信号。有时先兆正好出现在破坏性行为爆发之前，或者再早些时候。父母或家里其他大人如果可以学会识别这些先兆，就有可能帮孩子避免负面行为的发生。

例如，杰西时不时会很用力地抓别人，以至于把对方手臂和脸都抓出血了。此外，他还会经常哭闹尖叫。对他的哭闹尖叫，一开始大家不会特别留意，知道杰西会闹得很凶、看起来很烦躁。但如果不加以控制，杰西接下来就会抓人了。

对杰西而言，这一切都联系在一起——他基本上是在想，"我没打算好好沟通。我就是要哭闹要尖叫，然后如果我还感到沮丧，我就会抓人。"所以，我们先要专注于减少杰西的哭闹尖叫行为：当他再哭闹尖叫时，我们选择忽略，并提示他用语言好好提需求。一旦杰西恰当说出他的需求，我们马上对这个行为给予强化。这样一来，杰西的哭闹尖叫少了，烦躁不安的时间也越来越少。随着时间的推移，他停止了抓人的行为。

通过解决看似无害的先兆（哭闹尖叫），我们能够减少孩子更严重的行为（抓人）。

■ 前因

在研究数据表时，你可能还会发现，有一些事情似乎总是会引发孩子不良情绪的爆发。我们称这些事情为"前因"。如果你能弄清楚它们是什么，你就能够做出改变，防止你的孩子崩溃。

每天，当校车停在本尼家门前时，他都会发脾气。他的妈妈不得不把他拖上校车，本尼每次都哭着尖叫，这让她很心碎。显然，校车的到来让本尼难过——但是，这是为什么呢？

我们在本尼家待了几个早上，从中我们了解到，每天早上，在本尼穿好衣服后，爸爸妈妈会允许他看他最喜欢的电视节目。而校车的到来意味着他必须停止看电视——他最爱的活动；也意味着他要去学校，那里有很多很难的任务在等待着他。一旦我们意识到这一点，就不难理解他为什么会崩溃了——没有人愿意为了一项难度大的活动而放弃一项有趣的活动。问题是，该如何解决本尼活动衔接过渡困难这个问题。

针对这个问题，我们和本尼的老师进行了讨论。老师同意，当本尼来到学校后，他可以在短时间内玩他喜欢的玩具或进行他感兴趣的活动。这样一来，他就会对来学校有期待。于是，本尼的妈妈帮他录制了几集他最喜欢的电视节目给到学校的老师。她还给了老师几个本尼最喜欢的玩具。当本尼到学校时，老师会让他玩一会儿他喜欢的玩具或者看一会儿他喜欢的电视节目。

采用这种方法后不超过三天，当校车到来时，本尼便高兴地跑上车，满怀期待地去上学了。本尼的妈妈甚至都不用把家里的电视机关掉，因为本尼知道，到了学校以后，他还会有机会看自己喜欢的节目。本尼之前害怕上学，而现在他期待上学。

对本尼来说，校车的到来是他问题行为的前因，因为这意味着他将不得不停止自己最喜欢的活动，而且还要去学校完成任务。一旦去上学变成令他愉快的体验，对本尼而言，校车将不再是负面信号，他也就不再发脾气了。

当老师家访或者在课堂上拿出练习册时，有的孩子会出现问题行为。我们可以针对孩子的这些情况改变环境（见下文），制订相应的干预计划——老师可以从孩子喜欢的活动或者使用不同的练习册开始。

■ 改变环境

有时孩子问题行为的前因并不明显，需要仔细寻找才能发现。例如，玛丽七岁了，她总是在餐桌旁打妹妹。每次玛丽的妈妈都对她大声斥责，但并不管用。（大声斥责很少有真正的帮助——就像惩罚一样，它可能短期内会有效果，但它可能不会彻底消除孩子的问题行为。）起初，我们无法弄清楚究竟是什么触发了玛丽的打人行为，所以我们请她的妈妈每天晚餐时录像——一旦我们看了录像并做记录，就容易找出玛丽问题行为出现的规律。首先，每次妹妹在高脚椅上用勺子敲金属托盘时，玛丽就会扇妹妹耳光。虽然家里其他人都没留意到勺子敲托盘的声音，但玛丽明显觉得这种声音令她难以忍受。因此，她通过这种攻击性行为来表达她的不适。在这种情况下，最简单的解决方案是用塑料托盘代替金属托盘。其次，在妈妈忙着赶在晚饭前做完所有杂事时，她会让两个孩子坐在餐桌旁。而就在这段休息期间，玛丽经常打妹妹。由此可见，感到无聊加上小妹妹制造的讨厌的噪声，是玛丽打人行为的导火索。因此，玛丽的妈妈决定等到一家人要坐下吃饭了再把玛丽叫到餐桌旁。采取了这种方法后，玛丽打妹妹的行为就减少了。

这种方法就是"改变环境"——通过改变玛丽所处的环境，来遏制她的破坏性行为。显然，玛丽也需要学习不通过攻击性行为来表达不适（稍后会详细介绍）。但是，通过分析她打人的前因，我们可以有针对性地做一些小的改变，来避免她再出现打妹妹的现象。

值得一提的是，在运用改变环境这种方法时，需要注意是否妥当。让我举一个反面的例子。我们经常看到有一些学校有特殊儿童班，这些班级通常被篱笆围起来，以防止孩子往外跑。同样，有些家庭把家里的每一道门窗都上了锁，这样他们的孩子就不会跑出去。虽然这种改变环境的方法可能会暂时解决问题，但是，它并不能教会孩子不应该随便跑掉。我们应该做的是教孩子学会询问大人是否可以离开——可以用语言，也可以用图片系统（如果孩子还没有学会说话的话）。

再举一个例子：有一所学校曾经向我咨询，对于一个喜欢扔东西的学生，有什么建议。这个孩子的家长要求，孩子教室里的所有东西，包括课桌、椅子、餐桌等都必须用螺栓固定在地板上。将所有东西都固定在地板上，这样的要求其实并不合理——所有的孩子都需要学会如何在现实世界中生活。而这个孩子需要学会不乱扔东西。

改变环境的原则是：如果改变环境不会导致孩子的问题变糟，那就值得去做，因为这样做可以让我们省力不少。但要确保这种方式是富有成效的，能解决潜在的问题，而不仅仅是暂时把问题掩盖，以至于孩子到了自然情境中还会遇到问题。

制定策略，停止强化问题行为

现在我想让你看看你的数据表的"行为发生之后"部分，看看你的孩子的破坏性行为通常会导致的后果是什么。重要的是你要意识到，也许你之前并没有觉察，对孩子而言很多时候破坏性行为的后果可能是好的。换句话说，这个行为很可能会让孩子得到他想要的东西。

例如，强尼十岁了，妈妈带他去食品店购物总是状况频出——他总是不停地尖叫，直到妈妈觉得很尴尬，然后很不情愿地把他想要的东西（通常是垃圾食品）丢进购物车里。你看，大人最终还是让步了，那强尼当然就不哭了。让步这一举动虽然在一定程度上缓和了家人在外遭遇的尴尬局面，同时强尼也有机会和兄弟姐妹一起享受他的美食，但这会让强尼觉得尖叫是一种帮助自己获得所需物品的有效策略。以至于后来每当他想要什么东西时，他都很有可能会这么做。显然，妈妈需要停止这样的行为，即当强尼哭闹时就给予他想要的东西。

在强尼的例子里，我们明显看到了强化的作用。而在我们之前描述过的艾尔顿的例子中，校长把他带离课堂，强化效果就不那么明显了。

孤独症儿童通常不太懂社交规则，并且随着年龄的增长，他们可能会出现很多不恰当的行为。因此，让他们发现表现出问题行为并不能带来他们想要的结果就显得尤为重要。这些孩子可能无法区分公共行为和私人行为。大多数典型发育的孩子在很小的时候会很在乎陌生人如何评判自己——我见过有的妈妈在公共场合对孩子大喊大叫，孩子环顾四周，陷入沉默，显得很尴尬。但是孤独症儿童在社交方面的敏感度就要低得多。比如，强尼在超市发脾气，感到难堪的是他的妈妈而不是他，所以他妈妈就成了那个选择屈服的人。

你可能会发现，至少在最初，试图想让孤独症儿童自己意识到别人对他的行为怎么看，这基本行不通。孤独症儿童通常不在意他人的眼光，他们会在公共场合尖叫、哭泣甚至崩溃，只要这些行为能让他们达到目的。这意味着你必须保持坚强，才能坚持在公共场合不去满足孩子的需求，否则就会强化他们的不良行为。

■ 成效

检查行为后果时还要考虑它的成效——换句话说，孩子多快能得到他想要的。

攻击行为和自伤行为往往效率惊人——人们会害怕孩子出现这些行为，因此会倾向于做孩子想要他们做的任何事情。对孩子而言，一打同学就会得到想要的玩具，而相比之下，礼貌地问别人要玩具则很复杂，还很有可能得不到回应。当妈妈说"这个东西现在不能给你"时，孩子就开始打自己，妈妈多半会吓得赶紧把东西给孩子。而这时孩子如果选择耐心地等待，可能什么也得不到。

下面我们将详细描述，如何教孩子掌握一种替代行为来代替破坏性行为。但我们希望你意识到破坏性行为的后果，以及如何不要再让孩子通过这种行为得到他想要的东西。

你还必须确保你教的替代行为与破坏性行为一样有效，甚至效果更好。这是你必须让不良行为变得无效，同时让替代行为变得有效，使得孩子能转换到替代行为上来。

举个例子：苏西四岁了，她在公园里总喜欢推其他小孩，每次妈妈都会打她，但她的这种行为并没有减少。在观察了苏西一段时间并把她的行为记录在数据表上后，我们找到了规律：苏西推其他孩子，是因为她想要他们和她一起玩，而推人是一种快速有效的与其他孩子互动的方式。苏西还不太懂社交规则，她并不知道靠推人是无法长期维持友谊的。苏西的妈妈是非常讲礼貌的，当苏西接近其他孩子时，她一直在尝试教苏西说"我可以和你们一起玩吗？"。但对苏西而言，这句话太复杂太难了，她发现推其他孩子见效更快。意识到这一点，我们把她要说的话进行了简化，比如说"玩滑梯吗？"或"玩沙子吗？"。这两个短句都是苏西很容易说出来的。而一旦她意识到这样做见效快，推人的行为立马就停止了。

教授替代行为

一旦你弄清楚你的孩子从问题行为会得到什么（例如，玩他喜欢的玩具、吃垃圾食品、可以离开教室，等等），就是时候停止满足孩子的这些需求了，以免继续强化他的不良行为。同时，你要教孩子学会用适当的方式来得到他想要的，即"替代行为"。

请记住：仅仅停止强化不良行为是不够的。孩子还需要同时学习适当的沟通方式，否则每当孩子觉得沮丧时，他就很容易又回到破坏性行为上来。

例如，萨米三岁了，在和妈妈一起玩时他经常会吃手，手上都是他咬的红印。我们教萨米，每当他想要引起妈妈注意时，就叫"妈妈"。另外，我们告诉萨米妈妈当萨米喊"妈妈"时，该如何热情地回应。而每当萨米吃手时，妈妈要选择忽略，即不再对此做出回应。一周之内，萨米吃手的次数就减少了一半。大约一个月后，他在寻求妈妈关注时不再吃手了，而是转为喊"妈妈"。以前对萨米进行干预的行为专家是给萨米戴上保护手套，以防止他咬伤自己，却忽略了教他用另一种方式来引起妈妈的注意。戴手套对减少萨米的问题行为没有太大作用，因为他仍然不知道如何来表达需求。一旦他有一个有效的替代方法可以选择（叫"妈妈"），他会愿意放弃吃手这样的自伤行为。

需要再强调一下，必须教孩子用正确的方式提需求，否则他不会放弃长久以来养成的行为习惯。

■ 练习，练习，再练习

在教孩子适当的替代行为时，需要定期练习，直到孩子做起来很容易进而形成习惯。必须要确保孩子掌握了新技能，才能让孩子彻底放弃他旧有的行为。为此，孩子需要你和其他人去教导和强化这些新的行为，直到它们成为孩子自然而然的行为。

例如，每当伊恩想在学校篮球场投篮时，如果有人挡着他，他就会把篮球狠狠地向那人扔去，然后说："对不起。"这好几次导致了对方受伤。我们给出的替代策略是，每当有人挡着时，就在伊恩要把球扔出去之前，我们提醒他说"当心"。为了让伊恩迅速养成这个习惯，每次休息和午饭时间，孩子们打篮球时，都有一名助教跟着伊恩。一开始助教站在伊恩面前，提醒他说"当心"，然后立即闪开。在三天的时间里，每次伊恩投篮时，他都会这样练习说"当心"（三天里练习了几百次！）。终于，在没有助教提示的情况下，伊恩也会说"当心"了。之后，助教找了几个伊恩的朋友来继续帮他练习。两周后，助教终于可以把辅助完全撤销了，而伊恩在投篮时再也没有伤害过别的孩子。

你可能会发现，有必要创造特定的可控的情境，来让孩子练习替代行为。你可以求助孩子的助教、班上的负责老师、治疗师或孩子的兄弟姐妹、（外）祖父母——你身边任何愿意帮助你的人——辅助孩子可以在可控的情境下学习正确的替代行为。

至于替代行为需要练习多久才能变成孩子自然而然的行为，以及破坏性行为多久才会消失，因人而异。有的孩子几天就学会了替代行为，有的孩子可能需要几周、几个月甚至更长时间才能学会。这可能还要取决于破坏性行为的持续时间，以及是否一直奏效，还有现在在某些情况下是否仍然奏效。

与此同时，要对替代行为练习的时间及方式进行记录，这非常重要。此外，还要记下每次你提示孩子的方式，并确保其他帮助你孩子练习的人也这么做。如果孩子每次都需要依赖提示才能做，那需要练习得更频繁些。如果孩子开始用替代行为时仍有破坏性行为发生，你需要再把它记录下来，通过表中的"原因"一栏记录的内容，总结出这个行为的功能，并有针对性地采取措施。

再强调一下，保持记录将有助于你能稳定地、始终如一地对待孩子的问题行为，最终你会收到回报的。

■ 最开始可能会变得更糟

当你处理孩子的问题行为时，你需要身心都做好充分准备，因为在情况好转之前，事情可能会变得更糟——但请记住，这只是暂时的。这种现象在心理学上很常见，我们称之为"消退"或"消退爆发"。事实上，如果你的孩子之前长期通过破坏性行为来满足自己的需求，或现阶段在某些情况下其破坏性行为还能得到强化的机会，他可能需要花很长时间才知道这些行为将不再奏效。对于这种短暂的现象，不需要顾虑太多，也不要担心你的策略会不奏效。最重要的是：要继续忽略孩子的破坏性行为，即使它们暂时变得更糟。否则，你的孩子就会知道，他坚持得时间越长，你就越有可能屈服。从长远来看，这只会加剧这些行为的发生。你一定要有耐心。如果孩子把之前习惯的每一种破坏性行为都尝试了一遍，你只需要对这些行为进行忽略。很快，孩子就会发现，破坏性行为不再管用了。

最开始你要让孩子周围的人都知道情况可能暂时会变得更糟。但只要能坚持下去，你会发现，一旦这个阶段过去了，你就会开始看到孩子的破坏性行为逐渐减少。

■ 有时你需要组合策略

有些孩子需要结合其他策略，来使其破坏性行为得以迅速消退。虽然我们通常都建议，要根据孩子问题行为的功能，教他可以实现同样功能的替代行为。但是，当你正在教这些时，会出现一些情况，比如孩子有可能被赶出学校或者有被集体活动排除在外的风险。在这些情况下，你可能需要采取其他策略，例如自我管理、制订行为奖励表或者增加孩子喜欢的活动，同时逐渐穿插会导致问题的那些活动。但请记住：如果你不同时教会孩子用更合适的方式进行沟通，那么孩子的破坏性行为可能会再出现。

■ 尝试自我管理

当我们在教年龄较大的孩子替代行为时，可以同时结合我们开发的自我管理策略，它能有效地减少问题行为的发生。自我管理的一大优点，是它可以在没有大人的情况下由孩子自行实施（详见第九章有关如何实施自我管理策略的介绍）。

比如，丹尼的幼儿园有儿童自行车，孩子们可以围着操场骑。当丹尼一个人骑自行车时，他会故意去撞其他骑车的小朋友。经过几次观察，我们确定，只要其他孩子挡住他的路，丹尼就会撞过去。丹尼需要学会请挡着他的孩子让开。另外，老师每天都会因为丹尼的问题行为把他送到办公室去，导致丹尼很可能没法在休息时间和同学们一起玩了。因此，我们帮助丹尼评估自己的行为是否恰当。同时，我们还让丹尼练习替代行为（说"对不起"）。在随后的一周内，丹尼没有再撞其他孩子，几周后他会经常说"对不起"了。

自我管理策略能立即有效地减少孩子的问题行为，同时教孩子学会运用替代行为。长期来看，孤独症儿童行为问题的出现程度会变得轻微。

■ 不要忽略小问题

当你正在强化孩子的好行为同时努力根除他的坏行为时，你可能感觉无法顾及每个细节。你可能会忽略孩子的一些小的爆发，那你要当心了。着眼小的问题行为，这是系统地消除大的问题行为的一个环节。当然，这看起来对大人来说有点不堪重负，尤其是面对那些有很多问题行为的孩子时。但有时小问题比大问题更容易处理。而小问题解决了，大问题也可能随之解决。反过来，忽略了小问题，可能会使得一些更大的问题继续存在。

例如，以前每当别人试图和杰瑞互动时，杰瑞就会把对方推开。此外，他还经常攻击大人，甚至把别人的皮肤抓伤。我第一次遇见杰瑞时，他在玩一个小的农场玩具模型。于是我捡起一个玩具动物，结果是我脸上从上到下都留下了他抓的血印子。我看起来像刚从恐怖电影的片场走出来似的。那天晚上，我和鲍勃是带女儿出去吃晚饭的，可想而知，遇到我的每一个人看到我的脸都感觉很吃惊。这让我感觉很糟糕，有点像穿着破旧衣服出席高级场所一样。

不管怎样，我还是照例询问杰瑞的妈妈，问他是不是不会说话。她说："不，他能说很多话。"所以我们开始教他使用语言而非推人或者抓人来表达自己的需求。有趣的是，因为杰瑞抓人这个问题实在太严重了，以至于没人留意到他推人的问题。而我们发现，一旦我们开始处理推人的问题，杰瑞抓人的行为也开始减少。因为对杰瑞而言，这两种行为都是语言的替代，是他沟通的方式。对杰瑞周围的大人而言，抓人和推人简直是天壤之别。但是对杰瑞来说，它们几乎是一样的，都是在不用说话的情况下实现自己目的的一种方式。一旦他意识到在任何情况下都必须使用语言表达需求才管用，他所有的攻击行为就都会停止了。

在家和学校之间做好协调

正如我们上面所讨论的，要消除孩子的破坏性行为，并不代表孩子的每一次爆发我们都要适时给予惩罚。我们应该做的是，找出问题行为的触发因素，消除所有强化问题行为的因素（无论是有意还是无意的），同时教会孩子用更恰当的方式去达到同样的目的。这听起来可能很复杂，但其实做起来很简单，也非常合乎逻辑。

当你在处理孩子的破坏性行为时，要确保所有人协调一致，这至关重要。因为对于同样的问题行为，如果人们的处理方式不同，孩子就会感到非常困惑，导致在某些情境中这些问题行为还会继续存在。因此，你需要和孩子的老师、治疗师、医生及家里其他成员做好沟通协调。

例如，我们以前工作中遇到一个孩子，他在家从来不尿裤子，但在学校经常会尿裤子。出于健康原因的考虑，学校希望孩子上学时父母给他穿上尿布，但被父母拒绝了，因为他在家里都会固定去厕所排便。学校打电话给我们，恳求我们说服家长给孩子穿上尿布。我们没有同意，而是建议学校让一位家长来学校辅助孩子上厕所。然后校方人员就发现，孩子的妈妈带孩子上厕所是有一个特定的流程的。于是，学校也开始使用同样的方法。后来，这个孩子在学校再也没有尿裤子了。

这只是一个例子，说明方法一致性对孩子的重要性。反过来，如果不一致，就会在很多方面阻碍孩子的进步。例如，如果你的孩子哭闹时老师递给他一个玩具让他安静下来，那就会对孩子的哭闹起到强化作用（"嘿，看，我尖叫了，我就会得到一个玩具！"）。这样一来，孩子在家里哭闹，你企图用忽略来让他消停就不太可能奏效了。孩子的老师需要知道，对于孩子的破坏性行为，你希望他如何处理。

因此，在处理孩子的破坏性行为时，务必要确保和各方协调计划好。尽量不要等老师给你打电话告诉你，你的孩子在学校表现很糟糕，并且叫你来接孩子回家。（想象一下，这会让你的孩子知道，表现不好就能早点回家。）许多有特殊需要的孩子的父母，几乎每天都会接到这样的电话。学校应该定期教孩子合适的替代行为并采取措施，让孩子知道问题行为是不管用的。例如，如果你的孩子为了能玩秋千就打其他孩子，那除了要确保当下你的孩子不能再玩秋千，还需要教孩子平时如何礼貌地询问别人。再提醒一下，无论是在学校还是在家里，坚持记录数据都是一个正确的做法，除了记录孩子每次的问题行为，还要记录替代行为是什么时候教的以及什么时候练的。

如果一种方法明显有效，那就要确保它在孩子所处的每一个情境中都能保持一致。

■ 帮助你的孩子取得成功

让孩子在教室和其他公共场所学会控制自己的行为，这是非常重要的。无论你的孩子在学校的教学配套安排如何，即无论孩子是独自在普通班里，还是在普通班且有助教协助，还是大部分时间在普通班、小部分时间被带出去练习其他技能，或者是在普遍学校的特殊班、特殊学校就读，当孩子感到沮丧或者不高兴时，他都需要学会用合适的方式来控制自己的行为。

为了帮助他做到这一点，你需要查看孩子的教学环境，并找出促进孩子成功的方式。是的，当孩子感到挫败时，他需要学会以不同的方式表达，来避免破坏性行为的出现。同时，如果我们能让导致孩子感到挫败的事情少发生，这也有助于孩子取得成功。我们不妨这样来看——作为父母，我们知道，当孩子不小心把牛奶弄洒时，我们应该有耐心。如果这只是偶尔发生，要保持耐心和微笑会容易得多，但如果连续发生了十次，那就很难了。比如，我发现，我的大女儿经常会把牛奶打翻，而如果我将她的玻璃杯尽可能地向后挪（她仍然可以够得着），那打翻牛奶的次数就少了很多。通过改变孩子所处环境的设置，排除一些会导致孩子问题行为的因素，可以帮助孩子学会应对挫败感。关于改变环境来减少孩子的问题行为，可以采用的方法有很多。

在和孤独症儿童打交道时，要有好的教学技巧，这点我再怎么强调都不为过。最近，有一位我认识很多年的家长告诉我，在她印象中我们工作遇到的孩子都没有问题行为。我向她解释道，我们发表的研究成果表明，好的教学方法会减少甚至根除孤独症儿童的破坏性行为。关于 PRT，我们将在第十章进一步详细讨论。但有一点可以明确的是，那些过时的训练方法，是孩子表现出破坏性行为的主要原因之一。我们需要让干预变得有趣。

为了最大限度地避免孩子崩溃，可以尝试以下方法。

■ 任务应该是有意义的、有趣的和多样化的

如果做一件事自然而然就有回报，那么孩子就会有动力去做。例如，琼斯老师在教小学二年级学生学习金钱的概念，最初她让大家做练习题，孩子们必须把不同形状的硬币圈出来，来和练习题上指定的数字匹配。柯蒂斯患有孤独症，琼斯老师发现他对这项任务不感兴趣，他在印有练习题的纸上使劲乱涂乱画，边涂边笑，直到整张纸都碎了。然而，当老师换了一种方式上课，让孩子们两人一组，用真的钱币模拟在商店里买东西的场景，任务就变得有意思了，这时柯蒂斯也不再搞破坏了。（显然，这种变化让所有的孩子都受益——除了孤独症孩子，其他孩子也喜欢课程变得既有趣又有意义。）

"任务多样化"是使教学任务变得更有趣的一个重要手段。让任务变得简短而又多样化，能帮助孩子集中注意力，并减少破坏性行为。比如，治疗师在珍妮家里用闪卡训练她，一练就是好几个小时。如果珍妮没有达到 90% 的正确率，就不能进行下一个活动。这种训练单调、重复且要求很高，导致珍妮总发脾气，对人又打又踢，有时还会咬人。让教学多样化，会有助于减少珍妮的破坏性行为。

同样，要孩子同时完成多项很困难的任务，也会导致他们崩溃。比如，杰克正在学习说话，而这对他来说非常困难。在以前，每次他牵起妈妈的手，然后把手放在他需要的东西上，妈妈就会把东西给他。而现在，妈妈坚持要求杰克必须先把他需要的东西名称说出来，杰克感到很沮丧并且大哭大闹。于是妈妈决定挑选一个杰克经常要用到的物品（他的水杯），并坚持要他开口说出"水杯"这个词才给他——而对于其他东西，杰克仍旧按照以前那样牵着她的手去索要。一个星期过去了，杰克可以很熟练地说出"水杯"这个词，这时，杰克的妈妈又加了一个词，然后加另一个，直到杰克的词汇量达到几百个。最开始的那几个词，杰克花了好一阵儿才学会，但随后就学得越来越快。对于杰克，学语言是非常具有挑战性的任务。而妈妈通过先让杰克从简单的词学起，成功地预防了大部分破坏性行为的发生。

■ 在任何时候都允许有尽可能多的选择

做选择可以激发孩子的动机，并减少问题行为的出现。遗憾的是，和没有残疾的儿童相比，残疾儿童的选择通常较少，但他们可以而且应该被允许做出选择。不过，这并不意味着孩子可以选择是否学习，而是说在给定的范围内孩子可以做一些选择。

例如，杰森很抵触做功课，当父母试图让他做功课时，他就会大发脾气。但是，当他的父母学会给他提供一些选择的机会，他就不闹了。比如，做作业时，他可以选用哪种颜色的铅笔以及哪种类型的纸，还可以选择在家里坐的位置、做作业的顺序以及用什么样的轻音乐作为背景音乐。

当杰森感到对身边的环境能有一定的掌控感时，他就不再为做作业而发脾气了。

■ 了解事情是可预测的对孩子很重要

日常活动发生变更或有计划外的活动发生时，会引发很多孤独症儿童的破坏性行为。如果你是父母，你可能已经知道这一点——任何破坏孩子日常作息的事情，都可能让孩子崩溃。只要有可能，应该让你的孩子为未来要发生的事尤其是任何打破日常作息的事情做好准备。

例如，每当学校进行消防演习时，萨默尔就会哭闹，一天都不在状态。然而，当我们事先让她知道火警铃报警和演习发生的确切时间时，她再也不闹了——只要她对这些事情有确切的预期，她就能够应付自如。当然，面对其他类似的活动也是一样。

对于学校的作业，可预测性尤为重要。孩子们知道他们需要做多少数学题或需要阅读多少页书，比起他们不知道将来（或者不久的将来）会发生什么，他们的破坏性行为会少得多。

卡米上小学三年级了，每次叫他做练习册上的练习时，他就有一些轻微的破坏性行为，旨在激怒老师。这种情况通常会一直持续到老师把他送出教室为止。然而，我们注意到，如果老师告诉卡米他必须完成的确切的页数后，他会非常认真地做，直到完成。你看，只是让他预先知道，结果就完全不同。

当事情不可预测时，许多孩子可能不喜欢，但他们能忍耐。然而，你能察觉到孤独症儿童对此感到非常不舒服。而如果孩子沟通上有困难，他可能会表现出破坏性行为，来让你知道他对此感到不舒服。

■ 提前准备

你可以做的另一件事，是尽可能让你的孩子事先做好准备——也就是说，提前向他介绍将要进行的学习和社交活动。

对孤独症儿童来说，讲故事时间通常会很难熬——因为他们很难在听故事时做到全程跟随，尤其是对于第一次听到的故事。正因为如此，每次当威利的同学坐下来围成一圈听老师讲故事时，他都会尖叫。然而，如果前一天晚上妈妈把第二天课堂要讲的故事书先给威利读一遍，那么第二天在学校老师组织讲故事时，威利就表现得堪称完美。提前了解第二天要讲的故事，能让威利更容易跟上全班同学的进度。

对于班级郊游这样的活动，也可以让孩子提前做好准备。我们以前工作时遇到一个叫罗伊瑟的女孩，每次班上举行郊游活动老师都不让她参加，因为她会中途跑开。后来她的妈妈决定以后每次班级郊游前她都提前带罗伊瑟去目的地体验一下。这能让她在新的环境中感觉自在一些，从此罗伊瑟再也没有在郊游时跑掉了。

在工作中，我们会帮孩子们在夏天的时候，为秋天进入普通班就读做准备。其实方法很简单，我们只需要拿到他们下一学期要用到的课本，然后每天花一点时间帮他们预习一下里面的内容就好。我们还记录了普通班的一些日常作息安排，在暑假时展示给孩子们看，让他们熟悉普通班的作息都是什么样的。所有这些事先的练习，会使孩子更容易面对接下来新学期的学习。如果你让孩子提前做准备，其破坏性行为会大大减少。

这真的有用吗?

如果你的孩子攻击行为和哭闹行为很严重，此时你可能会感到不知所措，甚至可能怀疑这些干预措施——如此有条不紊和谨慎——是否真的有效果。但是，如果你遵循我们的所有建议，你应该会看到孩子很大的改进——只要记得仔细记录孩子的行为，识别他问题行为的触发因素，以及随后带来的后果，然后教给他适当的替代行为去取代消极行为。不要忘记消除日常环境中容易给孩子带来压力的因素，并始终确保你不会在无意中强化孩子的任何不良行为，同时让整个学习的过程充满乐趣并且容易预测。

有少数孩子会像下面故事中描述的男孩那样难以应对——他是我们合作过的最具攻击性的孩子之一。但即使像他这样行为如此极端的孩子，我们也能把局面扭转过来，让他和他的家人重获新生。

克里斯的故事

当我第一次见到克里斯时，他八岁，胖乎乎的，差不多有 5 英尺 ① 高。他头发看起来剪得乱糟糟的，因为据说每次有人给他梳头时他都会大发雷霆。

当开始与克里斯合作时我们了解到，他在所住的社区因为破坏性行为远近闻名。自从克里斯出生以来，父母就不能在一起睡，因为每当晚上他们要离开克里斯卧室时，他都会大发脾气。所以，他们会轮流在克里斯小床边的地板上陪他睡觉。

克里斯的主要问题行为包括总喜欢握紧拳头反复打自己的右脸，然后每次打完脸后都会尖叫，声音异常地尖锐刺耳。每次发作时，他一分钟会打自己四五十次，这给他的右眼带来了永久性的伤害。幸好他左眼的视力很好。

克里斯另一个令人尴尬的问题行为是关于脱衣服的。在他发作时，他总是以同样的顺序扯掉自己的衣服——首先是衬衫，然后是鞋子（他通常会把它们扔向离他最近的人），然后是袜子，接着是裤子，最后是内裤。一般来说，大人能够在他脱裤子之前阻止他，但总会有疏于看管的时候。

克里斯总是喜欢扔各种东西，而且总能命中目标。出于这个原因，家里的桌子、书架或任何其他克里斯够得着的地方，都没摆放东西。

---

① 1 英尺约为 0.3 米。

他还喜欢踢别人的小腿（尤其是针对给他布置作业的老师），并朝他们脸上吐口水。

不成功的干预

克里斯的问题行为并非被人忽视或无人关注。实际上，之前干预人员曾针对他制订并实施了详细的干预计划。遗憾的是，它们都基于惩罚原则，因此收效甚微。在克里斯来我们诊所之前的几年里，似乎他的干预计划都涉及"隔离"。事实上，当我们遇到克里斯时，克里斯的父亲告诉我们有一些"专家"曾建议他做一个"隔离盒子"并把克里斯放进去，因为克里斯以前在房间角落里隔离的时候会逃跑。他们还建议将克里斯留在"隔离盒子"里，直到他冷静下来。

根据这些"专家"的建议，克里斯的父亲真的建造了一个"隔离盒子"，里面刚刚有足够的空间放一把儿童椅，又因为克里斯总是试图逃跑，所以门上还有一把锁。根据干预措施的规定，每次克里斯出现自伤或攻击性行为以及损坏物品时，他的父母就会把他拖到这个盒子里，等他进去后就锁上门，任凭他在里面又是踢又是尖叫。

问题是，相比之下，克里斯对惩罚的忍耐程度，比他父母可以忍受他的尖叫的程度要高。

所以，这就是经常发生的事情：当他变得非常糟糕时，父母就把他锁到盒子里，然后他不停地尖叫，同时也开始自伤。当他的父母再也无法忍受时，他们就把他从盒子里放出来。

那么，克里斯从这个干预计划中学到了什么呢？那就是如果他尖叫并且自伤持续的时间够久，他的父母最终会放他出来。有时他在那个盒子里一直尖叫着打自己，长达好几个小时。这对他和他的家人来说，都是一个可悲的情况。

更好的方法：弄清楚行为的功能

当我们开始对克里斯进行评估时，我们做的第一件事，就是尝试找到具体触发他问题行为的因素。我们设想了可能会导致他出现破坏性行为的各种情形，并逐一排查。这样，我们就可以完全掌握在各种条件下他发生破坏性行为的概率。

由于克里斯破坏性行为很严重，常常让干预人员感到头疼，在我们评估结束时，我们每个人身上都有很多瘀伤、划痕和咬伤。但令人欣慰的是，我们最终找到了会持续引发克里斯问题行为的最重要的几种情形。

一个是克里斯想要引起父母的注意。当他的父母想和其他人互动时，克里斯就开始自残、把衣服脱掉，甚至攻击别人。显然，你可以想象这对克里斯一家的社交活动产生了多大的影响，以至于他们家从来没办法和朋友一起做任何事情。

他们不能请朋友到家里做客，也不能和朋友一起外出，因为一旦克里斯父母与朋友开始说话，他就会大闹。因为克里斯有睡眠障碍，所以即使是他上床睡觉后，父母也不能请朋友来家里。对此，父母能找到的唯一解决方案，就是他们其中一人独自外出活动，另一人则待在家里陪克里斯。这对他父母的婚姻而言，不是件好事。

引发克里斯破坏性行为的另一个因素是学校的功课。每当我们提及学校作业时，因为想逃避写作业，克里斯会表现出一系列的破坏行为，比如在桌子底下踢我们以及打自己等等。至于在学校，他的破坏性行为就更不用说了，每一位老师都很快就懂得知难而退，让克里斯随便做他想做的任何事。

其他一些情况，如梳头和理发，也会经常引发克里斯的破坏性行为。

替代行为

针对以上的每一种情形，我们都需要找到一些可以让周围人接受的行为，用来替代克里斯的破坏性行为。于是，我们开始教克里斯用适当的方式来引起别人的关注。比如，每次克里斯需要什么时，提醒他说"爸爸，看"或"我要"。每次克里斯做到了，父母立即对他给予关注。对此我们进行了大量练习——一分钟练几次，每天持续几个小时。

在克里斯能很好地用以上的方式引起别人关注之后，我们逐渐开始让他的父母与其他人互动——这肯定是他很不喜欢的。他必须明白，他的破坏性行为将不再管用，因为我们会完全忽略他的行为。你可以想象，这并不是一件容易的事。当有人把鞋扔向你，并突然向你扑过来要抓你，你很难不做出反应。终于，我们能成功地忽略克里斯的破坏行为，并且让他意识到，和攻击人相比，说"劳驾"会更容易也更有效。

然后，对于克里斯的需求，我们开始进行延迟满足的练习，这样即使他不能马上获得大人的关注，也会很好地等待。我们是这样做的：在克里斯提出请求后，大人立即说"等一秒钟"或"等一分钟"。一开始我们只让克里斯等了一秒钟，再逐步增加到两秒、三秒，然后是五秒……直到他可以等待较长的时间。通过逐步系统地这样做，我们让克里斯懂得，大人知道他非常渴望得到关注，而他最终也会得到大人的关注，只是不是立即得到而已。于是，就这样，我们成功地消除了引发克里斯问题行为的这个因素，但还有其他影响因素。

下一个因素是学校的功课。克里斯刚刚进入一个新的班级，我们真的非常希望帮克里斯在学校也能取得成功，所以我们在诊所打造了一个模拟学校，并且准备了一些功课，是克里斯下一学年会接触到的。

正如我上面所说的，让上学这件事变得有趣很重要，比如给孩子选择的机会、把任务变得多样化，以及孩子可以自然而然获得奖励，而这些并不总是包含在课堂计划中。克里斯的情况也不例外。克里斯在特殊班上课，他的老师（接下来的几年都会是这位老师）每节课一直坚持让孩子们必须坐在各自的座位上，直到他用铅笔把课堂作业全部完成。这时，克里斯出现问题行为的功能就非常清楚了（更不用说这是可以理解的了）——他讨厌做作业，因为这让他感到很无聊。不幸的是，即使克里斯学会了说"我很无聊"或"你教得好差劲"（这是他用词语来适当表达自己想法的方式），也不能带来任何改变，唯一的结果只是他被送去校长办公室。所以，我们需要采取不同的方法。我们教他学会求助，并在想休息的时候学会表达自己的诉求。但与此同时，我们也知道，虽然克里斯觉得做作业很单调很难熬，他仍然需要完成很多作业。对此，我们为他设置了一个自我管理计划，并对他完成作业的行为做出奖励。

一开始，我们让克里斯来到书桌旁坐好，每当他这样做时，他需要在桌子上的一张纸上做一个小标记。在自我管理计划实施过程中，克里斯负责对自己的行为进行评估：他需要先告诉我们他的行为具体是怎样的，然后由他自己来决定这些行为是否值得获得一分。接下来，我们会教他评估自己的行为（比如，他是否坐得很好、有没有认真听讲、有没有哭闹，等等）。当然，克里斯做出的自我评价，得需要得到我们的同意。但通过施行自我管理计划，会让克里斯学会如何对自己的行为进行评估，这对他日后的独立至关重要。

我们从很短的时间开始，这样克里斯就可以成功做到。仅仅过了几秒钟，大人就问克里斯他刚才的表现如何。如果没有攻击行为，克里斯需要在盒子里贴一张贴纸。然后我们继续下一个时间段。当克里斯得到预定数量的贴纸，他就能够获得零食作为奖励。克里斯喜欢糖果和饼干，所以，我们很容易就能找到强化物——那些他认为值得为之努力的东西。

在克里斯可以来到桌子旁边坐几秒钟后，我们逐渐系统地增加了时间间隔。到新学年开始时，在半个小时内克里斯就可以很好地对自己的行为进行管理了。我们的方案被学校采纳了，在整个学年里，克里斯继续表现出了很好的自制力，当中也出现过很轻微的问题行为，但几乎可以忽略不计。当然，如果换个老师，懂得怎么去激励克里斯的话，那就更好了，但这并不是我们能控制的。

到了这时，对克里斯在学校和家里的问题行为，我们基本都能控制住了，但还是有几样事情，比如梳头和理发，会导致克里斯大哭大闹。我记得在我女儿们小的时候，我也会帮她们梳头，时不时会不小心扯到头发弄疼她们。而如果换作孩子自己梳头，这种情况就不会发生了。于是，我们便开始教克里斯怎样给自己梳头。

理发对克里斯来说仍然是一个大问题。克里斯的父母一般是趁他睡觉的时候，把他头发剪短到发根。说实话，这样剪的发型其实不太好看。因为克里斯一看到剪刀就会生气，所以我们为他制订了一个脱敏程序（有关脱敏的更详细讨论，请参见第六章）。我们把剪刀放在他能看到的地方（幸好这时他已经不再扔东西了），等克里斯已经习惯看到剪刀后，我们再让他逐渐习惯听到剪刀的声音。因为这一切都是循序渐进的，以至于克里斯都没有意识到，我们正在对他害怕理发的行为进行脱敏。

在大约四个月的时间里，通过找出克里斯攻击性行为和自残的根本原因，并系统地教他掌握替代行为，我们成功地解决了他七年来的行为问题。有趣的是，虽然克里斯的破坏性行为很严重，我们的干预计划却进行得相当顺利，而且他总是学得很快。这个曾经被许多人放弃的大男孩，其实对学习新东西非常渴望，而且学得飞快。

如今克里斯已经成年了。他住在自己的公寓里，每天乘公交车上下班，每个星期能拿一次薪水。他赚的钱已经足够支付自己的账单。他有几个好朋友经常来找他玩，他喜欢和他们一起看体育比赛。没有了行为问题，克里斯现在是个遵纪守法的好青年，能够自理、自立、快乐地生活。

一些数据

孤独症儿童 75% ~ 80% 的破坏性行为的目的都是尝试交流。

当孩子具有破坏性行为时，学技能的机会会减少 50%。

通过管理动机来对孩子进行干预后，其破坏性行为出现的频率降低了 90%。

经典问题解答

问题： 老师告诉我说我的孩子有时无缘无故伤害自己。这可能吗？

你的孩子不可能无缘无故地伤害自己，但具体原因很难一下子弄清楚，因为原因可能不止一个。在这种情况下，先把每个原因都找出来，再逐个解决。当你刚开始着手就破坏性行为的第一个功能进行干预时，不要期望行为会马上消失，但其程度应该会减轻。然后再对行为的下一个功能进行干预，依此类推，直到你解决了所有问题。

孩子的问题行为可能事出有因，也可能是孩子下意识做出的行为。即便如此，孩子有问题行为其实都还是有其特定原因的，例如逃避某项任务或想要引起大人的注意。但由于孩子的问题行为发生得太频繁，以至于有时候看起来似乎没有明显的原因。尽管如此，我们还是要找到问题行为的每个功能，再教孩子替代行为，并对替代行为给予强化。当我们针对问题行为的每个功能采取了措施，问题行为的发生也会随之减少。

另外，一些问题行为的目的可能是自我刺激。例如，我们以前工作中遇到一个孩子，当别人让他感到沮丧的时候他会尖叫，一个人的时候也会尖叫。他第一种情况的尖叫属于破坏性行为，而第二种情况的尖叫属于自我刺激行为。

我工作中还曾遇到一个孩子，他经常吃手，要么咬指甲，要么吮手指。我们收集了一些数据，来看看他什么时候会这样做，以及这样做一共花了多少时间。我们的记录显示，他在做课堂作业时，45% 的时间会吃手，圆圈时间则有 20% 的时间在吃手，但是课间休息时则完全没有吃手现象。看上去这个孩子吃手纯粹是为了自我刺激，而不是为了逃避任务。老实说，吃手这个行为本身并不具有破坏性，大多数人可能都不会注意到它。但是，他所在的学前班的老师认为孩子的手有太多细菌，吃手太不卫生了，所以希望能把这个问题解决。于是，我们教他对吃手的行为进行自我管理，很快，他就不再吃手了。他的这个习惯尽管已经根深蒂固，但是通过自我管理，很快就消除了。

请阅读第四章，你可以了解到如何处理孩子的自我刺激行为。

问题： 我教小学二年级，扎卡里是我班上的学生，他在学校频繁出现问题行为，但他父母说他在家里没有问题行为。请问我们该如何做？

我的建议是多和孩子父母沟通，组成一起帮助孩子的团队。对扎卡里来说，可能在家里，他知道都有什么安排，父母对他约束得比学校少，所以没有多少机会触发破坏性行为。另一种可能是，针对他的问题行为，父母的策略更有效。

要设计一个全面细致的方案，并且确保在孩子所处的所有环境中都能够得到落实。我知道，作为老师，你一个人需要负责的孩子有很多，而这个方案将会由孩子的个别化教育计划团队负责制订和实施[1]，团队包括家长、学校工作人员和其他相关人员，计划每年会做一次更新。你们要把团队所有成员都召集起来，针对孩子的问题行为制订解决方案并付诸实施，很快，你就会看到，孩子问题行为出现的频率迅速减少。

问题： 每周我去蔬果店采购和外出跑腿处理杂事时，都没法带孩子一起去，因为她总是会有问题行为。但我需要买东西啊！我该怎么办？

你的孩子有问题行为，很可能是因为她不喜欢外出购物，所以觉得无聊。你可以带孩子去店里买一个她最喜欢的东西，然后马上离开。这样做几次，直到孩子意识到，外出购物时可能会有好东西在等着她（如果不听话就没有）——那么对孩子而言，外出购物就没那么糟糕了。

一旦孩子开始喜欢上去店里购物，你就可以开始加码，比如买另一件东西——不是孩子要的，而是你需要买的。渐渐地，你可以逐渐增加购买东西的数量，从而顺利完成采购任务，就是不要忘记最后要买一个孩子最喜欢的东西。

值得一提的是，这和孩子哭闹时我们买一样东西来"贿赂"她是有区别的。在你给孩子东西的时候，孩子并没有哭闹。孩子要表现好，才会得到她喜欢的东西。在这种情况下，你正在强化好的行为。而如果你在孩子发脾气时给她买玩具，你强化的是孩子的不良行为。所以，重要的是不要等到孩子哭闹时给她好处，而是要在孩子表现好时给予奖励。

问题： 我孩子八岁了，还不会说话，而且有破坏性行为。你一直在谈论教孩子学会用恰当的语言表达，来替代他的破坏性行为。可这对我们不起作用。那么，我们的替代方案是什么呢？

沟通可以有多种形式。对于还不会说话的孩子，可以学习通过手势、标志、物品、图片等其他交流方式来进行表达。

例如，以前我们工作中曾遇到一个孩子，他也不会说话，每次他想休息时就

---

[1] 在美国，联邦法律要求针对每个残疾学生都要有个别化教育计划，英文简称 IEP。

会哭闹。于是我们教他替代行为，即做一个手势来表示"休息"（一个很简单的手势，就像把棍子掰成两半一样）。从此，他的破坏性行为就消失了。每次他想休息了，就会正确做出这个手势，但有意思的是，他从来不会滥用这个手势要求更多休息。对你的孩子来说，现在可能需要一些练习，学习使用手势来表达，去替代他习以为常的破坏性行为。在此期间，如果孩子有问题行为，你可以选择忽略，同时继续教他练习替代行为。请记住，千万不要奖励孩子的破坏性行为。随着孩子逐渐学会用手势表达，他的情况会得到明显改善。

> **问题：** 我的孩子有自伤行为——他总是打自己的头。如果我抚摸他，他就会平静下来。我这样做可以吗？

想想孩子从这件事情体会到的：我打自己，妈妈就会抚摸我，这会让我感觉很好。实际上，你在教孩子当他想要感觉好时就先打自己！

我们曾经遇到一个孩子，有很明显的破坏性行为。每次上课孩子搞破坏时，老师就问他，想做什么才能安静下来，还给他列出三到四项他最喜欢的课外活动来选择（你相信吗？其中一个选项竟然是让助教给他按摩——哎呀，换作我，我也要搞破坏了！）。可以想见，这个孩子的问题行为愈发严重，以至于他只有大约20%的课堂时间是待在教室里的。之后，当这个孩子又出现破坏性行为时，校方不再让他选择去做喜欢的活动。相反，只有等到他有一段时间没有破坏性行为后，才允许他做自己喜欢的活动。这样一来，孩子的破坏性行为迅速减少了。

我在客户的家里也遇到过同样的事情。我有几个客户住在高级公寓里，他们非常担心如果孩子大哭大闹，会导致他们被公寓负责人驱逐。所以，他们每天都过得提心吊胆，生怕自己说了或者做了什么，就会导致孩子发脾气。但我们发现，如果我们选择在孩子有好的表现后再给他提供喜欢的活动或者物品，那么孩子的破坏性行为就会减少。

让我给你举一个更具体的例子。在这座公寓中我曾经遇到过一个家庭，他们的孩子上小学高年级了。这个孩子虽然能说会道，但经常有一些破坏性行为，为此，他的家人开发了"平静练习"活动。爸爸会让孩子坐在地板上，来回轻轻摇晃他，然后安抚他。孩子很喜欢和爸爸在一起的这段特殊时光，每次他都面带微笑，对平静练习充满了期待——显而易见，孩子把这个活动当成了奖励。但不巧的是，这是对他破坏性行为的奖励，而且这个行为大约每半小时就会发生一次。所以我建议，不要等到孩子有破坏性行为才让他可以和爸爸一起做平静练习。当然，我们希望孩子最好能一直保持平静，因此，我们开始尝试每天定期给孩子做平静练习，尤其是要抓住孩子还没有破坏性行为的时候。由于孩子的破坏性行为大约每半小时发生一次，我们决定尽量赶在这之前想办法阻止它发生。为此，我们让孩子的爸爸设置定时器，大约每二十五分钟就带孩子做一次平静练习。通过这样的练习，孩子的破坏性行为减少了80%。在做平静练习时，如果孩子出现破坏性行为，家里人能够对此选择忽略的话，那么，孩子的破坏性行为可以完全根除。但要做到这样很难，而且他们住在公寓里，担心影响到邻居，所以每次在孩子哭闹时他们会立刻开始平静练习。但总体上来说，孩子的破坏性行为大大减少了，这对每个人来说都是一件好事。

要记住，我们要强化的是好行为，而不是坏行为。

> **问题：** 你说要排除任何生理问题，但是很多时候，例如我的孩子饿了或累了时，他就会哭闹。这算不算生理问题呢？

疲劳和饥饿，绝对会导致人容易变得烦躁（研究表明，夫妻一般在深夜更容易吵架），而烦躁可直接或间接导致问题行为。例如，我们工作中曾遇到一个学前班的孩子，她的问题行为都是发生在下午，从来没在早晨发生过。当老师和父母讨论这个问题时，发现原来孩子晚上什么时候睡觉，父母根本就没太管过。于是，我们建议父母要确保孩子早睡，还有如果孩子下午没有出现攻击性行为，就对她进行奖励。通过这样的方法，就能消除她下午的攻击性行为了。而另一个孩子会在中午吃午饭时把午餐扔掉，然后下午就经常哭闹。对此，我们只要用一个简单的方案，就是确保孩子午饭能吃饱，就能把这个问题解决。所以，饥饿或疲劳的确有可能是引发孩子破坏性行为的因素之一，因此，要随时留意孩子这方面的状态。

现在给你提个醒。显然，你先要尽量确保孩子不累或不饿，但我们同样要意识到，每个人难免会有感到累或饿的时候。尽管如此，我们仍然要控制好自己的行为，这点很重要。和其他人一样，你的孩子需要学习在这个时候如何用恰当的方式表达。同样重要的是，你要教会孩子把自己的感受告诉别人。我记得，我侄子如果看见了饮料，他会提需求（"我想要喝果汁，谢谢"）。但是，他从来没有说过"我渴了"。所以，我们教他说了"我渴了"，还有"我饿了""我肚子疼""我要上厕所"，等等。在这当中，我们使用了辅助：在吃饭前（当我们可以确定他饿了），我们提醒他说"我饿了"；在给他饮料前，我们提醒他说"我口渴了"。现在，就算没看到食物或饮料，他也能很好地表达自己的身体感觉。此外，孩子如果能够表达自己的状态，并且主动要饮料或食物，那么就不会那么容易崩溃，你也不用为找不到原因而苦恼了。

> **问题：** 你提到过，如果有些事情容易引发孩子的问题行为，那大人可以通过"改变环境"来帮助孩子。但你又说过，如果孩子哭闹，大人不要屈服。这二者该如何区分呢？

首先，请先问自己两个问题。一、这合理吗？二、如果我的孩子没有残疾，我会这样做吗？如果你的任何一个答案是否定的，那么你可能就不应该为你的孤独症孩子做出环境上的改变。你的孩子需要学习以与他的同龄人相同的方式来做事。正如我前面提到的，即使我们要改变环境，也必须在合理范围内，这样能让孩子知道他不能随心所欲。否则他将很难交到朋友，也无法在融合环境中参与活动。另外，有些问题的原因是合情合理的。比如，刺耳的噪声谁都不喜欢，所以要尽量减少噪声，这个很合理（具体可以参考本书第六章关于脱敏的部分）。如果孩子因为弟弟拿了他的玩具而生气，你可以把他的玩具放在高一些的桌子上，这样弟弟就够不到了。这也很合理。但是为了避免孩子发脾气，每天都需要费尽周折配合，那就不合情理了。比如，我以前工作中曾遇到一个孩子，只要有人进了他家，他就会大发脾气，所以父母根本无法在家招待客人。这绝对是不合理的！但是，这个问题也有办法可以解决。我们安排了一些客人，让他们做客时带一些特定的东西给孩子作为奖励，于是，孩子开始期待客人的来访了。一段时间后，即使对空手来访的客人，孩子表现得也很好。有时，从一开始就采取正确的做法，结果便会大不一样。所以，在你要改变环境时，要做长远考虑。比如，引起孩子问题行为的原因是否合理？又或者，你正在处理的事情，是孩子需要学会忍受的事吗？

> **问题：** 你之前和我们说的方法，我们都做了，孩子的情况也正在改善。但在我们致力于教儿子替代行为时，他的问题行为大概一天还是会爆发一次。对儿子这种偶发的问题行为，我们最好的处理方式是什么？我们怎样做能帮他减压，但又不会不小心强化了他的问题行为？

有时，处理这类"低频（或高强度）"的问题行为，是具有挑战性的。确实有一些孩子，他们大部分时间都表现得很好，但每隔一段时间就会大爆发一次。需要再次强调的是，首先，要确保在场所有人的安全，然后对现场情况进行评估——你需要找出孩子此次爆发的原因，才能避免类似情况再次发生。比如，孩子是不是没有学会合适的替代行为？你可能没有办法一次就把孩子的问题全解决掉，但你可以把每一次都当成一个对他来说难得的学习机会。

要始终确保孩子明白，破坏性行为不管用——不要无意中奖励他们，并且确保其他人也这样做。如果孩子尖叫且打奶奶，奶奶还给他一块饼干，你最好找奶奶坐下来好好谈谈。

最后，要从全局看问题。系统地减少孩子的问题行为，这可能需要时间，但只要它们总体上呈下降趋势甚至是稳步下降，那么你的大方向就是对的。

> **问题：**我的孩子都成年了，还有破坏性行为。现在帮助他是不是太晚了？他一直都有攻击行为，都持续快三十年了。

的确，在问题行为成为习惯之前，我们处理起来要容易得多，但是，只要肯采取行动，就永远不会太晚。通过使用我们之前提到的各种策略，对孩子进行密集干预，很多问题行为都会减少，无论孩子处于哪个年龄段。而对于有攻击性行为习惯的成年人，无论有语言与否，都可以通过学会有意义的沟通来改善自己的问题行为。

安德鲁的故事：应对攻击性行为

当我和凯格尔博士刚开始写这一章时，我告诉她，我在这个部分没什么要补充，因为安德鲁没有自伤行为，也从未伤害过身边的任何人，他基本也不发脾气。事实上，我记得大概在安德鲁四岁的时候，他和一个同龄的小女孩艾莉一起上言语治疗课。罗伯塔——我们的言语治疗师——说之所以把这两个孩子放在一起上课，是因为他们是如此不同：艾莉话很多，但脾气很暴躁；安德鲁基本不会说话，且很安静温顺。罗伯塔觉得这两个孩子在一起，能对彼此产生积极影响。我和艾莉的妈妈都觉得很神奇：两个孩子是如此不同，却有着相同的诊断——这似乎也说明了"孤独症"这个标签是多么"疯狂"。

艾莉的妈妈还告诉了我一些事情，我到现在还一直记得。有一天，她和几个朋友去游泳，其中一个朋友把她拉到一边，悄悄地问她是不是被丈夫虐待了。因为当时她穿泳衣时露出了胳膊和腿上的瘀伤。殊不知，打她的不是她的丈夫，而是她那四岁的患孤独症的女儿。

当听到孤独症孩子可以踢人打人到这种程度，我很惊讶，因为安德鲁从来不会伤害我。

听我讲述完后，凯格尔博士想了一会儿，然后问我："在安德鲁小时候，如果他没办法表达自己的需求时，他会怎么做？"

我说："有时他会举手等待。"

"如果过了一段时间，他还是没有得到他想要的东西呢？"凯格尔博士接着问。

"那他就会开始哭。"

她又问："他哭得很厉害吗？"

"嗯，哭得很厉害。"

"现在也是？"

我不得不承认："现在他还是容易崩溃。"

凯格尔博士说："这正是我们要解决的问题：孩子发现与他人沟通困难时，就很容易感到沮丧，进而崩溃。安德鲁可能没有暴怒，但哭得很凶，也通过哭成功获得了他想要的东西。所以，和任何破坏性行为一样，他的行为也需要一系列干预。"

哦，原来是这样。

这是过去发生的事情，现在有时仍然会发生

让我先描述一下，大约在安德鲁两岁时，我带他一起出游。那时他还没有被确诊孤独症，我们只是觉得他是个异常内向的小孩，和同龄人比，语言有点落后。虽然安德鲁最喜欢一个人在家玩，尤其是把泡沫字母玩具按顺序排列，我还是觉得带他去东海岸和我的娘家人一起过犹太新年比较好。

我丈夫开车送我们去机场，然后我们道别。我想，这次旅行大概也就五六天吧。

安德鲁在飞机上没有睡觉，这是个问题，因为我们坐的是个红眼航班[①]，所以当我们到了纽约时，我们都精疲力尽了。而我印象最深的是，不知道为什么安德鲁开始抽泣，哭得非常伤心。他不停地哭，我却怎么都没办法让他平静下来。然后我注意到他捂着肚子，感觉像肚子疼，于是我认为他是肠胃出问题了。

这让我很崩溃。儿子病了，而现在我们在离家很远的地方。

后来到了我的母亲家，我尝试过用饼干来分散他的注意力。

他一下子就把饼干吃了个精光，然后还是一直哭，直到我又给了他一些饼干。

就在这时，我恍然大悟：原来，安德鲁并没有生病，他只是饿了，而且是非常饿。旅行使我们平时的日程被打乱，也许安德鲁还不是很饿时，我给过他一些吃的，不过我没留意到他其实没吃多少。这导致后来安德鲁捂着肚子哭时，我没有及时意识到他是因为饿而非肚子疼。

安德鲁无法告诉我他饿了，因为他还不会说话，他甚至还没有学会用手势表达（由于某种原因，孤独症儿童通常不具备这种技能，但当时我并不知道——天哪，那时我甚至都不知道他患有孤独症）。再加上他是在一个陌生的房子里，他不知道厨房在哪里，所以他饿的时候不能带我去厨房给他找吃的。

吃饱了后，安德鲁暂时平静了一会儿，但是在那样一个陌生的环境，日常作息又全被打乱，他还是随时处于崩溃的边缘。而且，我能肯定的是他感冒了（他一直在打喷嚏，还有些其他症状）。我已经精疲力尽了，安德鲁时不时就崩溃，为了避免事情变得更糟，我决定立即带他回家。所以我换了票，这样我们第二天早上就可以飞回洛杉矶了。丈夫在机场接我们。当我看见他时，我喜出望外，然而他并没有。对此，我有点失望，因为我感觉他并不是那么想我们。

"克莱尔，"他耐心地解释说，"你们只离开了一天，而这一天大部分时间里我都在工作，所以我没觉得你们走了。"

---

① 红眼航班是指在深夜至凌晨时段运行，并于翌日清晨至早上抵达目的地，飞航时间少于正常睡眠所需时间（一般为 8 小时）的客运航班。

就一天吗？对我来说，感觉已经过了好长时间。

之后的几年……

在那次旅行中，安德鲁还不会说话。所以，如果因为无法沟通才导致了他感到辛苦而大哭，那么，我们自然会认为一旦他会说话了，这些情况就应该完全消失了，对吧？

其实并不是。孩子的有些习惯很难改掉，尤其是当它们很管用时，比如，能让孩子摆脱一些很难的任务时。

又过了几年，当安德鲁感到沮丧或压力很大时，他仍然会泪流满面。他从来不会因为疼痛而哭泣，但是如果遇到很难的家庭作业，他的眼泪就会像打开的水龙头里的水一样流个不停。记得在他上小学五年级的一天晚上，我检查了安德鲁的作业，并告诉他，有篇短文他的字写得太潦草了。当我叫安德鲁重写时，他开始快速地眨眼，用手来回捋头发，这种情形我再熟悉不过了，这代表他就要哭了。

我犹豫了。我应该退一步，比如换一个话题，来避免安德鲁大哭吗？我感觉好难继续，因为一旦安德鲁开始哭泣，他就彻底听不进我说的话了，然后我们俩都会非常沮丧。

而如果我退缩了，我不就是让他成功逃避了任务吗？就像凯格尔博士所说的那样，我需要考虑一下，他想用哭泣逃避什么。在这种情况下，如果安德鲁一哭，我就退缩了不再坚持（以前发生过好多次），那对安德鲁而言哭是管用的。而如果下次我再让他做一些有挑战性的事情或者他不爱做的事，他就更容易哭了。

我理智上是知道如何让他停止哭泣并继续做作业的，因为有时如果我的声音比较温和，用的方法比较缓和，就会奏效。但那天我累了，没那么多正能量——我觉得我最好还是等安德鲁哭出来，但我不会放弃自己最初对他的要求。

后来，安德鲁哭了一会儿，然后坐下来把作业重写了，而且做得很好，这让我松了一口气。这一次，哭没有让他摆脱该做的事情。当时我就想，也许，只是也许，他以后可能会哭得少一些了。

过了几天，安德鲁对我说："我现在没那么爱哭了，我在学校已经不哭了。"

"很好，"我说，"如果你实在想哭，可以在家里哭。"安德鲁听了有点如释重负的感觉。对此，我也很欣慰。记得在他小的时候，他随时随地都会哭，但是后来他意识到如果能忍住的话也很好，最好不要让朋友看到自己崩溃的样子。

引导、找出前因和给予积极的话语

让安德鲁一开始就停止哭泣——或者在他哭的时候听进去我说的话——几乎是不可能的。一旦他处于崩溃状态，我就没法让他停下来。我可以等到整个事情结束，但我不能把这个过程缩短。韦恩·塔什坚——我们出色的行为治疗师——告诉我们，当我们发现安德鲁有快要崩溃的迹象时，就要采取应对措施，但与此同时，不要撤回我们原先对他的要求。

一开始，我们有点慌乱、理不清思路，但我们确实弄清楚了导致安德鲁崩溃的一些前因和先兆，在凯格尔博士的帮助下，我们学会了一些应对策略。

例如，每当我看到安德鲁开始快速眨眼或者用手捋头发（安德鲁大哭的先兆）时，我就知道，这是安德鲁感觉被逼得太紧了。这时，真诚地夸他会很管用，并且经常可以把局面扭转过来。一个积极的评论是，"我知道这看起来很难，不过别忘了，上周的数学题很难，但最后你自己想出来怎么解答。你好棒，妈妈为你骄傲！"关键是，不要让安德鲁逃避写作业，且在这个过程中，要想办法让他感到不那么沮丧。有时这个方法是奏效的。但有时因为我等得太久，结果就不理想。有时我太累了，语气就变得不是那么好，那么我和安德鲁就很容易崩溃。（说来有点难为情，但我得承认，有时看安德鲁哭，我也忍不住会流泪。）

安德鲁对别人说话的语气很敏感，如果他感觉到大人在生他的气或者对他感到很失望，他就会哭。比如，如果大人对安德鲁说"我对你所做的事情不满意"，这也会让他崩溃。对于比较严肃的话题，以一种轻松点的开场白比较好，比如，"嘿，安德鲁，你知道吗？……"

我试过了。我真的，真的试过了。但像任何母亲一样，我并不完美。我也知道积极些的语气是什么样的，比如，"你的房间看起来很整洁——不过，如果你把那些纸放好，那就更完美了！"但我有四个小孩，我经常感到又忙又累，有时我会突然说："你的房间太乱了！"果然，当我一不小心说话语气重了，我就又会看到安德鲁一直眨眼和捋头发。而且，老实说，有时我对他的这种表现很反感。有时我就是忍不住要冲安德鲁发火，而且我也没觉得有什么大不了的。但这对他来说，却带来了不好的影响。

我想应该很少有妈妈像我这样，当因为一些事情责骂孩子且孩子很粗鲁地顶嘴时，我会欣喜若狂。与其看到安德鲁哭，我更希望听到他对我吼："我都告诉过你了，我会做的！"

哦，我可能也会告诉安德鲁，和妈妈说话不能这么粗鲁，但私下里，我还是会窃喜，因为这才是一个十二岁孩子和妈妈闹别扭时的正常反应。那个哭哭啼啼的安德鲁可不是我想要看到的——我很高兴看到他为自己辩解，而不是马上就变得伤心或者焦虑。

变得更坚强

安德鲁逐渐变得坚强起来，这方面，来自同伴的压力起了很大作用。当他开始关心其他孩子对自己的看法时（大概从小学三四年级开始），他会试图在他们面前控制自己，大部分时间里，他都做到了。他似乎也意识到，如果某件事惹爸爸妈妈生气了，并非就意味着天塌了。逐渐地，我们不再受他的泪水摆布，不再担心说了什么话可能会导致他崩溃。

而当他遇到困难而没有哭时，我们学会了夸奖他。他经常很积极地给予回应，而其他孩子也很快学会了正强化这个方法，所以我们家当时常常会传来这样的声音："干得好！""太棒了！""太好了！"

十年后

我在孤独症互助小组遇到过一位爸爸，他问我们几位妈妈："如果你正在照看的孩子突然打你，你会怎么做？"

我——和其他妈妈一样——解释说，要尝试弄清楚是什么让孩子的情绪突然爆发。之前有什么事情发生吗？他是不是要从中得到什么呢？

但这位爸爸对这些都置若罔闻，因为他对孩子打人的原因不感兴趣——他只是想知道一旦发生这种情况，他应该怎么做。

我们再次向他解释，他无法真正控制孩子的行为，除非他知道是什么原因造成的。但他不耐烦地打断了我们："我只是想知道，当孩子突然变得充满暴力时我应该做什么。你们觉得应该怎样做？"

我意识到，这是他发自内心的呐喊。因为他想要在孩子爆发时保证家里每个人的安全。所以，孩子突然出手打人，他没有考虑采用长期有效的解决方案或行为干预方法，他只想知道他被"允许"做什么来控制孩子。

所以，我谨慎地回答："确保每个人的安全是很重要的。"

他点点头，表示很满意。然后我回到了话题的关键。

我对他说："我们说的每个人，也包括打人的孩子。对于孩子的攻击性行为，如果大人惊慌失措，这可能就是灾难。我们在确保孩子不能继续伤害任何人的同时，也不要因此惩罚他。"

我不确定他对这个回复是否完全满意——我几乎感觉到，他还希望得到更多建议。

随后一位妈妈分享了她儿子的故事。她的儿子总是乘坐同一辆公共汽车去上学，从来没有任何问题。但突然有一天，他乘车时转身打了身后座位上的孩子。周围的人吓坏了，纷纷指责他的暴力行为。接着，这位妈妈在儿子的腿上发现了掐痕：原来他身后的孩子这几天来一直在掐他，而没有人注意到或制止。因为不会说话，她的儿子无法告诉大人自己经历的事情，最后实在是达到他忍耐的极限了，他才转过身打那个孩子。他只是想让那个孩子不要再掐自己了。这样看来，他并非首先发起攻击行为的人，他忍耐的时间已经比大部分孩子都要久了。但是，如果你只是观察到了他打人的那一瞬间，那你就难免会觉得她的儿子爆发得很突然，也充满暴力。

这也是我们处理孩子攻击性行为时要很谨慎的很重要的原因，我们要有这方面的知识，考虑周全，还要照顾孩子的感受，特别是对于不会说话的孩子。不要简单地否定孩子，把孩子的行为归结为"暴力"或"愤怒"——要弄清楚这些行为的定义，包括什么是破坏性行为、孩子从中得到了什么、是否是一种沟通或自我刺激行为或者是否有触发因素。然后采取适当的措施，减少不良行为，同时鼓励表现出的替代行为。

请记住，当孩子爆发时，我们的目标就是要确保每个人（包括爆发的孩子）都是安全的。作为成年人，要保持冷静、专注和公平。

当然，当事情结束时，如果你想哭，可以到自己房间去释放一下。我知道，我们都曾经暗自流泪，对着枕头、忠实的狗狗或柔软温暖的猫咪哭泣。

处理孤独症儿童的破坏性行为是很难的事情，但要知道，只要付出耐心和努力，你真的可以让孩子的这些行为减少甚至消除。

第四章

自我刺激行为
和重复行为

问题 1： 我的孩子总是不停地挥舞双手，而我丈夫经常呵斥孩子叫他停下来。但学校的心理医生说，孩子需要"释放"，我们应该允许他在课间休息和午餐期间有这些行为。对此，我感到很困惑。为什么孩子会有这些行为？我们应该怎么做呢？

问题 2： 我的孩子在她一个人的时候总是反复拿块布来回搓，嘴里还一直哼哼唧唧，但在学校她就不会这样做。我是不是该让她停下来？

孤独症儿童经常有一些重复行为，看似毫无目的，也没有人知道他们为什么这样做。有一种理论认为，孤独症儿童其实需要一定量的刺激。所以，如果他们没有从日常的社交和游戏互动中获得需要的刺激，那么他们就会自己创造机会来满足这个需求。通过一些重复行为，孤独症儿童获得了感官刺激，使自己感觉良好。基于这一理论，人们将这些行为称为"自我刺激"，或简称"刺激"。

另一种理论认为，孤独症儿童的重复行为有自我调节功能。在某些情况下，孤独症儿童可能会通过重复行为来减轻感官负担。还有其他一些理论认为，自我刺激类似于自伤或强迫症之类的。这当中有观点认为，这是因为控制这些行为的大脑区域无法正常发挥功能，或者这些行为可能会促进神经系统分泌内啡肽而起到类似于天然鸦片的作用。

无论从哪种理论角度来看，我们都已经知道，可以通过操纵环境以及引导孩子进行自我控制，来帮助孩子减少这些行为。换句话说，我们可以帮助孩子找到更好的途径去释放自己的能量。

自我刺激的例子

孤独症儿童自我刺激的表现多种多样。我们工作中遇到过一个孩子，她会不停地开关自己的玩具小屋的门窗，一次可以持续好几个小时。她对真正的门窗也同样痴迷，但凡遇到一扇门，她也能进进出出很多次——尤其是她特别喜欢的果蔬店的自动门。如果她的母亲试图阻止她或带她离开，她就会扑倒在地上，然后又哭又闹。

我们遇到的另一个女孩则经常在桌子的角落自慰，以至于她的医生把她送到我们这里来做干预。医生报告说她的外阴已经完全红肿了，整个阴部覆盖了一层痂。她非常渴望自慰，以至于无论走到哪里，无论是在学校、餐馆还是商店，她都无时无刻不在找机会进行这种自我刺激。

还有一个男孩总是反复挖鼻孔，直到鼻子流血为止。他一天会挖好几次鼻孔，以至于家里和学校的地上经常会有他流的鼻血的血迹。

其实，孤独症儿童的大多数自我刺激行为并不那么严重。还有一些常见的行为如摇头晃脑、在大人眼前挥舞双手、不停敲击物品，或者一遍又一遍地哼唱同一首歌。他们的这些行为很可能会让身边的人感到烦心，尤其是老师和父母。

是的，烦人——但并不可怕

虽然导致孤独症儿童重复行为的原因尚不十分明确，但我们现在知道，我们不需要惩罚孩子，他们的问题行为也会慢慢减少。事实上，随着孩子逐渐掌握恰当的行为方式，他们的问题行为也会自然而然地消失。

与此同时，虽然适当的干预会导致自我刺激行为减少，但这些行为却容易反复出现。所以，孤独症儿童需要知道何时何地才可以有这些行为，也就是要懂得避开公众场合。

此外，许多孤独症儿童也可以尝试进行其他更适合的活动来满足自己的需求，而这些活动通常能提供同样的感官刺激。例如，他们在公众场合扭动身体或是挥舞双手不太合适，但是，如果换成编织、在桌子上画画或连续弹钢琴几个小时，这些大家就可以接受。你可以引导你的孩子练习更合适的行为，这有时甚至会成为孩子的优势。我们知道，有许多原本自我刺激行为很严重的孤独症儿童长大后成为了运动员、艺术家和音乐家，在各自领域都取得了成功。

旧的干预方法的弊端

过去我们处理孤独症儿童重复行为的方式，和现在的做法有很大不同。过去，我们担心如果孩子老是有重复行为，那就意味着他们没法学技能了。这可能是真的。如果一个孩子使劲摇晃自己的身体，同时又很兴奋地挥舞双手，那他基本上无法把注意力放在大人身上。为了让孩子做好学习的准备，在整个教学项目里，我们都会要求在开始教学前让孩子坐好。我们经常让孩子坐在椅子上，然后对他说："看着我。"如果孩子看过来了，就给予奖励。相似地，如果孩子正在拍手，我们会说："把手放下。"如果孩子坐好了，也给予奖励。这看起来合乎逻辑，因为研究表明，如果孩子在做重复行为，那他们会学得很慢，或者根本就学不进去。

另外，现在我们有了新的方法。而随着教学方法的改善（见第十章关于PRT的详细介绍），孩子们来我们中心上课时都很开心，上课也很投入——在没有直接干预的情况下，他们的重复行为也逐渐减少了。

可惜的是，现在我还是会看到很多干预项目依然在致力于让孩子在接受教学前消除自我刺激行为，其实这是在浪费孩子的时间。孩子需要马上开始学习新技能，可以从他们感兴趣的活动开始。当他们这样做时，重复行为可能会减少，甚至都不需要特意采取任何措施。但是，这并不是说，你的孩子不应该学会如何很好地坐在椅子上——在未来的许多年里，在吃饭和上课时，孩子都需要这样做。这只是意味着，在大多数情况下，如果孩子动机被激发，他们就不会有重复和破坏性行为。只要你设置的活动足够有趣，他们就会投入其中，而我们就可以利用这些活动教孩子掌握特定关键领域的技能，比如社交和沟通。我们真的没必要把时间花在那些不重要的领域，来浪费孩子宝贵的时间。

话又说回来，如果在学习技能的过程中，孩子又出现了一些新的重复行为，我们可能需要采取不同的干预策略，例如教孩子替代行为或自我管理。但如果你的孩子刚刚开始接受干预，要确保你的干预包含了激发孩子动机的活动，而不是只专注于干预他的自我刺激行为，因为你的孩子可能压根就不需要这些。

优先处理在学校出现的自我刺激行为

对于孩子的自我刺激行为，我们建议父母不用过分担心，因为一旦孩子开始接受干预，这些行为往往就会慢慢消退了。但是，当孩子在学校和其他公共场所时，我们认为有必要采取措施来抑制孩子出现自我刺激的冲动，否则可能导致孩子无法参与社交活动。特别是要抓住课间休息和午餐时间，这一点非常重要，因为这是学校一天中孩子们最重要的社交互动时间。不巧的是，当孩子在操场活动时，通常是老师和助教休息的时候，那时孩子基本没人管。

许多孩子在独处时有自我刺激行为，但他们也会非常乐意参加一些社交活动，只是在活动中可能需要大人的辅助和提醒。例如，我们工作中曾遇到一对双胞胎兄弟，他们在课堂上的学习表现都非常好，但是在课间休息和午餐时，兄弟俩基本都是围着操场走来走去。然而，当我们提议他们可以打手球时——这是他们都喜欢的活动——他们就不再走来走去了。

如何减少自我刺激行为？

父母们都知道，让孩子忙起来，可以让他们远离麻烦。的确，当孩子在大人看管下进行活动、运动和做家庭作业时，他们是不容易惹麻烦的。我们担心的是，当孩子进入青少年阶段，他们问我们周五或周六晚上是不是可以在外面待到很晚才回家时，我们该如何回应。当孩子外出时，我们总是忧心忡忡：孩子会交到不好的朋友吗？会遇到坏人吗？我们不是不信任孩子，只是怕他们在外面不安全。

我们知道，当孤独症儿童在进行自我刺激行为时，他们什么技能也学不到。他们的大脑没有建立新的神经连接，社交能力也没有提升。所以，我们需要让他们参与有意义的活动。你最开始可能会比较恼火，尤其是当你看到孩子还在做大量的自我刺激时。但从长远看，对孩子的引导是会得到回报的。找到孩子喜欢的活动，或者每天让他帮你完成一项任务，或者给孩子报夏令营、课后班，总之让他忙起来。还有，要教孩子如何玩玩具和做游戏。对此，我们有一些建议，希望可以帮助你在这个过程中解决遇到的问题。

■ 让孩子动起来

很多体育活动有趣且简单，既能强身健体，又能促进孩子的学习，还能有效地减少孩子的自我刺激行为。如果有人问我们如何让孤独症儿童保持专注，那么，我们推荐的第一件事情就是让孩子每天进行有规律的锻炼。

通过研究，我们发现，如果我们允许孩子每天经常到户外运动，每次至少十分钟，就会极大地提高孩子的专注力。体力活动需要有一定强度——只是把孩子带到外面，让他坐在草地上或在院子四周走来走去，那是不够的——所以请先咨询医生，以确保孩子身体状态良好。另外请记住，这种锻炼效果维持的时间很短——不到一个小时——所以最好一天中隔一段时间就安排一次。

事实上，对于所有人，不分年龄或能力，体育锻炼都能促进身心健康，也有助于保持心情愉悦。不幸的是，对于很多患有孤独症或其他严重残疾的孩子，他们没有机会每天定期做体育锻炼。如果你的孩子也如此，那请确保你把体育锻炼加到孩子每天的日程表中。

有一些简单的方法可以帮助你做到这一点。我们以前工作中遇到的一个家庭，孩子每天上学前，父母都会让他在蹦床上跳（他最喜欢的活动）大约二十分钟。这样一来，孩子早上的自我刺激活动减少了，还有助于孩子把注意力放在学业上。

我们还把孤独症儿童的体育锻炼加入他们在教室活动的日程表中，效果很显著：学校老师每隔一个小时就让学生们休息一下，让他们玩一些涉及跑步的游戏。后来老师们发现，在课间活动结束后，孩子们变成了"更好的学生"。另外——这并非巧合——老师们也普遍反映如果某天的日程活动包括体育锻炼，孩子们的感觉会更好。

■ 逐渐减少孩子的自我刺激行为

无论是什么驱使孩子想要寻求自我刺激，这个驱动力都是异常强大的。如果你试图让孩子的自我刺激行为一下子全部消失，这几乎是不可能的。如果每次孩子进行自我刺激时你都尝试打断，你也会精疲力尽。所以，如果给孩子一些时间，让自我刺激行为逐步减少，那你的压力会小很多，而孩子的刺激行为最终也会消失。但请记住，这是一个过程，需要时间。你现在付出越多，你以后的麻烦就会越少。所以，但凡你有一点点精力，就去做吧，你会庆幸自己的决定。

首先，我们可以从教孩子替代行为开始，每天引导孩子做几分钟即可。如果你想把孩子的自我刺激当作自然强化物，那也未尝不可（我们接下来会做更详细的说明）。以唐尼为例，他四岁时每天都要在摇摇马上晃几个小时。尽管他的妈妈也意识到，在这段时间里，唐尼没有在学任何技能，更没有和别人互动，但她要忙着做家务还要带唐尼的两个妹妹，基本顾不上唐尼。于是，唐尼的妈妈没有禁止他坐摇摇马，而是在唐尼骑上摇摇马之前，让他帮忙做一件杂事。她先是让唐尼帮忙把摇摇马从墙边挪开，然后他可以自己骑上去。过了一段时间，她又让唐尼学着帮她把摇摇马周围的玩具收拾好，这样他就不会被玩具绊倒。一旦唐尼习惯了帮助妈妈做这些事，妈妈就又增加了一项家务让他来做。慢慢地，唐尼花在摇摇马上的时间越来越少。实际上，到后来唐尼一天大部分时间的活动都很正常了。

■ 教孩子进行自我管理

通过我们开发的自我管理策略，孤独症儿童学会控制并积极强化自己的行为（详细内容见第九章），这非常适合年龄大一点、有能力进行自我监督但在独自一人时仍然忍不住会有自我刺激行为的孩子。自我管理的巨大优势就是做得好的话，即使没有干预师在场，孩子也可以自己实施。因为孩子往往都是在独处或者没事做时才出现自我刺激行为，所以，要想减少自我刺激行为，帮助孩子依靠自己解决问题是很关键的。

我们以前工作中曾遇到一个小男孩，他总是反复假装在吹小号。他读小学四年级的普通班，并且在班上总是整天假装吹小号，搞得周围的老师和学生都很烦他。于是我们在学校给他制订了自我管理计划：如果他能做到一段时间不假装吹小号，作为奖励，他就可以戴耳机听一会儿爵士乐。这样，没有了自我刺激行为，他上课能够安静下来认真听讲了，而且听爵士乐也起到了和吹小号类似的声音刺激效果（但这个行为更合适）。过了一段时间，他的自我刺激行为基本就消失了。

■ 寻找可接受的替代行为

其实，孤独症儿童的许多重复行为都可以用其他行为来代替，从而满足孩子的感官需求。例如，米奇以前兴奋时就会反复挥舞双手，我们就引导米奇拍手，而不是挥手。这个举动同样能满足米奇的感官需求，但看起来不会让人觉得怪异。

孩子也可以被引导做出一些更具功能性的行为。例如，我们以前工作时遇到一个孩子，他总是反复玩圆形的小玩意，有时会玩上好几个小时。于是他的妈妈就给他铅笔让他玩，还教他如何用铅笔画画。现在他成为了一名才华横溢的艺术家——他的刺激行为基本都不见了。

如果你使用这种方法，你必须弄清楚你的孩子的自我刺激是为了满足哪方面的感官需求，比如是听觉、触觉还是视觉方面的。而你选择的适当的替代行为必须能够为你的孩子提供相同的感官刺激。例如，许多孤独症儿童喜欢盯着有规律变化的东西，那么他们多半也会喜欢会动的玩具。而喜欢旋转物体的孩子可能喜欢"跟着转盘学说话"这样的玩具，他们可以让转盘旋转，然后转盘指针指向哪个词，就会传来那个词的声音。如果他们喜欢转动盘子发出的声音，那可以尝试玩音乐玩具。

换句话说，我们要找的玩具和活动，和自我刺激一样，会使孩子感到愉悦，因为它们能给孩子提供相同的感受——它们看起来很有趣，或者听起来不错，或者会让孩子感觉很好。

■ 把自我刺激作为强化物和奖励

在很多孩子内心深处，自我刺激的欲望是如此强烈，以至于有点讽刺的是，它可以在干预中发挥重要作用。换句话说，如果你的孩子真的喜欢做某事（比如开门和关门），就让他赢得这样做的机会。例如，许多孤独症儿童痴迷于反复开灯和关灯，所以我们就可以先提醒孩子说"灯"，然后再让他们开关灯。这是通过孩子特别喜欢的活动，来鼓励他做出适当行为的一个好方法。（关于教孩子学习语言的更多信息，可以参阅第二章。）

有的孩子不需要那么多辅助，可以让他们做一些任务来赢取独处的时间，在独处时间里他们可以有重复行为，这样也能防止孩子在公众场合出现自我刺激。当然，你不会希望孩子有对自己或他人有害的行为，这些行为也必须完全杜绝（有关更多信息，请参阅第三章）。

一些数据

研究发现，孤独症儿童的所有自我刺激行为几乎都可以通过自我管理方法消除。

每天慢跑十五到二十分钟，自我刺激行为会减少 67%。并且慢跑后的十五到二十分钟，孩子回应大人的正确率大大提升。

杰瑞德的故事

当我们在工作中遇到杰瑞德时，他才三岁半，而他最明显的特征就是会不停地做重复行为。绳子是杰瑞德的最爱，他会捡起他能找到的任何一根绳子，然后把绳子拿到自己眼前晃。他到任何地方都会找绳子，如果周围没有绳子，他会从地上捡起一片叶子或一根棍子，把它拿到眼前晃。

当杰瑞德想要某些东西时，如果得不到，他会不停地问——不停地一遍又一遍地问，直到最后得到为止。我记得有一次过母亲节，杰瑞德的爸爸问妻子想要什么礼物。妻子回答说，她想要的最好的礼物，是过一个没有杰瑞德的、完全属于自己的母亲节。这让我感到非常难过，因为我无法想象在母亲节自己的孩子不在身边。但是，和杰瑞德待在一起，这确实是个挑战。杰瑞德的妈妈对他的干预很投入，而杰瑞德也取得了很大进步，但他的重复行为实在让人精疲力尽。于是，他的妈妈才想在母亲节那天自己好好休息一下。

所以，在母亲节当天，杰瑞德的爸爸打算带杰瑞德在外面徒步一天。在他的计划中，这将是一个美好的亲子日，他和杰瑞德会在风景秀丽的观景台享用野餐。他打包了一顿丰盛的午餐，背起了杰瑞德的小妹妹，然后就出发了。不幸的是，事情并没有如杰瑞德爸爸预想的那么顺利。在进行了大约一个小时的徒步后，杰瑞德想要吃口香糖，可是爸爸没有口香糖，这让杰瑞德无法接受。于是，他一遍又一遍地重复着"我要口香糖"。杰瑞德的爸爸说，大约在第一百次听到"我要口香糖"之后，他开始尽可能走快一点，来摆脱这无休止的请求。可是，杰瑞德总是紧紧跟在他身后，并且重复说："我想要口香糖，我想要口香糖，我要口香糖。"这样的情形持续了六个小时。当一天结束时，杰瑞德爸爸感到精疲力尽，等到把孩子们带回家后，他一下子瘫倒在沙发上。他告诉妻子，这一天他有多么紧张。实际上，我倒是觉得，在听到口香糖事件后，杰瑞德的妈妈虽然有点替丈夫感到难过，但她心里又有些快感，因为这下丈夫能完全理解她平时照顾杰瑞德有多辛苦了。无论如何，杰瑞德的妈妈得以休息了一天，而杰瑞德爸爸则为第二天能去上班感到非常开心。

虽然杰瑞德这样喋喋不休地索要东西很烦人，但并不是经常发生。相比之下，他总是拿东西在自己眼前晃，这个行为更频繁，也更令人心烦。于是，我决心要帮杰瑞德摆脱这种行为。我们利用举办幼儿暑期班的机会对杰瑞德进行干预。每当杰瑞德捡起一片叶子在眼前晃时，我就走过去对他说："看，小伙伴们都在做什么？"或者说："去和小朋友们一起玩。"我从来没有告诉杰瑞德具体要做什么，只是一直跟着他，直到他做其他孩子正在做的事情。

因为要一直努力保持高度警惕，以至于每天晚上我都精疲力尽倒头就睡。我感觉自己一直在围着杰瑞德转。因为杰瑞德有些能力还不错，并且能够模仿其他孩子，我就有意识地只给他一个泛泛的指示（例如"看小朋友在干什么，跟着做"），而非一个特定的指令（例如"从滑梯上下来"）——我希望杰瑞德通过模仿其他孩子，从而独立掌握一些技能。

就这样，我不断提醒杰瑞德去和小朋友们一起玩。几个星期之后，他的大部分时间都在和同龄人一样玩，而与此同时，他的自我刺激行为开始减少。又过了几个星期，他一看到我朝他走来，就丢下叶子或树枝跑到他的朋友那里。有一天我对杰瑞德的妈妈说："我敢打赌他很恨我——我总是让他和他的朋友一起玩，而不是一个人玩。"我很惊讶地听到她说："不，一点也不。事实上，杰瑞德每天早上起来都会问他什么时候可以去凯格尔博士的学校！"

暑假过后，杰瑞德的父母让他进入了一所普通幼儿园。不幸的是，在那里杰瑞德又开始频繁自我刺激。例如，学校让他带毯子上学，他就把毯子边上的线扯下来，放到自己眼前挥舞。之后他妈妈在补毯子时，我让她把毯子四边缝严实，这样杰瑞德就没办法把线扯下来了。不过，这招仅限于室内才管用，还得是地板上没有线或绳子被杰瑞德发现。到了室外，他还是会继续捡树叶和树枝并放到眼前晃，而不是和其他孩子一起玩。于是，我们派了一位干预师到杰瑞德的幼儿园，每当进行户外活动时，干预师就提醒他和小朋友们一起玩，就和我们在暑期班时做的一样。虽然这个过程很慢很辛苦，但杰瑞德的情况在逐渐改善。

此外，杰瑞德的妈妈认为，如果杰瑞德能用手做点什么，他就没法腾出手来做其他的事情，那么他的自我刺激行为可能就会减少，所以她给他安排了上音乐课。杰瑞德的妈妈是一位多才多艺的音乐家，她决定每天坚持教杰瑞德弹十五分钟钢琴，不管他怎么抗议，先坚持一年再说。之后如果杰瑞德不想继续，她会允许他退出。虽然第一年进行得很艰难，但杰瑞德最终喜欢上了弹钢琴，到了杰瑞德上小学五年级时，他的演奏还在他所在的州获奖了。现在大部分空闲时间里，杰瑞德都在练习弹钢琴。

经过了几年的学校生活，以及用系统的钢琴训练来代替自我刺激行为，杰瑞德的刺激行为几乎消失了。有一天，我问杰瑞德是否记得他以前总是捡东西在眼前晃来晃去。他说："是的，我记得。"我问他为什么这样做，他说："我不知道，我只记得那样做感觉很好。"

虽然我再也没看到杰瑞德出现刺激行为，但是他爸爸告诉我，当杰瑞德在自己房间时，偶尔还是会拿线来玩一玩，尤其是当天他需要整天坐在学校又没机会锻炼时。

经典问题解答

> **问题：** 如何区分某种行为是孤独症相关的自我刺激还是任何孩子可能
> 有的习惯，比如咬指甲或吃饭时哼哼？

二者还是有重要区别的，总的来说要看在什么时候需要你介入。关于孤独症儿童的自我刺激行为，有几件事情你需要考虑。首先，这种行为是否会干扰孩子的学习？如果孩子因为自我刺激而无法学习或者参加社交活动，那你就需要努力应对。其次，自我刺激会给孩子的形象带来负面影响吗？试想一下，你的孩子成年后参加应聘面试，如果他在一小时的面试里，有五秒钟在做自我刺激，他可能会得不到这份工作。尽管此时它可能看起来微不足道，但你需要考虑这带来的长期影响。确实所有人都有可能有某些类型的自我刺激行为，问题在于什么程度、何种类型以及行为发生的时间和地点。

例如，如果你在高速公路上行驶，看看周围的车子里，你会观察到有很大一部分人在抠鼻子。然而，同样是这些人，他们不会在工作时、在购物时或在与别人交谈时抠鼻子。同样，他们也不会一直抠鼻子直到鼻子流血。还有，虽然我们没必要把孩子的刺激行为完全杜绝，但需要让孩子了解什么时候做这些是不合适的。

> **问题：** 记得你说过，如果我想让儿子停止自我刺激，我应该让他定期
> 锻炼，但他讨厌打球，也不喜欢跑来跑去，而这些活动我也不热衷。锻炼
> 真的有那么重要吗？

体育锻炼最难的部分就是开始阶段，但一旦你开始定期进行体育锻炼，你很可能会发现，从此全家人都会受益。作为父母，如果你没办法或者不愿意运动，试着求助学校里那些喜欢锻炼的工作人员，让他们带你的孩子每天定期外出锻炼。你还可以考虑购买蹦床，因为我们发现跳跃能有效帮助一些孩子减少刺激行为。你还可以考虑跟孩子一起骑自行车，有的家长觉得这很有帮助。最近我工作中遇到的一个家庭决定让孩子骑自行车上学而非坐校车，这样锻炼就会成为孩子每天早上的固定活动。另一个家庭的孩子只想待在家里，没有动力锻炼，家里人就经常给她安排家附近的活动，这样她就需要步行去参加活动，这也是一种

锻炼。

另外，还请记住，随着孩子年龄的增长，运动是很重要的一项社交活动。掌握了运动所需要的技能，可能会为你的孩子将来的生活带来翻天覆地的变化。

> **问题：** 如果我使用自我刺激作为奖励，会不会导致孩子在其他时间里自我刺激行为增加？

许多家长担心，如果我们把孩子最想要的活动作为奖励，孩子会更频繁地进行自我刺激行为。实际上，恰恰相反——当我们使用自我刺激作为一个奖励，特别是当这个行为的结果自然会成为孩子的奖励时，孩子在其他时间里进行自我刺激的频率并不会增加。例如，我工作中遇到过很多孩子都喜欢反复开关灯。之前孩子们会随意地开关灯，而我会让他们先说"开"或"关"，然后作为自然奖励，我会让他们开灯或关灯。不久后，我们加了一些词，例如"请打开"或"请关上"。结果成效异常显著。而且，因为孩子们渴望做这些事情，他们往往愿意做又长又复杂的任务，来为自己赢得自我刺激的机会。

> **问题：** 我的孩子有自我刺激行为，是不是因为他感到压力太大而不堪重负？我们是否要撤回对他提出的要求？

没有人确切知道导致这些行为的原因是什么，但如果它们经常发生在孩子独自一人且大人没有任何要求的情况下，那么就不太可能是因为压力太大导致的。然而，能通过评估发现孩子自我刺激背后的原因，这也很重要。例如，有些孩子会因为作业太难而出现自我刺激行为。在这种情况下，我们可以教授孩子替代行为（正如我们在第三章中讨论的那样）。评估自我刺激行为的方式，和我们评估破坏性行为的模式一样，将帮助你弄清这些行为是否具备功能性——例如，你可能会发现你的孩子试图避免一项任务。如果的确是，你可以教他一种替代行为。

> **问题：** 我儿子的老师告诉我，说我儿子"需要"自我刺激，所以每当他出现自我刺激时，我们都应该让他一个人待着。这是真的吗？

不，不要让任何人告诉你孩子可以在学校表现出自我刺激行为。孩子在学校上课和参加课外活动时，我们需要想办法让他投入其中。在重要的社交场合，你的孩子不应该一个人待着做自我刺激。上课和参加课外活动是教孩子社交沟通技巧的重要时刻。而且，正如我们已经证明的那样，如果我们能采取措施让孩子一直做让他感到愉快的活动，他甚至都不会想到自我刺激。

> **问题：**如果孩子的行为对身体没有任何伤害，就随他去吧，这有什么不对吗？

有些人认为有些行为本身就是有害的，因为它们会干扰孩子的学习——孩子们会沉迷于自我刺激，以至于接收不到任何外部信息。然而，并非所有类型的刺激都是如此。我们的研究表明，孩子在做某些类型的自我刺激时，他是可以同时学习的，但其他类型的刺激就不行。简而言之，有些刺激类型会对孩子的一切正常活动造成干扰，而另一些则不会。所以，你需要考虑两件事：首先，自我刺激会干扰孩子的学习吗？其次，它是否让孩子看起来与同龄人不同，并有可能引起不必要的关注？如果你的回答都是肯定的，那么说明它正在干扰孩子的生活或者损害他的形象，你就要确保为孩子制订相应的干预计划。

> **问题：**每次我带孩子去公园，他都一直用手指筛沙子。这真是令人沮丧。我打算不再带他去公园了。你对此有什么建议吗？

你可以考虑购买一些小的沙滩玩具用来让孩子玩沙子，然后帮助他学习如何正确使用它们。这样一来，他就既可以继续享受玩沙带来的刺激，又不会显得和其他孩子不同。如果使用的是其他孩子习惯用的玩具，还可能鼓励他和其他孩子一起玩。

> **问题：**我儿子最喜欢做的事情是看电视。事实上，如果我们由着他，他可以把所有醒着的时间都花在看电视上。我们让他每天看几个小时，但问题是，看电视时他总是不停地来回摇晃。这在我们自己家里还好，但如果在亲戚或朋友家，就会有些尴尬。这种刺激行为有可能会停止吗？

你可以尝试每当孩子开始摇晃时，就用遥控器把电视关掉。这样孩子就会知道，他如果想看电视，就必须安静地坐着。如果这不起作用，你可以尝试让他进行体育锻炼或教他进行自我管理。

> **问题：** 干预师总是对我的孩子说"手放下来"。他指出在干预活动开始前，我们需要让孩子安静地坐下来。这是真的吗？

毫无疑问，孤独症儿童的很多刺激行为都与学习格格不入，但我建议以另一种方式进行干预——在教孩子正确的行为方式时，要生动有趣，要尽可能让孩子投入。这样一来，孩子的自我刺激行为会逐渐减少，甚至都不必花费太多时间处理它。

安德鲁的故事：应对自我刺激行为

我表弟的女儿三岁时经常挖鼻孔。他们拍了很多照片来记录这一时期——的确，在他们随手拍的生活照里，很难找到她手指没放进鼻孔里的情景。我丈夫和我都觉得这很有趣，直到有一天我对他说："你知道，这件事我们现在觉得很好玩，但如果总是挖鼻孔的那个人是安德鲁，我们会找遍洛杉矶的干预师来帮他停下来。"

养育一个孤独症儿童就是这样——你永远不知道，孩子的坏习惯是他成长的一部分还是自我刺激，是否需要你马上采取措施让它停止。好吧，也许这并不完全准确——我的意思是，孩子有的坏行为是很容易判断的，比如撞头或咬人——但有些奇怪的小毛病，我们很想知道对孩子来说是否正常，比如把手当手偶玩、把鞋子整齐划一地排列或者痴迷于吮吸自己的下嘴唇（这些事情安德鲁都做过）。

当一个普通的孩子挖鼻孔时，你认为这很正常——当然，你也会试图让他不要在其他人面前这样做，但你不会太担心。当一个孤独症孩子这样做时，这就是自我刺激吗？也许你应该让他放松一下。但是，也许你不应该对他网开一面。问题是，每个人或多或少都会有点坏习惯。所以，你会有疑问，这只是孩子的一个坏习惯还是孤独症的症状呢？

但是，有一点可以明确的是，这些行为足以困扰你。

安德鲁的所有"毛病"，没有一个在最开始被我认为应归类到"自我刺激行为"里的。事实上，在我知道我的孩子患有孤独症之前，我都任由他去做。我甚至觉得，他能自娱自乐，安静那么长时间，那真是太好了。当安德鲁一遍又一遍把家里乱踢乱放的鞋子整整齐齐地排列起来时，我会选择躺在沙发上看书。有时我可以把整本小说都读完。

在安德鲁的卧室里，他喜欢把他的毛绒玩具排成一排，且总是按照相同的顺序：首先是恩尼，然后依次是伯特、艾蒙、巴尼，最后是饼干怪兽和企鹅。有一次，罗伯和我只是想看看如果把顺序破坏了安德鲁会做何反应，于是我们小心翼翼地把他的两个月大的弟弟放在恩尼和伯特中间。安德鲁看到后并没有去碰他的毛绒玩具，只是坐在那里，整个人像冻住了一样，眼睛直视前方，静静地等待。后来弟弟哭了，我们就把他挪开了。然后安德鲁马上又开始排列起他的毛绒玩具来。

后来我发现，当孩子在反复排列东西时，我作为妈妈却只是躺在床上，这太不应该了。正确的做法应该是，我应该积极地尝试去引导他。虽然我以前并未这样做，但后来我都在尽力地去做，来弥补之前的遗憾。

"手偶"动作的问题

"手偶"动作是安德鲁的另一个自我刺激行为。实际上，在最开始的时候，这个行为看起来还有点可爱。那时安德鲁还是个蹒跚学步的小男孩，他会把双手举在面前，手指伸出来的角度有点奇怪，然后让他的两只手互相"交谈"，并且断断续续地发出咿呀咿呀的声音。

最开始安德鲁这样做的时候，我们还觉得有点可爱，认为安德鲁很有想象力。

但是，在接下来的四年里，安德鲁断断续续一直不停地做"手偶"动作，我们也不再认为它很可爱了，并且希望他能停下来。只要安德鲁没有在上干预课，或者没有大人陪着，他就会一直做"手偶"动作。他在公共场所也是如此，以至其他人都会用奇怪的眼神看着他。在这些场合，普通的孩子会玩耍、进行社交活动，而安德鲁则在做"手偶"动作……

我爱我的孩子，但我不得不说，安德鲁年龄越大，他做"手偶"动作就越让人感觉突兀。他的手指是弯曲的，手臂叉着腰，头歪着，完全沉浸在自己的世界里。此外，他还一直喃喃自语，说的话大家都听不懂。在家里这样就已经够糟糕了，而一旦安德鲁到了要去上学的时候，我们会更担心。因为他需要和其他孩子在一起，所以我们迫切希望他不再有这种行为。

否则这会让安德鲁看起来很怪，会让其他孩子疏远他，还因为他不会通过这个行为交到任何朋友。

失败的尝试

以下是我们尝试过的一些无效的方法。

1.紧紧握住安德鲁的手不让他动。但我们一旦放手，他就会跑掉，然后过了几分钟后就会又开始做"手偶"动作。

2.假装我们的手也是"手偶"，这样就可以把他的自我刺激变为互动游戏，然而安德鲁一点也不感兴趣。他会放下手，对着我们做鬼脸，然后就走开了。等到他又独自一人——远离了他"疯狂"的父母后——他又开始做"手偶"动作。

3.在他洗澡时给他玩木偶。我们想，如果他喜欢玩木偶，说不定以后可以考虑让他成为木偶戏演员。偶尔，安德鲁会随身携带一个木偶，但只有用手做"手偶"动作才能满足他自我刺激的需求。

4.对他大声吼。这招从来都不管用。

5.哀求他停下。安德鲁的确想让我们开心，但是，他无法抵抗从自我刺激中得到的那种愉悦和满足感。我们觉得很难与之抗衡。

失去耐心

安德鲁的孤独症和怪异行为让我担心他的将来。

有时，当我听到安德鲁在隔壁房间不停地让一只手和另一只手"对话"时，我会有强烈的挫败感，以至于经常通过尖叫来发泄情绪。有时我忍不住冲安德鲁大声吼叫，而纯粹出于震惊和恐惧，他会把手垂下来放在身体两侧。但时间一过，那些刺激行为又回来了。随后我就会感到很内疚，因为我对自己的孩子大喊大叫了。

我们能做的，也就到这里为止了。

凯格尔博士的看法

在我们带安德鲁去见了凯格尔博士后，他的情况开始有所好转——主要是因为凯格尔博士叫我们不用太担心，因为"手偶"行为并不代表着干预效果不好。她还说，随着时间的推移，很多孤独症儿童的自我刺激行为会自然消失。

凯格尔博士指出，大多数孤独症儿童都会有自我刺激行为。关键在于，当你尝试提醒他时，他有没有给予回应。而在安德鲁的个案中，凯格尔博士也证明了，提醒他停止自我刺激并做一些其他事情，其实是相对容易的。的确，一旦安德鲁没人管时，他的自我刺激就回来了。但是，只要你提醒他去做别的事，他就愿意停止自我刺激，转而去做其他事。由此，我们知道，安德鲁最终会学会自我控制，把做出自我刺激行为转向进行其他有意义的活动。

换句话说，凯格尔博士的意思是我们要放松些。孤独症儿童的自我刺激行为本身没有那么有意义，随着孩子的成长，并且学会和其他人有更多互动，他们的自我刺激行为会逐渐消失。

凯格尔博士的建议

尽管如此，凯格尔博士还是同意我们的观点，即不能让安德鲁在公共场所进行自我刺激，尤其是那些提供社交机会的场所，比如学校。

凯格尔博士说："告诉安德鲁他做这些看起来很傻，应该只有在他一个人时才可以做。必要时可以轻声提醒他把手放下，并协助他与其他孩子互动。尝试给他寻找其他活动，那些同样能给他带来快乐的但又不会让他在其他孩子面前显得很怪的活动。"

听到凯格尔博士说我们可以当面告诉安德鲁他的行为让他看起来很傻，我有点震惊。在那之前，我从来没有想过，我可以让安德鲁也加入进来，为自己的干预计划发声。

实际上，当我直接和安德鲁就这个问题正面交流时，我发现，他已经长大了，他既渴望取悦我们，又渴望在学校交到朋友。他想知道他能做些什么才能融入周围的环境，变得和其他孩子一样。所以，当我们提醒他把手放下来，他马上就做了。然而，安德鲁想做"手偶"动作的动机还是很强烈，以至于每当他没有有意识地去控制时，就会再次出现这种行为。

抓大放小，有选择地忽略

感谢凯格尔博士，我们不再觉得必须要根除安德鲁的"手偶"动作了。我们只需要试着对他的这种行为进行一些限制（比如他只能在自己的私人时间或特定地点做这种行为）。这样要求对他来说容易得多。

在现实生活中，每当安德鲁开始做"手偶"动作——就像之前一样——他身边的大人就会走过来，轻声提醒他，安德鲁便会立即放下他的手。很快他的手又会做"手偶"动作，于是大人会再提醒，他的手会再次放下。（我们发现，重复行为需要重复提醒改正。）我们也会敦促他去和其他孩子一起玩，而不是一个人待着。他现在在学校有一个助教跟着，她的名字叫丹，她努力教安德鲁进行一些有趣的活动，来吸引其他小朋友加入。事实证明，这个方法太棒了，完美地解决了安德鲁在课间休息时遇到的社交困境。他开始越来越忙，忙于做和普通孩子一样的事情，他的自我刺激也越来越少了。

在家里，为了让安德鲁保持忙碌，我们带他尝试了很多有趣的事情。但是，当安德鲁不需要做事情时，他可以选择独自一人在房间里，这时，就算他频繁地自我刺激，我们也选择忽略。

时间一点点过去了。慢慢地，安德鲁的"手偶"动作消失了——正如凯格尔博士说的那样。

进展

这并不是说安德鲁的手就变得不爱动了。正如凯格尔博士预测的那样，安德鲁的手还是停不下来，只是他找到了其他方法，让行为看起来更容易让人接受。例如，如果你在安德鲁安静的时候看看他正在做什么，很有可能你会发现他在咬指甲。当然，我的爸爸和姐姐也是如此，我认识的人里，大概有十几个人都爱咬指甲。所以，对于安德鲁咬指甲这个行为，我不会再唠叨——人们不会因为你咬指甲而排斥你。

（我有时也在想，作为普通人，我们或多或少都有一些不是很好的习惯，比如咬指甲、抠伤疤、搓耳朵、捻头发，还有其他各式各样的类似行为，都是些下意识但又看似"平常"的举动。这些行为能给我们带来愉悦，就类似于孤独症儿童从刺激中获得快乐一样。也许，如果我们能弄清楚为什么这些"怪癖"能给我们带来快乐，我们就可以弄清楚孤独症儿童自我刺激背后的原因了。）

令人欣慰的是，在喜欢咬指甲的同时，安德鲁对绘画越来越感兴趣了。他开始把大部分空闲时间用来拿铅笔画画。绘画似乎满足了让他动手的需要，而且这个事情他可以重复做，且不担心爸爸妈妈会抱怨。曾经有一个阶段，他反复画甲壳虫乐队的四个成员，一遍又一遍（他会根据成员们所在的年份稍微做下改动，比如每个时期他们脸上的胡须以及发型）——我们从中得到了启发，让安德鲁在手工陶艺馆里设计了甲壳虫乐队主题的陶瓷遥控器收纳盒，到现在我们家还在使用。绘画不仅是大家可以接受的行为，实际上，安德鲁的朋友们都很钦佩和支持他在这方面的才华，他也为自己的作品感到自豪。安德鲁喜欢绘制复杂的地图——有的是真实的，有的是虚构的——这些看起来也很酷。

其他刺激行为

"手偶"动作不是让安德鲁沉迷的唯一的自我刺激，只是他最热衷且持续时间最长的。有好多年，他还会经常把手放在面前挥舞，不时跳上跳下，这些行为往往会在某些特定情况下发生。例如，他在画时，每隔几分钟，身体就会向前倾，靠在画上，然后向上踢腿（他喜欢站着画画），然后身子往后弯，同时挥舞双臂。一般他也就在家里才这样站着画画，所以这个问题不大。

安德鲁不再排列东西了，但好多年，他还是喜欢制作清单以及绘制时间线。

在大多数人印象中（至少是在电影中），很多孤独症人士喜欢转圈摇晃，这在安德鲁身上从来没有出现过，但他喜欢荡秋千。当他还是个蹒跚学步的孩子时，我带他去公园，我想让他玩到精疲力尽，结果却把自己累得够呛。安德鲁花几个小时的时间荡秋千，而我需要在后面一直推他。每次我想让他做点其他事情，他就会哭。这太令人沮丧了：我在努力做一个好妈妈，所以尽管我自己不爱逛公园，但我还是会带安德鲁去公园玩，然而安德鲁在外面的表现只会让我们俩都感到沮丧，而且更厌烦彼此。

当然，如果当时我及时咨询凯格尔博士（其实那时我还不认识她），她肯定会建议我先让安德鲁在公园里做一些其他事情，然后用荡秋千作为奖励：我可以告诉安德鲁，他先去坐滑梯，然后就能荡秋千了。然后下一次我可以告诉他，先坐滑梯、玩攀爬架，或者在沙坑里玩五分钟。我希望我曾经考虑过这样做。然而，我还是放弃了公园，并且买了一个秋千套装放在我家的后院里——后来我意识到这样做是不对的，因为我剥夺了安德鲁在公园与他人进行社交的机会。在那段时间里，我还是会时不时和安德鲁交谈几句。但显而易见的是，安德鲁更需要与同龄人交往的体验。

题外话

回首往事，我不禁有些感慨。现在，我可以清楚地意识到，我曾经有机会把安德鲁在公园荡秋千的痴迷变成积极的体验，只需要通过坚持，让安德鲁先做一些更有社交意义的事情（他可能最终也会喜欢上），然后再去荡秋千。一旦你有机会接触到凯格尔博士这样的专家——并且情绪放松下来开始冷静思考——你会了解，如何把孩子以前让你感到困惑和沮丧的那些行为，转化为对他的激励。但是，有时候生活就是这样，好比打仗一样，你在战壕里疲于奔命的时候，你会忘记了用战略性的眼光看问题。

曾有一位妈妈打电话给我，向我征求关于应对她的儿子问题行为的建议。我问了她几个问题，同时心想"如果是凯格尔博士，她会怎样做？"。最终在找到孩子问题行为的根源后，我给她提供了一些有用的建议，帮助她的孩子停止了那些行为。有时候想到这里，我就有点挫败感，因为每当问题涉及我自己的儿子时，我没法理智地思考。这已经成为我和我最亲密的朋友之间的一个笑话。当我们当中任何一个人在养育孩子方面遇到困难时，其他人都会提供周到、有见地、有用的建议，而问题出在自己孩子身上时，则很容易崩溃。每次我们都会说"这是你应该做的"，然后补充说，"不过我自己是从来没做到过"。如果我们的头脑能变得更清醒、考虑得更周到，那该多好！

虽然这对我们来说不容易做到，但我们仍然可以把遇事冷静、深思熟虑、处理问题高效作为我们的目标，并继续努力实现这样的目标。

回到自我刺激的话题

自从我们在家里把秋千组件搭起来以后，我就不再带安德鲁去公园了。随后安德鲁还学会自己伸缩腿来让秋千保持晃动，这让我很开心，因为这意味着我的手终于可以得到休息了。后来，我们又在后院增加了一组游乐设施，是给大孩子玩的，里面包含了两个秋千。好多年里，安德鲁回家做的第一件事，就是去后院荡秋千，每次他都能玩很久。

在漫长的一天快结束时，我喜欢喝一杯酒放松一下。有时我忍不住在想，对安德鲁而言，荡秋千是否也起到了类似放松的作用，帮助缓解他一天的紧张情绪。

在安德鲁十岁左右的时候，我们买了一个蹦床（外面有网罩着），每次他都喜欢在上面跳很长一段时间。连我们大人也很喜欢跳蹦床。

幸运的是，安德鲁的刺激行为都是针对自己的，所以不会对他人造成伤害。不过话又说回来，如果是针对其他人的，我们会不得不更加积极地努力压制他的行为。但是，他的这些行为还是让我们忧心忡忡，因为它们仿佛把安德鲁带出了我们的世界，并将他囚禁在另一个世界里。

十年后

已经有很长一段时间，我没有再想起安德鲁自我刺激这个话题了，因为我们平时已经不需要担心这些了。

十年前，我们的孩子曾经痴迷于做"手偶"动作，每次会自言自语好几个小时。我们对此忧心忡忡。如果我去幼儿园看他，我会看见他一个人在那里一边走路，一边在做那恼人的"手偶"动作。

而这一切都过去了。虽然，如今安德鲁还有很多事情让我担心，但是自我刺激行为已经排不上号了。它早就不是困扰我的问题了。

所以，在你的日常生活中，不要把太多时间用于为这个事情操心。听从凯格尔博士的建议，坚持带孩子做一些有趣的事情来转移他的注意力；同时尽最大努力，让孩子只在家里才出现自我刺激行为。只要确保这两点就好，其他你大可以选择放手，然后深呼吸并继续前进。

就安德鲁而言，有些刺激行为彻底消失了，比如荡秋千（我相信安德鲁仍然会喜欢那种大幅度摇摆的感觉，但不知道从什么时候开始，他认为这是一个适合小宝宝的运动，从那时起，他就一直回避荡秋千了）和跳跃（我们的蹦床也变得陈旧且不是那么安全了，并且最终我们意识到，如果运动器材放在那里一直不用，那它对我们就没有什么意义。于是，我们把蹦床处理掉了）。

至于安德鲁热爱画画这件事，就是完全不同的故事了。虽然在某个时期，安德鲁确实对画画的兴趣减弱了，但是他从未完全停止过画画，只是他确实觉得这可能看起来很幼稚。于是他只是偶尔一个人悄悄地画画（有时我会发现他的裤子口袋里塞满了画纸，即使画画这个事大家是完全可以接受的，但是安德鲁还是不愿意在外人面前展示）。后来，安德鲁对画画的热情又回来了——读大学二年级时，他还把自己的专业改为了平面设计。之所以这样做，是因为他意识到即有天赋的人注定会成为优秀的艺术家。

在我看来，安德鲁的每一幅画都是艺术品。在大部分业余时间里，安德鲁都在画画。我感觉这样非常好，也不会为此而充满担心。

不过，安德鲁还是会经常咬指甲。

但是，这其实已经不重要了。

第五章

社交技巧:
帮孩子发展有意义的
社交互动

问题1：我孙子三岁了，他对其他孩子似乎不感兴趣。在公园里、幼儿园里和家庭聚会上，他都喜欢自己一个人玩。虽然他看起来很开心，但我担心他会变得越来越孤单。我能做些什么来帮他呢?

问题2：我有个学生七岁了，她成绩很好，但是，在课间休息和午餐时间，她都是一个人在操场上四处走。这正常吗?

每个人都有自己的社交生活，基本上，每天我们都离不开一系列与他人的社交互动。比如，你把孩子送到学校时，在那里你常会与其他家长交流孩子的事情;你去常去的咖啡店买咖啡时，店员会和你聊上几句;在公司上班时，你与同事和客户沟通工作上的事情;你与朋友共进午餐时，会分享彼此的近况;等等。对孩子来说，生活同样具有社交性，早期他们与家人互动，从而帮助他们了解自己是这个群体的一部分，而不仅仅是孤立的个人。这为他们以后友谊和亲密关系的发展奠定了基础。

对孤独症儿童的父母而言，帮助孩子成为社会人，是他们生活的重中之重。因为和同龄人相比，这些孩子中有很多人都缺乏和他人互动的能力和兴趣。

社交困难是孤独症儿童常见的，而且这个问题大人需要尽早介入。如果由着孩子自己来，孤独症儿童通常不会主动发起社交。

不懂得如何进行社交，会给孩子带来长期的负面影响。社交能力差的孩子长大后很难找到工作，而即便他们找到工作了，因为难以处理好人际关系，往往也会导致工作难以为继。研究表明，和典型发育的孩子比，有社交困难的孩子长大后更容易抑郁或者出现社交焦虑。

除非接受专业的干预，否则，孤独症儿童不太可能在社交领域有所发展。而随着干预计划的实施，他们是可以成为社会人的。当然，这需要付出很多的努力——尤其是在学校学习阶段。学校有很多同伴，是孩子练习社交技能的绝佳场所。

保持冷静

关于社交，好的方面是，它是可以教的；不好的方面是，在处理孩子的社交问题时，你往往很难保持冷静并做到有条不紊。社交涉及很多对我们来说至关重要的能力，比如懂得爱、会发展和保持友谊和会陪伴他人。

我自己就有过一些亲身经历。在我的小女儿三岁的时候，她耳部发生严重感染，耳鼻喉科医生给她试用过几次抗生素效果都不好，所以决定进行手术。当时因为女儿中耳一直有积水，所以她的听力受到严重影响。有一天，幼儿园老师打电话来叫我去学校开会，出席会议的有校长和两位老师。他们告诉我，我的女儿在社交方面遇到了极大的困难。他们说她很少与其他孩子互动，似乎对集体生活一点兴趣都没有，大部分时间里她都是独自坐在攀爬架上发呆。这些信息对我无异于晴天霹雳。

会后，我回到了自己车上，泪流满面，一路上抽泣得几乎无法呼吸。当我回到家跑进房间告诉鲍勃发生了什么事时，他平静地问："那你告诉他们该怎么做了吗？"我含着眼泪承认我没有。他轻声提醒我，这是我的专业领域，我应该确切知道要怎么做——为孩子制订一个全面的干预计划。第二天，当我恢复镇定后，我到女儿的学校告诉老师们，我的女儿听力有问题，她在学校有那样的反应很正常。我接着告诉他们，我的女儿需要在教室里坐到靠黑板近一点的座位，还需要更多的视觉提示。最重要的是，在课间休息和午餐时间，需要有人提醒她从攀爬架上下来，并且鼓励她定期参加集体活动。

当我可以冷静地思考时，我知道需要做什么。但是，我听到老师说"你孩子社交不行"的话后，简直崩溃了。作为父母，我们爱孩子，当然也希望其他人也爱我们的孩子。

后来，女儿的耳部手术很成功，还有老师们很称职，采取了很多必要的措施，女儿的情况有所改善——在大部分自由活动时间里，她都能和她的同学一起玩。

同样，当我的侄子上幼儿园时，我特意抽了一天时间去幼儿园观察他。在课间休息时间里，他一直在玩玩具火车（这是他的狭窄兴趣）。每当其他孩子试图加入想和他一起玩时，他就发出高亢的尖叫声，顿时把他们都吓跑了。于是他在学校里就有了自己的私人玩玩具时间，也没有人再跑来问是否可以一起玩了。

（这是我在很多学校的非结构化时间 [①] 里看到的：有些孩子是一个人安静地在那里玩耍，似乎没有人担心，即使他们是在疏远其他孩子。）看到这些后，我觉得是时候为我的侄子设定一些社交目标了。

我们想强调轮流的重要性，所以打算系统地教他，并且寻找机会把这个目标融入他的日常生活。我们甚至在家里也进行过练习。他那时有一个重复行为，即必须要自己打开经过的每一扇门。如果他没来得及把门打开（而是别人打开了门），他就会崩溃大哭。为了让他保持平静，他的父母只能允许他的这种行为发生。当他和父亲（也就是我的哥哥）一起到我们诊所来看我时，我才知道他有这个问题行为。我的建议是，当他们和孩子外出需要经过好几扇门时，大人和孩子轮流开门。也就是说，如果孩子自己开了第一扇门，那么大人就开第二扇门，并且说："这次轮到我开门了。"以此类推。同时，要忽略随后发生的任何事情：孩子再哭闹也不要回应，不要生气，也不要妥协，就假装之前的事情没有发生。

经过一段时间的练习，我侄子逐渐明白和另一个人轮流做某件事是什么意思了。他意识到，轮到别人开门时他哭闹也没用，别人不会让着他。这样进行了几个月后，当轮到别人开门时，他还是会不高兴：他会眉头紧皱，紧握双手，咬紧牙关。但是，随着时间的推移，这种现象在慢慢改善。等到他读中学时，已经好了很多。他参加了很多社团活动，会和朋友一起玩游戏，当轮到别人玩时他也很开心。他仍然喜欢赢，但输了也不介意。他成了团队中很棒的成员。

所以，在面对孩子的社交问题时，无论多么困难，你都必须保持冷静和理性。很多残障儿童的父母都表示，孩子在社交上的失败，往往比在学习上的失败更令他们感到不安和有压力。父母们觉得孩子没有朋友，比孩子不会学习更难以应对。如果有适合你孩子的、全面有效的社交干预计划，你就会感觉好多了，而且孩子也能得到很大的帮助。

典型发育的孩子都怎么玩？

对典型发育的孩子来说，社交互动的规则或多或少是自然习得的。公园或校园里的规则可能令他们一时难以理解和遵循，但大多数孩子总能自己琢磨明白并遵守。有的孩子会找到一个好朋友一起玩；有的则会找到一大帮朋友一起玩。有

---

① 结构化时间指的是有明确的指令、流程和任务的集体活动时间，例如圆圈时间。非结构化时间是指没有明确指令、流程和任务的时间，相当于自由活动时间，例如小学的课间休息时间、午餐时间。

的孩子喜欢和伙伴一起看体育比赛；有的孩子则会一边四处走走，一边与朋友们交谈。有的孩子会通过分享食物来结交新朋友；有的孩子会主动要求加入其他人正在进行的活动。有的孩子会勇敢地在陌生人面前做自我介绍；有的孩子则会游走在社交小团体的边缘，期待能融入。

关键是，虽然孩子们玩耍的方式可能有所不同，但他们中的大多数有动力去加入眼前的社交圈。

孤独症儿童需要成人的帮助才能做上面这些事情。一步步来，实际上，你是可以教会他该有的社交技能的。

观察其他孩子在做什么

很多孤独症儿童的父母会问我："在社交场合，我的孩子应该做什么？"我的回答总是一样的："其他孩子在做什么呢？"这是因为社交的内容是需要视具体情况而定的，比如孩子不同的年龄、所处的不同环境甚至不同的社区。孩子们的游戏用语、社交时常说的词语，会因所处场合不同（如不同的学校、公园或其他社交场所），意思也不同。

所以，为了帮助孩子进行社交，你需要做的第一件事，是在孩子所处的自然环境或者你希望他能参与的环境中观察其他孩子，并记录其他孩子在这些环境中所做和所说的一切。

你可以带孩子去商店、去快餐店、参加体育赛事或者课后班，看看在那些地方你的孩子和其他孩子都在做什么，并记录下来。如果你是老师或专业人员，那就到操场、午餐桌旁，在学生自由活动时间去观察，并记录你负责的孩子以及其他孩子都在做什么。

请务必写下孩子具体在做什么。例如，他是否在和其他孩子一起玩？他是否只是什么都不说或者选择在没人的角落自己玩？如果你的孩子确实和其他孩子有互动，那是整个课间休息时间都这样还是仅仅是其中的一小段时间会这样？如果只是一小段时间，那是在开始的那段时间还是结束那会儿？如果你的孩子整个课间休息时间都在和其他孩子玩，那他具体在做什么，与其他孩子有什么不同？

同样，记录其他孩子正在做的事情也要具体，要重点关注那些与你的孩子年龄和性别相同的孩子。例如，其他九岁的男孩子是不是大多在踢足球？有的是不是在找虫子？四岁的小女孩是不是要么在沙坑里玩，要么是在游乐设备上玩？如果他们在玩假想游戏，那他们假想的情形是什么？

当你做完观察记录以后，你可能需要一些情感支持。也许你会觉得有点不知所措，因为通过观察，你会发现普通孩子互动起来是如此轻松——他们的父母没有站在旁边，提示他们去询问别人是否可以一起玩或加入小组。为此，你可能会感到沮丧和些许不舒服。但请记住，虽然对谱系孩子来说社交非常困难，他们因此需要学习很多技能，而典型发育的孩子是自然习得的，但是大多数谱系孩子一旦学会了，他们中的一些人就会开始更多地参与社交。文献也告诉我们，大多数患有孤独症的儿童、青少年和成人都反映，他们想要拥有友情和爱情。所以，他们是有动力去开展社交的，我们只需要帮助他们实现它。当孩子还小的时候，从一个全面的计划开始，要比根本不解决这个问题好得多。所以，允许自己有时间来平复情绪——然后开始行动起来吧！

如何教孩子？

我曾经观察过一个读小学一年级的女孩子，她叫莉拉。远远看去，她似乎和其他孩子互动得很愉快，以至于学校工作人员认为她已经不需要辅助了，正打算撤掉课间休息和午餐时间对她的辅助。然而，当我们走近她时，我们意识到莉拉在重复说一个电视节目的台词，而且完美地模仿了节目中的人物形象（名叫安吉丽卡）。例如，她会命令她的同学："排队，你们这些笨蛋！""躺下，你这个傻孩子！"虽然同学们勉强答应了，但她并没有以这种方式结交到任何朋友。

于是，我们观察了她这个年龄的其他女孩在做什么。有趣的是，她们玩的游戏其实并没有什么不同——也是假想游戏。但不同的是，她们更多模仿的是猫和狗之类的动物，而且情节非常具体，包括吃饭、被人照顾、发出动物的声音等。

对于教一个孤独症儿童如何模仿动物，我的心情很复杂——因为孤独症儿童本身已经有那么多在社交场合被认为不可接受的行为了。而站在成年人的角度来看，模仿动物似乎没有任何社会价值。可是，小学一年级的孩子们中间就是流行这些。所以，我们开始教莉拉模仿一些小动物如猫、狗或者兔子的动作。然后，在课间休息时，我们提醒她观察其他孩子，如果其他孩子在假扮某个动物的话，那就叫莉拉也一起模仿。这个方法起作用了：渐渐地，莉拉的举止和同伴越来越像，而她花在假装安吉丽卡上的时间则变得越来越少。

功能分析：找出你的孩子表现得和其他人不一样的原因

如果孩子在玩的时候举止不恰当或者排斥与他人进行社交互动，那么找出根本原因很重要——孩子希望通过行为来达到什么目的。比如，关于孩子打其他孩子这样的行为，原因不同，需要采取的干预策略也不同。

例如，一些孩子会故意做出不恰当的行为来避免社交互动。以前我们工作中曾遇到一个男孩，他语言能力很好，曾经想出了一种方法让别人远离他——他经常以一段独白开始与他人的交流，即他喜欢杀人并且看着血从尸体上滴下来。他其实是个很善良的孩子，甚至连小蚂蚁都不忍心伤害。他只是知道，他一说起这些可怕的话就能立刻摆脱对方。而另一个女孩过去常常用手掌捂住别人的脸，好让别人停止尝试与她互动。还有一个小男孩则是每次有人想要和他说话时，他都会像狗一样叫。孤独症儿童的这些行为都是为了摆脱与他人的互动。

然而重要的是，请记住，并非孩子所有的不恰当行为的目的都是回避社交。有时它们起到的作用恰恰相反，即获取关注。我工作中曾遇到一个可爱的读小学四年级的男孩，在教室所有的自由活动时间里，他都在画画，他会仔细地画骷髅、流血的或残缺不全的尸体等。而他的这些画恰恰引起了别的孩子的关注。孩子们对他的画很好奇，也爱听他滔滔不绝地解释。通过大家的反应，男孩知道自己获得了关注，所以他这样的行为持续了好多年，而且情况越来越糟，直到画画几乎成了他唯一的话题。我还看到过有的谱系孩子通过打其他孩子来试图与他人进行互动。他们只是还没有意识到，打人不是交朋友的正确方式！

不同的功能，不同的方法

很多孤独症儿童语言能力有限，他们会用相同的行为来达到不同的目的。我们工作中曾遇到一些孩子有打人踢人这样的攻击行为，有的是为了摆脱别人，有的则是为了尝试和别人互动。

了解行为问题的"原因"，即对行为要实现的功能进行评估，可以帮助我们找到适当的干预措施，从而消除这种行为。

如果孩子在社交场合出现不恰当的举动，以此来避免社交互动，你可能需要建立某种奖励机制，来激发孩子参与的意愿。例如，刚才提到的那个喜欢杀戮和血腥场面的男孩，我们引导他在谈话中学会自我监督，确保谈话中评论和讨论的主题都是恰当的，即不会包括杀戮和血腥话题（具体可参考第九章关于自我管理的介绍）。最初，他会因为评论恰当而获得一些小奖励。等到和别人交谈时男孩都能选择合适的话题了，那些小奖励就会逐步淡出。我们还教他使用恰当的、礼貌的方式来结束谈话，比如说"不好意思，我现在要走了"或"说真的，我很想继续聊，但是我要赶时间"，而不是像以前那样说"如果你把刀插在人的动脉上，血就会喷出来！"。

然而，如果孩子做不恰当的举动的目的是获得关注，那么，孩子的动机已经存在——他希望能参与社交——你只需要教他用更合适的方式来获取关注即可。在这类情况下，关键是教孩子以适当的社交方式进行互动，例如发起对话、提问和做出相关的、恰当的评论。（接下来会详细介绍如何教授适当的替代行为。）

通常，孩子在社交活动中受到了关注，就是对这些恰当行为的正强化。例如，对于那个画血腥图画的男孩，我们可以教导他如何倾听别人在说什么，然后向别人提问。当别人回答问题时，他也就自然获得了关注，他也会为此而感到很高兴。男孩发现他不再需要通过画画来获取别人的关注了——因为他发现了一个更容易的方法。

所以，当你记录孩子在社交活动中所做的事情时，要确保你已经观察他足够多，不仅知道他在做什么，而且清楚他为什么会这样做。例如，你的孩子和其他孩子抢秋千，是因为他想荡秋千，还是因为他想让其他孩子注意到自己？他一个人晃悠，是因为不喜欢和别人说话，还是因为紧张不知道如何接近其他孩子？他推别的孩子，是因为高兴还是生气？

孩子不恰当的社交行为提示我们需要采取措施，但是，光从行为本身，我们无法判断究竟该采取何种措施。我们需要找出行为背后的功能，才能正确进入下一步。

对孩子的合理期望是什么？

要根据孩子的具体情况引导孩子。你需要弄清楚孩子是不想表现出恰当的行为，还是他压根就不知道什么行为是恰当的。如果孩子有能力参与社交互动，但只是不想去做，你除了教孩子如何礼貌地回绝社交互动，还可以考虑使用外部奖励机制来激发孩子的动机。当然，如果社交互动本身就能对孩子起到激励作用，不需要我们用外部奖励，那最好不过了。但是，当孤独症儿童最开始学习社交技能时，有的技能对他们而言会比较难，这时往往需要额外的激励。好消息是，当新的社交技能慢慢成为孩子自然而然的行为习惯以后，与之对应的外部奖励机制也可以逐渐淡出。

如果你的孩子不想与他人互动，请不要太担心，事情会改变的。随着孩子在社交方面的能力越来越强，他会越来越感受到社交带来的好处，与他人互动的动机通常会随之被激发出来。

要关注同龄孩子的流行趋势

尽管在这里我们关注的是孤独症儿童的社交互动——主要涉及玩耍和与他人对话——但别忘了也要同时关注孩子的外表，来帮助他们融入社会。当你观察其他孩子玩耍时，也要记录他们穿什么、用什么样的午餐盒、他们的发型、他们的鞋子是系鞋带的还是用的魔术贴，等等。这是因为，孤独症儿童往往不像其他孩子那样，对他们那个年纪的孩子的流行时尚比较敏感。虽然这可能也不算什么大事（我们的妈妈或许曾说过"你不需要和你的朋友一样——与众不同是件好事"），但是，你肯定希望自己力所能及地为孩子争取到更多的支持和便利。而如果孩子的衣服和鞋子穿得不对，会让孩子更难被他的同龄人接受。我就真的看到过一个孤独症孩子因为穿着前一年流行的衣服款式而被小伙伴取笑。所以，如果你可以提前采取措施防止这样的事情发生，对你的孩子是有益的。

实际上，很多典型发育的孩子都会吵着闹着让父母买当下最新款的衣服，而此时父母一般会教导他们不是什么东西他们想要了就非得买。有点讽刺的是，作为孤独症儿童的父母，你可能不得不反其道而行之，即坚持让自己的孩子得到最新流行的东西，来帮助他们更好地融入同龄人的社交圈。

帮助孩子紧跟同龄人的潮流还可以给他的社交带来额外的好处。我们曾邀请几个小学五年级的学生和我们一起陪一个叫珍妮的孤独症女生购物，帮她挑选一些时髦的衣服。这些女生都喜欢逛商场，她们帮珍妮挑选了各种时髦的衣服。我们遇到的另一名学生当时正在使用滚轮背包，而他的同学们使用的都是最常见的背在后背的背包，所以大家觉得他很时尚。于是一大帮男同学陪他去了一家很酷的滑板售卖店，帮他挑选了一个更时尚的滑板来衬托他的风格。

虽然我们这样做会有一定程度的从众心理，但是，孤独症儿童平时在社交上遇到的困难已经够多了，我们不希望穿衣问题成为他们的又一阻碍，也不希望同龄人觉得他们穿戴得与自己格格不入。等他们长大了，会对流行趋势有所了解，那时他们会自己选择是否要跟从趋势。

解决问题

好了，现在你已经完成了观察和功能分析（即找出孩子行为背后的原因），你应该已经掌握了以下信息：

1. 在可以自由支配的时间里，其他孩子都在做什么（基本上，这就是你给孩子干预的"目标"）。

2. 你的孩子在做什么，和其他孩子有哪些不同。

3. 为什么你的孩子会做这些事情（这些行为的功能）。

第一个问题的答案很大程度上取决于你孩子的年龄。幼儿园时期的孩子一开始喜欢自己玩玩具而不是和小朋友一起玩，然后他们开始彼此分享玩具和玩假想游戏。在户外，他们喜欢在沙子里挖洞，在攀爬架上爬来爬去。幼儿园里大点的孩子对话能力已经很不错了，他们会认真听别人讲话并做出积极回应，还会讲述小故事。在读小学期间，一些孩子可能会开始喜欢上运动，而有的孩子则会喜欢玩虫子、荡秋千或者在操场的攀爬设备上爬，还有的喜欢四处走走、跟同伴边走边聊或者玩假想游戏。

基于不同游戏及活动类型差别很大，我们把本章后面的相关内容分为几个部分：从最基本的到最复杂的互动；从简单的游戏开始（玩玩具和做游戏），然后是到学校去（看看课间休息时间可以做什么，以及午餐桌上引导孩子对话），再到课堂上的社交（找到固定搭档并安排活动），最后是安排校外玩耍和聚会来加深孩子和同学们之间的友谊。根据你孩子的年龄、能力和学校的具体情况，现阶段有些内容你可能暂时用不上，但它们最终应该都能派上用场。

请查看你记录的观察内容，了解和你孩子同性别的大部分同龄人正在做什么，再参考我们给予的建议。

寻求帮助

虽然针对孤独症儿童的一些干预可以在家中进行（例如教授如何进行社交对话），但大多数游戏活动都需要在校园或者公园等家以外的地方进行练习，大人在一旁进行辅助，来帮助孩子改变自己的行为。即使你的孩子在家与家人互动得很好，你也需要确保他能在学校和其他环境中与他人进行社交互动。我见过很多孤独症儿童，他们可以与大人互动得非常好，但对着同伴却一言不发。这种情况在所有年龄段的孩子身上都有可能发生。所以，不要因为孩子在家里看起来还不错，就假设他和同龄人交往得也很好。

在这个过程中，你可能需要其他人的帮助。

许多学校在课间休息或午餐时间并没有给孩子们安排社交活动，因此你可能需要从头开始，并要求有人被指派进入这些社交环境来辅助你的孩子与同龄人互动。如果孩子的学校里有一对一的助教，那就再好不过了——你有帮手，只需要协调资源并定期跟进即可。如果你没有这样的帮手，那就争取利用手头现有的资源。比如，在美国，许多学校会与本地高中或大学、社区和社会团体有合作，让他们安排志愿者定期去学校帮助有特殊需要的孩子。你也可以要求学校的言语治疗师或心理学家把社交内容纳入干预计划，并且在课间休息、午餐或自由活动时间实施。换句话说，这些特殊教育工作者可以就这些目标对孩子进行干预——例如加入集体游戏，在活动中轮流、积极参与对话——并将其融入孩子的日常活动。请记住，对你的孩子来说，社交和完成学业同样重要，都和他未来的成功息息相关，这需要我们持续地付出努力。

必要情况下，父母可以在自由活动时间来帮助孩子，但在大多数情况下，学校可以而且应该能够提供额外的支持。

一旦你确定在必要时有足够的支持，你可以根据孩子的具体能力和需求，协调各方资源，让孩子能系统性地就社交目标进行练习。

基础玩耍技能

■ 玩玩具

如果你的孩子刚学会走路，或处于学龄前的早期阶段，那很有可能他的同龄人大部分时间都在室内玩玩具，这也是他们学习如何轮流玩和分享玩具的时候。他们会做一些简单的小游戏——大多数幼儿园都有玩具卡车、汽车、火车，或玩具屋、玩沙玩具、角色扮演服装，以及能激发孩子们想象力的其他各种活动。在这个阶段，孩子需要能够以恰当的方式玩玩具、玩假想游戏，懂得遵守一些简单的游戏规则，并学会与其他孩子轮流玩和分享玩具。

语言互动是幼儿早期阶段进行游戏必需的：学龄前儿童学会重复所听到的声音和语句，并以此进行交流。虽然很多孤独症儿童的动作技能不错，能够跟上同龄人，但他们在语言和社交方面仍然需要帮助。典型发育的儿童通常会玩很多玩具，并且加以假想，其间还会和同伴有很多互动，而孤独症儿童往往只玩很少的玩具，并且玩的方式很单调且重复。

那么，当周围有其他孩子在的时候，我们如何能让孤独症儿童以适当的方式玩玩具呢？

1. 选择玩具

有一件事情很简单，也是孤独症儿童的父母都可以做的，就是购买自己孩子喜欢并且会玩的玩具，并将它们捐赠给幼儿园。这样一来，你可以确保你的孩子在幼儿园能以适当的方式玩到他喜欢的玩具。（实际上，你是在强化孩子的兴趣和能力——这绝不是一个坏主意！）如果你的孩子口头表达能力很好，并且是幼儿园里唯一知道如何玩这些玩具的人，那么，他可以充当小小带头人，向其他孩子介绍如何玩。

如果你的孩子在家里没有特别擅长的游戏，你可以考虑带他去玩具店买几个他似乎很感兴趣的玩具。要确保玩具适合孩子的年龄——如果孩子已经到了学龄期，就不要给他买婴儿玩具了，即使孩子喜欢它。要试着弄清楚孩子喜欢什么，比如，孩子喜欢的是玩具带来的音乐还是视觉刺激？然后，尝试找到适合孩子年龄的并且能够满足孩子的感官需求的玩具。

先把选好的玩具带回家，和孩子一起练习怎样玩。当孩子在家里玩得熟练后，再额外买一个送到幼儿园。这不仅对孩子有帮助，而且在如今教育经费紧张的情况下，园方会对此非常感激。此外，孩子们往往被全新的玩具和游戏所吸引，所以你会发现当你的孩子带着新玩具走进教室时，他马上会成为受欢迎的人。而且，这不一定非得是玩具——也可以是书。值得一提的是，要确保你教过孩子在和小伙伴一起玩玩具时该如何互动。

我们以前在工作中曾接触过一个学龄前的孩子，他当时已经学会了自主阅读。他喜欢书，所以我们叫他把自己最喜欢的书带到学校，读给其他孩子听。

2. 借用玩具

在美国，大多数幼儿园会允许父母把幼儿园的玩具暂时带回家一天，来教孩子怎样正确地玩。你也可以利用这个时机，教孩子学会在玩玩具时经常需要说的话，比如"轮到我了""轮到你了"和"这个游戏好棒"。（关于这方面的更具体的建议，可参见下文"和别人一起玩"部分。）请记住，要教会孩子正确使用每个玩具，这可能需要花很多的时间来练习。最好能先从孩子喜欢的玩具着手，即使你的孩子只是反复用同样的方式玩，你也可以先要求他做出一两个适当的回应，然后再让他以自己想要的方式玩。先把孩子可以按自己方式玩作为强化物，然后逐渐引导孩子以适当的方式玩得久一些，直到他玩的时间长到可以达到和同伴一起玩的程度。循序渐进总比强迫好，毕竟，你要确保活动仍然有趣，能让孩子保持愉快的心情。在跟孩子一起玩玩具时，请你保持积极的态度，也可以尝试变得傻傻的、有趣的、怪怪的，只要能帮助孩子愉快地参与就行。

3. 应对自发玩耍

由于很多儿童玩的游戏是自发的，无法提前教孩子如何去玩，因此你的孩子需要学会观察其他孩子，并模仿他们正在做的事情。为此，你可以在家里带孩子练习，你可以拿出玩具玩，然后叫孩子模仿你刚刚做的。你也可以引导孩子模仿其他孩子，如孩子的兄弟姐妹等。例如，如果另一个孩子正在往"土豆头先生"[①]身上装零件，你可以对孤独症孩子说："看，苏西把眼睛放在她的土豆头先生头上，你能把眼睛放在你的土豆头先生头上吗？"这是教孩子观察并且模仿别人在做什么，对他学会与其他孩子玩耍很有帮助。

请记住，随着孤独症孩子长大，有些典型发育孩子正在做的事情，你可能并不希望他模仿，所以你需要确保他能区分对错，知道哪些行为才是可以模仿的。我时不时会在学校里看到其他孩子怂恿孤独症孩子做坏事，所以你也要确保你的孩子熟悉学校的规矩，能明辨是非。对孤独症孩子而言，模仿并不总是自然而然的，所以教会他们这项技能很重要。但更重要的是，要教会他们懂得什么时候模仿、哪些行为可以模仿，以及模仿到何种程度。

此外，你可以和孩子的助教或班级负责老师商量，以确保在自由活动时间里，有人给孩子提供辅助，以确保他在学校也能模仿其他孩子，并且学会以恰当的方式玩耍。

你也可以在家中教孩子玩假装游戏，可以从日常自然强化物和常见的活动开始。例如，我们工作时遇到一个孩子，他似乎对食物以外的任何东西都不感兴趣，所以我们的一位临床医生决定试试看，看是否能教他假装让动物玩偶吃一口食物。医生先把动物玩偶给他，然后提示孩子假装让玩偶先咬一口食物，然后再让他吃掉食物（自然奖励）。几分钟过后，在没有任何提示的情况下，孩子就学会自己假装让动物玩偶吃食物了。这里要注意的是，要先让孩子假装让玩偶先吃，然后轮到他吃，这样孩子才会有动力！很快，孩子发现其实自己很喜欢这种假装游戏，因此他开始自发地喂动物玩偶，以及他周围的每个人——虽然这看起来有点搞笑，但孤独症儿童确实能和其他孩子一起玩假想游戏了——这就是我们的最终目的。在孩子玩耍时加入自然强化物是个好主意，也会使游戏变得轻松愉

---

① 美国知名玩具品牌中的卡通人物形象。

快。比如，你夸张地说"真难吃"并假装把食物吐出来，孩子在惊讶之余，会觉得很好玩，就会模仿你假装吐出食物的动作。或者你可以发出声音表示自己很开心，然后假装狼吞虎咽把食物吞下。同样，在带孩子学习互动的时候，你随时都可以寓教于乐，促进孩子技能的提高。

■ 和别人一起玩

除了教孩子学会用恰当方式玩玩具外，你可能还需要帮助他学会与其他人一起玩。

1. 发起和加入游戏

要开始游戏活动，你的孩子需要学习如何挑选玩伴，以及如何加入正在进行的活动——对语言和社交能力有限的孩子来说，这两项活动都非常重要，但同时对他们也很有挑战性。我们发表的研究成果表明，如果我们没有教会孩子如何发起游戏——即使是他们最喜欢的游戏——那么他们往往还是一个人玩。但如果他们是在接受干预的情况下，就经常可以跟同龄人玩得很好。你可能会认为，经过了几个星期的干预，即使大人不在，孤独症儿童也会继续和其他孩子一起玩，但这并没有发生：当大人不再提供辅助时，他们马上回到独自玩耍的状态。但是，当我们教他们学会发起游戏互动后——即如何邀请别的孩子和他们一起玩——在没有成人支持的情况下，他们便能够继续与同龄人玩耍。此外，关于典型发育儿童的研究表明，在学校里最受欢迎的孩子，往往是常常主动发起活动的那些孩子。所以，我们需要教孩子学会如何发起活动。

与我们之前提到的一样，当要教孩子新技能时，如果任务很艰巨，那就从孩子喜欢的活动开始，尽可能地让孩子享受这个过程。通常情况下，围绕着孩子兴趣开展的活动（哪怕只有一两样），对他来说就是最有趣也最有动力去做的：它们本身自带强化作用，会使得孩子有动力参与，并且和他人有互动。你只需要稍做调整，就能确保这些活动同样吸引孩子的同龄人。

首先，提示你的孩子走到其他孩子面前，询问他们是否愿意一起玩。我们工作时遇到的孩子，有的有语言发育迟缓，但他们会说"打球吗？"或"玩滑梯吗？"，这样的语言也能帮助他们主动发起游戏活动。如果你的孩子语言能力还可以，那就教他用完整的句子表达，比如"你想玩积木吗？"。

和会发起活动同样重要的是，孤独症儿童要学会如何加入正在进行的活动。帮助孩子加入正在进行的游戏小组，通过语言或非语言的方式都可以。孤独症儿童可以直接加入其他孩子的游戏，或者在大人的提示下询问其他孩子是否可以加入。但一定要先观察，看看其他孩子一般是如何加入新游戏的。我们工作中遇到过一个上小学一年级的孩子，我们提醒他在想和别人一起玩时，要先询问对方是否同意。他回家后告诉妈妈，我们让他变得像女孩子那样啰里啰唆的。他说："男生都是直接就跟大家一起玩了，哪里还要问！"这个孩子敏锐地观察到了男生女生处理同一件事情微妙的差异（很多孩子等大人说了才会发现），而这一事例再次表明，为什么我们最开始的观察至关重要。

现在你已经提示你的孩子要尝试加入活动了，需要注意的是，有些孩子不是那么友好，可能会拒绝你的孩子。在我去过的幼儿园里，有的幼儿园规定，在活动中的孩子不能拒绝其他孩子的加入；而有的幼儿园则允许孩子说不。我们发现，当孤独症儿童非常有礼貌地请求加入游戏而这时旁边有大人在且大人往其他孩子那里看过去时，其他孩子几乎都会答应。如果有孩子还是说不，那就叫孤独症孩子换另一个孩子问。你可以鼓励他找到那个最有可能会答应他的孩子，这样他就不会感到沮丧了。另外，孤独症孩子也可以尝试提议玩另一种游戏。记住，坚持很重要。

在你提醒孩子尝试之前，可以自己询问其他孩子，看看他们是否愿意你们加入，这样更容易帮孩子达成目标。如果你的孩子年龄大点，你可以找一个典型发育的孩子，把你的目的告诉他，你甚至还可以找一些孩子来帮助你们，确保你的孩子不会被拒绝。当你直接和那些孩子接触时，孩子们往往很乐意提供帮助，特别是如果你向他们解释清楚你在做什么以及为什么要这样做。有时孩子们不完全理解像孤独症这样"隐形"的残疾所带来的挑战，并且他们可能认为是孤独症孩子故意不理他们或者存心捣乱，但一旦他们了解到孩子的情况和你们的目标，他们会很乐意帮助你们。

当你要教孤独症儿童主动发起互动时，你可以考虑把一些贵重的、受欢迎的玩具带去孩子学校或者带到公园去，这样其他孩子就很可能想和你的孩子一起玩。

最后，如果其他孩子看上去都不想和你的孩子玩，你可能要问一下他们原因，你得到的信息也可能出乎你的意料。例如，有一次，典型发育的孩子们告诉我们，他们不想和丹尼斯一起玩，是因为他总是在课堂上挖鼻孔。我们之前确实没有注意到这一点。但是一旦丹尼斯学会了使用纸巾而不是用自己的手擦鼻子，其他孩子就不再拒绝他了。如果我们不问，我们就永远不会知道这一点。同样，专业人员对你孩子的社交互动情况了解得越多，就越容易找到适当的方法对他进行干预。

2.学会轮流玩

很多游戏都需要玩者轮流去做，但是，对孤独症儿童来说，这尤其具有挑战性，因为他们遇到不顺心的事就容易崩溃，而且他们对多人一起玩游戏没什么兴趣。有一点我留意到的是，许多孤独症儿童之所以不喜欢放弃他们正在玩的玩具，是因为他们以为再也拿不回来了。他们并不完全理解"轮流"这个概念表示他们会再拿回来之前玩的玩具。这就是为什么当其他人尝试轮流玩时，他们经常抗议的原因。所以，我们不但要想办法让孩子交出心爱的玩具，同时也要让孩子明白，这些玩具他还可以再拿回来。

在教孩子学轮流玩时，选择的玩具最好不要有太多规则，这样你可以只专注于其中重要的一个规则。很多孤独症儿童喜欢能带来视觉或听觉刺激的玩具，例如一组可以让球滚下来的坡道或者可以播放音乐的玩具。这些玩具很适合多人轮流玩，因为它们的玩法很简单，花在轮流上的时间不会太长，孩子等待时在旁边看也会很开心。此外，也可以选择一些孩子有点喜欢但又算不上特别喜欢的物品。毕竟，如果选择孩子最心爱的玩具、书等物品，他们更可能难以割舍，即使只是片刻。

第一次教孩子轮流玩玩具时，你可以做另一个玩家。一开始轮到你玩时，时间要尽量短，要尽快把玩具还给孩子。一旦孩子能够容忍没有拿到玩具，哪怕只是一秒钟，你就可以逐渐增加轮流时等待的时间，使得他能够忍受的时间越来越长。记住不要操之过急，因为这可能需要一些时间的练习才能逐渐达到较为理想的效果。毕竟，你也不希望孩子觉得这是个苦差事，而如果是循序渐进、系统地教，孩子就不会感到辛苦。

此外，请尽量确保在没有轮到孩子时他仍在看着别人玩。要确定他在看，否则需要提示或视情况给予孩子引导。有时，在极端情况下，我们会采用自我管理策略（具体可参考第九章），来确保孤独症儿童在轮到别人玩时也在看。孤独症儿童分心的欲望非常强烈——他们很可能会回到自我刺激的行为上，或者就直接走神——但他们需要了解，应该对正发生在另一个人身上的事情表现出兴趣，这是互动的一个重要部分。

同样，如果孩子刚开始学习如何与别人一起玩，起先只有一个回合，请不要担心——这是一个好的开始。第二天或一周后，你可以尝试两个回合，然后逐渐增加回合数，直到孩子可以玩较长的时间。一旦孩子学会了如何轮流玩，能和别人互动玩上一阵，你就可以尝试其他更难的游戏了。但是，请记住，要尽量选择孩子喜欢的游戏，这样一来，轮到孩子自己玩时，就是对他耐心等待的回报。

3. 游戏结束时

就像孩子必须学习如何加入游戏一样，他需要学习如何结束游戏。为此，你需要教孩子根据具体情况学会用恰当的语言来结束游戏。

例如，如果他只是不想再玩了，那么在他要跑掉前，提示他说："我们晚点再完成游戏，可以吗？"

如果他赢了比赛，他应该学会说："这个游戏真棒！"。如果他输了，他可以说："你玩得真好！"

还有一个学习的好办法，就是让孩子观察其他孩子在这种情况下可能会说什么（不过要确保你让他观察的不是那些因为输了在闹情绪的孩子）。

4. 关于输赢

在我们工作接触的孤独症儿童中，很多似乎不知道输赢的含义。也许看淡输赢是一种好品质，但孩子们需要了解输赢的差异，以便他们能在游戏最后做出恰当的评论。

反过来，有的孤独症儿童则无法接受失败。我们工作时遇到的一个孩子就是这样，每次输掉一场比赛，他都会大哭大闹。对于这样的孩子，通常在开始时，我们会选择那些他们不介意输的游戏或活动。在决定游戏的种类方面，父母的意见起了决定作用——哪些是孩子必须要赢的，哪些是孩子不在乎输赢的。然后我们从孩子喜欢的游戏开始，但是得是那些他并不真正在乎自己是否输了的游戏。我们会告诉孩子，即使他输了也没什么大不了的，毕竟，有输就有赢。同时，我们教孩子要有体育精神，可以说这些话，如"游戏很棒！""那真有趣！"或"我输了，但是没关系"。一旦在我们选择的这些无所谓输赢的游戏里，孩子似乎能够接受失败了，我们就开始发起那些之前孩子输了会有问题行为的游戏。如果是一个特定的游戏持续引发了孩子的问题行为，我们会事先跟孩子沟通——如果他无法接受输了的结果，那就不能再玩这个游戏了。沟通完后，如果孩子仍然无法控制自己的脾气，那我们就放弃这个游戏，转而选择其他游戏。不过，这种情况很少见，因为大多数孩子已经学会了应对。我们对孩子们进行干预时，如果他们输了游戏后能控制住自己不发脾气，那么就会得到奖励。等过了一段时间，我们会逐渐取消奖励。我们还教过一个孩子，鼓励他为赢得比赛的人欢呼。这完全分散了他的注意力，以至于他都忘记之前自己输了。

最后，自我管理有时也能帮助孩子抑制住自己的冲动。比如，当孩子因为输了而感到沮丧时，他可以把自己输了以后没发脾气的次数记录下来，当达到事先约定好的次数时，就可以获得奖励。

学校的自由活动时间

对许多孤独症儿童来说，在学校一天的时间当中，课间休息和午餐时间是最具挑战性的。因为课堂活动往往是结构化的，任务也很明确：老师会告诉学生该做什么，学生也能按照老师的指令执行。但课堂以外的世界则要复杂得多。典型发育的孩子似乎天生就知道休息期间要去哪里和做什么，而孤独症儿童可能需要更多帮助去寻找想参与的活动、结交朋友和找到乐趣。

■ 规则

孩子们认同规则，并喜欢一致性。如果你的孩子在自由活动时间总是出现不当行为，你可以为他制定一些明确的规则。这能让孩子了解我们对他的期望，让他在这些零散的时间段里不再感到困惑和迷惘。

例如，我们在工作中曾遇到过一个孩子，他总喜欢爬到儿童攀爬架的顶部，那里有一点点空间可以让人爬。但是，那个区域只能容纳一个孩子，没有人会看到他在那里，所以他相当于把自己孤立起来了。我们决定禁止他爬上去。经过我们的几次提醒后，他自己记住了规则。有趣的是，一旦孩子知道他不应该这样做，他似乎真的不介意大人不许他爬上去了。

如果你的孩子有独自游荡的倾向，你可以制定一条"不要一个人"的规则。告诉孩子，学校是他和朋友一起玩的地方，他需要去找一个朋友一起玩。很多孩子尤其是那些自由活动时间全程都是一个人玩的孩子，需要不断地被提醒和辅助才能去找朋友玩。如果你能找到其他愿意帮忙的孩子，那就再好不过了。幸运的是，大多数孩子喜欢获得大人的关注。并且我发现，当你询问典型发育的孩子是否可以帮助落单的孤独症儿童在操场一起玩游戏或进行活动时，他们通常都愿意答应，这样孤独症儿童就有机会参与到同龄人的活动中。当然，这当中还是需要大人在旁边辅助。实际上，你平时只要稍微留意一下，就很容易找到愿意提供帮忙的孩子。

话又说回来，这并不是说我们要为所有事情都制定规则，因为这样也可能会出问题。事实上，我们在工作中接触到的一名大学生，就是什么都得照规则来，而当他的日程安排被打乱时，他就会极度崩溃（有时情况非常严重，以至于有时不得不请警察出面干预）。所以，如果孩子遵循的规则太多，往往也会出现问题。孩子必须学会变通，才能应对日常生活和规则的变化。但是，在自由活动期间，如果能有几条规则可以促进孩子社交的发展也是好的，但前提是孩子要懂得灵活运用。

需要再次强调的是，很多研究已经非常清楚地表明，在大多数情况下，孩子在社交中被孤立会给他带来不良后果，所以这点需要一直强调。因此，尽管在自由活动时间里我们让孤独症儿童学习社交会显得费时费力，但这是必须要做的事情。不幸的是，很多家长把户外活动时间看作自己和孩子的"自由时间"，大人总是想着可以借此机会放松一下，于是让孩子四处游荡。可能有的家长对孩子长期社交孤立（或称社交隔离）的后果并不十分了解。殊不知，对孤独症儿童来说，闲暇时间是一天中至关重要的时间，这时让他们自顾自地玩，实际上对他们的社交发展是不利的。

■ 和同伴一起排队

在小学里，当课间休息结束时，孩子们需要排好队再进教室。这时，大部分孩子都是成群结队的。而我们注意到孤独症儿童通常是一个人走回教室的，而且排队的时候也极少说话。（当然，其实这时孩子们不应该聊天，但他们都会忍不住说话，而在这种情况下，我们希望你的孩子能融入小伙伴的谈话。）

如果你的孩子总是独自走进教室，无论有没有大人在身边，你都应该建议他去找一个朋友一起走进教室。我们工作中遇到的大多数孩子，一经提醒，都会加入小伙伴的谈话中。经过几次提醒后，孩子可能会自己记住这个规则——尤其是如果大人再往他这边看过来冲他使眼色时——并且一旦孩子把这个规则融入日常生活，你会看到，只要课间休息结束的铃声一响，他就开始四处找人了。

再强调一下，只要一个简单的小提示，就可以让孩子在社交上受益良多。

■ 题库策略

还有一个办法，可以在排队或自由活动时间里帮到你的孩子，我们称之为"题库策略"。听听孩子的同龄人都问他们的朋友们一些什么问题，把你听到的每个问题都写在卡片上，然后教你的孩子用这些问题提问并在家练习。例如，你可以提示孩子问："周末有什么计划？"记得提醒孩子音量要适中，而且要与对方有眼神交流。我们通常会准备几十道题，内容涉及方方面面，让孩子从中选择并发起对话。另外，通过倾听孩子同龄人的谈话，你会确定哪些问题是符合孩子年龄段的——有时我们成年人觉得有趣的问题，对孩子们却并没有吸引力。你可以在家里帮助孩子练习提问和回答。如果孩子在学校和同龄人交流需要辅助，你可以和学校协调要求提供必要的协助。

■ 开展结构化活动

对很多孤独症儿童而言，之所以在课间休息时间显得比较彷徨，是因为缺乏指导。当有很多结构化的活动可以选择时，孩子们会做得更好。比如，我自己的孩子还在上小学时，他们最喜欢周五的午餐时间，因为那天会有一位老师在礼堂教嘻哈舞。我们的研究表明，如果课间休息期间有结构化的活动供孩子们选择，他们会很感兴趣也更开心。

我们合作的一些学校已经为孩子们开发了一些半结构化活动，如在午餐时间做手工、画画、做园艺和玩游戏。对于那些在自由活动时间里漫无目的到处闲逛的孩子，有明确规则和方向的活动会让他们更自在，并且通常他们会很高兴地和朋友们一起参与其中。对于有一些兴趣爱好的家长，不妨考虑在午餐时间去帮忙，而且——最好就是——如果你的孩子特别喜欢某个活动，你可以把它加入学校的活动中。

如果学校不能提供这些活动，那么只要有大人和你的孩子在一起，就可以组织像"西蒙说""捉迷藏"或"瞬间冻结"之类的游戏，或者组织制作花环、唱歌或做一些其他简单的事情，来吸引其他孩子一起加入，并使得孤独症儿童保持专注。如果你继续努力并教会你的孩子发起游戏，那么，他很有可能会在没有大人的情况下和同龄人一起玩。但是，我们的研究表明，如果孩子不知道如何邀请同龄人和他一起玩，而此时也没有大人辅助，他很可能会一直自己一个人玩。因此，但凡是有大人在的场合，尽量要确保你的孩子和同龄人一起玩。这点很重要，会使我们的干预效果最大化。

■ 围绕特殊兴趣的游戏

如果你的孩子有特殊的兴趣爱好，可以利用它为孩子设置一些游戏。

例如，我们带的一个实习生工作时曾遇到过一个上学前班的孩子，名字叫尼古拉斯，他以前从没上过学，对其他孩子也不感兴趣。然而，他对红绿灯非常着迷。当时教室外面刚好有红绿灯，于是大部分时间里尼古拉斯都在观察红绿灯，而每当灯光从红色变成绿色时，他就会兴奋地跳起来拍手。

有一天，我在孩子们课间休息时去学校观察，发现这位实习生真的太有才了——他竟然组织了一场"红灯绿灯"游戏。尼古拉斯第一次很积极地参与了游戏——而且他不但参与了，还遵守了所有规则，并且开心地哈哈大笑，看起来很享受这段美好时光。事实上，他看上去和其他孩子没什么不同。他特有的问题行为，反而促成了非常积极的社交互动。

我们决定试试这种方法，看看以孩子的特殊兴趣为基础做社交游戏是否对其他孤独症儿童也有效。结果，效果出奇地好。

比如，有一个孩子特别喜欢看美国地图，恰好他学校操场的地上就有一幅巨大的美国地图，上面有每个州的轮廓。因此，他的助教设计了一个特别的游戏，参与的孩子必须说出一个州的名字以及做一个动作（如双脚跳、单脚跳、走），才能"到达"那个州。当然，这个小男孩是唯一知道所有州的名字的孩子，于是他理所当然成为了最有价值的团队成员！

另一个在读学前班的孩子则非常喜欢迪士尼动画片里的角色，于是我们把这些角色引入到"模仿领头人"游戏里——每个孩子都戴着不同角色的帽子。还有一个小学四年级学生能记住他喜欢的电影中的人物对白，所以我们将他的兴趣和游戏结合到了一起——只有正确说出了电影中的对白才能进入游戏的下一个步骤。

在很多社交情形下，我们看到孤独症儿童会选择退缩，回到重复刻板行为上，但一旦我们把社交活动和他们的特殊兴趣融合起来，他们就会很开心地投入其中。你可能需要发挥想象力来找到适合孩子的游戏，但是只要开动脑筋，你总会找到一些灵感。有趣的是，对孤独症儿童而言，特殊兴趣往往自带强化功能——你孩子真的很想参与其中——但凡游戏活动结合了他的特殊兴趣，就可以让他参与社交活动，只要把游戏设置为需要和一群同龄人玩即可。最重要的是，如果你的孩子在他感兴趣的领域有很丰富的信息储备，他将很容易成为小组中最有价值的成员！

运动

现如今，运动是生活中的一件很重要的事。几乎每个典型发育的孩子都或多或少会参与到某种有组织的体育运动中去，但这对于孤独症儿童却往往很困难。因为要参加体育运动，他们需要学会社交、遵守规则以及表现良好。更糟糕的是，在训练残障孩子参与体育运动这方面，有经验的教练少之又少。所以，最终你看到的是，有人冲着你的孩子大喊大叫，而不是鼓励他做出努力。但如果你能够找到你的孩子喜欢的运动，这可能是一个很好的教学机会。

对此，我们有如下建议：

首先，如果你自己或者你的家人朋友可以充当教练，那就太棒了。你知道如何教你的孩子，你也可以教家人朋友如何做。你还可以请孩子的小伙伴来帮忙，或者考虑聘请当地的大学生来协助。

你还可以利用在家时的空闲时间帮助孩子，包括带他了解一项运动的规则和传统，并让他练习进行运动时该说什么以及如何与队友和教练互动。你还可以用相机或手机把孩子的训练课录制下来，以便你可以在家里和孩子一起回看。但要确保你们不只是讨论孩子有问题的地方，也要记得给孩子指出他哪些地方做得不错，并且给予肯定。还有，别忘了培养孩子的体育精神——这也是我对我侄子做过的事情。之前在参加体育比赛时，如果他赢了，他会幸灾乐祸；而如果他输了，他就会哭。但当我们练习了应该说什么，还有如果他表现出体育精神时有奖励后，他学会了说"这个比赛真棒"或"和你一起玩很有趣"——无论他是赢了还是输了。

如果竞技类型的有组织的运动不起作用，你可以考虑尝试竞争性不强的活动。我们干预的一些孩子可以在跳绳或跳房子方面表现出色，但你会发现，像篮球这样的需要快速移动的运动，对他们而言就会比较困难。先尝试现有的体育活动，如果找不到的话，也许你会寄希望于孩子学校里能开展新的体育活动，这些运动又恰好对你的孩子而言是较为容易且便于参与的。

通常，在学校课间休息和午餐时间里，体育活动是重头戏，孩子们随时都可以轻松参与。如果你的孩子选择自己一个人待着而不是加入活动，那么，平时你可以在家或者周末和孩子一起练习其中的一些项目。例如，我们工作中曾经帮助一个孩子练习打篮球，他很擅长投篮。后来，他开始在午餐期间加入同学的篮球活动——我们的练习真的发挥作用了。

当然，有些孩子确实不擅长运动，于是这些孩子的父母可能不得不努力寻找孩子喜欢并且能够做好的事情。请记住，如果孩子不擅长体育运动，不要气馁——只需寻找替代活动（如做园艺或抓昆虫），只要是他的一些同龄人在午餐时间做的事情就可以，这样孩子还是可以在学校学习社交的。

餐桌上的聊天

因为学生们课堂上基本都是在听老师讲课，所以他们之间的闲聊通常发生在午餐和零食时间。很多小学高年级的孩子，即使午餐结束离开餐桌了，仍然会意犹未尽地继续闲聊。

遗憾的是，大多数孤独症儿童只是坐着吃饭，一个字也不说。一位学校的心理专家曾经告诉我，在她看来，孤独症儿童没法同时吃饭和与别人交谈。然而，她错了——如果我们教他们，他们是能够做到的。

实际上，午餐和零食时间为我们教孩子进行社交对话提供了一个很好的契机，因为孩子们都坐在同一个地方一起聊天。再一次强调，重要的是要提前观察和倾听孩子的同学们都说了什么，只有这样，我们才能帮他找到加入谈话的方法。

■ 美食话题

我们花了很多时间听典型发育的孩子们在午餐和零食时间里都在谈论什么，然后发现他们大部分谈话都围绕着食物——在家吃什么，今天的午餐怎么样、味道是否好，等等。这对孤独症儿童而言是好事，因为有视觉提示，而且食物这个话题简单而具体。

在这样的情景中，如果有大人在孤独症儿童旁边，可以提醒孩子评论他午餐中的食物——"今天我的午餐有鸡腿。"如果孩子语言能力不够好，可以只说"鸡腿"，然后他可以评论别人的食物——"你妈妈今天给你做的午餐好丰盛！"或"好吃！"。此外，你可以提示孩子谈论他在家里吃的食物——"我妈妈昨晚做了饼干"——或者他的食物看起来像什么，比如，"这个意大利面看起来很恶心。"这个做法是让孩子学习与他人对话，对食物发表评论就是一个很好的开始。

你会惊讶于让孩子谈论食物是多么容易，以至于在他们的整个自由活动期间，都可以围绕食物话题展开对话。你可能已经注意到，孩子们对食物的讨论并不总是那么文雅——"呃，那是什么？看起来真让人恶心！"——所以，你也不要让自己的孩子太拘谨了。

你也可以在家庭聚餐时引导孩子谈论食物。通过足够的练习并在必要时进行一些提示，你的孩子能够学会在午餐和零食时间与同学互动。

■ 寻找另一个话题

还有一种方法可以用来帮助孩子在餐桌上与他人进行对话，这出自我认识的一位妈妈。她会在儿童百科全书中查资料，找到一些有趣的信息，比如哪种动物跑得最快或哪个星球最重，然后写在餐巾纸上。她儿子路易到时会将纸上的内容大声念出来，这些话题往往会引发同学们之间热烈的讨论。

事实上，在她开始叫儿子读餐巾纸上的趣味知识后不久，每次午饭时，孩子们就会去找路易，看看今天他又有什么好玩的知识要分享，而路易也很享受成为大家关注的焦点的感觉。

■ 分享食物

我们在学校观察到，只要是孩子扎堆的地方，都有互相分享和交换食物的习惯（有些学校可能不允许学生这么做）。一般来说，分享是孩子们建立和加深联系的一种方式，教你的孩子分享他的食物是一个很不错的主意，能帮助他与其他孩子互动。

我们曾与一个大学的夏令营项目组合作，目的是让我们干预的孤独症儿童可以参加他们举办的大型夏令营活动。在夏令营期间，我们发现很多孤独症孩子吃饭时都是一个人。于是，我们叫他们的父母带一些额外的零食——尤其是那些孩子们都喜欢的，比如小熊软糖、薯条等。当然，这些食物并不是健康食品，但是对其他孩子很有吸引力。

让孩子带上额外的零食的好处可谓立竿见影。首先，好吃的零食会吸引其他孩子。其次，在我去过的学校或者夏令营里，总能遇到至少一个这样的可怜孩子——父母根本就没有为他准备任何零食。如果能得到别的小伙伴分享的好吃的零食，孩子肯定会非常感激。再次，分享零食也是促进孩子社交互动的好时机。陪伴孤独症儿童的大人可以提示孩子，让他问问其他孩子是否想要一些零食，如果其他孩子说"谢谢"，则提示他回复"不客气"。

孩子们都爱零食。通过分享零食，能使你的孩子有机会学习主动社交，以及如何成为一个好伙伴。

餐桌以外的交流

对话是生活的重要组成部分，且非常复杂。你不仅要能够在语法上正确地表述句子，注意上下文、语调和非语言信号，而且还要学会轮流说话，等等。当你进行社交谈话时，就会有很多约定俗成的规则要遵循。

如果你的孩子语言水平较落后，可以参照第二章的内容，了解语言教学的基础知识，而且还列举了一些早期的对话技巧，例如如何发起对话即提出简单的问题。如果你的孩子语言能力较强，可以继续阅读下面的内容：

■ 开始对话

在加入或发起对话前，你的孩子需要知道什么是合适的对话时机，比如其他人谈话时中间的停顿或者没人发言的那一刻，这些都是加入对话的好时机。如果有人独自一人待在那里，也可能是与他进行对话的好时机。

你的孩子可能不知道如何引起别人的注意。我们在学校时经常使用照片来教孤独症儿童记住同学的名字。这样一来，当他们想开始对话时，就能喊出对方的名字。轻拍另一个孩子，这也是引起注意的适当方式（只是拍别人时一定要轻点）。在最开始的阶段，孤独症儿童可能需要大人提醒才能发起这样的互动。

当然，开始对话是一回事，能够把对话进行下去是另一回事。下面有一些建议，来帮助你和孩子应对这个挑战。

■ 评论

在日常生活中，典型发育的孩子会经常发表评论。他们会评论其他孩子的事情，也会评论自己的事情。这些评论通常很简单，比如指出别人有什么或者自己跟别人的东西是一样的。

正如我们在第二章中提到的，孤独症儿童通常不会通过主动发表评论来进行对话，所以这可能正是你需要教孩子的。一开始，你可以准备好他最心爱的玩具或安排好他最喜欢的活动，教他说"看！"。这样，自然的强化物就与学习活动联系在一起了。（当他说"看！"时，你就给他心爱的玩具或让他参与喜欢的活动，从而激励他以后也这样表达。）不要让你的孩子对着不感兴趣的东西说"看"，而要选择孩子喜欢的东西。

在学校的很多活动中，我们也可以提示孤独症儿童对他们的同龄人说"看"。有些活动，比如绘画课，就有很多这样的机会。当你的孩子在创作一幅作品时，提示他说"看！"来给别的孩子展示自己的进度。一旦孩子能做到这一点，你可以提示他再多说一些，例如"看，小狗"或"看，它是红色的"。

一旦你教过"看"，你就可以让孩子对他自己的状态进行评价，例如"我累了"或"我玩得很开心"，等等。同时要注意看孩子的状态，比如，在孩子骑上心爱的旋转木马前，提示他说"这很有趣"之类的话；或者在他要吃喜欢的食物前，让他说"好吃！"；又或者在他打瞌睡之前，提醒他说"我累了"。提示孩子表达这些感受并加以练习，最终孩子会学会自己用语言来表达。

评论是开始对话的一个非常好的方式，也是社交对话一个重要的部分：它把人们聚到一起，并确保他们把注意力聚焦在同样的事情上。但记得多听听你的孩子的同龄人说的话，来确保孩子的用词与他的伙伴是相同的（谁会想过"酷"这个词会在孩子中间成为流行词呢？）。

■ 学会恰当评论

对有些孤独症儿童而言，他们难以与他人对话的原因，是因为他们很难把词语串起来；但有的孤独症儿童则是因为被孤立太久了，以至于还没有学会分辨什么才是适合聊天的话题。尤其当涉及肤色、年龄、体重、金钱等敏感话题时，一些孤独症儿童可能没有意识到其他人也许会被他们的评论所冒犯。

例如，我们校园大楼旁边就是美国预备军官训练营的大楼，所以我们偶尔会看到美国预备军官训练营里穿着制服的学生。有一次，我和一个六岁的男孩一起散步，他跑到一名预备军官训练营的学生面前，用响亮、清晰的声音问道："你是阿甘①吗？"虽然对方意识到男孩其实没有恶意，也表示理解，但这还是挺让人尴尬的。

我记得我女儿大约两三岁的时候，我带她出去玩，有一个胖胖的女人路过，女儿大声问："她什么时候生孩子呀，妈妈？"当然，她太小了，没有人会生她的气。接着，我对女儿解释那个女人只是身材胖，并不是怀孕了。同时我让女儿意识到，即使她还很小，也需要从中吸取教训，不要在社交上再犯类似的错误。相比之下，当你向孤独症儿童解释这些微妙的社交线索时，由于他们有社交障碍，可能无法完全理解。此外，即使他们理解了某些特定情形，也可能不能将其泛化到其他场景中。所以，他们即使长大了，也还是会在社交上出现一些令人尴尬的错误。如果是两岁的孩子不会恰当评论别人，那别人可能不会介意，但如果不恰当的评论是出自一个十岁的孩子，别人的态度可能就不会那么友好了。所以，你需要教会你的孩子区分什么评论是恰当的、什么是不恰当时。此外，还要让孩子在尽量多的、不同的场景中练习。万一孩子出现了错误，你也要准备好向其他人解释你正在教孩子社交礼仪。

■ 学会恰当发起对话

实际上，你可以帮助孩子学习用恰当的方法发起对话。一种方法是使用视觉提示。例如，教孩子留意别人的穿着，并说一些好话，比如"这条项链真漂亮"或"那对耳环很好看"。我们可以先带孩子在家里多练习。你可以和孩子坐在一起，最开始你先停顿几秒，暗示他应该发起对话，然后提示他说一些"恭维"的话。

---

① 电影《阿甘正传》的主人公，是一个智商为75的智障者。在电影情节中，阿甘曾应征入伍参加越南战争。

人们都喜欢被恭维，你会发现，大人们经常通过赞美别人来发起对话，但要记得不要太过了。我们以前工作遇到一个女孩子，当时她刚学会赞美别人。但是，当她结识新朋友时，她是这么说的："我喜欢你的耳环，我喜欢你的项链，我喜欢你的衬衫，我喜欢你的外套。"于是，我们决定帮助她学会发表不同的评论，以及等待回应。最终她学会了如何赞美别人，比如先说"我喜欢你的项链"，然后等待对方的回应（例如"哦，谢谢你"），然后她做出另一个不同的回应，例如"你从哪里得到的？"。经过一些练习，她变得非常擅长开启简单的对话了，但前提是经过了大量的练习和提示。

另一个孩子容易学会的话题就是谈论他们最喜欢的东西。孩子们可以学会问"你最喜欢的食物是什么？"或"你最喜欢的电视剧是什么？"。

有时，一些简单的问题可以引出愉快的对话。你可以问别人最近做了什么，比如"你周末过得好吗？"或"你最近有没有看什么好看的电影？"。

当然，一旦对话开启，就要尽量进行下去。你的孩子可能愿意发起对话，或回答一个简单的问题，但不愿让对话持续更长的时间——聆听对方说话并且要想出下一个问题或给予评论，这需要孩子付出很多努力。对此，许多孤独症儿童不知道如何应对，那么我们可以尝试教他们"同理回应"。

■ 体现同理心的回应

当你与别人交谈时，如果对方心不在焉，那肯定是你不希望看到的。不管怎样，如果你的同伴看上去漫不经心，那么，即使他的回答可能是和你说的"相关"，你可能也感觉不好。如果他对你说的话很感兴趣，很关切地回应你说的话，你可能会想多说一些。

在日常互动中，孤独症儿童很少体现出同理心，但我们可以教他们如何对另一个人做出能体现同理心的回应。我们教的第一件事，就是让孩子专心聆听同伴说话。有时我们必须对此进行"检查"，让他们重复对方所说的话，以确保他们真的在听。在其他情形下，我们就仅仅需要提醒他们倾听。比如，我们可以简单地问孩子其他人说了什么。如果孩子没听到，提示孩子问"你刚才说什么了？""什么？""我没听到你说的话"或"对不起，你能再说一遍吗？"。然后，当对方重复后，你可以再问孩子对方刚才说了些什么。

除了倾听，孩子还需要学会理解对方的话，并给予适当的回应，以便与他交谈的人知道孩子是真的感兴趣。例如，如果你说"我今天午饭吃了顿大餐"，许多孤独症儿童根本不会有反应；有的很可能回应说"哦"，然后就陷入沉默；还有的孩子甚至会把对话带回到他们自己感兴趣的话题上，好像你压根什么都没说。

如果孩子没有回应你的话，那就重复一遍，然后提示他对问题做出恰当的回应，例如"你吃了什么？"。一旦你发现孩子重复这个问题——而你正在回答它——你就可以接着鼓励他提出自己的问题，诸如"现在，什么会是一个好的问题呢？"。如果孩子的语言能力足够好，你甚至可以让他重复后面部分的信息，例如"哦，你午餐吃得很好，那你吃了什么？"。人们喜欢听到别人重复自己的话——这会让他们感到被倾听。

对于过去完全没有学过提问或有严重语言障碍的孩子，学习这些会有一些吃力。对于他们其中的一部分人，难的是语法。例如，他们经常说"你吃什么？"或"你什么吃过？"。但不用太担心，你可以继续通过给予恰当的提示来帮助他们，通过练习，他们能够学会使用正确的句子结构。他们经常面临的另一个挑战是，一遍又一遍地问同样的问题。例如，我们工作遇到的一个孩子每时每刻都在问"为什么？"。如果你说："我上周末外出了。"她会回答："为什么？"如果你说："我要去做演讲。"她还会说："为什么？"实际上，如果她一直在回答"为什么？"，对话也能维持上一阵，但迟早对方会觉得她没有在认真听。所以，你要确保孩子学会用不同的问题提问。

一旦你的孩子能够根据谈话的具体情境熟练提问，你可以开始教他一些更贴心的回答。例如，你假装撞到什么东西，然后说"哎哟"。如果孩子没有回应，提示他说"你还好吗？"或"出什么事了？"。或者告诉孩子你和朋友玩得很开心，看看他是否能做出回应，来分享你的快乐。如果孩子没有反应，可以教他说"太好了妈妈！"或"我也喜欢和朋友在一起"。

另外，在别人遇到困难时，要教孩子学会安慰别人或者提供帮助。如果你说"我今天不舒服"，他应该学会用关切的语气回应，比如"哦，那太糟糕了——怎么了呀？"；或者如果一个同伴说"这个家庭作业我不太会做"，你的孩子可以学会说"需要我帮忙吗？"，诸如此类。如果这时孩子不太会组织语言来做出很恰当的回应，你恐怕得先和孩子做这方面的练习。对于语言能力还不错的孤独症儿童，可以学着这样说：首先用关切的语气回应，然后向对方提问或给出有用的建议，例如："哦，你没有完成你的家庭作业，可以请老师多给点时间吗？"

孤独症儿童学习社交沟通需要大量的练习和持续的努力，但你会逐渐注意到，孩子也变得越来越有动力去学了。换句话说，即使最开始时是我们教孩子他才逐渐感兴趣的，但只要孩子开始恰当地提问，他通常就会变得更愿意与他人互动。所以，千万不要放弃。许多孤独症儿童和青少年虽然最初表现出对他人没有任何兴趣，但后来都能够学会流利地参与社交对话了。我们越是运用策略帮助孩子参与对话，他们实际上参与得就越多。

课堂上的社交互动

对小学阶段的孩子来说，课堂为他们提供了一些独特的社交机会。

■ 学习打招呼

很多时候人的习惯是很难改掉的，有的是坏习惯，如咬指甲；有的则是好习惯，如积极的社交互动。我们的目的是要培养孩子的"社交习惯"。在学校里，大多数典型发育的孩子一到学校就会把书包放好，然后马上开始与同伴的社交互动，事先都不需要任何指令，然而孤独症儿童通常不会发起这些社交互动。所以，我们需要让孤独症儿童在日常生活中学会发起社交互动。

例如，每天你带着孩子到学校时，提醒他跟老师打个招呼，然后跟另一个孩子打个招呼。一旦孩子习惯和两个人打招呼了，你可以逐渐淡化你的提示，直到孩子可以独立完成。

一旦孩子习惯了和同学打招呼，你就可以再加上一个练习项目——教孩子问其他同学"你在做什么？"或"我可以和你一起玩吗？"。这样的练习很关键，有可能帮助孩子成功加入其他孩子正在进行的活动。

值得一提的是，如果你的孩子还在学说单个词语阶段，请不要着急让他学习打招呼。因为这个行为本身不会带来奖励，孩子容易没有动力继续学打招呼（关于教孩子学习沟通的具体内容详见第二章）。

你也可以引导孩子在生活中的多个场景练习打招呼，例如接听电话时、遇到朋友时，以及父母下班回家时问候爸爸妈妈。所有这些情境，都为孩子提供了重复和定期的社交活动。这样一来，打招呼就会逐渐成为孩子的日常活动，这样你就不需要每次都提醒他了。

■ 展示并介绍

前面我们已经提到，如何通过利用零食来促进孤独症儿童与伙伴的社交互动。其实，我们不仅仅可以利用食物，还可以让孩子把其他物品带到学校，以帮助孩子开展与他人的对话。

让我举一个我个人的例子，可能会给你一点启发。我有个朋友是神经科医生，我们去过他家几次。在他家里我留意到，他总是有一些有趣的东西给我看，其中我认为最有意思的是他治疗过的一个囚犯头骨的 X 线检查片。这个犯人在监狱里被另一名犯人袭击了，一根金属棒刺进了他的头。金属棒从他的头的一侧进去，从另一侧出来，没有造成脑损伤——实际上，除了把金属棒取出时的不适以外，他没有其他任何感觉。这个 X 线检查片背后的故事是如此新奇，使得大家热烈讨论了很久。还有一次，也是这个朋友，他拿出一本书，是介绍英国徒步路线的。他还曾经拿出自己收藏多年的葡萄酒跟我们分享。此外，他还展示过他去法国旅行的照片。去他家做客总是很有趣，没有人担心会没话题可聊——他总是能想出一些特别而有趣的事情来谈论！

我朋友的例子给我们干预孤独症儿童带来了启发。你可以准备家庭成员的照片、喜欢的音乐的播放列表、孩子上次去看的电影的票根、孩子最喜欢的玩具等，只要对孩子社交互动有帮助就行。当然，你可能需要事先为孩子做准备，比如在展示物品时如何开启谈话，而且，对于有些孩子，包括展示物品这一步，可能也需要大人或助教辅助才能启动。但即使孩子有语言发育迟缓，只要有视觉提示，就能迅速帮助孩子发起对话。你也可以结合孩子的年龄，帮助他找一些能带来有趣话题的独特的东西，促使他和别人讨论。

■ 同伴协助

实际上，很多社交方面的事情，同伴教起来比大人容易多了，比如孩子们平时都在聊些什么、有哪些很有意思的地方可以去玩、现在的流行时尚是什么、平时要注意哪些危险。

孩子们渴望被关注，他们也喜欢帮助别人。当我因为工作原因要到学校去看干预的孩子时，总是会有另外一两个孩子过来问我在做什么。当我解释说"他（孤独症儿童）学说话比你们困难些"时，他们几乎都会问他们是否可以提供帮助。于是我教他们如何帮助那个孩子说话——你看，我们有小小治疗师了，他们一整天都在帮助我们的孩子。

有一次，我去幼儿园看我们干预的一个孩子，他刚学会说第一个单词。我们提示他，要他提需求——叫我们把玩具屋里的玩具给他。为了达到这个教学目的，我们把他最喜欢的玩具放在一起，并且逐个把名字贴上去。每当他尝试说出一个玩具的名字时，我们就把玩具给他。这时，一个可爱的小女孩走到我面前说："你在做什么？"我回答说："我在教查尔斯怎么说这些词。你想帮忙吗？"

她很高兴地答应了。于是我给她演示具体该怎样教，包括说出查尔斯想要的玩具的名字，以及当查尔斯尝试说出那个词时就迅速把对应的玩具给他。小女孩只花了几分钟就学会了，而且和查尔斯互动得非常成功——当然，我也大大称赞了她。等过了几天我再到幼儿园时，发现不仅仅是她一个人在教查尔斯说话，她还叫上了其他几个小女孩一起教。几个星期后，那个小女孩还萌生了要嫁给查尔斯的念头，因此，她更迫切希望她未来的丈夫能够学会沟通（孩子们真的很可爱）。实际上，在幼儿园大部分自由活动时间里，查尔斯都在和他的同伴们说话——这也正是我们之前希望看到的效果。

■ 结对子

从小学到高中，我们都招募了很多典型发育的孩子和孤独症儿童结成对子，来帮助这些特殊孩子从一个班级过渡到另一个班级，或者从课间休息回到教室上课。有的老师喜欢让一个特定的孩子对孤独症儿童提供一对一的帮助，有的老师则选择一群孩子来帮忙。研究表明，对于高年级的孩子，最好是找一群典型发育的孩子为孤独症儿童提供帮助，这样孤独症儿童可以成为大家的一员，而帮助他的孩子也不会因此脱离自己的朋友圈。当孤独症儿童能加入学校里其他孩子的小团体时，通常他们在校外也会有很多的社交互动。通过结对子，孩子的社交互动正在增加，而他在学校范围内活动时也会得到一些帮助。

关于招募其他孩子来帮忙，有一些创造性的方法可以尝试。我们工作中曾遇到一位教小学三年级的老师，她在冰棍棒上写下了每个孩子的名字。每天午餐前，她一次挑两支，把孩子们搭配成很多对"午餐伙伴"。这样一来，结成对子的孩子需要一起排队，然后坐在一起吃午饭。虽然我最开始有点担心，怕如果孩子们抽到的对子是自己不喜欢的小伙伴，孩子们会不乐意。但结果证明，这个尝试取得了巨大的成功。许多孩子承认，如果换他们自己选，他们不会选择与抽到的小伙伴坐在一起。但他们同时也表示，他们最后还是很享受这种体验——因为午餐时间没有人会落单。这个方法是如此成功，以至于第二年，同一所小学的其他几位高年级老师也采用了这种方法。

一些学校给典型发育的学生们特别安排了相关课程和学分获取制度，或者规定了社区服务小时数，鼓励他们和孤独症儿童结成对子练习社交。由于许多孤独症儿童锻炼社交能力的时间有限，对他们而言，训练有素、认真投入的同伴是非常好的支持。

■ 形成支持系统

我们在一些小学开展的项目之一，就是在全校形成一个支持系统。我们的想法是，在任何非结构化的时间里，不让孤独症儿童落单。不仅是孤独症儿童，还有那些不怎么会交朋友的孩子，最终也会被大家孤立。对此，我们采取了以下几种不同的方法。

对于小一点的孩子，我们在午餐时间开设了不同的活动小组，包括做园艺、绘画、串串珠、涂色等。在每一个小组里，我们都会尽量选择有社交困难的孩子加入，前提是他们喜欢这个项目。此外，还会有一个大人如特殊教育专业的助教，来维持秩序并提供必要协助，还有一个大人去邀请别的孩子加入小组。当然，如果有社交困难的孩子平时已经和一群孩子玩得很好，那就再好不过了，但如果不是这样，我们就会帮助他加入其中一个小组的活动。

对于年龄较大的孩子，我们实施了更正式的社交计划。有趣的是，这个计划被其中一个参与的孩子命名为"朋友链"。我们会和全班进行讨论，从中找到愿意帮助孤独症儿童的学生并组成一个小组，在课间休息时他们会帮助孤独症儿童进行社交互动。此外，我们会每周或每两周举行一次会议，就其中发现的社交问题展开讨论，群策群力。我们发现，那些被直接招募进来的孩子，他们真的是很不错的帮手（有关学校里同伴参与的更多建议，可参阅第七章）。

家庭支持

还有一些事情是孤独症儿童在放学后和周末可以在家里做的，从而使他们的社交能力得到提升。

■ 记住同学的名字

显而易见，如果你的孩子能记住他同学的名字和模样，那会让他受益良多。你可以借助照片来帮助孩子在家里练习记住同学的名字。在学校时，如果见到同学，大人应提示他打招呼并且说出对方的名字。放学时，可以提示孩子和同学说"再见！"，并正确说出同学的名字。而且，就像前面所说的那样，在学校的课余时间里，如果孤独症儿童希望引起同学的注意，你也可以提醒他首先要叫对方的名字。如果你的孩子能够发表评论，你可以让他在评论时加上同学的名字，比如："亚历克斯，那是一幅好画。"你也可以让孩子记住家人的名字并一起练习，包括爸爸妈妈、兄弟姐妹、爷爷奶奶、外公外婆等人的名字。

■ 提前演练

预先启动是指提前为将要进行的活动做好准备。我们和其他研究人员发现，它可以用来帮助孩子进行社交活动。

比如，你可以早上在开车送孩子去学校的同时，让孩子对当天要发生的事情有个准备，并提醒他在社交上的一些注意事项。例如，你可以说："艾玛，你到学校后，别忘了会有一些自由活动时间——我想让你找你的朋友一起玩。"这样的预先启动还可以更具体，例如："保罗，见到布朗先生时记得要跟他打个招呼。"或者："如果你输了比赛，别忘了说'这个比赛真不错'。"此外，还有一些研究表明，如果你让孩子在家里玩特定的游戏，他很可能会在学校和他的同学玩同样的游戏，甚至都不需要大人的任何辅助，但前提是这个游戏孩子在家里玩得足够好。

你还可以把孩子在学校里活动的场景拍下来，然后在上学前和孩子把照片的内容过一遍，一起讨论该如何和别人互动。拍成视频也同样管用。例如，你可以说："这里是学校保管球的地方。首先你要问老师，你能不能拿一个球出去，然后你可以请一个同学和你一起玩。接着你和同学轮流玩，没有轮到你时，你需要耐心等待。"诸如此类。如果学校允许，在孩子升入高一年级之前，你可以带孩子去高年级的班级参观，并且把教室里的场景及高年级学生课间休息的活动拍成视频，然后在假期和孩子一起看一看这些视频。和孩子详细讨论一下升入高年级后会发生什么，以及大家对他的期望是什么。

孩子对未来的社交活动准备得越充分，他就越能更好地进行社交，并懂得自己要做什么来成功与其他孩子互动。

交朋友

孩子们需要朋友。朋友之间可以互相支持、协助，以及帮助解决冲突。有时朋友甚至可以给予我们的孩子一些反馈，让孩子明白什么样的行为才是社会普遍可以接受的。当然，这些反馈大人也可以给予孩子，但好伙伴发挥的作用是大人无法替代的。

无论什么样的孩子，除非他有很多机会与其他孩子互动，否则都不容易交到朋友。我们看到，孤独症儿童的很多时间都被干预占满。另外，由于有社交困难，他们没有太多时间和其他孩子接触。我们要了解社交对孩子的重要性。其实，孩子平时可以与他人互动的机会有很多，例如与同伴在体育比赛后一起去吃冰激凌或放学后在学校继续参加活动，等等。

■ 安排玩伴约会

典型发育的孩子通常每周都会约玩伴玩几次，对孤独症儿童来说，最好也能这样做，这很重要。

当我的孩子还小时，我就意识到，给孩子安排玩伴需要付出多少时间和精力。我总觉得，一周能有两三天安排孩子跟玩伴玩就很不错了。我想肯定有不少这样的妈妈，她们把自己的所有时间和精力都贡献给了孩子的社交活动。给孤独症儿童安排玩伴是很难的事情，你的孩子能在学校交到朋友并且能把友情维持下去，这对孩子而言非常重要。

下面我们有一些建议，来帮助你替孩子成功找到玩伴。

■ 寻找潜在的玩伴

对于大多数典型发育的孩子，如果你要给他们安排玩伴，只需要简单地问一下他们想和谁一起玩，或者看看他们平时在学校里都和谁一起玩。但是，这对于孤独症儿童就不是那么容易了——他们可能自己想不出有谁可以做自己的玩伴。所以，当你最开始给孩子物色玩伴安排约会时，你可能需要征求他的老师或助教的意见，让他们推荐一下在学校里和你的孩子相处得比较融洽的孩子。如果你是一名教师，且你发现班里的残疾孩子和别的同学玩得很好，或者有哪位同学对残疾孩子感兴趣，一定要把这个情况告诉残疾孩子的家长。这样，残疾孩子的家长就可以打电话给对方家庭说："布朗女士，听说我的孩子似乎很喜欢和你的孩子一起玩，不知道他周五放学后是否有空？我带孩子们一起去吃冰激凌怎么样？"

有的老师还会在玩伴的选择上提供建议，比如，哪些孩子会是你家孩子的好榜样；或者选择那些熟悉孤独症儿童家庭的孩子，因为他们在与孤独症孩子交往上有经验。因为老师和助教整天都与孩子待在一起，所以他们是帮助找到孩子潜在玩伴的绝佳人选。

■ 如何邀请玩伴？

现如今很多孩子都很忙，日程安排得很紧，所以如果你要安排玩伴约会，一定提前给对方家长打电话。如果你计划的活动很特别（见下文），你可以在邀请时就说明，这样，你要请的那个孩子知道后会更迫切地希望来参加。

在你给孩子玩伴的家长打完电话后，你可以让孩子打电话给玩伴，让孩子自己再邀请对方一次，或者只是就约会提醒一下对方。这使你的孩子有机会练习社交技能，比如邀请别人。最好让孩子预先练习一下，你可以请亲戚在游戏中扮演玩伴的角色，通话时你提醒孩子该说些什么，这样到时孩子也就知道他该怎么做了。

等到孩子打电话时，家长最好在孩子旁边——如果孩子卡壳了，家长可以立刻提供辅助。请记住，孩子打电话时是没有视觉提示的，所以对孩子来说可能会很难（甚至一些大人也如此——我的丈夫说他讨厌打电话，尽管他平时很健谈）。如果打电话对你的孩子来说太难了，你可能需要从一点点练起，比如只让他在电话里说"明天见"或一些简单的话语即可。

与之形成鲜明对比的是，我们工作时曾遇到一些孩子，他们反复打电话给玩伴，以至于惹得对方很不愉快。如果这种情况也发生在你的孩子身上，你可以限制他打电话的。你也可以教孩子询问他的玩伴什么时候最方便通话。

如果你的孩子不喜欢打电话，还可以选择其他方式，比如发短信、电子邮件或者使用其他社交媒体。如今的电子媒介可以极大地帮助孩子安排校外的社交活动。当孩子给玩伴发短信时，要确保短信的长度和细节要得体。这可能需要你的一些指导以及孩子的练习。就像打电话不能太频繁一样，发送太多的短信也可能使孩子"得罪"他的朋友。

■ 刚开始约会时间要短

有很多父母告诉我，在他们的孩子和玩伴进行第一次约会后，他们有多失望。而谈到第一次约会具体怎么搞砸了，父母的说法都惊人的一致，说孩子们一开始还不错，但最后就玩不到一起了。通常都是孤独症孩子先走开，留下玩伴一个人。后来我们发现，如果把孩子们第一次约会的时间缩短，就不容易发生这种情况了。

根据我们的经验，最有效的方法是在放学后为孩子安排一项结构化活动，而且时间要短。例如，放学后带孩子和你选定的玩伴去附近的冰激凌店一起吃冰激凌。尽管这个活动时间看上去非常短，但你会发现，对方的父母对此也很感激，因为这让他们有额外的时间得以放松一下，哪怕只有半个多小时。

去快餐厅也是不错的选择，因为孩子们可以先吃块小点心，然后在餐厅的儿童区玩，或者进行其他一些有趣的活动。你也可以考虑去附近的公园，只要带上孩子们喜欢的零食，让他们在公园里的游乐设施上玩上一会儿就好。

如果你的孩子喜欢的活动都是一个人玩的，比如玩电脑或看电视，甚至是在公园花几个小时荡秋千，那你可以留意一下，哪个小朋友没有条件玩这些，你可以请过来一起玩。这下你就不用总是需要引导孩子怎么玩或者担心孩子没玩伴了。

要记住的重要的一点是，即使孩子们的约会进行得不错，在最开始时时间也不要太长。这样能确保玩伴以后还想继续跟你的孩子玩。如果两个孩子都希望能待得更久一点，那么你就知道，这次约会是成功的，也是该结束的时候了，千万不要拖到出问题了再结束。下一次你可以把孩子们玩的时间适当延长一些。

■ 计划更长的玩伴约会时间

一旦你发觉你的孩子已经可以和同伴玩很长时间，而去冰激凌店或餐厅已经不能完全满足孩子的需求了，那你就需要计划一些更有趣的活动了。如果你的孩子社交和语言能力还不是很好，在选择活动时，要确保活动对两个孩子都同样有吸引力。比如，你的孩子可能喜欢而且擅长玩"大富翁"①，但如果玩伴觉得"大富翁"不好玩，那他以后就不想跟你的孩子玩了。同样，如果你想让你的孩子尝试参与玩伴喜欢但他自己不喜欢的活动，你会发现到最后孩子往往心不在焉，不能投入到玩伴约会中。

你和孩子可以列出他最喜欢的活动，然后让他打电话询问他的玩伴，从而找出哪些活动是两个孩子都喜欢的，就会避免出现这样的局面：你安排好了活动，但孩子们玩了一会儿就会抱怨，"不，我不想玩这个。"

如果玩伴约会地点是在你家里（在最开始阶段这是最好的地点），你应该把你那天的日程空出来，专心带孩子们进行活动，比如学做饭、画画、做手工或者其他你们计划好的活动。

在玩伴约会前，你可以在前一天晚上或前一天下午抽点时间，带你的孩子熟悉这些活动，以确保第二天的活动能顺利进行。实际上，有时这些额外的准备会让你的孩子对活动更熟悉、更有信心。说不定在和玩伴玩时，他还能指导玩伴怎么玩呢！

在提前做计划时，你要有心理准备，因为到时有的活动孩子们会非常喜欢，

---

① 一种棋牌游戏。

而有的活动则会让他们觉得很无聊。我们所在的城市有一个陶瓷工作室，孩子们在那里可以挑出一件陶器然后给它上漆。入窑烧制后，陶器又会回到孩子们手中。这个活动孩子们都喜欢得不得了。当然，你家里不太可能有一个这样的工作室，但是，你可以试着想一些特别令人兴奋的活动，这样其他孩子就会渴望与你的孩子做朋友，并且想被邀请到你家里玩。例如，安德鲁喜欢旋转艺术 ①，在这个活动中孩子需要学会轮流玩。即使安德鲁在旁边看他的玩伴玩，他也会感到很愉快，而且几乎所有的孩子都喜欢。

举行派对

大部分孩子都喜欢派对，也喜欢和同伴们聚在一起。而特殊儿童的父母时常会感觉他们的孩子被排除之外，因为和其他孩子比起来，他们的孩子收到的邀请往往少得可怜。其实，解决方法很简单——你把自己变成举办派对的人即可。

孩子的生日可能是举办派对的最好时机，但你其实也不需要非得等到一年中这个特殊日子才举办派对。你可以直接邀请一群孩子来家里做客，只要能保证他们玩得开心就好。

■ 要有创意

我以前工作时接触过一个家庭，他们的孩子丽兹在学校的普通班就读，但有语言发育障碍，社交上也需要一些辅助。父母很想改善丽兹的社交生活，但他们平时没有时间和精力给她安排玩伴约会，所以他们有了每月举办一次主题派对的想法。

他们举办的第一个派对是九月的比萨派对。他们邀请了七个孩子，地点选在了当地一个很受欢迎的比萨店，那里有很多游乐设施、球类游戏和孩子们喜欢的活动。丽兹和妈妈一起亲手制作并发送了邀请函，并且在聚会的前几天给玩伴们打电话提醒他们。

聚会那天我刚好在丽兹的学校，有几个孩子问丽兹他们是不是也可以去。丽兹告诉他们，她这次只能邀请少部分孩子，但下次她一定会邀请他们（如果他们真的感兴趣的话）——后来丽兹果然做到了。

---

① 一种使用油漆、光面纸板和旋转平台等进行的艺术创作形式，主要用于娱乐并让儿童接触艺术创作的过程。

接下来的那个月——十月——孩子们在丽兹的家里参加了万圣节派对，当时除了经典的咬苹果游戏，还有其他各种有趣的游戏。从那以后的每个月，丽兹一家都会举办一些很有趣的派对，比如感恩节、四月雨（妈妈把游泳池的水加热，让孩子们在里面游泳）、五月五日节派对等——这些派对成为了孩子们那段时间谈论的话题。这些派对还成了学校里的大事，每个孩子都想被邀请。虽然丽兹有语言和社交方面的障碍——但她仍然很有趣！而那些对她特别友善的孩子则每次都会被邀请到，这对他们是非常大的激励。

学做贴心的朋友

即使你的孩子已经交到了一些朋友，可以和朋友一起玩耍和交谈，你仍然需要对他的社交活动进行监督和指导。因为他可能没有意识到要让自己的朋友知道他们之间的友谊多么重要。你可以提醒孩子，确保他记得经常给予朋友赞许。

例如，在儿童节叫你的孩子给他的朋友分享糖果，或者让你的孩子在寒假前给朋友买一份特别的礼物。孩子们也喜欢写有很多暖心话的卡片，或特意为他们打包的饼干。这些小细节可以使孤独症孩子的朋友感觉自己很特别，因此也会尤其珍惜这份友谊。

艰巨的任务

还记得我在本书开头说过帮助孤独症儿童发展社交能力是一项艰巨的任务吗？不管孩子是三岁（你正努力在公园里引导他，不断地吸引他的注意，好让他停止自己绕圈走，然后和别的孩子一起玩沙子），还是八岁（需要不停地给他和玩伴安排约会，然后你还得在旁引导），都让父母付出了艰辛和汗水，然而有时候情况还是会令人沮丧。

如果你想为孩子必须做的事情列个清单，尽管事情可能很多，但和朋友玩游戏未必包含在内，似乎你认为孩子学会正确表达更重要。但事实并非如此。对孤独症儿童而言，最重要的是他能一直拥有朋友和亲密的友谊，这将会让他受益终生。

拥有珍贵的友谊，这对我们任何人来说都是很重要的，不是吗？

以下是我们合作过的家长推荐的有效的玩伴约会活动：

- 去健身房攀岩
- 烹饪
- 做手工
- 制作书签
- 游泳
- 制作儿童节礼物
- 学习冲浪
- 参加当地的体育比赛
- 吃冰激凌
- 装饰纸杯蛋糕或饼干
- 玩电子游戏
- 去快餐店用餐
- 坐旋转木马
- 去玩具店挑选玩具
- 参观动物园
- 制作节日装饰品
- 去妈妈或爸爸的工作场所
- 串串珠
- 参观书店
- 骑自行车
- 听音乐
- 骑马
- 参加节日游行
- 去看电影
- 去公园玩
- 加入学校啦啦队为比赛加油助威
- 制作热巧克力
- 制作冰激凌圣代

> **事实**
>
> 孤独症儿童在没有接受干预的情况下，在学校课间休息和自由活动时间里，平均80%的时间都是独自一人。而如果他们学会了如何恰当地与他人进行社交互动，破坏性行为便会相应减少。

玛西的故事

我们最开始在工作中遇到玛西时，她上的是幼儿园的特殊班。那时，她最喜欢的活动是玩泥巴（特别是湿泥巴）和沙子，她很喜欢沙子从自己指缝流走的感觉。每天上学，玛西的妈妈都要为她准备换洗衣服，而放学时她都会带回又湿又脏的换下的衣服。更糟糕的是，她还不怎么会自己上厕所，经常尿湿裤子。可以说，那时她真是一团糟。

玛西会说话，但语言发育迟缓，而且她从来不和其他孩子说话。父母对玛西的语言、社交和行为问题非常担心，尤其在圆圈时间和非结构化活动期间，玛西经常会不合时宜地发出各种声音。她有一个小弟弟，但她从来不搭理他，尽管他一直试图接近她。偶尔玛西会和父母互动，但通常只是为了把他们引到自己想要的东西或活动上。玛西会说一些词语，甚至一些短句，但她只在绝对必要的时候才会说话。

我们的工作开始了

在接下来的一年里，我们主要针对玛西的行为展开干预。玛西的学校聘请了一位老师做她的助教。然而，尽管玛西的个别教育计划里已明确说明，给她配的助教应该在融合教育、孤独症儿童行为管理方面有经验，但实际上，这位助教没有一项符合条件。她基本上就是看着玛西，让她免受伤害，仅此而已。我们需要有人协助我们实施干预计划，并积极主动地帮助玛西与其他孩子互动，所以我们替玛西找了另一个助教。幸运的是，因为个别教育计划里强调使用训练有素的人员的重要性，所以学校也很愿意配合我们把第一个助教换掉。

我们为玛西制订了一个自我管理计划，用来减少她在课堂上的随意发声行为。助教则规定她在户外的自由活动时间里不能再玩泥巴，与此同时，助教也会引导玛西与其他孩子一起玩。我们还借助照片努力教玛西认其他孩子的名字，并提示她在进教室时向他们打招呼。

在学前班的学习结束时，玛西的破坏性行为已经很少了。在小组活动时间里，她不再跑开了。在课堂上她也不随意发声了。而且在户外活动时，大人引导她她也很配合。由于玛西那些令她的同学反感的破坏性行为都逐渐消失了，所以我们接下来把更多精力投入到了发展玛西的社交能力上。

玛西读小学一年级时，我们找到了一位非常出色的助教——一个好的助教对孩子的成功至关重要。她那时准备考教师资格证，打算在考试之前休息一年，顺便到学校积累些经验。每次课间休息时，她都提醒玛西和别的同学互动，她还为孩子们设计了一些很棒的游戏。而在教室里的非结构化时间，如果其他孩子做得很好，她也会提醒玛西记得评论和称赞别人。

我记得有一天我去学校拜访，看到玛西正和一群孩子一起装饰南瓜。助教之前已经说了，装饰南瓜必须大家一起合作。有的孩子负责画画，有的孩子负责清理垃圾……他们必须通力合作才能完成。助教精心策划了一切，她把每一项活动都变成了团队合作。一年下来，玛西的社交能力有了明显提升。

在放学后和周末的时间里，玛西的父母也在为提升玛西的社交能力而努力。他们每月会安排一次孩子们的聚会；玛西生日时，他们在附近的比萨店举办了生日派对，还邀请了全班同学参加。此外，他们还为玛西报名参加了一些课外班和课外活动。在每项活动中，都会有一个大人协助玛西与其他孩子互动。

到玛西读小学三年级时，她有了一些好朋友，并定期与他们约在一起玩。她的语言发育仍然有些迟缓，但已经能够参与到朋友们简单的对话中了。她也曾被邀请到其他孩子的家里做客，以及参加生日聚会。

到六年级时，玛西对他人的兴趣持续增长。如果别的孩子跌倒了或者看起来有点难过，玛西会走过去，关切地问他怎么了。在读幼儿园和学前班时，玛西对其他孩子一点兴趣都没有。而现在她不但有了朋友，他们还会经常约在一起玩，并且玛西很享受这样的社交互动。

经典问题解答

问题： 你说要教孤独症儿童模仿其他孩子怎么玩，但我担心他会模仿他们的不良行为。例如，我儿子的班级里有一个男孩总爱打人。如果我告诉我的儿子要模仿其他人，他会不会也学会动手打人呢？

你是对的。虽然让孤独症儿童学会模仿很重要，但我们不希望他模仿不当行为。为了避免类似问题发生，你需要确保选择好的榜样来让孩子模仿。咨询一下老师、助教和其他学校工作人员，看看哪些同学会成为你儿子的好榜样，同时要谨慎选择和你儿子一起玩的同学和同伴。如果我们正在教孩子某些技能，那要确保那些模仿对象在这方面能力很好。如果你的孩子已经开始模仿不当行为了，你需要弄清楚它们的功能并教孩子替代行为（详见第三章）。

> **问题：** 你说一个好的助教对孩子社交互动取得成功至关重要，可是，我孩子的助教很一般。虽然学校说她做得还不错，但我觉得她带我女儿不够积极。那么，这种情况我该如何处理呢？

如果助教做事没有成效，或者不能帮孩子进行社交互动，那么你需要换人，或者让她接受相关培训。有的学校有工作人员给助教做培训并提供学习材料，包括特殊儿童言语和语言干预、融合教育等方面的专业知识。如果没有，学校需要在外面聘请咨询顾问，来制订计划并培训助教。通常，光是让助教参加工作坊或者上一些在线课程没什么效果。他们需要专业人士就如何实施干预进行具体指导。你可以通过多种方式做到这一点。全美有很多学校给我们发来了他们助教工作的视频，我们看完后可以给他们提供反馈意见。如果学校有这方面的专家，可以叫他们对助教的工作进行观察并当场给出意见，比如针对孤独症儿童特定的行为如何进行辅助，以及在孩子掌握技能后如何淡化辅助。重要的是，不要在不称职的助教身上浪费时间，比如那些在课间休息时喜欢与其他助教聊天的助教（我经常看到这种情况）；那些站得老远无法给孩子提供辅助，然后出状况时远远地冲着孩子大喊大叫的助教（这种情况我也经常看到）；或者总是紧跟着孩子以至于孩子都没机会与同龄人互动的助教（是的，这样的我也见过太多了）。合适的助教需要有丰富的经验，干预时要考虑周到，这样才能帮助你的孩子进步。

> **问题：** 我的孩子读小学四年级了，从来没有过玩伴。我打电话给一些典型发育的孩子的父母，但他们总是说他们的孩子很忙。您有什么建议吗？

你可能需要从老师那里获得一些帮助，才能了解到哪些孩子与你的孩子互动良好。你还可以尝试举办一个我们前面讨论过的"聚会"，或者在其他社交活动中替孩子找到潜在的伙伴。有时，召集一群孩子一起玩，要比安排一对一的玩伴约会来得容易。请不要气馁，继续尝试，你应该能够找到适合孩子的活动和玩伴。

> **问题：** 我经常为我的孩子安排玩伴约会，但他从没被邀请到其他孩子的家里。我越来越灰心了。我应该怎么办？

我女儿小的时候，她更喜欢让别的孩子来我们家玩，而不是她去别人家玩。过了一段时间，别的孩子的家长就不再邀请她过去玩了。有一天，我和另一位妈妈聊天，她提到她从未邀请过我的女儿去家里玩，因为她认为我女儿不想去其他孩子的家里玩。当我解释说我的女儿其实很想被邀请时，那个妈妈马上就请我女儿去她家里玩了。简而言之，与其他父母谈谈，看看他们具体都有什么顾虑，你可能会得到一些有用的信息，来帮助你扭转局面。

最开始你的孩子到玩伴家玩时，你可能需要留下来帮忙引导，等到玩伴的父母和你的孩子熟悉了，你可以慢慢退出。或者，你可以带一些你的孩子喜欢的玩具一起过去，确保玩伴约会能顺利进行。再次，玩伴约会时间不宜太少，以便孩子们会更渴望以后继续一起玩——如果你的孩子之前总喜欢自己一个人玩，这点显得尤其重要。

> **问题：** 我讨厌打电话给其他父母，因为我通常必须打三四个电话才能为我的孩子敲定一个玩伴。每次对方都说他们孩子很忙，那种被拒绝的感觉让人很难受。你可能觉得我很自私，但我真的不想为孩子安排太多玩伴约会，因为我讨厌打电话。您有什么建议吗？

我们工作遇到的一个家庭也有同样的担忧，孩子的父母想的办法是——让孩子亲手制作电子邀请函发给他的同学。孩子们喜欢收到邮件。如果你提前发出邀请并请对方务必回复，你就可以避免打电话。我们还请孩子学校的工作人员帮忙，他们熟悉学生们的情况，也知道哪些活动最让学生们感兴趣。给对方发短信也可以减轻潜在的被拒绝的压力或避免冲突。有时，如果孩子们日程都很紧，提前做计划是有帮助的。

安德鲁的故事：发展社交技能

当安德鲁还是个蹒跚学步的孩子时，我实在搞不清楚他是怎么回事。他在家总是开心得不得了，满屋子爬来爬去、看电视、排列玩具，但是，到了外面，他总是哭。我很想向我的朋友和家人炫耀我有一个可爱的孩子。可是，如果我的孩子总是哭哭啼啼，我哪儿还好意思炫耀？

在安德鲁两到四岁时，我们常带他去我姐姐家（姐姐一家住在我们附近）。而每次去姐姐家，安德鲁都会做一模一样的事情——虽然他不跟那里的任何人打招呼，但他显然记得那是他经常去的地方。他每次都是直接去他表弟的房间挑选同样的两个毛绒玩具（厄尼和伯特），然后准确无误地走向屋子的后门，推开门去屋外的游乐设施那里玩。他会扑通一声扑倒在秋千上，手里还握住厄尼和伯特，等着有人推他。只要他有厄尼、伯特和秋千，他的状态就还好。但当其他孩子也想轮流玩秋千时，问题就出现了——安德鲁会大崩溃，直到他回到秋千上，或者回到自己家。

在姨妈家，因为有厄尼和伯特，安德鲁能让自己感觉很舒服。但我们去的其他大多数地方，他一到了那里就又哭又闹，直到我们把他带回家才恢复平静。

和我们的朋友相比我们夫妇算是很早生孩子的，所以我们认识的其他孩子不多。我们只认识一个好朋友的女儿，她比安德鲁大六个月。她的各项能力如语言、社交都领先于安德鲁。我们把这一切归结为性别差异，即女孩往往比男孩更外向和成熟。只要她看到有人走进她家，她就会跑过去和人家闲聊；而安德鲁则喜欢把手围在我的脖子上，当有陌生人在的时候，他就把脸埋起来。

开始上学

当安德鲁两岁时，我感觉是时候让他变得独立一点了，他也需要多跟其他小伙伴交往。那时我正怀着二宝，而安德鲁还是总喜欢坐在我大腿上，手围着我的脖子。我带安德鲁报名参加了家附近的"妈妈和我"音乐课。负责人是一位女士，唱歌非常好听，还会弹吉他。她看上去非常平易近人，我提到安德鲁语言发育有些迟缓，她却说："他说话的语调非常悦耳，我并未看出他有什么不对劲。"

　　但正是在这堂课上，我才真正开始注意到，安德鲁和其他孩子（不管男孩还是女孩）的区别有多大。其他孩子总是跑来跑去、玩游戏、兴奋地大喊大叫、查看玩具以及制造各种噪声，而安德鲁大部分时间都坐在我的腿上。有时他会看看堆在房间角落里的椅子，并且走过去用他的手指沿着椅子边摸。

　　在圆圈时间里，音乐课的老师总是从一个大盒子里倒出来很多乐器，并且把它们放到孩子们围成的圆圈中间，此时除了安德鲁之外的其他孩子都会跑上去抢一件乐器。有时他们会为抢同一件乐器比如特殊的手鼓互相争吵，而安德鲁只会坐在我的腿上，两眼放空，对乐器无动于衷。我会尝试把安德鲁往乐器那里推，但他只会再跑过来继续黏着我。于是我只好带着他慢慢往前挪，然后去抓一件乐器给他，再回到原位。即便如此，他也没有任何兴趣玩那件乐器。我可以把乐器塞到他手里，但我无法让他真正动手玩乐器。而其他孩子会跳舞、唱歌和弄出很大的音乐声。我可以明显感觉到其他妈妈投过来的异样的目光。

　　有一次，我们都去到其中一个孩子的家里，参加一个特殊的班级聚会。妈妈们想要合影，孩子们也可以排着队一起拍照。当时安德鲁紧紧抓着我，并且拒绝排队。为了把他拉进队伍中我想尽各种方法，但是没成功。其他妈妈面面相觑。最后我只能无奈地告诉她们，她们可以直接拍照，不用管我和安德鲁。

　　我们去参加生日派对时也很糟糕。如果我尝试把安德鲁从我的大腿上放下来，他就会开始哭。他不参加派对上的任何活动，也不吃派对上的食物。我只好拒绝所有的派对邀请。这让我感觉很孤独，还有被人疏离的感觉。毕竟，妈妈们可以通过孩子们在一起玩耍建立友谊，但是我无法做到这一点。

　　有一个这么古怪的孩子，我终于感到力不从心了。有一次在"妈妈和我"的音乐课上，当时大家都在吃点心。我接到了公司领导的电话，告诉他我们刚带安德鲁去了凯格尔博士的诊所。我想我肯定说得太大声了，因为其他妈妈都停止了说话，带着期待的眼神在听。当我提到"孤独症"这个词时——这是我第一次在公开场合提到安德鲁的诊断结果——一位妈妈大声喊道："我就知道！我就知道他有问题！"

难道她们一直在背后议论我们？她们是不是早就怀疑我的安德鲁有什么问题了？想到一直被别人在背后议论，我简直受够了，决定不再参加这个课程了。

多年后，"妈妈和我"课程的老师在脸书上联系到了我，我们通过网络聊了一会儿天。我告诉她，我很欣赏她这位老师，但是对我来说，那个课程有多么难熬——尤其是在那一刻——当别的妈妈在说"安德鲁肯定有哪里不对劲"时。她告诉我，实际上那天晚上她已经给那个妈妈打电话了，提醒她不要再说类似的话，因为那会伤害到我。我真希望当时我知道老师是支持我的！我对她表示感激。从那时起，我们不仅保持了联系，而且她还成为了我最亲密的朋友。

过渡班

在那之后，我们的言语治疗师安排安德鲁上了一个过渡班，那里会教孤独症儿童学习适应与妈妈分开，为上幼儿园做准备。

于是，我带着安德鲁到了全新的学校和班级，里面每个人看上去似乎都非常友好。第一天，安德鲁和我坐在地上随便玩，他拿起了一个玩具——我不记得具体是什么玩具了，但记得它是由很多部分拼在一起的那种玩具。安德鲁把玩具零件都取出来，开始习惯性地像玩其他玩具那样玩：他把它们排成一长排，然后不停地把它们摆弄整齐。

言语治疗师告诉我们，我们必须要改变安德鲁的这个玩法。她说我们需要向他展示如何正确地玩玩具，并且让他留意到旁边也有人在玩。于是，我拿起他刚刚排好的玩具说："不，安德鲁，不是那样的。我们要这样玩玩具……"然后我向他演示具体怎么玩。

坐在旁边的一位妈妈无意中听到了我对安德鲁说的话。她往这边看过来，很温柔地说："哎呀，让他随便玩好了，这个年纪本来也无所谓玩得对不对的，不是吗？"

听她这么一说，我有点想哭。我想冲着她嚷嚷，她不明白，我何尝不想成为那种让孩子可以随心所欲地玩玩具的妈妈。谁不知道，要给予孩子自由，让他们可以天马行空、自由自在地玩耍，去激发他们的创造力呢？

然而，我有这样一个孩子——一个漂亮的、有着一双蓝眼睛和一头卷发，像天使一样的宝贝，但他是孤独症儿童。如果我让他按照自己的方式玩，他会花一整天时间把手边所有的东西都排成队，而且从来不和其他人有目光交流。现在，我信任的人（我指的是我们的言语治疗师）告诉我必须做一个与众不同的妈妈，要告诉安德鲁必须怎么玩玩具，而不能让他随便玩。因为如果我不这样做，他会退回到自己的世界里，能力也得不到任何发展。

其实我知道，那位妈妈也是出于好意。我不记得当时说了什么——可能只是对她笑一笑。在那段日子里，我的心情很沮丧。每次我带着安德鲁往停车场走时，他都会当着所有其他妈妈的面，跳到我的身上让我抱着他。而当时她们正计划孩子们周末如何一起玩。

游离在集体外

安德鲁在整个上幼儿园到学前班的那段时间里，完全没有兴趣和其他孩子一起玩。课间休息的时候他只想在操场周围闲逛，做"手偶"动作，以及自言自语。回到教室后，面对满屋子的同学，他依然沉浸在自己的世界里。虽然你可能会在某个同学旁边看到他，但他也只是在旁边而已，而不是因为他在和同学一起玩。

好的一方面是，安德鲁似乎并不在乎他没有朋友。我很怀疑，在安德鲁自己的世界里，有很多不同的角色，他觉得那些是他的朋友——对他来说，会对他说话的手偶、让他心安的毛绒玩具、视频里给他唱歌的芝麻街的人物……都是他的朋友。他从来没有想过自己被孤立了，直到后来……

小学阶段

在读学前班时，安德鲁的语言能力还很不好，仿说很严重。只要有可能，他就会做"手偶"动作。他会阅读和写字，看上去很聪明，但他和典型发育的孩子有明显的不同。

道恩·达文波特——安德鲁在班上一对一的助教，她明白帮助安德鲁的关键，就是要吸引其他孩子和他一起玩。每次课间休息，她都会为安德鲁安排社交游戏。因为她对孩子们很友好和体贴，充满温暖和吸引力，而且她安排的游戏看起来真的很有趣，所以总是有一群孩子在她身边。同时，因为她和安德鲁很亲近，所以在安德鲁的周围也总是有一群孩子。多亏了道恩，安德鲁很少再一个人到处溜达了。

因为总是和其他孩子一起玩游戏，安德鲁发生了可喜的变化。安德鲁似乎明白了，其他孩子也可以很有趣。这个变化也影响到了安德鲁在家里的表现。那时候，他的弟弟里奥已经到了可以玩游戏和说话的年龄，他总是叫安德鲁陪他玩。令人惊讶的是，安德鲁竟然愿意陪弟弟玩。

在学校里，安德鲁更加关注身边的伙伴了。大多数情况下，这是件好事——他已经很有动力提高自己的社交技能了。然而他的语言还不是很好，所以他有时候显得有点怪，而且不是每个孩子都能如我们希望的那样愿意和安德鲁一起玩。对此我有一定的心理准备。只是当真的看到他被小伙伴拒绝的时候，说实话，我比安德鲁还难过。

安德鲁在社交上有时还是会显得不合时宜。那会儿他迷上了班里的一个女孩子。她看上去很甜美，安德鲁不断尝试坐在她身边，还到处都跟着她，让女孩觉得很不舒服，偶尔其他孩子也会笑话她有个小跟班，所以她对安德鲁越来越不耐烦了。我不能责怪那个女孩子，有时我甚至希望安德鲁能回到忽略其他孩子的状态，这样他就不会因为别人不理他而苦恼了。

进步

不过，在大多数情况下，安德鲁对社交还是越来越感兴趣了。这是一件好事。我们越来越多地看到，他渴望与其他孩子一起玩。我们陆续又给他添了弟弟妹妹，他和他们玩得都非常好。弟弟妹妹都很崇拜、敬重这个哥哥，他的语言能力也在逐渐赶上同龄人。

在安德鲁读小学一年级的时候，他居然交到了一个好朋友——唐恩。唐恩很欣赏安德鲁，觉得他很聪明，而且那个孩子天生就很会照顾人。在学校操场和食堂这些结构化很弱的环境中，他成为了安德鲁的"帮手"，帮助他融入这样的环境。有唐恩在一旁帮助和引导，安德鲁感到自己越来越适应学校的社交生活了。

但是，他仍然遇到了很多困难。一方面，安德鲁从来不喜欢运动，虽然这对于学前班和一年级的孩子不是什么大问题。但是，当班级里的男生们午餐后玩手球、踢足球、打篮球时，这就成为问题了。终于在三年级的时候，安德鲁开始和同学们打手球了。他打得很好，这对他在学校的社交很有帮助——课间休息时他总是能找到其他孩子一起玩。不巧的是，在四年级时男孩们不打手球了，变为打篮球，但对安德鲁来说这项运动太有挑战性了。于是他因为缺乏适合打篮球的技能，而再一次没有很好地融入参加运动的男生群体。

安德鲁在社交上面临的另一个问题是，当他感到沮丧时，他会哭，而且他会经常感到沮丧。他那么爱哭，肯定会让别人觉得他是"与众不同"的孩子。虽然学校里的大多数孩子都喜欢安德鲁，但是他们没有争着做他的玩伴。他们的父母也没有鼓励他们这样做。

多亏了整个干预团队的努力，安德鲁上四年级时已经不再需要言语治疗了。体育运动方面，因为他协调能力已经很好了，所以也不需要上特殊体育课了；学习上，他在班级里名列前茅，成绩单上老师给的评语也非常好。但是，关于他的社交，我们还是很担心。他善良开朗，对其他孩子很友好，我们也没听说有谁和他作对，但他没有交到特别要好的朋友。安德鲁也不再像以前那样希望被照顾了。安德鲁也不想助教继续跟着他——他希望能像他的弟弟那样，拥有可以一起玩耍的同龄朋友。

社交技能小组

我们一直在留意如何才能促进安德鲁社交技能的发展。后来，我们找到了一个专门的课程，来帮助我们走出了重要的一步。

这是一个结构化的时长为十二周的课程，是由加州大学洛杉矶分校的神经精神病学研究所举办的。一个星期里有一个晚上，罗伯和我会把其他孩子交给保姆，然后花两个小时带安德鲁去学习社交技能。在课上，孩子们都去到一个房间，而父母们则留在另一个房间开会。有意思的是，社交小组里的孩子各有不同，安德鲁可能是里面唯一被诊断患有孤独症的。其他孩子有的非常害羞，有的非常好胜。他们身上唯一的共同点，就是都需要提高社交技能，从而交到朋友并且维持友谊。

每个星期，父母和孩子都有"家庭作业"。我们要完成的作业包括让安德鲁打电话给别人，或者带安德鲁去公园。在公园安德鲁必须要和别的孩子一起玩。每次上课时我们都做了详细笔记，里面会告诉我们作业该如何做。

我发现这样的作业让我很崩溃。

要知道，我有四个孩子，光是照顾他们平时的生活就已经够我忙的了，如果再加上为孩子们安排玩伴约会，只会让我的生活变得更加困难。好在我的其他孩子都学会了为自己的事情制订计划。只是难为了安德鲁，因为我实在太忙了，没办法给他张罗玩伴的事，导致他和其他孩子联系得不够，从而无法安排他自己的社交生活。我自己也有社交焦虑的问题，以至于我很难主动联系其他妈妈，问问她们的孩子是不是愿意和安德鲁玩。

所以，帮助安德鲁完成社交课上布置的"家庭作业"就变成了一项对我来说艰巨的任务。幸运的是，罗伯性格比我外向多了，这方面他承担了很多。而安德鲁也是精神可嘉，有时他会很高兴地拿起电话打给玩伴，即使说话结结巴巴地——这让我意识到，安德鲁是多么需要练习这项技能。在公园里，安德鲁还很努力地尝试加入别人正在玩的游戏。

我觉得，采用结构化、成熟的方法帮助提升孤独症儿童的社交技能，对我们所有人都很有帮助。对安德鲁来说，那些微妙的社交线索总是让他感到困惑，然而他提前写下来的信息越多，事情就进展得越容易。而对罗伯和我来说，则是要让孩子更多地去做这些事情。

在社交课的最后一节课上，老师对我们说："几年前有一位家长也做了这些作业，她说，当一切结束时，她松了一口气，因为她不必再为孩子安排任何玩伴了。"教练严肃地看着我们，继续说道："当然，后来她继续接着做了，而你也会这样做。不要因为课程结束就不再需要为孩子安排玩伴了。如果你希望你的孩子在社交方面能继续进步的话，你就必须继续这样做。"

电子游戏

一次又一次地，因为安德鲁有孤独症，我不得不放弃一些作为父母本能的想法，来满足安德鲁的特殊需求。还记得他上幼儿园时发生的事情吗？那时我必须经常到他跟前教他用"正确的方式"玩玩具。而他长大后，我必须调整我的思维方式，才能更好地帮助他。

例如，我讨厌电子游戏，而我的丈夫和儿子们觉得电子游戏很有吸引力。罗伯以前经常玩"任天堂"①，这让我很反感。我的儿子们也整天都想玩电子游戏，而我总是不同意他们玩，为此我们经常有矛盾。

但是，关于电子游戏，不可否认的是：十几岁的男孩基本都喜欢玩电子游戏。他们不仅会玩，还会一起谈论它。实际上，据我所知，男孩们谈

---

①　由全球知名的电子游戏公司"任天堂"开发的游戏。

论的主要话题，除了运动，就是电子游戏。由于安德鲁从来没有对运动真正感兴趣过，所以，对我们来说，应该鼓励安德鲁接触电子游戏。为了让安德鲁能了解电子游戏，我就得经常督促他玩起来，这对以前很讨厌电子游戏的我来说确实是个考验。

我的遗憾

写到这里，我意识到我错过了一些事情。我希望在安德鲁小的时候，我能在体育方面更多地推他一把。是的，虽然一开始他很抵触体育运动，但他可能已经克服了最初的困难（比如不擅长游泳和打手球），并很享受这些运动。当时我很担心的是其他孩子和父母会怎么看，例如，如果我很晚才带他加入某个运动队，作为初学者他年龄太大，会有些尴尬。等到了安德鲁上小学高年级时，我意识到体育在大多数男孩的生活中扮演着多么重要的角色，我才后悔在他五岁时没有更努力地推动他参加体育运动。

而且我知道，在为安德鲁选择玩伴这件事上，我也没有尽力。安德鲁已经学会做一个善良、有礼貌的人，但我总是拖拖拉拉，迟迟没把计划付诸实施。打电话给每个孩子的家长，问他们想不想来家里做客，这对我来说太痛苦了，我几乎会做任何事情来逃避打这种电话。

老实说，我认为安德鲁仍然在为我的社交焦虑问题付出代价。让一位妈妈承认这点，是一件非常痛苦的事情。但如果我的遗憾能够给你们中的任何一个人一点警醒，促使你们更努力敦促孩子走出去结交朋友，那么至少不算完全没有价值，对吧？

这是我十年前为这本书的第一版写的总结：

"安德鲁是个善良的好孩子。他有强烈的是非观念，并且在游戏中是一个慷慨、公平的玩家。如果朋友做得很好，他会给予他们由衷的钦佩和赞美。他渴望拥有玩伴，我们已经找到了一些孩子，安德鲁和他们可以玩得很开心。我们有一个大家庭，当我们聚在一起时，他不再孤立自己——他会很高兴地跑去和他的表兄弟们玩。他和他的表兄弟是很好的朋友，他对妹妹们也非常友善。当我把他送去参加夏令营时，有的孩子我都没见过，但也跑上来向他问好。所以，我觉得他还算是个不错的孩子。"

十年后

现在安德鲁上大学了，对我而言，他的大部分社交生活都显得有点神秘。大学生总要有自己独立的生活。所以，我尊重安德鲁的隐私，不让自己过多地参与他的社交生活。

回想过去，尤其是当回顾这十几年的经历时，我有一些想法和建议想和大家分享。

首先，请确保你的孩子真正喜欢你给他安排的玩伴。我们作为父母，有时可能会落入一个陷阱，即假设我们比孩子更清楚他们想要什么。例如，以前安德鲁和一个玩伴玩得很好，后来他突然开始不想和人家玩了。我以为他只是想回避社交，所以一直哄他继续邀请那个男孩玩。最后他告诉我，他不再喜欢那个男孩了，而原因后来据我了解，也是可以理解的。安德鲁是担心如果他告诉我他不喜欢这个朋友，会让我失望，所以他没有简单地说"他做的一些事情我不喜欢"，而是试图编造理由来说明为什么他那天不能跟小伙伴约会（而且他的理由编得不是很好，所以我还是一直敦促他！）。这个事情带给我们的启示是：要注意你的孩子想传达的信息，即使他可能没办法很好地用语言表达。你的孩子并非要对所有的朋友一视同仁，因此，如果你的孩子对某些孩子比对其他孩子更热情，就随他吧。还要注意的是，当周围没有大人在场时，有的孩子玩的方式，可能与他们知道有大人看着自己时有所不同，所以请保持警惕，特别是如果你的孩子在传递信息方面有困难的话。

还有另一件事是我一直试图弄清楚的：老实说，从安德鲁小时候开始，我们总是强调"做其他孩子正在做的事"，现在感觉我们可能说得太多了，因为我们发现，安德鲁的同龄人已经开始吸烟喝酒了。当然，我们知道，安德鲁也清楚，这些行为不是我们希望他模仿的。但在这个过程中他也会感到有些混乱，因为他小时候为了显得合群就是一直模仿别人做事的呀。这个问题该如何解决，我也不确定。我确实认为，在过去的十多年中，我们都学会了如何鼓励孩子更好地玩、怎样适当地和愉快地进行社交，而不会让他们感到他们必须得像其他人一样。这当然是我们对所有孩子的期望。在这里我想说的是，你可以让孩子显得独特和与众不同——但又不会被别的孩子孤立或排斥。如果这些让你感觉很复杂，请相信你作为父母的判断，因为只有你才懂得什么是最适合孩子的安排。

最后，我想重申一下凯格尔博士所说的（只是我会带着复杂的心情，甚至是淡淡的悲伤）：没有什么比孩子感到孤独和被孤立更令他难过的了。

对孩子而言，好朋友远比你能给他买到的任何东西都有价值。所以，请你尽可能地帮助他们学习一些社交技能，即使这很难。

我认同凯格尔博士所说的，鼓励孩子做一些具体的和自己真正感兴趣的事情，是帮助他找到朋友的最好方法之一。我认识很多有点"怪"的孩子，但他们都有很好的朋友。如果你的孩子喜欢火车时刻表，带他去火车模型店里看看。如果他喜欢体育数据，看看他能不能在学校举行运动会时担任记分员。如果他只喜欢玩电子游戏，那你就规定只要是跟朋友一起就可以随心所欲地玩。父母要善于创设一些对孩子有吸引力的环境。

尽管我也认同凯格尔博士的观点——最好的提升孤独症儿童社交能力的方式是帮助他们融入主流群体，这可以让你的孩子成长、学习和提高能力，但是，如果有迹象表明孩子感受到的社会压力太大或者孩子和学校里其他孩子不怎么能玩到一起，那么家长需要更加努力地寻找适合自己孩子的课外活动。在活动中，你的孩子或许能认识与他有相同爱好的孩子。你可能需要查查看有没有一些针对特殊儿童的社交技能小组，或者专为谱系孩子开设的一些活动小组。（研究表明，虽然有些孩子发现他们能从社交技能小组中获益，但对其他孩子并没有太大作用。所以，还是要倾听你的孩子的意见，并评估自己家里的具体情况——安德鲁曾经在几个社交技能小组中都没交到朋友，于是我们很快就让他退出了。）多年来我了解到，孩子最好的朋友不一定非得是与他同一所学校的孩子。你要积极尝试各种可能，为孩子创造各种社交机会。

我们都需要朋友，而我们中的一些人得需要帮助才能与其他人发展出友谊。

第六章

与恐惧和偏执作
斗争：把你的孩子
带回现实世界

> **问题 1：**每次我们举行家庭聚会时，只要周围声音一大，我侄女就会捂着耳朵哭——她看起来似乎很痛苦。这严重影响了我们的家庭聚会。她的父母为此也很苦恼，他们能做些什么呢？
>
> **问题 2：**我儿子坚持每天的日程都要一模一样。当我们去干预机构上课时，如果他不能进入机构的同一扇门、走同一条路线、去我们第一次带他去的那个房间，他就会发脾气。对此您有什么建议吗？我们是否需要停止在那里上干预课呢？

我们都可能对某些事情异常害怕或痴迷，但这并不一定是合乎逻辑的。我有个朋友害怕蛇，因此从不会去山上徒步。我认识几个喜欢收集某种特定物品的人，甚至达到了痴迷的程度。我也知道很多人自称不迷信，但还是会有一些类似迷信的忌讳。这些恐惧、痴迷和刻板其实没有多大意义，但我们每个人或多或少都会有。也许是因为这可以让我们在这个纷繁复杂的世界里获得些许秩序感，或者这是我们从小不经意养成的习惯，又或者连我们自己也说不清具体是为了什么。

然而，对我们大多数人来说，这些莫名的恐惧或痴迷会有一个限度，不会干扰到我们的日常生活。然而，孤独症儿童就不同了。他们有时会莫名其妙地极其害怕某些噪声或事件，或者莫名其妙地对某些事情或流程特别痴迷。

至于为什么这些孩子的恐惧或痴迷程度会比常人高出那么多，人们有着各种猜测，但没有人能完全确定背后真正的原因。

原因可能有很多。也许在公众场合，他们不会像我们那样会因为顾忌别人的感受而不敢反应太过夸张；或者有一些重复举动已经变成了他们生活中的一种仪式，以至于很难清除。也许是因为他们天生就刻板，很难适应新环境，所以更难舍弃自己之前的生活状态。或许和普通人相比，他们感受到的世界更混乱更无序，因此需要建立一些自己的规则和秩序，才能让他们感到安心。至于这些原因是否准确，我们也无从得知。但不管是什么原因，孩子的这些恐惧和刻板行为，可能会给照顾他们的人带来很多困难。

例如，孩子如果坚持乘坐的车子必须走固定路线，或者遇到修路需要绕道时就发脾气，该怎么办？如果孩子拒绝坐在车子后座上呢？对于一听到噪声（比如吸尘器工作的声音）就会反应很激烈的孩子，我们该如何帮助他？如果别人摸了你孩子的玩具，他就会打人，又该如何应对？

孤独症儿童的恐惧和刻板行为并不少见。如果你的孩子这方面的行为已经对你家庭的日常生活造成了严重影响，是时候采取措施来解决这个问题了。

了解恐惧和刻板行为的功能

有时，孩子的过度恐惧或者对固定流程的异常坚持，有可能存在一定功能，孩子发现它有用——就像许多破坏性行为一样（详见第三章）。换句话说，经过仔细分析，你可能会发现，孩子喜欢的是与这些行为带来的后果，这也是该行为得以持续的原因。

然而，许多孩子出现恐惧或刻板行为背后的"原因"，可能你永远无从得知。有些行为可能曾经存在某种功能，但到了后来只是孩子的习惯而已。有的行为可能会变成自我刺激，这类行为背后的原因还没人能完全理解（详见第四章）。有些行为可能是"迷信"的结果——换句话说，孩子可能会将一种行为和一个好的结果联系在一起，但实际上二者根本不存在因果关系。类似情况在我们成人身上也经常发生——例如，如果你的车子在某处发生过小事故，那么下次你会下意识地避免经过那里。

孩子也一样——他们走固定的路线去上干预课，然后在课堂上感觉很愉快，所以他们坚持每次都要走同样的路线。而对于孩子那些没有具体功能的行为，我们也可以采取措施对其进行干预，正如我将在下面描述的。但是在这里，让我们先关注一下带有特定功能的那些行为。

■ 开始行动

你可以复印本书后面附录中的行为数据表，并通过它来看看你是否能弄清楚你的孩子恐惧或刻板行为的原因。记录你的孩子做了什么（例如，站在果蔬店的自动门前不愿离开，或者一想到游泳就尖叫），然后写下行为发生之前和之后都发生了什么，然后假设他为什么这样做。针对孩子的恐惧或刻板行为，有时你能从中找到原因，但有时不能。

■ 找出孩子行为的模式

填完表格后，看看能否找出孩子行为的模式。例如，根据分析，你可以确定，孩子有恐惧或刻板行为是为了获得关注，或者想摆脱了令他厌烦的谈话或作业。如果你能够找出孩子行为的模式，你就可以找到对应的干预策略。

例如，瑞思总是在上游泳课前出问题，比如不肯离开教室，还一直说自己怕水。每次当老师试图带瑞思走时，他就开始用手敲桌子，甚至把纸扔向老师。因为瑞思看上去实在太害怕水了，所以每当其他孩子上游泳课时，老师就让他留在教室里自己玩，而老师则在旁边批改作业。这带来了一个问题，那就是由于老师不能把瑞思一个人留在教室里，所以她无法分身去做其他事情。经过简单的功能分析以及对瑞思父母的访谈，我们发现瑞思其实非常喜欢洗澡，而且夏天大部分时间他都是海滩度过的。他其实并不怕水，他只是想让老师觉得他怕水，这样他就可以在游泳课时一个人待在教室里了。这样既避免了与他人的社交互动，还获得了一些空闲时间。

当孩子的恐惧或刻板行为看起来有某种功能时，你可以尝试下面的方法。

停止奖励不好的行为

正如我们在第三章所讨论的，许多孩子的问题行为都是为了逃避某项活动。以瑞思为例——尽管他其实并不害怕水，但他表现得好像很害怕，目的是逃避不喜欢的活动并有一些时间独处。

我们对孩子这类行为采取的策略与之前处理孩子的破坏性行为类似。因为通过这些行为孩子都得到了自己想要的结果，因此，我们要确保停止强化错误的行为，同时奖励正确的选择。例如，对于瑞思，如果他选择待在教室，那他不能再自由地转来转去。同时，我们告诉他，他必须要完成一些任务。这个新规定实施了仅仅一周，这个"空闲时间"对瑞思的吸引力就大大减弱了。我们还告诉瑞思，如果他选择去上游泳课，那么课程的上半部分他可以自己随便游。由于游泳课对瑞思的要求降低了，在教室里对他的要求却提高了，慢慢地，瑞思开始喜欢上游泳课了。后来我们慢慢减少了瑞思自己游的时间，直到他能够像他的同学一样全程参与游泳课。

强化正确的行为

如果你记录的数据表明你的孩子对某些事情恐惧或有刻板的表现是为了获取关注，那么，你必须确保你关注的是孩子良好的行为，而不是不恰当的行为。

例如，弗雷迪每次看到身边有电话就要停下来一直玩电话，如果他的母亲试图把电话拿开，他就会又哭又闹。当我们仔细追溯这方面的过往，发现在弗雷迪最开始学说话的时候，他妈妈编了一个电话游戏，游戏中她会假装对着电话说话，然后当弗雷迪要电话时，她就把电话给他。她买了几部玩具手机给弗雷迪玩，其中有的有花哨的按钮，有的能发出有趣的声音，有的可以发出明亮的彩光。这些手机一直是弗雷迪最喜欢的玩具，并帮助他在干预过程中取得了很大进步。但在此过程中，它们也和妈妈给他的关注形成了关联。

发现弗雷迪将电话与和妈妈一起玩做了关联，我们想出了一个办法，可以使电话对他的吸引力下降。当弗雷迪停下来玩电话时，妈妈不再试图把他拉开，而是提醒他，他们要在一分钟内离开。然后她往前走了几步，并且在这一分钟内故意忽略弗雷迪。这样一来，弗雷迪没有因为玩电话再获得妈妈的关注，他就会对电话失去兴趣而平静地走开了。

同样，我们在工作中曾经碰到一个叫莫莉的女孩子，每次学校举行大型集体活动时她都会哭闹。但是，在其他时间里莫莉表现得很好。所以大家都认为，她发脾气纯粹是因为过于焦虑，可能出于对人群聚集的恐惧。当莫莉哭闹时，助教会把她从活动中带走，并在教室里和她一起玩。但是，当学校工作人员真正开始观察并且对整个过程进行了分析后，他们意识到，莫莉实际上并不害怕学校集体活动——她只是更喜欢和助教单独在一起，而哭闹是她获得这种机会的方式。为了解决这个问题，从那以后，只有莫莉参与了集体活动，助教才对她给予关注。例如，当她和同学们一起走向集合地点时，助教和她聊天；当她在活动中好好待着时，助教会很热情地说很多有趣的事情，让莫莉觉得好玩。经过四次这样的干预后，当被要求再去参加集体活动时，莫莉不再哭闹，而助教开始逐渐淡化在此期间对她的关注，等到莫莉可以独立参加活动，才停止对她的关注。

同样，如果你能够确定孩子的恐惧或刻板行为背后的功能，就可以通过第三章中关于应对破坏性行为的策略来解决。如果你并不确定，可以考虑以下的建议。

纠正没有功能的刻板行为

我们都喜欢事情可以预测，并且不会被意料之外的事情所干扰，但有的孤独症儿童在这方面会特别刻板——喜欢重复同一个动作、喜欢不变的日程。孩子的这种行为可能并没有伴随明显的强化物，但也可能形成了孩子的自我强化。

例如，我们工作中曾遇到一个上幼儿园的孩子，他很可爱，对链锯很痴迷。

他可以整天都谈论和链锯有关的话题。他妈妈想给他换一所新的幼儿园。由于担心他总是提到链锯的话题导致园方会不肯接收他，所以小家伙一直在努力控制自己。但进了教室后，他抬头看了园长一眼，马上一口气全说了："这里有链锯吗？我们现在不是在谈论链锯这个话题。"他刚把自己要说的话说完，就直接进行自我教育起来，还把之前妈妈交代他的话重复了一遍。园长感到很吃惊——她从来没有见过幼儿园的孩子谈论链锯的话题，更何况后来还说了"我们不是在谈论链锯话题"这样的话。

对于孩子异常痴迷的事情，你可以采取以下一些具体措施，来减少孩子做这些事情的冲动。每个孩子都不同，所以如果一种策略不起作用，就尝试另一种——或者你还可以尝试多种策略组合在一起用。

■ 奖励孩子打破常规

孩子的有些刻板行为只是习惯使然，所以他们如果觉得这个行为没有完成，就会变得不安。例如，我们认识的一个女孩每次要把鞋放起来时，都坚持要花好长时间把鞋按照同一顺序排列好。如果不让她这么做，她就会发脾气。还有的孩子上学时会要求父母开车走同一路线，否则就会吵一整天。

如果你的孩子有这种情况，你可以做的一件事，就是在这种习惯形成的早期，奖励孩子打破这个惯例的举动。本质上，我们是希望最好在这种刻板行为真正形成之前，就想办法让它不再发展。所以，要分散孩子的注意力，然后给予奖励：当孩子的行为到了看起来已经要超出正常范围了，就想办法分散孩子的注意力，然后立即奖励他。具体来说，就是当孩子刻板行为开始前就让孩子参与一项有趣的活动。这样，他就不会像以前那样"卡"在刻板行为里了。例如，有个男孩在商场里喜欢不停地坐扶梯上下，否则就会哭闹，但他也喜欢数数和去玩具商店。所以，在他靠近扶梯之前，他的妈妈就会和他玩有趣的数数游戏。然后，在他们经过扶梯后，她会马上问他想不想去玩具店。这样做的话，数数有助于消除他的刻板行为，而去玩具店则为他提供了奖励。

请记住，你的孩子在刻板行为里陷得越深，该行为看上去就会越怪异，要分散他的注意力就会变得越难。所以，如果你能在它形成之前就不断地打破它，你会将孩子的这个习惯扼杀在萌芽状态。

在上面那个女孩的例子中，我们主要致力分散她的注意力：在她把鞋子放到鞋柜后，立即带她去进行另一个她最喜欢的活动。这样一来，整个行为模式就被打破了，她就不再纠结一定要把鞋都排成一行了。又比如，如果孩子因为去上学时妈妈开车走了不同的路线而感到不安，那可以在上学路上让孩子听他心爱的音乐来分散他的注意力。当妈妈给他耳机让他听最喜欢的音乐时，他不会介意妈妈开车走了另一条路线。

■ 提供奖励

我们可以通过给孩子提供奖励来消除其刻板重复的行为。当孩子没有问题行为或者表现出替代行为时，就奖励孩子。

以梅根为例。当我们遇到梅根时，我们的办公室是和其他人共用的。在我们第一次见面后，她就坚持以后每次上干预课都要走大厅的同一扇门，并且在大楼里走相同的路线，以及使用我们第一次见面时用过的房间。问题是，因为我们不能保证那个房间每次都轮到我们使用，所以，不止一次，当梅根走进房间时，会看到有一些大人正在接受心理治疗。不巧的是，她的妈妈同时还要照看另一个孩子。所以，不管她怎么努力让梅根留在等候室等她，梅根总能跑回到原来那个房间里去。更糟糕的是，如果梅根发现有人在那个房间里，她就会大发脾气。你可以想象当时的情形，有一个人在向治疗师倾诉他内心深处的秘密和问题，突然有个小孩闯进来打断他，还要他马上离开这里，他心里肯定会很不高兴——无论这个孩子有多可爱！

最终，我们还是把这个问题成功解决了。我们把和梅根见面的地点改到了大楼一层大厅的待客区。接着，如果梅根选择了走不同的门、进不同的房间，我们就会奖励她零食（比如她最喜欢的饼干）吃。在梅根选择走同样的路线之前，我们会一直提醒她，引导她往其他方向走，然后对她的改变进行奖励。这样做了几次后，梅根行为的固有模式就被打破了，梅根也不再需要奖励了。

■ 尝试自我管理

自我管理（详见第九章）与奖励系统相关联，也能有效地减少孩子的恐惧和刻板行为。基本上，你希望奖励的是孩子能在一段时间内没有恐惧和刻板行为发生。通过自我管理，孩子可以监督自己的行为，而不是让别人告诉他什么做得好并得到奖励。这意味着，孩子必须了解大人期望的正确行为是什么，并且愿意去做，然后对自己的表现进行评估。当成功达到一定次数后，孩子就可以获得事先约定的奖励。

例如，有一天，咪咪注意到，如果她写自己名字时把字母"i"的点画成心形，会显得很可爱。每个人都夸她有创意，名字看起来多么漂亮。于是，接下来的几个星期，咪咪总是在纸上到处画满了心形图案。最后发展到大部分的课堂时间里咪咪都在画画，以至于她很少能够完成一项课堂任务。当老师尝试把她的纸和铅笔拿走时，咪咪不肯放手，甚至影响到了课堂秩序。

对此，我们决定对她使用自我管理策略。每次当咪咪完成了一张练习纸上的作业且没有在纸上画心形图案时，就可以在贴纸簿上拿一张心形贴纸作为对自己的奖励。这样一来，咪咪对心形图案的喜爱能得到一定程度的满足，而且对她在学校的日程不会造成影响。

我遇到的一个十几岁的女孩痴迷的东西更有意思：她对皮带扣很着迷，而且越大的皮带扣她越喜欢。每当她看到一个皮带扣，就忍不住要亲它。更糟糕的是，她住在得克萨斯州，那里几乎每个男生（还有很多女生）佩戴的皮带扣都很大，都是她喜欢的类型。你可以想象，对她妈妈来说，和女儿走在街上是一项多么艰巨的任务，因为她发现自己很难向周围的人解释为什么女儿总是会对别人的皮带扣感兴趣。对此，我们也为她建立了自我管理计划：只要在外出遇到其他人时女孩没有亲皮带扣，就可以获得奖励。在几个月时间里，我们逐渐增加每次带她外出的时间，同时继续让她进行自我管理，最终成功地解决了这个问题。

■ 提供选择

通常，大人倾向于直接告诉孩子应该做什么，来达到控制孩子行为的目的。其实，相同的目标，也可以通过给孩子提供选择来达成，而且过程还会令人愉悦。

例如，我们工作时曾经遇到过一个十几岁的男孩，他很不喜欢之前接受的干预方法。因此，当他的家人第一次带他来我们诊所时，他都不愿意进来，即使我们为他准备了很多玩具和有趣的活动。当他的父母试图拉他时，他扑倒在地，边哭边踢；当他父母试图让他起来时，他拼命尖叫。看上去，他真的很害怕进入诊所的大楼。对此，我们决定试试如果我们让他做选择会怎样，于是对他说："你想自己走到里面，还是要我们带着你走？"令人惊讶的是，他平静了下来并做出了选择——他选择自己走进房间。你看，只要是我们给孩子提供了选择，事情就会变得简单得多。

这种策略对孩子的刻板行为也有效。例如，保罗对果蔬店的自动门很痴迷。每当他妈妈去购物时，他就会反复进出自动门。如果妈妈想把保罗直接拉走（因为这样她才能进去买东西），他就会发脾气。然而，当妈妈让保罗选择他想要的东西时，比如："保罗，你想要动物饼干还是水果卷？"他马上就离开了自动门。

提供选择可能会让孩子感到被尊重、有自主权，也可能只是分散他们对刻板活动的注意力。有趣的是，我们在让孩子做选择时，并不一定需要让孩子在他喜欢的事物上二选一（尽管这可能有帮助）——即使两者都不是那么吸引人（比如自己进去或被人领进大楼）。仅仅是做选择这个简单的方法，似乎就可以帮助孩子改善行为问题。

■ 在结束当前活动之前提议一项新活动

许多孩子很难放弃当下喜欢的活动或东西，然后过渡到下一个。如果发生这种情况，你可以尝试给孩子准备另一项有趣的活动。

例如，罗比喜欢上下电梯，我们利用这一点发展他的技能：当他想进电梯时，我们要求他用口头表达出来（"要进电梯"）；他可以通过按电梯按钮来学习数字；等等。每当我们试图叫罗比离开电梯，他就尖叫着扑倒在地，并且拒绝离开。然而我们发现，如果我们提供一项罗比想要的活动，例如去商店里买汽水，罗比就会乖乖地和我们一起走出电梯，没有丝毫犹豫。

■ 坚持采用倒计时的方法

采用倒计时这个方法也很有效。它可以让孩子知道距离活动结束具体还有多少时间，也可以降低孩子对某个东西或活动的痴迷程度。

例如，阿里喜欢在公园里玩耍。当妈妈试图让他离开时，他会对她大发脾气。所以，就在准备离开之前，他的妈妈会说"阿里，该走了"，然后开始数数。每当她数到三时，都会坚持让他离开，并且确保如果他确实离开就给予奖励。前几次她确实不得不强行把阿里带走——尽管他又踢又叫——但一旦他意识到，当妈妈数到三他们就必须离开，他就学会了在她数二以后停止正在做的事情。

同样，露西喜欢玩玩具，但讨厌收拾玩具。但是一旦她的妈妈开始倒计时，她就立即把玩具放好然后离开。当然，最初的几次，她的妈妈不得不先提醒露西收拾玩具，但最终露西意识到妈妈是认真的，于是就开始自己主动收拾起来。

所有父母都会给他们的孩子下指令，但很多时候他们并没有跟进。孩子们非常聪明，他们只要发现父母不会真正跟进，就会把指令当耳边风。他们可以从父母的表情和语气来判断大人是否是认真的。所以，坚持是关键。要确保你的孩子知道数到三会发生什么，并每次都要坚持到底，否则孩子就不会把它当回事了。

■ 保持活动简短

同样，你可以提前准备，尽量把活动变得简短。孩子的一些刻板行为本身并不是问题——只是强度和持续时间超过了一定范围才变成问题。

例如，明迪喜欢和她的朋友一起玩桌面游戏。但是，每当轮到她玩时，她都会不停地边数数边晃骰子——她有时会数到好几百。其他孩子都被她弄烦了，从而对她失去耐心，甚至不想跟她玩了。我们告诉明迪：很多人在掷骰子时都有一些小习惯，只是她这样做的时间太长了。我们试着让她数到三，然后扔掉骰子。但一旦她开始数数，她就很难在数到三的时候停下来，而是经常继续往下数。然后明迪的妈妈想出了一个很棒的主意。她让明迪倒着数：三，二，一。当她数到一时，就没法再往下数了。因此，明迪没有其他选择，就只有掷骰子了。（还好没人告诉明迪有负数这回事，不然就又该数个没完了。）

玛丽很喜欢反复坐诺德斯特龙百货公司 ① 的自动扶梯。每当她妈妈试图让她离开自动扶梯时，她都会尖叫哭泣，并用尽全力抓住自动扶梯。她的妈妈其实并非经常去诺德斯特龙百货公司，但是因为女儿非常喜欢那里的自动扶梯，所以妈妈把经常去那里当成是对女儿白天表现好的奖励。为了解决离开扶梯时的行为问题，妈妈改变了惯例，让玛丽上了自动扶梯后一直坐到商场的顶层，然后再次直接坐回到底层。这缩短了玛丽乘坐自动扶梯的总时间，但因为新的流程清晰而且始终保持一致，玛丽接受了。后来每次她只要坐完一遍自动扶梯后，就自然地离开了。

■ 制定规则

正如我们在上面的例子中看到的，规则明确且执行坚定，这对孩子会有所帮助。只要规则清晰，孤独症儿童就可以很快领会并遵守。例如，我们工作中曾遇到一个上幼儿园的女孩子，叫布莉安娜。她无论走到哪里，都坚持随身携带一个小玩具。这就带来一个问题——她的学校有规定，孩子们不能从家里带玩具，而且这也会对她的训练课造成干扰。但是，每次妈妈试图让布莉安娜把玩具留在车里时，她都会尖叫哭泣，所以妈妈通常最后还是心软，就随她去了。直到有一天，妈妈觉得不能再这样下去了，她觉得解决问题的唯一办法就是不再妥协。于是她通知了布莉安娜的幼儿园以及所有的治疗师，以便他们为接下来可能发生的事情做好准备。然后她告诉布莉安娜，她再也不能随身带着玩具了。接下来大约

---

① 美国的一家高档连锁百货公司。

三天时间里，每次布莉安娜到校下车而不得不把玩具留下来时，她都会崩溃大哭。不过很快，她崩溃的时间变短了，也没那么激烈了。大约八天后，布莉安娜接受了新规则，当她不得不把玩具留在车里时，她也不闹了。因为她意识到，她没有其他选择，只能选择接受。

值得一提的是，你制定的规则必须非常清晰和简单。而且，如果你希望它起作用，请务必坚持一段时间。另外要记住的是，有时行为在变好之前会变得更糟。这种现象在孤独症儿童中很常见，在心理学的研究中也经常会被提及。因此，对于孩子的不当行为，如果你打算忽略或者禁止，最开始孩子的行为反而可能会变本加厉，然后才慢慢变好。就像布莉安娜的妈妈一样，要为此做好准备：提前通知所有人并坚持下去——你会庆幸自己这样做了。

■ 利用好孩子的狭窄兴趣

有时，可以把孩子的狭窄兴趣引导到适当的活动中。很多家长担心这样一来问题会更大，其实并不会。这里的重点是，利用孩子痴迷的主题并稍做安排，使它成为一种适当的社交活动——而非把你的孩子和别人隔绝开来。

我们工作时曾遇到过一个叫哈比布的男孩子，那时他在上小学一年级。在他自由活动的大部分时间里，他都在谈论生日这个话题。如果你告诉他你的出生年月日，他会告诉你那是当年的星期几。有一天，他和哥哥都参加了学校的才艺表演。在台上，哥哥让观众说出他们的出生日期，然后问哈比布他们的生日对应的是星期几。哈比布的哥哥有一个很大的日历，来印证哈比布回答的准确性。他们的表演大获成功。

同样，埃普丽尔特别痴迷乘法表。她不断走近其他孩子，问他们是否知道乘法表是怎么回事。如果他们不回应她，她就会在一旁喋喋不休。老师觉得埃普丽尔用这样的方式接近其他孩子不太妥当，而她这方面的特长应该可以发挥更大作用。于是，老师决定让埃普丽尔成为教室里的"乘法助手"——负责在数学课上帮助其他孩子练习。这样一来，埃普丽尔能够恰当地运用自己的数学才能，老师把她的劣势变成了优势，孩子们也开始对埃普丽尔的能力表示钦佩。

尽管不同孩子擅长的领域不同，但他们都有个共同点——只愿意谈论自己感兴趣或擅长的话题——他们在某个领域懂得很多，因此可以为其他人提供很有用的信息。如果你的孩子特别痴迷于某个领域，可以尝试利用它来增加孩子的社交互动，把它变成孩子的优势。例如，如果孩子一个人在房间里不停地自言自语地说太阳系的话题，这可能需要干预；但如果同样是这个孩子，他在学校里提交了一份关于太阳系的报告，并且擅长解答同学们关于太阳系的疑问，这就非常好。

■ 打破自我刺激行为

我们经常看到孤独症儿童在做重复或自我刺激行为，而且看上去异常痴迷。在这种情况下，自我刺激带来的享受对孩子的行为起到了强化作用。

例如，丹妮喜欢每天放学后和爸爸一起去洗车。她会花好几个小时看车子开进洗车房，然后水喷在车子上，大滚筒刷把泡沫刷到车子上，再喷水把车子冲洗干净。最开始这是一个令人愉快的父女活动，但逐渐地，爸爸对此失去了耐心，而丹妮每次都要坚持在洗牙店待上好几个小时。当爸爸想让她离开时，她就大吵大闹不愿意走。因为看到丹妮在洗车店里很开心，爸爸舍不得不带她去，但每次丹妮总是赖着不肯走，这让爸爸不知如何是好。

一天下午，我们的工作人员去洗车店看他们，我们注意到，当丹妮在看洗车时，她同时也在做一些自我刺激行为，比如不停地把身子往后仰，同时挥舞双手。显然，自我刺激也是她痴迷看洗车的重要原因之一。于是我们就告诉丹妮的爸爸，可以通过让丹妮在看洗车时和他一起进行另一项活动，如唱歌、听磁带或背诵诗歌，来替代她的自我刺激行为。这样可以防止丹妮在自我刺激行为中迷失。一旦爸爸这样做了，丹妮在离开洗车店时就不再哭闹了。对丹妮来说，她在看洗车时所做的行为，是使她过渡到其他活动变得困难的重要原因。而让她参与另一项活动，从而中断她的自我刺激，就消除了过渡困难的问题。

解决功能不明的恐惧

孩子对某些活动异常痴迷，同时也会对其他一些事情异常恐惧、感到无法忍受。前面我们提到过，如何打破孩子的自我刺激行为。同样，我们也可以逐步系统地让孩子适应最开始他感到恐惧的事物，直到他不再恐惧。

■ 脱敏

脱敏即脱敏治疗，可有效减少或消除大人的恐惧（或恐惧症），并已经证明对孤独症儿童也适用。在整个过程中，干预人员会逐步引入引起孩子恐惧的刺激，直到孩子对刺激开始适应，从而不再感到恐惧。

例如，洛根每次在学校上厕所冲马桶时，都会看起来非常痛苦，而他在家里冲马桶就没问题。我们发现，家里的马桶冲水声比学校的小很多，所以似乎是过

度的噪声让他心烦意乱。每当洛根在学校被带到洗手间时，他都会捂住耳朵拒绝
上厕所。所以，不出意料，他在学校经常会尿裤子。

为了帮助洛根克服这种恐惧，我们专门制订了一套脱敏程序，共分为两部
分：一是要让洛根习惯进学校的厕所（因为他拒绝靠近它），另一个就是要让洛
根对马桶的冲水声不再那么敏感。首先，我们弄清楚了在走廊的具体哪个位置洛
根会开始捂住耳朵。然后我们和他一起，在差一点走到那个地方时，我们其中一
个人开始和洛根聊他最喜欢的话题（脱敏期间你也可以选择孩子喜欢的活动），
洛根并没有表现出恐惧的情绪。就这样，我们逐渐靠近让他感到不安的位置。每
靠近一点，就和他谈论他喜欢的话题。只要洛根没有表现出恐惧，就继续缩短距
离，直到到达让他捂耳朵的地方。这样我们大约一起走了二十次后，洛根在经过
男生厕所时就不再捂耳朵了。接下来，我们和洛根一起散步，当洛根经过男厕所
时，我们让厕所门半开着（我们使用了门挡）。之后，我们把厕所门再打开一点
点，然后又试了一次。我们继续这样做，因为每次的变化很小，所以洛根压根就
没觉察到。

一旦洛根可以在厕所门完全打开的情况下经过厕所时，我们就会冲马桶。其
实之前我们和洛根在走廊散步时，我们已经叫其他人冲马桶了，而且每次散步都
坚持这样做。最开始洛根所在的位置几乎听不到冲马桶的声音。然后当洛根逐渐
靠近厕所时，尽管听到了冲水声，他也抬头看了几眼，但并没有捂住耳朵。然
后，我们让洛根继续靠近厕所，同时我们继续冲马桶，直到他上厕所时可以不捂
耳朵并且顺利冲了马桶。

在这个过程中，每当洛根显得压力过大或焦虑时，我们就往后退一步，回
到他觉得舒服的位置，并确保我们的下一个目标是向前迈出一小步，且是渐进式
的。这个做法是让事情逐渐稳步推进，让孩子在不知不觉中慢慢习惯以前让他恐
惧的事物。我们已经有效地用脱敏这种方法帮助孤独症儿童摆脱了对很多事物如
干手器、吹风机、理发、搅拌机、吸尘器等的声音的恐惧。通过使用渐进的步
骤，同时让你的孩子参与有趣的活动来帮助他消除恐惧，使它不再影响家庭的日
常生活。

■ 认知行为疗法

认知行为疗法（Cognitive Behavioral Therapy，CBT）已被证实对某些孤独症
儿童有帮助。研究表明，CBT通常能有效减少焦虑、社交恐惧和重复行为。通常，
CBT适用于大一点的小学生及成年人，尤其是对语言能力较好的孩子干预效果最

好，因为大多数情况下需要治疗师和患者之间进行一些对话。在大多数 CBT 项目中，都需要患者详细解释自己遇到的问题，然后在这些具有挑战性的事情上，帮助患者学会从不同的角度去看待问题。

CBT 可以以这样的方式实施：要求孩子把自己害怕的事情列出来，并且把它们按照孩子的恐惧程度从低到高或从高到低排序，然后让孩子逐步尝试做这些事情并给予奖励。例如，有一个孩子特别怕狗，他把害怕和狗互动的情形列出来，并按照恐惧程度从低到高进行排列。排在最前面的（恐惧程度最低的）情形可能是看一部关于狗的电影；排在最后面的（恐惧程度最高的）情形是和狗一起玩。当孩子与治疗师或父母在一起时，他可以从列表的最前面开始，并"重新思考"引起恐惧的情形。在这种情况下，他可以学会用新的角度去思考，比如用"在电影中看到狗是完全无害的"这个想法，来替代"如果我在电影中看到一条狗，那可能很危险，我处理不了"的想法。如果他成功观看了关于狗的电影（时长为几分钟）而没有出现恐惧，那他就会得到奖励。这样重复几次后，治疗将继续进行，开始下一个对他来说可怕的任务。例如，去一个公园玩，且让狗在离他很远的地方玩，但保持在他视线内。大多数情况下医生还需要获取孩子焦虑或恐惧的程度，以便更有针对性地采取措施。

在孩子们学会重新思考引起焦虑的情形之余，还会被教会如何理解别人的期望。例如，在社交场合，大人会引导孩子思考，如果他在午餐时给朋友分享一些自己的薯条，朋友会怎么想。因为对谱系孩子来说，他可能不太会考虑别人的想法，而通过启发，他能有意识地从对方的角度看问题。这可能有助于他改变自己的行为，从而更善于社交。

同样，孩子可能会被引导，对于那些引起自己焦虑的情形，要学会有意识地改变自己的思维模式。例如，有一个孩子因为担心人们在社交场合不喜欢自己或者自己在新认识的人面前不懂说什么而焦虑，那么大人就可以引导他重新思考并且进行自我指导，来改变自己的思维模式。例如，把"如果没有人喜欢我怎么办？我总是在社交场合失败！"变成积极的想法——"我的朋友喜欢我，他们会支持我"。或者，如果他倾向于认为"我永远不知道该对我的朋友说什么"，他可以学会把这个想法改成"我可以问我的朋友一个问题，比如他们周末过得怎样或者他们昨晚做了什么"。学习回顾那些下意识的消极思想，然后通过自我指导，将它们更改为积极的想法，可以帮助孩子减少恐惧和焦虑。研究表明，你是有可能改变自己对事物的看法的——只是你必须系统地、循序渐进地进行。

好的 CBT 项目通常包括父母教育部分，因为父母对计划的实施非常有帮助，并且他们可以在自然环境中支持孩子。有趣的是，这些项目也可以同时对父母本身有帮助。许多孤独症儿童的父母会感到沮丧，并将孩子的问题行为归咎于自己。对此，受过 CBT 训练的治疗师可以教他们重新思考，比如不要再想"我无法帮助我的孩子，我做得不够好"，而是告诉自己"我知道如何处理这个问题行为"。研究表明，只要父母改变对孩子以及他们的问题的看法，他们育儿就会变得更有效率。

CBT 可以让人学会积极思考，从而变得更自信从容，所有这些都会帮到谱系孩子以及他们的父母，特别是当这个疗法和其他有效的措施结合起来时。

杰夫的故事

当我们在工作中遇到杰夫时，他才三岁，孤独症的特征非常明显，包括社交困难和狭窄兴趣。然而，对他的家庭来说，最大的问题是杰夫对某些噪声过于敏感。

大约在杰夫十八个月大时，妈妈开始留意到他不喜欢一些声音，而随着时间的推移，情况开始恶化。以至于到后来，吸尘器、搅拌机、手动搅拌器的声音和各种声音，都会让杰夫感到很难受。这个问题极大地影响了整个家庭的日常生活，使得家庭成员的生活质量也随之降低。例如，他们只能在杰夫睡着或外出时给房屋吸尘。虽然杰夫的妈妈很喜欢做饭，但她不能使用搅拌机或手动搅拌器处理原材料。家里人也不得不放弃自制一些沙冰和果汁。

后来杰夫的问题变得越来越严重了，以至于只要一提到或看到吸尘器、手动搅拌器或搅拌机，他就会哭着跑掉、尖叫、咬牙切齿，甚至用手扇自己耳光。

我们为杰夫设计的声音脱敏计划包括很多步，通过一小步一小步地推进，杰夫对声音的恐惧反应会慢慢消失。第一步是让他习惯听到"吸尘"这个词，同时，看到吸尘器时也不再恐慌。为此，我们把杰夫带到放吸尘器的房间，同时和他玩他最喜欢的游戏。时不时地，我们会往吸尘器方向看过去，并说出它的名称。

接下来，我们让杰夫逐渐习惯吸尘器的噪声。最开始，我们在杰夫父母的房间里打开吸尘器，同时把杰夫卧室的门关上——这样杰夫在房间里几乎听不见噪声。在这样轻微的背景声中，我们继续和杰夫在他的卧室里玩，他的表现也很正常。然后，我们逐渐打开了我们房间的门。看样子杰夫不介意，我们再渐渐打开他卧室的门——先开四分之一，然后开一半，再全部打开。接下来，我们开始在不同的房间吸尘。这样，不管声音来自哪个方向，杰夫都会习惯。最后，我们在杰夫的房间外面吸尘，吸尘器保持在杰夫视线外。到了这个时候，吸尘器的噪声已经很大了，但我们只是继续冷静地和杰夫玩。其间，虽然杰夫抬头看了几眼，但似乎不怎么受影响，他也能回过头来继续跟我们玩。实际上，大多数时候，他似乎根本没有注意到吸尘器在工作。

同样，在整个过程中，我们逐渐增加吸尘器的音量，以及逐步缩短它与杰夫之间的距离。在此期间，杰夫只有几次表现出焦虑，而这主要发生在干预治疗的第一周。当他出现焦虑情绪时，我们就退回到前一步。例如，如果我们把门半开时，杰夫表现出了焦虑，我们就重新把门开得小一点，看杰夫的表现。如果他没有焦虑，再逐渐打开它。

最后几步是逐渐把吸尘器挪到杰夫的房间里吸尘。整个干预过程用了大约五周的时间，但与他这些年因为害怕吸尘器声音导致的恐惧时间相比，这是多么短的时间啊！后来，杰夫的妈妈终于可以在家里随时随地用吸尘器吸尘了。

遗憾的是，虽然杰夫对吸尘声音的恐惧已经完全消除了，但是，他似乎对搅拌机的声音仍感到害怕，所以我们不得不也为此专门制订了一个脱敏计划。一开始，我们让杰夫和妈妈在家门外的院子里进行一些他最喜欢的活动，而这时，我们会在房间里把搅拌机打开——因为离得太远，所以他们几乎听不见搅拌机的声音。接着，让妈妈带着杰夫到逐渐靠近家门的地方玩，然后逐渐进入房子，在通向厨房的游戏区域玩。一旦杰夫习惯了在玩耍时听到搅拌机的声音，我们开始断断续续开关搅拌机（就像果汁吧、冰激凌店和咖啡店里做的那样）。接下来，我们带杰夫去了需要用搅拌机处理食物的店铺。同样地，我们先带杰夫在店铺外面玩他最喜欢的游戏，同时引导他向店铺门的地方逐渐靠近。在他没有表现出不适后，我们的目标就实现了。现在，杰夫跟着家人去任何餐厅或店铺都完全没有问题了。

有趣的是，当杰夫对吸尘器和搅拌机的声音脱敏后，我们又尝试了另一种器具——手动搅拌器。结果杰夫对手动搅拌器的噪声没有出现不良反应，没有像以前那样尖叫、哭泣或捂住耳朵。之后新出现的噪声，杰夫也能适应了。

杰夫的行为曾经严重到大大影响了家人的生活，而他的脱敏治疗只用了一两个月的时间。在此期间，杰夫每周只需要上几次训练课。此后的一年多时间里，杰夫一家可以进行各种家庭活动，且再也不用担心杰夫会失控了。

经典问题解答

问题：我班上的一个学生痴迷于排列东西。他有数字一到十的闪卡，他总是会把它们按顺序排好。我需要采取什么措施让他少做这种排列吗？

你也许可以将他的这种行为引导到适当的活动中。

我们工作中曾遇到过一个四岁的孩子，识字不多，也很喜欢排列物品。他妈妈给他买了字母卡片，他总是毫不费力地将它们从 A 排到 Z。他还可以同样快速地将字母卡片从 Z 排到 A。因为他的视觉能力很强，所以我们开始教他拼写想要的物品的名称。最终，他能用一台小型计算机拼写单词了。虽然他在口头交流方面仍然存在一些困难，但他可以轻松识别单词。

对于孩子的刻板行为或狭窄兴趣，只要引导得当，可以使之发展为孩子的强项。

问题：我的孙女喜欢我把她抱起来，但是我总是不能做得让她满意。她会不断重复"不是这样的"，然后让我把她放下来再试一次。但是，即便我反复试了几十次，她仍不满意。这让我很沮丧，也很难过。有什么建议吗？

我们工作中遇到的孩子也有类似情况。我们会让她的妈妈在抱她前先说好，如果这次不满意，那妈妈会再试一次，但最多两次。制定了这样的规则后，刚开始进行得并不顺利，但最终她明白了即使她再闹，妈妈也最多就抱两次，然后就不再抱她了。逐渐地她也就不再因为不满意而哭闹了。所以，制定明确规则并坚持下去很重要，这可以让你们的生活变得更轻松一些。

问题：我的女儿七岁了，她喜欢每天都穿同样的衣服。如果我不让她这样做，她就会大哭大闹，都没法去上学了。所以我经常只能由着她穿脏衣服。这样是不是不好啊？

出于健康和社交方面的原因，你的女儿应该学会改变她穿衣服的习惯。我们有一些方法可以帮助你解决这个问题。例如，我们曾经对一个孩子采取自我管理的方法：最开始从一样东西比如他的袜子开始。当她穿上干净的袜子时就给予奖励，并逐渐把其他衣服也纳入进来，直到她所有的衣服都换了为止。我们工作时遇到的另一个上幼儿园的孩子，她每天都坚持要穿米老鼠图案的衣服。后来她的妈妈把衣服收了起来，她为此抗议了好几个早上，但是妈妈坚持没把衣服拿出来。当她到达学校后，也就恢复正常了。还有一个四年级的孩子，她妈妈发现她每天想穿同样的衣服是因为喜欢那些衣服面料的质地。于是，妈妈带她去逛街，让她挑选穿起来感觉舒服的衣服。这样一来，孩子的衣橱也开始丰富起来。

问题： 我班上的一个学生对汽车很痴迷。每次当我们出去时，他会反复说各种汽车的品牌名。有时这样真的会让人觉得很烦，其他孩子都取笑他。有什么建议吗？

你可以从教他以适当的方式来给汽车命名开始。例如，我们工作中曾遇到一个小伙子，他对老电影很痴迷。他最喜欢的活动就是重复各种电影中的台词，并固执地谈论各种角色。因为他看起来太热爱老电影了，于是他的妈妈利用他的这个爱好来帮助他提高谈话技巧——在讨论台词和人物时能更好地和别人互动。接受了六个月的干预后，他竟然可以在电影院工作了，并且还可以为观众在购票时提供很好的建议。他一个星期还能获得几张免费电影卡（电影院的员工福利），于是他可以邀请朋友陪他一起看电影，这对双方来说都有好处。

所以，简而言之，你可以引导这个孩子在给汽车命名时学会采用恰当的社交方式。比如，和你聊聊汽车的方方面面，而不是简单地只给汽车命名。这样一来，孩子用适当的方式展示了他的技能，也不会显得那么另类了。

问题： 我的儿子喜欢假装成一个角色或一只动物。一旦他宣布自己是蝙蝠侠或蜘蛛侠，或者任何其他角色，就不可能让他停下来正常说话。他甚至上学时也这样，别人和他说话时他还会咆哮。我该怎么办？

首先，你可能需要弄清楚孩子行为背后的原因。例如，如果他对其他孩子咆哮，他是否在试图吸引他们的注意并想和他们互动。在这种情况下，他需要了解更多适当的替代行为（详见第三章）或进行社交互动的适当方法（详见第五章）。你可以考虑把孩子喜欢的活动变成适当的游戏。这样一来，你既可以帮助孩子进行他喜欢的活动，又可以帮助他学习怎样与同龄人交往。

安德鲁的故事：战胜恐惧和偏执

从我的父亲身上，我继承了他对蜘蛛异常恐惧的特质。他曾经把一整罐"雷达"杀虫剂倒在一只毫无戒心的小蜘蛛身上，我很快就学会了效仿。不过，我选择的武器是纸巾：只要把纸巾叠起来朝蜘蛛压一下，再捏起来扔到马桶里，然后冲走，世界上就少了一个夏洛特[①]。

我不知道自己为什么会有这种行为，但直到我的第二个孩子里奥出生我才明白。多年来，他非常喜欢爬行或飞行的东西，尤其是蜘蛛。他对蜘蛛懂得很多，知道南加州的大多数品种都不咬人。因此，只要他看到蜘蛛，他就会把它捡起来，并让它爬过他的手，还会拿来给我看。

我一直尽力支持孩子的兴趣，即使我自己并不喜欢，所以我会微笑点头，尽量不要让他看出来我其实有多么害怕。

里奥也喜欢在自然栖息地里观察蜘蛛。如果看到特别的东西，他还会叫我过去看，比如特别漂亮的蜘蛛网、刚刚从卵囊孵化出来的小蜘蛛、在阳光下闪闪发光的金红色蜘蛛……在他的影响下，我慢慢发现这些小东西确实很有趣。

后来里奥开始用罐子收集蜘蛛。他会抓飞蛾和小昆虫，并把它们放在里面让蜘蛛吃。起初我让他把罐子放在外面，但有一天我在厨房发现了八个小罐子，里面有八只蜘蛛，而这些蜘蛛竟然没有打扰到我。

不久之后，当里奥带来一只蜘蛛给我看时，我发现我不再害怕了。我张开手，让它在我的手掌上爬行，好让我和里奥好好欣赏它的斑纹和可爱的小脸。

我意识到，自己真的不再害怕蜘蛛了。

这个过程虽然进展缓慢，以至于我都没有意识到，但我真的对蜘蛛已经脱敏了。后来我甚至还摸过狼蛛（也是里奥抓给我的），也能容忍蜘蛛在墙壁或者桌子上乱爬。里奥其实并没有打算让我对蜘蛛脱敏，但实际上做到了。这种方法真的非常有效。请相信我！

---

① 电影《夏洛特的网》中的主人公，是一只蜘蛛。

回到安德鲁这边

我觉得我们很幸运，因为安德鲁的恐惧都不算极端，他对噪声还没我们大人敏感。有时他会对某些气味有点反应，但也算不上恐惧，只是感觉有些恶心而已。就连看很血腥的恐怖电影，他也能够坐下来看完，一点儿也不紧张。

然而，多年来一直有一件事让安德鲁感到很崩溃——我们在接他时迟到（不管是去什么地方接他）。即使我只是迟到了三分钟，他也会紧张得发抖；如果我迟到了十分钟，他就会彻底崩溃，害怕得哇哇大哭——那种情形是常人难以想象的。

这是一个对我们来说很难解决的问题。有一天，安德鲁和他的弟弟上完网球课，我们应该去接他们，但是因为路上堵车，我们迟到了十五分钟。这使得安德鲁花了整整一小时才平静下来——他一直在不停地哭泣。而他的弟弟则安静地坐在旁边，看起来有点无聊，但是他相信我们很快就会接他们。

我们尝试以各种方式消除安德鲁的这种恐惧。比如，如果哪天我们知道可能会晚几分钟到，我们会让安德鲁提前做好准备，暗示他在等待时可以做的活动，然后反复向他保证我们可能会迟到但肯定会来接他的。但是，这样的方法并不奏效。

我把安德鲁的问题告诉了凯格尔博士。我坦言，每当遇到堵车要迟到时，一想到安德鲁会当众崩溃，就让我非常紧张。她建议我们给安德鲁配一部手机（现在城市里几乎每个孩子都可以有一部手机，但安德鲁小时候并没有，而且学校也禁止学生带手机）。我们跟学校沟通了安德鲁的特殊情况，好在学校同意了，只是要求他在上课时把手机关机并放进书包里。正是这一举措改变了一切。安德鲁之所以崩溃，是害怕我们会不来接他，尤其是当其他同学都离开了之后。手机可以让我们随时保持联系，告诉他我们还有多久到。因为觉得一切都在掌控之中，所以他安心了很多。

另外，安德鲁还总喜欢保持周围环境的井然有序，周围有一点乱他就感觉不舒服。他小时候喜欢把东西按照原位置摆好；长大一些了，他会记住每天的日程安排，如果行程有任何改变，他就会很焦虑，一定要知道原因。再大点时，每当我们一家外出到了一个陌生的环境，比如机场或火车站，他总会盯着弟弟妹妹，不让他们离自己太远，因为害怕他们走丢。我理解安德鲁的这种焦虑，因为他希望一切都按照计划进行，都在自己的掌控之中。然而，他需要知道的是，无论你怎么努力，总有你无法预测的事情会发生。

狭窄兴趣

安德鲁的狭窄兴趣一开始让我们很担心，但是凯格尔博士告诉我们，我们可以将其作为带他进行游戏和社交的基础，而非试图让安德鲁远离它们。于是，我们学会尊重安德鲁的兴趣，我们发现他的一些爱好其实非常有趣。

在安德鲁两岁时，他开始对字母异常痴迷。他喜欢字母表，会花好几个小时把泡沫字母按顺序排好——从 A 到 Z，然后接着重来。我们认为安德鲁在这方面很有天分，尽管当时他还不太会说话。在和安德鲁的第一位言语治疗师见面时，我们还很自豪地告诉她安德鲁掌握了字母表，而且每个字母他都认识。但是，治疗师的话让我们有些担心，她说像安德鲁这样的孩子很常见，重要的是我们要带他玩适合他年龄的玩具，还有要让他学会和其他人一起玩。听到这些，我们不禁担心起来。

于是，我们尽可能地让安德鲁对其他玩具感兴趣，比如形状分类器和叠叠乐。同时，认识字母使得安德鲁很早就开始了阅读，这对他的社交起到了促进作用。例如，我第一次看到安德鲁在社交场合真正笑了，是当一个朋友给他唱字母歌时故意颠倒了几个字母。安德鲁认为那简直太搞笑了——这基本上是第一个他和别人有共鸣的玩笑。所以，虽然以前痴迷于字母让安德鲁仿佛与世隔绝，但我们发现可以利用他的这个特点来进行一些游戏，只要加点创意就好。后来，我们在其他父母的身上也看到了他们使用这种策略。

痴迷和总统有关的话题

在上幼儿园的一段时间里，安德鲁爱上了关于美国总统的话题。我甚至不记得具体是从什么时候开始的。他很快就记住了美国历任总统的名字，还一直画总统的画像。

有意思的是，很多小男生都喜欢谈论与总统相关的话题，于是安德鲁有了一些有共同语言的小伙伴。而总统日这个过去对我们家庭来说毫无意义的节日（除了学校会放一天假以外），一下子变成了我们家一年中最重要的日子之一。我们会举办派对，邀请很多朋友来家里做蛋糕。安德鲁会站在所有人面前，说出每一任美国总统的名字。然后我们都会为他欢呼，派对上他绝对是大家瞩目的明星。

在小学阶段，安德鲁的这个爱好也派上了用场——老师经常叫他告诉大家哪个时间段是哪位总统在任，或者和那位总统搭档的副总统是谁。我想，安德鲁在这方面的知识，肯定也给其他孩子留下了深刻的印象。

在凯格尔博士的建议下，安德鲁在学校的助教为他创造过一个跑步游戏：游戏里领头人说出一个总统的名字，你必须要回答出与之对应的副总统名字才能继续。当然，这个游戏安德鲁总能赢。那时他正在学习社交技能，通过这个游戏，安德鲁的社交技能又得到了进一步的提升。

爱上披头士

我认识的很多孤独症儿童都喜欢披头士乐队[①]。再一次，我猜这可能也和他们喜欢排序的特质有关，因为乐队成员经常会以不同的排序和组合进行表演（当然，他们的音乐也很棒）。安德鲁也爱上了他们，还经常在纸上画四个成员的头像。

在我们的成年朋友中，有的人也很喜欢披头士乐队，于是安德鲁与他们和他们的孩子成立了"披头士俱乐部"。那时，他们时不时会见面。然后，每当披头士乐队成员有大事发生时，安德鲁常常会打电话给他们。就安德鲁的狭窄兴趣而言，痴迷披头士乐队其实很棒，因为这使得我们有了许多不同的家庭活动——我们一起听他们的音乐、看他们的电影（我一直觉得《一夜狂欢》[②]是有史以来最好的电影之一），此外，还买了他们的海报，收集了关于他们的书籍。

同时，我们还让安德鲁明白，不是每个人都和他一样对披头士乐队那么感兴趣。如果他想和其他人谈论这个话题，他必须确保那个人也感兴趣。如果他看到对方有感到无聊的迹象（打哈欠、移开视线、试图改变话题等），他就需要停止谈论这个话题。（我其实希望我认识的每个人在聊天时

---

① 披头士一般指 The Beatles，英国著名的摇滚乐队。
② 《一夜狂欢》是理查德·莱斯特执导的音乐片，由约翰·列侬和保罗·麦卡特尼出演。

都能使用这样的准则。）

痴迷希腊神话

安德鲁还痴迷希腊神话。安德鲁在九岁的时候，偶然发现了《多莱尔的希腊神话书》(*D'AULAIRES' BOOK OF GREEK MYTHS*) 一书并喜欢上了它。他的弟弟开始跟着他一起阅读，同样也喜欢上了希腊神话。在接下来的几个月里，小哥俩都热衷于阅读各种神话故事。

我小时候也很喜欢希腊神话，所以，当我发现安德鲁爱上希腊神话时，我第一次对他的狭窄兴趣感到兴奋。我带两个男孩去了盖蒂别墅博物馆①我们参观了古代文物部分，那时安德鲁十岁，他弟弟八岁。在博物馆里，他们到处跑来跑去，检查各种花瓶，不时兴奋地喊道："看，有阿波罗！是狄俄尼索斯！"他们太喜欢那里了！

除了希腊神话外，我们还购买其他古代神话比如埃及神话的书籍，试图将安德鲁的兴趣范围扩大。此外，我们还买了更多介绍古希腊和古罗马的书籍，希望他们能把对古代神话的兴趣扩展到古代文化的其他部分。但是，安德鲁大多只是查看关于神话的那部分内容——实际上，他的兴趣从未真正离开过希腊神话。

没多久，在我还没有做好心理准备时，安德鲁对希腊神话就失去了兴趣，而与此同时，他又重拾对披头士的兴趣。这可能是因为他画的披头士的画受到了很多人的夸奖，而且人们对他的披头士话题回应得也非常热烈——在社交方面，安德鲁到达了一个里程碑——他的爱好成为连接他和别人的桥梁。

我最喜欢的一幅安德鲁的画，是他在十一岁左右的时候画的，上面有披头士乐队的四名成员——与由人装扮的超级马里奥兄弟②并排站在一起。

有狭窄兴趣好吗？

我曾经遇到一个患阿斯伯格综合征的男孩，他对果蝠非常感兴趣，还会记住蝙蝠科普书中的很多知识。喜欢听披头士乐队歌曲的人很多，但对果蝠感兴趣的人却不多。遗憾的是，这个男孩只会机械地死记硬背，这对他与其他人日常聊天没有任何帮助。

---

① 一个致力研究古希腊、古罗马、伊特鲁里亚艺术和文化的教育中心和博物馆。
② 一款电子游戏中的主人公。

但毫无疑问，只要付出一点努力，就可以把安德鲁早期的狭窄兴趣变为他的优势，从而利于他社交能力的发展。安德鲁每年夏天都会参加夏令营，负责人史蒂夫·莫里斯对他很了解，总会确保夏令营安排一些安德鲁喜欢的活动或愿意玩的游戏。例如，他们有一个"披头士纪念日"，四支接力赛队伍被分别命名为约翰、保罗、乔治和林戈。还有一个夏天，他们举办了"希腊奥运会"。安德鲁很高兴能参与其中。而作为这些领域的"专家"，安德鲁在夏令营里很自信，就像他是这些活动的负责人一样。

奇怪的是，很多谱系孩子的兴趣都非常相似（我后来遇到的很多孤独症儿童，也喜欢披头士乐队、总统或希腊诸神的话题）。这些狭窄兴趣给安德鲁的生活带来了很多好处——发展社交技能、施展艺术才能。

十年后

我喜欢安德鲁曾经痴迷的东西。我想念披头士乐队，还有希腊诸神。但是，如今我们的生活中已经不再谈论这些话题了。

现在，安德鲁仍然有自己喜欢的东西（例如，他对名人生日和主题公园非常了解），但我觉得这些都算不上狭窄兴趣，也不会困扰到我们。或许多亏了互联网，安德鲁可以花很多时间安静地查看他感兴趣的事物，而不会打扰到其他人（说到这一点，如果你发现有任何很棒的烹饪博客，别忘了和我分享——我喜欢花时间阅读食谱，但是我身边没人像我这样热爱烹饪）。无论如何，当安德鲁和我们在一起时，他尽量努力谈论我们感兴趣的话题，这对他的社交而言很重要。

焦虑

我知道安德鲁一直在对抗焦虑情绪。这对我家里的任何人来说都不算一个很大的冲击：我和我丈夫本身也是容易焦虑的人，而我们的四个孩子中，真正没有出现焦虑问题的只有一个。所以当我想到安德鲁的焦虑问题时，会回到我在前一章提出的问题：你怎么知道这是与孤独症相关的，还是孩子的性格使然？考虑到家庭遗传因素，是不是无论他是否有孤独症，他都会是容易焦虑的人呢？如果是遗传因素导致的，我是否应该在一本关于孤独症的书中提到它呢？

关于过度焦虑，人们需要得到支持和帮助，无论他们是否经过专业医生的诊断。我和安德鲁的经历、我与凯格尔博士的友谊，以及实际的研究都告诉我，CBT 是见效最快的方法，并且从长远看，能极大改善引起孩子不适的方方面面。

只需要做一些努力，你就可以"改写"你对很多事情的反应模式。（"这只需要一些努力"是凯格尔博士和我的座右铭。）对此，CBT 备受推崇，因为它可以教人不要产生无益的想法，并用新的、积极的想法取而代之。所以，在不同的时间里，以不同的方式，我们都在坚持这种治疗。

与此同时，凯格尔博士告诉我，更重要的是要努力找出引起安德鲁焦虑的根本原因并加以解决——比如，改进不稳定的社交技能或者使用脱敏疗法来减少过度的恐惧等。我们如果能充分做好准备，相信自己有能力应对，就不会那么焦虑了。

我不会坐在这里告诉你，在和焦虑对抗的过程中，我们家过得很轻松——有的干预真的让我们很辛苦。但是，我们都在想办法慢慢把这个"恶魔"打败，同时也像我们告诉自己的那样和大家说：有能力时要自信，犯错时要有耐心，有成就时要感恩。焦虑和恐惧可能使人麻痹，但只要你努力地去应对，它们一定不会再困扰到你。

第七章

教育：为孩子寻找合适的学校

> **问题 1：**我三岁的孩子准备上学了，我不知道该怎么办。在我们学区有一些幼儿园设有"孤独症学生班级"，但是我更喜欢他姐姐就读的那所幼儿园。有什么好的建议吗？
>
> **问题 2：**我四年级的女儿在一个有特殊教育项目的普通班级里面就读。她的成绩远远落后于其他同学，学校建议她去参加一个特殊的日间班。但现在她跟班里的其他孩子都相处得非常好，我担心她被转走后会很生气。有什么建议吗？

在美国，有很多为孤独症儿童提供教育的学校可供选择，家长通常能较容易地为自己的孩子选择到合适的学校。然而，关于孩子具体课程的选择却比较困难。另外，在选择学校安置计划以及个别化教育计划目标、具体方案、支持程度等方面的决定对父母们来说也不容易。他们有很多因素需要考虑，其中最重要的是孩子的需求。

安置的选择范围很广，从完全融合的环境（即儿童在普通学校的常规教室里，与典型发育的同龄人一起上课），到只有残障儿童的特殊日间班，父母都可以为孩子选择。在这些截然不同的选择之中，还有各种项目方案可以帮助孤独症儿童跟典型发育的儿童互动。有些父母愿意让他们的孩子与其他残障儿童在一起，而有些更希望看到孩子在一个完全融合的教室里学习。无论你决定给孩子采用哪种教育安置方式，你都需要确保你的孩子参加的是一个好项目，并由训练有素的工作人员为孩子提供保质保量的干预。

融合环境的好处

我个人认为，只要有可能，孤独症儿童就应该全天都与典型发育的儿童在一起——我们称之为"融合"。然而，融合教育存在着挑战和压力。我们将在下面讨论这些问题，但先让我告诉你为什么我支持融合。

首先，孤独症儿童在沟通和社交方面都存在困难。如果将他们和其他同样的孩子放在一起，他们就缺少机会练习学到的技能和学习新技能。

其次，典型发育的儿童是非常好的榜样和帮手。不要相信你所听到的关于孩子们相互之间很不友好的说法。在大多数情况下，他们并非如此。如果项目设计得当，典型发育的孩子将成为孤独症儿童的导师、帮手和朋友。在我访问的所有学校中，我都发现典型发育的学生对我们正在进行的工作很感兴趣，并热切希望能积极参与我们的项目来帮助孤独症儿童。研究清楚地表明，与那些在特殊学校接受教育的孤独症儿童相比，常规教育环境中的孤独症儿童有更多的与典型发育的同学互动的机会，这对他们社交技能的发展非常重要。

此外，我们经常发现老师对孩子的行为要求在特殊教育和常规教育的班级之间存在着很大的差异。常规教育班的孩子被要求时刻关注着老师、安静地排队，并在第一时间对老师的指令做出反应。当孤独症儿童在融合环境中时，这些期望也适用于他，因为他们应该这样做。然而，在特殊教育班级中则无法设定相同的目标，这主要是由于一位老师往往要管十几个残障儿童，而这些孩子的残障程度差异很大。例如，特殊教育老师可能愿意重复一个指令数次，而普通教育老师则希望学生在第一次指令发出后就能听从并做出反应。由于必须遵守"普通教育老师的规则"，你的孩子将更有可能表现得像典型发育的儿童。如果特殊教育班里的孩子有破坏性行为，你的孩子可能也会学习到这些行为，而不明白这些行为其实是不合适的。简而言之，孩子所处的环境可以促使他朝着积极或消极的方向发展，而你希望他受到的影响尽可能都是积极的。

针对同一年龄段的孤独症儿童，普通教育班和特殊教育班的课程内容设置通常也有显著的不同。例如，在我参观的一个特殊教育班里，有个十岁的孩子花了一上午的时间在修脚。虽然孩子们似乎很喜欢这项活动，但这项活动没有涉及任何课程和教学任务，也无关任何学业内容。我从未见过这种类型的活动在普通教育班级中能进行整个上午。我们希望我们的孩子能够参与到典型发育的孩子在做的事情中，即使有一些不好的行为，也是在普通教育的课堂上得到纠正。

多年的研究表明，与被安置在特殊教育班的孤独症儿童相比，在完全融合环境中接受教育的孤独症儿童有更好的表现。而且这并不仅仅体现在学习上，他们在行为和情感方面也做得更好。因此，如果你为孩子设立的目标是让他在社会主流中发挥作用，请记住，朝这个方向去努力永远都不会太早。事实上，孩子年龄越小时开始越好。

再让我们来谈谈另外一个问题。对接受普通教育的学生来说，当残障儿童被纳入他们的班级中时会发生什么？如果你认为这可能会在某种程度上使他们的教育受到不好的影响，那你就错了。事实上，研究表明，当残障儿童被纳入普通教育课堂时，所有学生的表现都更好。也许是因为有额外的帮助；也许是因为普通教育老师学会了个性化的课程设置和实施了其他策略来帮助改善残障儿童的行为；或者是因为这种环境拓宽了同龄人的视野，从而带来了更多的学习内容。总之，这样做对每个学生都有益。从学生情感和心理的角度来看，融合也是有好处的：它培养了学生的同理心，在他们的日常生活中创造了多样性，并开阔了他们的思维，让他们有更大的学习空间。事实上，许多协助特殊教育项目的学生在将来就业时都会选择该领域的工作。

现在我已经表达了对融合教育的偏好，但我也不得不承认，走融合教育路线确实存在挑战。

学校并不总是接受融合

教育是在不断发展的，而融合教育是一个相对较新的事物。在美国，尽管法律规定每一个孩子有权在"限制性最小的环境中"学习，但有些学校甚至没有一个完全成熟的融合方案。

我曾有一个来自南加州一个小社区的学龄前儿童客户，他的父母选择让他去当地的幼儿园上学，他的姐姐也在那里就读。他们联系了幼儿园负责特殊教育的主任，请求安排每周工作 6 小时的助教来帮助孩子与他人进行沟通和社交活动。主任说，如果他们的儿子有孤独症，就必须参加儿童的孤独症学校项目。主任拒绝在这个问题上做出让步，所以这件事情最终进入了公平听证程序。

我作为孩子的代表出席做证，指出他在普通教育的幼儿园里会做得很好，他真正需要的是学习如何与同龄人进行社交和语言上的交流，而普通教育的环境正为他提供了理想的机会。这个孩子已经在上幼儿园了，并且很成功，他只是需要一些额外的支持来鼓励他进行更多的社交。

从公平听证会的证词中，你可以进一步了解学校是多么不愿意给这个家庭提供他们所请求的帮助。证词是这样的。

校方律师：琳恩（他似乎觉得拒绝称呼我为凯格尔博士很幽默），你曾在公立学校工作过吗？

我：是的，我在公立学校担任过言语治疗方面的专家。

校方律师：你是否曾经与任何特殊教育班中的孩子一起工作过？

我：是的。

校方律师：你是否曾经帮助过他们中的任何一个人？

我：是的，但那时并没有很多孩子被接受进入融合教育环境。

校方律师：我并没有问你这个问题。让我重申一下我的问题。你有没有觉得你帮助了他们中的任何一个人？

我：是的。

校方律师：琳恩，让我再问你一个问题。你是否经常代表家长出庭做证？

我：不经常，但偶尔会。通常情况下，学区会努力解决他们之间的分歧，然后……

校方律师：琳恩，我不想听任何额外的信息。你只要回答问题就可以了。

家庭律师：反对，法官。如果凯格尔博士不给出对方律师想要的答案，对方律师就会对我的证人不依不饶地追问。

法官：请让凯格尔博士回答这个问题。

校方律师：让我再问一个问题。琳恩，在你的法庭经验中，你是否曾代表过一个希望自己的孩子在特殊教育班级中学习的家长做证？

我：这是个复杂的问题。孤独症儿童安置要看个人的决定。我曾与许多特殊教育班级的教师和工作人员一起合作，但就做证而言，通常情况下，案件进入法庭的原因是，学校提供给家长的唯一选择只有特殊教育班。

校方律师（用刻薄的语气）：我问的不是这个问题。你只要回答"是"或"不是"。

家庭律师：反对。法官，如果校方律师认为她知道一切，那就让她来宣誓并做证吧。校方律师这是在对证人进行纠缠。如果证人不说出校方律师想要的答案，她就会打断证人。

法官（对校方律师）：请让专家证人发表她的意见，并充分回答你的问题。

这样的询问持续了几个小时，然后几个月后裁决出来了。这家人大获全胜。他们不仅赢得了普通幼儿园里的助教资源，而且法官下令由学校支付全部学费。我们赢了，但打这场仗耗费了很多时间和精力。这件事发生在 2002 年。令人沮丧的是，这么多年过去了，我到现在还在处理同样的问题。我现在服务的一家人，他们的儿子在三年级的特殊日间班上课。他各科的考试成绩都在平均水平以上，但他每天在常规教室里的时间不足一小时。有一天，孩子的妈妈在他的普通教育课堂上观察他，她无意中听到一些学生抱怨说，他们不喜欢接受"特殊教育"的孩子跟他们在一起上课。听到这样的信息让我感慨万千。想要让这些学生不要有这样的想法，方法是让更多的残障学生融合进入普通班级：当残障学生成为课堂上的普通学生时，他们通常会被简单地接受为"群体中的一员"，他们的存在甚至不会受到质疑。正是因为他们没有得到完全的融合教育，才使他们的同伴认为他们根本就不属于那里。

故事还没结束。之前的那位妈妈要求让她的儿子全天都接受融合教育，以便当他与典型发育的同龄人在一起时，可以有针对性地练习社交领域的技能。而公立学校的答复是，他们不能为特殊日间班的学生提供全天融合教育，而且他们不能在常规教育环境中提供任何专项的干预措施。所以，现在我们的个别化教育计划文件没有人签名（因为家长拒绝签署，原因是学校没有把孩子融合进常规教育环境）。于是情况就是：一个有天赋的孩子（在数学方面很出色）几乎整天都在特殊教育的教室里度过，学校说他们不能在普通教育的教室里为孩子提供任何特殊教育服务（这不是事实）。看来我们还有一场硬仗要打。这让我很生气。

虽然学校越来越意识到残障学生融合教育项目的必要性，但我们仍处于过渡期，因为过去没有一个孤独症儿童被融合进入任何的公共教育项目。不幸的是，向前迈进需要时间，对残障学生来说，有时需要几十年的时间——这意味着一些学生在上学期间无法得到他们所需要的教育。这种情况不应该出现。家长应该有融合的选择。虽然有些学校愿意提供融合教育，但仍然存在着歧视和斗争。

杰的故事

许多年前，我把一个有一些破坏性行为的孩子融合进了一个普通教育班。这个孩子在做作业遇到困难时，会有逃避行为；当他想要一个东西时，他有时会表现出攻击行为，那是因为他没有相应的语言能力来表达需求。学校坚持让孩子在特殊教育班里上课。经过举行反复的会议、顶着巨大的压力，这家人最终妥协了——孩子有一半时间在普通教育教室里上课，另外一半时间则待在特殊教育教室里。

因为我们的首要目标是消除孤独症儿童的破坏性行为，所以我们针对他的破坏性行为进行了数据收集。有趣的是，他在普通教育课堂上的破坏性行为比在特殊教育课堂上的要少得多。他的破坏性行为在特殊教育教室中发生得较频繁，其部分原因是其他同学的破坏性行为干扰了他。当其他学生发出不适当的声音或大声喧哗和捣乱时，他经常用手捂住耳朵。当他的父母意识到孩子在普通教育环境中的行为更好后，他们便希望他能一直待在那个环境中，他们知道这样可以减少他的破坏性行为。因此，他们要求学校为孩子制订个别化教育计划。不幸的是，学校特殊教育部门的主任坚定地认为，这个孩子根本不应该被融合，更不应该整天待在普通教育教室里。主任明确表示，这个孩子不受欢迎。主任的态度让孩子的父母很生气。

这个学校有两件事让我震惊。第一，似乎对主任来说，如果孩子对其他残障儿童有攻击性，这是可以接受的，但如果他对典型发育儿童有攻击性，那就不能接受了。毕竟，他在普通教育教室里发生攻击性行为的可能性要小得多，所以主任并不担心如何减少他的整体攻击性行为，她只是希望他在表现出这些行为时离典型发育的孩子远一点。认识到这一点让人不寒而栗。

第二，像这位特殊教育部门主任一样的许多人，都没有意识到他们在将残障人士排除在各种体验之外时所表现出的偏见。这样的人并没有想过，如果他们自己被其他人轻率地排除在一个重要的场所（比如急诊室）之外会有怎样的感受。这几乎就像是他们把这类孩子视为一个需要被终结的问题，而非当作一个能够成长和学习的人。

我曾经为一个家庭提供咨询。他们的孩子就读小学高年级，而且是被安排在一个特殊教育环境中，每天只有半小时的时间被融合进入主流班级。这个孩子的所有科目都达到甚至有时超过了年级平均水平，但是，校方告诉他的父母，他在常规教育和通识教育的课堂中都有无法"保持注意力"的问题。除了"频繁的引导"之外，学校的教职员工并没有实施任何方案来解决孩子注意力不集中的问题。他们从来没有尝试去了解导致孩子这些行为的根本原因，也不知道如何帮他制订一个自我管理计划。他们从来不想办法解决孩子的根本问题，只是以这个问题为借口，要把孩子赶出普通教室。

此外，学校还表示，当其他学生违反学校规则时，这个孩子经常指挥他们，除此之外，他并没有与其他学生有过适当的接触。学校的目标是阻止他对其他学生"颐指气使"——他们甚至没有考虑这是否是他尝试与同龄人建立社交的行为。

这名学生需要的是在普通教育课堂上通过自我管理计划来解决他的注意力不集中的问题。他必须被教授适当的替代行为，以便在其他学生违反学校规则时能够积极地与他们互动。他还需要大量的社交指导，以便他能够建立适当的同伴互动关系并培养友谊。可是，他的这些问题都没有得到解决。更糟糕的是，工作人员告诉家长，如果他被完全融合，则不能为他在常规教育课堂或课间休息时提供专项服务（例如言语治疗、作业治疗等）。"你只有按照我们的要求做才能得到你想要的服务。"这听起来有点像勒索，不是吗？

当我开始为这家人提供咨询时，孩子的妈妈说她知道她的儿子在学校没有得到最好的干预方案，她后悔自己没有早一点采取行动。她是一位非常出色的小儿心脏科医生，我给她发了一封电子邮件，说："我为你感到很难过，如果一位家长带着他的孩子来找你咨询医疗建议，你绝对不会期望他们自己提出治疗方案，也不会为他们提供不是最先进的服务。学校不能为你的孩子提供这样的服务，简直太糟糕了。"

关键是，我们在孤独症专业干预仍有很长的路要走。我们需要确保学校应用了正确的干预方法，这样他们才能为我们的孩子提供最好的服务。我们都知道，一场大战对任何人都没有好处，尤其是对我们的孩子。最好的办法是确保从一开始就正确地制订计划，其中应包含基于实证的干预措施。家长需要熟悉这些措施，以便他们可以提出适合自己孩子的有效策略。如果可能的话，每月一次的团队会议有助于协调计划，并确保每个人都在履行各自的职责。相信我，陷入争斗并不有趣。如果你做了功课，精心挑选了合适的老师，在恰当的时间获得了正确的支持，你的生活就会简单得多，你的孩子也会学到更多。你每天把他送到学校，知道他会接受一个好的干预方案，你的压力会更小，你也会更快乐。

家长并不总是愿意接受全面融合

我发现一个令人惊讶的事实是，虽然典型发育的孩子通常能接受残障儿童，但他们的父母却不是这样。有些家长会拒绝让他们的孩子参加有残障儿童在内的课程。讽刺的是，根据我的个人经验，那些反对最强烈的家长的孩子本身通常也有某种行为问题。

以布兰登为例。他那强势而武断的妈妈在开学第一周就向班上的家长们发送了一份请愿书，要求不让孤独症孩子在这个班级就读（我在这个班级为孤独症孩子提供干预服务）。她确实收集到了大约十来个家长的签名，但学校并没有因此妥协。事实证明，每一次我在那个班级工作时，因为行为问题而惹麻烦的往往是布兰登，而不是孤独症孩子。这真令人吃惊。

通常这些家长（有时是教师和管理人员）担心班上有一个残障儿童会对课堂产生负面影响。一个需要专项课程的孤独症儿童会拖累班上的其他学生吗？不会。事实上，情况恰恰相反。当残障儿童融合进入常规教育班级时，所有的孩子都会表现得更好！

同龄孩子之间没有可比性

有时候，对父母来说，经常看到自己的孩子与在许多发育方面都领先的同龄人在一起，情感上很难接受，这可能成为他们将孩子送入完全融合环境的心理障碍。这是可以理解的。但请记住，你的孩子的收获才是最重要的，他的融合对整个班级都有好处。只有把你的孩子放在这个环境中，你才能让他不断地接触到典型发育孩子参与的各种活动。此外，尽管你的孩子可能有需要改进的地方，但通过评估典型发育儿童在日常环境中的表现，你将能够为他制订适当的学习和社交目标。

愉快地去上学

大多数孤独症儿童与成年人相处都会很舒适，因为他们的干预大多数是由成年人进行的。这可能会使他们不愿去上学，因为在那里，他们必须整天和同龄的孩子在一起。有时候孩子会消极地表达这种情绪，比如表现得无精打采，让你很难让他做好准备去学校；有时候他会主动抗议甚至变得有攻击性。

这里有一些方法，可以让你的孩子快乐地去上学。

■ 使用奖励策略

你可以想想，许多孩子不愿意去上学是有正当理由的：他们在家里玩得很开心，父母对他们的要求也少一些（也许在家里提供的干预措施中包含了动机因素，所以他们会觉得很有意思），然后突然间他们要去上学，而且学校里全是老师布置的学习任务。他们觉得在学校没有什么值得期待的事情。在许多普通教育班级中，课堂活动从圆圈时间开始，这是一项高度语言化的活动，对孤独症儿童来说通常很困难。如果你的孩子不愿意去上学，你可以问问老师是否可以让他提前几分钟进入教室进行他喜欢的活动，比如玩最喜爱的玩具、看一段视频或者阅读一本熟悉的书。如果他知道到教室后有什么值得期待的事情，他很可能会更热衷于去学校。

■ 帮助孩子管理时间

让孩子知道他离去上学还有多少时间。提前十分钟、五分钟、两分钟等的提醒，通常能帮助孩子更舒服地接受过渡。

你也可以使用计时器来达到相同的效果——无论是煮蛋计时器还是厨房计时器都会有所帮助，并能直观地提醒孩子剩余的时间。但是，请确保在计时器响铃时立刻离开，否则你的孩子可能学会了不去理会它。

提醒一点：有些孩子学会了如何把计时器拨回去，如果这成为了一个问题，请确保把它放在孩子够不着的地方。

■ 用图片做视觉提示

尝试使用图片系统让孩子知道早晨将要进行的活动。拍下孩子早晨的活动如吃早餐、穿衣服、上公交车进校门等的照片，并确保其中包含一张老师在学校迎接他的照片。每完成一项活动后，父母可以预告孩子接下来要做什么。有些父母喜欢在照片背面贴上绒面带，并在孩子完成对应的活动后将它们移动到布板的"完成"一栏；有些父母则更喜欢将所有活动照片套在一个环扣上，并在孩子每完成一项活动后就把照片翻过去。在接下来的内容中，我将解释如何使用预备活动来为孩子的学校活动做准备：这个视觉系统可以用于全天的活动，帮助那些在活动转换时有困难的孩子，让孩子觉得已经为下一件事做好了准备，不至于措手不及。

确保孩子享受学校生活

我的小女儿在上小学时有过一段非常艰难的时光。学校开学大约一个月后，她就说肚子痛，不想去上学。这种情况发生了几次后，我开始寻找原因。结果我发现，她的老师是那一年新来到这所学校的，她经常对孩子们大喊大叫。虽然我的女儿从来没被老师吼过，但是当老师对她的朋友们大声喊叫时，她很不开心。老实说，在校园之外，这位老师非常有趣、性格很好，也很幽默，但当她和一大群孩子在一起时，就完全不一样了。我去到她的班级里观察，发现这位老师会和孩子们一起打闹，直到他们变得太过活跃，然后她就对他们大喊大叫，让他们保持秩序。有些学生可能适应这样的老师，但她并不适合我那敏感的女儿。校长不允许我把她转去另一个班，所以那一年我花了很多时间在我女儿的学校里。我不是唯一有这样的担心的家长，但我必须说，我们那一年过得很痛苦。

如果老师和助教不擅长对孩子进行行为管理，那么他们无论在普通教育还是特殊教育的课堂里都可能惩罚学生。有些老师不善于让课程变得有趣，这样孩子们会因为感觉无聊而表现出不良行为，然后老师就会对孩子们的破坏性行为做出负面反应，而非从一开始就避免这种行为的发生。正如我在第三章中的描述，惩罚不良行为远不如强化良好行为有效，而且更有可能使学校成为一个令所有人不愉快的地方。如果老师说"让我看看你们可以多么安静地排好队"，然后对孩子们安静排队的行为给予奖励，而并非惩罚他们没有这样做，那么更有可能让孩子们以表现出好行为为荣。除了学会通过正向积极的方法来控制孩子们的破坏性行为，一些老师还需要在激发学生兴趣的课程方面获得帮助（详见下文）。

■ 如何选择合适的老师？

找到合适的老师至关重要，特别是对于有孤独症儿童的家庭，因为在特殊教育项目中涉及很多人的互动。在我的工作中，一般来说，校长会支持家长指定某一位老师，并让我们机构的工作人员和家长一起观察老师。他们甚至会安排时间让老师与孩子见面并观察彼此，以帮助大家找到最佳的匹配组合。当你观察老师时，以下有几点是需要考虑的。

● 老师是否对学生有良好的行为控制能力？

有些老师不能很好地控制学生们。他们还没有学会如何使用强化来鼓励孩子们的良好行为。但不要以为是孩子们在教室里很吵、老师很忙，因此老师就没有控制力。你可以从当老师说话时，孩子们是否能听从并遵守老师的指令来进行判断。

● 老师是否能够针对班上不同学生的能力提供个性化教学？

班上的每个孩子都处于不同的能力水平，但有些老师很难调整自己的教学方式，使每个孩子都能接受挑战而不感到沮丧。你可以寻找一些能够针对不同水平的孩子进行教学的老师。

● 老师是否愿意并热情地接受你的孩子加入他的班级？

有些老师喜欢有特殊需要的孩子在自己的班级里，他们甚至会主动提出这方面的要求。但是，即使你喜欢的老师一开始看起来似乎并不太热情，你也可以和他多谈谈。我发现，有时即使是非常好的老师也害怕自己会失败。你可以跟老师保证你们会一起努力帮助孩子进步，让老师把他的能力充分发挥出来，从而帮助孩子克服困难。另外，如果老师对班上有特殊需要的孩子并不热心，或者不愿意扩展可能对你的孩子（可能也包括其他孩子）有帮助的技能，那么你或许应该避开这位老师。

● 老师是否有足够的组织能力，以便可以为孩子提供预备活动？

正如我在下文提到的，"预备活动"不仅仅意味着提前为你的孩子接下来进行的课程做好充足的准备，老师的课程设计和组织能力对孩子的成功至关重要。没有课程计划的老师通常不是一个很好的选择，他也绝对无法提供适合孩子的预备活动。

● 老师是否结合使用视觉和听觉提示来帮助不同类型的学生？

孩子们的学习方式是不同的。有些孩子通过视觉线索学习得更好，有些孩子则通过听觉线索学习得更好。因此，能够同时呈现视觉和听觉提示的老师能帮助不同类型的学生在课堂上取得最大限度的成功。

● 老师是否使用正向积极的行为支持策略，而非用惩罚性的方法来控制孩子的不良行为？

同样，一个过分依赖或完全依赖惩罚性策略的老师，将无法为任何学生提供一个愉快的学习环境。请记住，我们希望孩子们喜欢学习本身，而不是因为想避免惩罚不得不学习。

● 课堂上的学生们是否与老师有良好的互动并喜欢老师？

学生们是否会在午餐和课间休息时围着老师，或在老师走进教室时与他交流？良好的师生关系很重要，因为你的孩子接下来大部分时间会在学校里与老师一起度过。此外，孩子们更容易因为喜欢老师而努力学习，也更容易从平易近人的老师那里获得有用的信息。

● 老师的课堂活动和课程是否有意义？

如果老师教授的信息没有以实用和有意义的方式呈现，孩子们就很难学习。对老师来说，开发有意义的活动要付出很多的努力，能做到这一点的老师更优秀，特别适合有特殊需求的孩子。

● 老师是否将激励性策略融入教学中？

学习可以而且应该是有趣的。当你参观孩子的教室时可以留意：进行的活动是否有被自然强化？活动是否经常变化以维持孩子的兴趣？孩子的尝试行为是否得到了奖励？老师是否给孩子提供了选择的机会？这些都会影响到孩子学习的兴趣。

● 老师是否愿意与你和特教人员合作制订专门的计划？

你的孩子可能会从诸如与同龄伙伴交往、使用贴纸奖励表或自我管理计划等策略中受益。这意味着将有一位专业人士进入教室来制订和协调该计划。一个乐于并期待学习这些策略的老师，会使整个过程更容易进行。

● 老师是一个合格的"团队合作者"吗？

对孤独症儿童最佳的特殊教育项目需要多方人士协调一致的努力。但是，一些教师和特殊教育工作人员不愿意接受其他人的意见。他们有自己做事的方式。我在孤独症儿童干预领域已经工作了很长时间，会看到有些老师资历还尚浅。我看到过很多孩子因为接受的干预项目缺乏协调性而过得很艰难。研究清楚表明，为孤独症儿童提供一个能够多方协调、合作的方案会带来最好的结果。如果缺乏团队合作，你的孩子将不会获得最佳干预效果。

● 老师是否称职？

这听起来可能有点像是多余的话。毕竟，一位老师通常都有良好的学历、学习过教育学课程，还获得了教师资格证书。但是，老师除了懂得教学方法以外，他们还需要掌握很多技能，但有些老师可能缺乏重要的技能。比如：如何为学生制订一个良好的系统性阅读计划并设立可衡量的目标，或者如何解决学生在课堂上可能出现的行为问题。建议你多问老师几个这方面的问题，以了解他的能力。我开发了一套标准化的问题，来帮我们判断一位老师能力如何。例如，我问几位老师关于学生遵守纪律的问题，其中一位老师说，如果一个孩子在他的课堂上表现不好，他会让这个孩子坐在一个大的圆形瑜伽球上（我不确定这是否应该算是一种惩罚还是一种帮助学生集中注意力的方法——无论如何，这都不是一种传统意义上的行为管理方法），或者让这个学生在课间休息时留在教室里。我们最不希望看到的是，学生与周围环境格格不入，或者因为受到惩罚而不得不错过重要的社交机会。幸运的是，另一位老师提供了很多正向积极的行为支持策略。所以，选哪位老师显而易见！

在教室里

我经常会在走进教室观察的时候，看到孤独症儿童和助教老师一同坐在角落里，做着与其他同学在做的完全不同的事情。有一次，我发现教室里的其他孩子都在唱歌，而那个孤独症孩子却在和他的助教老师堆积木。这个孩子喜欢唱歌，他一直渴望地看着其他孩子，但每当他的注意力转移时，助教老师就把他重新引导到堆积木的任务上。很明显，他应该和他的同学在一起。

你可能会有这样的疑惑，如果一个孤独症儿童在沟通方面有困难，他怎么能和其他孩子一起做同样的作业？但这是可能的。这里有一些方法，无论你的孩子水平如何，都值得学习。

■ 课程设置

在我们开始讨论如何帮助你的孩子成功地适应学校生活之前，我想请你务必关注课程设置情况。许多人期望残障学生能按照基于标准化测试的课程进行学习，但孤独症儿童往往会有干扰测试准确性的行为出现。而且由于大多数标准化测试没有自然强化的后果，许多孤独症儿童对参加这些测试并不感兴趣，所以标准化测试通常更多地反映了孩子的行为而非他的能力。我们的研究表明，标准化测试往往低估了处于孤独症儿童的能力。如果你的孩子的个别化教育计划是基于这些标准化的测试成绩制订的，他可能会在未来一直学习低于他本身学习水平的课程。我曾经见过类似的情况，孩子在面对困难的学习任务时变得不听话，教师不是努力让课程变得更有趣和更有吸引力，反而是设置了远低于孩子学习水平的课程内容。所以，如果你觉得孩子的教学目标对他来说太容易了，那么你可能是对的。所以，请向工作人员展示你的孩子在合适的环境中能做到的事情，并确保个别化教育计划的目标能帮助你的孩子不断进步和学习新技能。

■ 部分参与

部分参与是指让你的孩子和其他同学一起做相同类型的任务或作业，但难度会根据他自己的水平进行调整。这就好比班上同学正在做两位数加减法的数学作业，而你的孩子只会个位数的加法运算，那么这项作业就可以相应地被简化。例如，你的孩子仍然与同学们一起做数学作业，但由于他还在练习个位数的运算，所以十位数以上的部分就可以被省略。其他作业也可以进行类似的调整。例如，如果你的孩子正在学习英文单词的首字母发音，而班上将有一个拼写测验，那么其他同学可能拿到的是空白的纸，而你的孩子拿到的纸上除了单词的第一个字母留空以外，其他所有字母都在。

你可以把孩子的作业分解成若干部分，以便他可以分步骤完成。这些课程的修改可以由学校的特殊教育人员进行，老师只需要确保孩子能拿到匹配他的作业即可。或者你也可以自己进行修改，但请不要觉得这是你必须做的事情。这其实是学校的责任，他们开发的教材将为以后许多学生提供帮助，所以他们应该看到付出这些努力的好处。只要确保在孩子的个别化教育计划中写明你的需求，学校就需要做这样的调整。

■ 布置较少的作业

你的孩子可能能够完成与其他学生相同的作业，只是需要更多一点时间。这没问题。大多数老师都乐意减少作业量。事实上，在我大女儿上小学四年级的时候，这种方法对她非常有效。她的数学作业经常有大量的计算题。尽管她每次考试数学成绩都很好，但一做作业就容易出错。我们注意到她的大部分错误都是在每次作业的最后部分。幸运的是，她有一位很好的老师——杰姬，她同意让我女儿只做想做的题目数量，并且只根据她完成的部分来评分。换句话说，每道题都会占更多的分数，所以她把给她安排的题都做对就更重要了。这样一来，我女儿的做题准确率和积极性都得到了提高。从长远来看，这有助于提高她学习的积极性，后来我的女儿长大后成为了一名医生。

■ 突出相关提示

孤独症儿童在做作业的过程中往往很难注意到最关键的线索，这可能会影响到学习成绩。例如，他们可能不会注意到一个数学题目考查的是加法还是减法。如果你把提示加强——例如，加深加号或减号的颜色——就可以确保孩子能注意到它们。同样，在阅读课上，你可以重读（如果是朗读）或突出显示（如果是默读）文章中的相关部分。当然，这些提示需要随着时间的推移逐渐地淡化，以便你的孩子能够像其他孩子一样做出反应，但从这种方式开始可能有助于他学会注意到正确的提示。

■ 使用辅助工具

如果你的孩子需要使用计算器或拼写检查软件等辅助工具来帮助完成作业，这是可以的。只是一定要记住他需要帮助的领域，并在必要时利用课外时间教授相关知识，这样他就不会一直依赖这些辅助工具了。

■ 错误分析

错误分析是指通过分析错误发现潜在的问题，这与第三章中描述的通过分析潜在动机来弄清问题行为发生的原因相似。

你的孩子肯定会犯错。当孩子犯错时，你会发现进行错误分析是很有用的。通常，解决方案会很简单明了。例如，你也许发现孩子在复杂的数学题目部分得分很低，因为他不懂乘法表。知道了这一点，你就可以集中精力帮他熟悉乘法表，而不仅仅只是布置更多类似的作业而不解决核心问题。或者，如果你的孩子因为疲劳，每次作业都是在最后几道数学题上出错，那么你可以减少题目的数量，保证孩子完成题目的准确率。

请允许我重申一遍，当你的孩子遇到困难时，你要弄清楚潜在的根本问题，这样你才能找到最正确的解决方案。

■ 预备活动

预备活动（或者叫预习）是帮助你的孩子在学校取得成功的一个好方法。它是指预习老师将要讲的内容。预备活动的目的是以一种轻松无压力的方式让你的孩子熟悉将要学习的内容，让他享受学习过程，感到受鼓舞，而不是让他感觉是在接受测试或任何形式的惩罚。

我们已经在各个年级（从幼儿园到高中）的孤独症儿童的干预计划中加入了预备活动计划，从孩子要完成的作业到在自由时间里可以选择的活动都有。对幼儿园的孩子来说，这可能是指在前一天的晚上将第二天在圆圈时间要读的书在家里读一遍。对高中生来说，这也许是指让他预习第二天要上的历史课的内容。

预备活动的策略可以根据孩子的需要制订个性化计划。例如，我们曾与一名小学三年级的学生合作，她在理解指令方面有困难，但在完成作业方面没有问题。在对她进行干预的过程中，我们只是简单地帮助她复习了一遍作业题目的具体要求，然后让她完成一两道题，以确保她理解了题目的意思。通过这个简单的方法，她的作业成绩得到了显著提高。

训练可以由学校工作人员、家长或任何其他有意愿的人来进行。有些人选择在早晨上学前对孩子进行训练，有些人选择在放学后，有些人选择在晚上睡觉前。对于年龄较大的孩子，自习或老师提供额外帮助的时间都是很好地进行预备活动的时间。但是，正如我在上文提到的，要使预备活动能获得成功，需要一位有组织能力的老师。在寻找好的老师时，你一定要让他们知道预备活动策略将被包含在孩子的个别化教育计划中，因此那些在课堂上随意应付的老师可能不适合你的孩子。

■ 可预测性

每个人都对不可预测的事情感到苦恼，但孤独症儿童似乎更受其扰。在孩子的桌子上或活页夹里放置纸制的日程安排表或图片系统（这是为不识字的孩子准备的，见本章前面"愉快地去上学"的内容中关于图片使用的具体说明），让他了解自己的时间安排，知道接下来会发生什么，同时在每次活动转换前给予预告，这可以让活动过渡更顺利。

如果日程安排由于意外情况而需要更改，例如计划要外出却有交通管制，请确保你能及时更新孩子的日程表并提前告知孩子。

■ 教授灵活性

如果父母没有教会孩子如何在面对变化时保持灵活性，那么可能造成大问题。我见过这样的家庭，他们总是遵循着紧凑和可预测的时间表，以至于孩子们一旦遇上变化就会崩溃，甚至在孩子长大成人后也是如此！我们曾遇到一个成年人，他被警察拘留，就是因为当得知日程安排被改变后出现了行为失控。

有一些方法可以帮助你教授孩子灵活性。例如，你可以教孩子在事情发生变化时使用自我管理策略。要做到这一点，你需要遵循我们在自我管理一章中介绍的步骤。首先，你要教孩子区分恰当和不恰当的行为（你可以教他在面对突发或新情况时保持冷静）；然后，帮助孩子建立一个系统来记录他成功展现适当行为的次数；再有，为孩子达到了特定目标设定奖励（例如，当他能在一些突发状况中成功地保持冷静和理智时，他可以得到想要的礼物）。

当面对突发状况时，你可以通过填写奖励图表来鼓励孩子展现恰当的行为。

你还可以教导孩子进行自我引导而不是发脾气，例如，他可以学会说："如果我晚几分钟出去进行课间休息也没关系，我还是有时间和朋友们一起玩。"或者："我的老师让我必须完成作业，这是在帮助我成为一个更好的学生。"在初期，孩子可能需要时刻被提醒以形成这些想法，但随着练习的进展，他会越来越容易进行自我教导，而不是依赖老师的教导。

但是，你要确保所有人都协调一致。如果有人在孩子发脾气后"解决问题"（例如，他说："哦，没关系，你不需要在课间休息时做完作业，去玩吧。"），那么这个人就是在鼓励孩子发脾气的行为，从而导致孩子的坏行为特别难被消除。

坚持与经过专业培训的工作人员合作

如果学校中参与你孩子干预项目的工作人员没有经过培训，那么干预效果会受到影响。与你的孩子有定期互动的人都需要接受一些残障儿童教育方面的培训，这些人包括老师、融合教育专家、助教以及校长等。尽管这看起来理所应当，但并未在很多学校实现。培训并不意味着参加一个为期一天的孤独症儿童干预工作坊就可以了，而是意味着工作人员需要全面了解基于研究的适用于孤独症儿童的有效干预方案。他们需要了解行为原理，如何应对破坏性行为，如何以激励的方式教导孤独症儿童，如何为课堂创建有意义的课程，如何将孤独症儿童融入普通教育课堂，以及如何制订全面的社交训练项目。学校工作人员愿意并能够在孩子所处的各个环境中协调目标也至关重要，他们要与家长和专属干预人员进行沟通，以便可以实施一致的方案。最后，新员工需要由接受过培训的专业人员对他们执行干预程序的过程提供反馈。如果没有经过专业培训的人员的帮助，你的孩子可能无法取得进步。

■ 要保证干预的质量

如果你制订的干预目标没有被教授，或者被教授得不够频繁，那么即使这些目标再好也无济于事。

让我给你举一些例子。我参加过一次关于一名孤独症儿童接受干预的会议，老师告诉我们这个孩子在阅读方面有困难。这是一个相当聪明的孩子，他的数学成绩很好，而且我知道他已经学会了拼读法，能够读出单词，所以我很难理解为什么英文阅读对他来说如此困难。他的阅读速度远远慢于其他同学，老师表示这是一个巨大的问题，甚至说他可能存在一些严重的学习障碍。我向老师询问是否可以在英文阅读的教学时段观察这个孩子。老师答应了我，因为要避开测验、郊游等活动的时间，所以我不得不等待了好几个星期。

我在指定的日子来到了教室，看到老师让两个学生（我要观察的孩子和另一名学生）坐在位于教室前面的桌子前，而其他学生则在自己的座位上安静地做作业。阅读课开始了。老师要求学生们打开书本翻到某一页，当他们翻书的时候，有几个学生举手向老师问问题。每次有学生提问时，她都回答说："记住，我告诉过你们，当我在教课时，你们不应该打扰我！"虽然她这么说，但仍然回答了学生的问题。这样的回答真是让人摸不着头脑！

过了一小会儿，教导主任走进了教室，与老师聊了几分钟（我听不到他们在说什么，但肯定与阅读教学无关）。然后，她继续上阅读课，但是让每个孩子读一句话，这就是她上的阅读课。后来，又出现了几次课堂中断——她与两名学生就文章中的故事进行了一些讨论。令我惊讶的是，她还表示这个班级很难教（我完全没有看出来，学生们都表现得很好）。然后，她让那两名教室前面的学生坐到地上（同时告诉我，他们在座位上的时候缺乏她所需要的注意力，在我看来，孩子们的注意力没有问题，而是她的！），并且让他们每个人再分别多读一句话。

又有更多的学生向她提问，她继续一边回答一边责备他们打扰她"辅导"其他学生（注意我把"辅导"加了引号）。当阅读课下课时，我数了数这两个学生读过的句子：在半小时内，他们每人只读了两句话，仅此而已。之后，这两名学生去参加了学校为有阅读困难的学生开设的课外阅读课程。在这个课程中，学生们正在读他们即将表演的戏剧中的台词。在半小时的课程中，我观察的那个孩子只读了两句话，显然他之前已经练习过多次，甚至可以完全背下来了。

那么，我的观察结论是什么呢？简单来说，就是老师没有进行许多教学工作。在整整一小时里，我观察的孩子阅读的总量只有四句话！我还注意到，当我观察的孩子在读某个词语遇到困难时，老师很快就帮他读出来，所以他甚至都不需要自己拼读，而那位课外阅读课程的专员只是让他读他已经背熟了的句子。难怪他没有进步。

简而言之，如果不进行教学，你的孩子可能不会有什么进展。这不仅是学科方面的问题。我曾在一所学校担任顾问，有一个孤独症孩子正在学习社交技能。家长认为没有人在教孩子社交，所以为了确保孩子真正得到了这方面的锻炼，家长在个别化教育计划中补充了孩子在午间休息时应该进行的社交互动的次数。其中一个目标是，学生在课间休息时至少主动接近同伴 10 次，并向同伴发起游戏邀请，或对他们发表评论和（或）做出口头回应。因此，当我到学校观察这个目标的实施情况时，我看到了以下情况：助教带着孩子走到一个典型发育的同伴面前，提示孤独症孩子说："你想聊天吗？"然后鼓励另一个孩子提出一连串的问题，同时引导孤独症孩子回答。助教有一张小小的统计表，每当孩子回答时，就标上一个"#"符号。大约两分钟内，助教记录了 10 次，然后就离开了。当然，孤独症孩子又回到了自己一个人的游戏中，在接下来的午休时间里，助教根本没有进行任何教学活动。所以，虽然助教完成了建议的练习次数，但目标的真正意义——让孩子在午餐期间与同龄人进行社交——却远远没有实现。

你需要确保助教、老师和任何专业人员都有热情、精力和承诺来真正改变你孩子的生活。他们应该为你的孩子创造一个有充足学习机会的环境，否则这就不是好的教学行为。

如果学校在这些方面存在不足，管理层就需要聘请外部顾问来提供协助。在美国，许多地区的学校因为员工没有接受培训而被学生的家庭起诉。事实上，这是学校被起诉的一个普遍原因，以至于现在大多数学校都在积极送员工参加培训或请专家来提供专业服务。

积极地解决社交问题

在决定你的孩子在学校里的幸福感方面，老师的做法无疑起着极其重要的作用，但你的孩子与其他同学的关系以及他们对待他的态度，也会极大地影响他待在自己教室里的舒适度。尽管你不能决定一个班级由哪些类型的学生组成，但你可以采用许多方法来帮助你的孩子在学校里结识朋友。

■ 你应该公开多少信息？

当孤独症儿童进入一个新班级时，家长面临的最大问题之一是是否要将孩子的残障情况告诉其他同学。遗憾的是，这个问题没有统一答案，要视具体情况而定。

请你根据自己孩子的具体情况，看看如果公开信息是有帮助还是带来伤害。我们干预过的孩子中，有一些确实受到了影响，公开信息对他们在社交方面造成了伤害；而另一些孩子，因为有了同伴的理解，他们会获得更多的支持和同情。

如今，大多数人都知道什么是孤独症谱系障碍，但孩子们的情况千差万别。一般来说，人们了解你孩子的独特优势和困难越多，就越愿意和能够提供帮助。

可以由你自己、老师或干预专家来公开孩子的信息，且必须经过深思熟虑。重要的是，无论你选择谁，他们都要对孩子有充分的了解。

不同的人在介绍信息时内容差异会较大。有些人仅关注对残障儿童的一般性讨论，不特指任何个别孩子，而有一些人则会把孩子的特殊情况单独拎出来说；有些人旨在为孩子制订一个长期的课堂干预计划，而有些人则只是泛泛地介绍。无论哪种方式，家长都应该充分参与讨论、精心策划。如果讨论是专门针对某个孩子的，大多数家长会选择不让那个孩子参加。然而，一些更具概括性的信息介绍会让孩子也参加。

■ 首先进行概括介绍

当你与你的孩子所在班级的其他孩子交谈时，首先介绍关于残障儿童的一般性话题是有帮助的。演讲者可以谈谈常见的儿童残障类型，如视力受损或听力障碍。如果你真的想让孩子们了解残障儿童的感受，你可以借助眼镜、助听器或轮椅等工具，让孩子们试一试（我记得当我上听觉学的课程时，有一位教授要求我们戴一段时间的助听器。这让我大开眼界，因为我从来没有体验过声音被放大的效果。这真是太奇怪了！）。我见到孩子们对于了解残障儿童感到兴奋，并开始激烈地讨论起来，或讲述自己家庭中有残障成员的故事。这将有助于为讨论个别孩子的残障问题奠定基础。

■ 然后讨论个体

接下来，在残障儿童的家人感到舒适的情况下，演讲者可以提供一些关于残障儿童的具体信息。

我们使用过几种方式来做到这一点。有一个孩子在普通幼儿园里就读，但他不会说话，他的妈妈带来了一盘录像带，里面有她的孩子参与他最喜欢的活动的短片——游泳、吃冰激凌、和兄弟们打闹等。她对班上的孩子们说他是一个与他们有相同兴趣的孩子，只是还没有学会说话。

这一步的目的是帮助其他同学了解这个孩子，并让他们在他周围感到舒适。有些家长喜欢具体讨论孤独症是什么（有位家长在她儿子被诊断出孤独症后，给班上每位家长都写了一封信）；有些家长则认为没有必要给孩子贴标签，而是更愿意讨论孩子的具体表现。

一旦学生们了解了你孩子的独特优势、兴趣和面临的困难，你就可以继续提供一些建设性的建议了。

■ 教授积极互动策略

教导其他学生如何与你的孩子互动并帮助他学会沟通是非常重要的。这需要你保持积极的态度。你要强调孩子的优势，并关注你正在讨论的策略将如何帮助你的孩子。你要强调孩子需要面对多大的挑战，并举例说明。你要让其他孩子了解到，残障儿童可能很难表达自己的想法，也无法提出一些简单的要求，例如想要喝果汁或水；他们不能捕捉到细微的社交暗示，所以可能就没有很多朋友。孩子们是善解人意和富有同情心的，如果他们能将你孩子的经历与他们自己的生活联系起来，他们就能设身处地为你的孩子着想。

如果你要谈论孤独症孩子有破坏性行为并且需要学会替代行为，你可以告诉其他孩子如何辅助孤独症孩子表现出替代行为，以及在问题行为发生时如何应对比如忽略它们。（关于破坏性行为的更多内容，请参见第三章。）

如果你的孩子需要学会如何交朋友，你可以为他招募一些同学，帮他建立正式的"朋友圈"。你可以多与孩子们见面，让他们集思广益，想办法帮助你的孩子。事实上，我们曾为一个总是独处的上小学五年级的孤独症儿童成立了一个俱乐部。俱乐部每隔一周聚会一次，孩子们在一起吃比萨和聊天。到了年底，有三十个孩子加入了这个团体，而那个五年级的孩子再也没有独自度过课间休息或午餐时间了。孩子们是很棒的"干预师"，我们发现，只需要学校的助教或专业人员稍加指导，他们就会热情地帮忙。让他们来帮忙吧。这对他们和你的孩子来说都是宝贵的经验。从同龄人身上学习社交技能对你的孩子也是有帮助的。我们有时会惊讶地发现他们的建议与我们制定的目标有很大的差别，但是孩子的同龄人比我们更清楚什么是适合他们年龄的、与他们的生活息息相关的事物！

■ 鼓励学校在孩子的社交生活中发挥作用

许多老师非常了解孩子的社交需求，能轻易地挑选出那些可能与你的孩子成为好朋友的典型发育学生。然而，很多学校并没有为孤独症儿童制订全面的社交计划。事实上，我参观的大多数学校在课间休息、午餐和自由玩耍时间都允许孤独症儿童在操场上漫无目的地闲逛。一些学校甚至以孩子们"需要休息"为借口，这是不行的。孤独症儿童需要学会如何进行社交互动，学校是他们很重要的学习场所。每一次课间休息、午餐和自由活动时间都是他们锻炼这些社交能力的理想时机。（关于更多社交技能的干预措施，请参见第五章。）

有些方法行之有效，而有些则不然。持续并定期地评估孩子的行为至关重要。如果一个干预项目不起作用，就需要做出改变，但只有定期收集的客观数据才能告诉我们这一点。

■ 从基线开始

当你为孩子制订个别化教育计划或制订干预方案时，要确保每个目标都是可衡量的，并且要记录孩子的进展。要做到这一点，你需要在每个领域获得准确且被记录下来的基线，即孩子目前的表现如何。他在午餐时间是百分之百独自度过，还是只有大约一半的时间自己一个人？当他与其他孩子互动时，他会说什么？他在课堂上有哪些类型的问题行为？

我合作的一个家庭，根据他们上学前班的女儿学校的工作人员的说法，女孩已经达到了所有的社交目标，学校建议终止干预服务。但我们观察女孩在学校里的表现，发现她从不与同龄人交流。经过进一步询问，我们发现所有的目标都是在"抽离"环境中测量的——没有一个目标是在她的教室里或课间休息时评估的。因此，我们让工作人员在自然环境中重新收集数据。结果，他们发现，孩子在进行干预的隔离环境之外，没有任何社交行为发生。

此外，如果不止一个人独立观察孩子，且得到同样的观察结果，这是很有帮助的。你的孩子需要在正常上学期间通过现场观察被评估，而非仅仅根据他在一个小办公室里的考试成绩来衡量。

一旦你有了基线数据，你就可以随着时间的推移将其与其他数据进行比较，以查看干预计划是否有效。

■ 绘制进展图

你需要持续记录孩子的进展（或缺乏进展）过程。例如，如果孩子整个午餐时间都在操场的角落里看着汽车驶过，而干预目标是他与其他孩子互动，那么工作人员需要在午餐时间定期观察他。当有人与你的孩子一起工作时，可以评估进展情况；也可以在那个人稍微放手时，评估你的孩子是否可以独立完成。如果目标是让孩子在午餐桌上与其他孩子交谈，要确保在午餐时间收集数据，并同时记录质量（他说了什么）和数量（他说了多少）。

安排定期会议的时间（每两周或每月一次），取决于孩子的情况。与你的整个团队（包括老师、助教和任何与你的孩子一起工作的专业人员）讨论方案，回顾进展，并制订新的目标。如果方案不奏效，就应该进行调整。有效和无效的措施都可以在这些会议上讨论。请记住，大家的共同目标是改善孩子的生活质量，所以没有敌对情绪，没有指责，大家都在一起努力。

我们已经讨论了如何去学校沟通、找到合适的老师、解决课程问题等。比利的故事将帮助你了解如何将所有的步骤结合起来，帮助孩子在社交领域取得进步。

比利的故事

比利在三岁时来到我们的诊所，当时他还没有上幼儿园。比利语言发育迟缓，但他可以用语言交流。他有很多重复刻板行为。他非常热衷于捡起地上任何可以放在眼前摇晃的东西。他会把物体放在头的一侧，然后斜着眼睛从眼角看着它晃动。他这样的行为常持续好几个小时。

比利也有一些破坏性行为。当他坐在一张小桌子前时，他经常会不停地笑，毫无征兆地大声喊出某个词语，以及把桌子上的纸扔到地上。尽管我们采用了动机策略后，他通常表现得很好，但我们也意识到，并不是所有的任务对他来说都具有激励性。他总是羞于向人们表达他的情绪。他非常适合与我们的初级治疗师一起工作，因为他可以立即反馈他们执行动机策略的效果。通过密集的训练，比利学会了与成年人很好地互动，但他对其他孩子完全没有兴趣，所以我们决定送他去上学。

新学年开始时，比利的父母把他送去了一个为典型发育儿童开办的幼儿园。自我刺激仍然是比利的一个老问题，他在大部分课间休息时间都是独自一人坐在那里拿着树叶在眼前摇晃，所以我们请了一位干预师去学校，辅助他在所有的户外时间与其他孩子一起玩。这是一项进展缓慢而艰难的工作，但比利在一点点进步。与此同时，我们继续努力提高他的语言能力。他的父母每晚都和他一起练习，我们教他们一些策略来改善比利的沟通能力、减少问题行为。

针对典型发育学生需要完成的课堂作业，我们制订了比利可以部分参与的计划。这意味着他将参与和同伴们完全相同的活动，但内容将进行个性化设置，这样他就可以完成其能力范围内的作业部分。有一天在美术课堂上，发生了一件非常有趣的事情。当时学区正安排一名心理学家来观察比利。当天的任务是将棕色的丙烯酸卷发黏在剪纸娃娃的头上。比利并不擅长美术，而且他也不感兴趣，但他已经学会了部分参与活动，所以他拿起一小撮头发，蘸上胶水，然后随意把它扔到了一个地方。好吧，它恰好落在了纸娃娃的腋下位置。心理学家对此大为兴奋。尽管我们试图解释比利并不是故意要给娃娃制作腋毛，但心理学家仍然拒绝相信比利的小脑袋里并没有什么别有用心的想法。

比利在幼儿园取得了显著的进步。他学会了在圆圈时间和其他孩子们坐在一起、排队、在被引导时与孩子们一起玩，并在一定程度上参与了所有的活动。

在幼儿园度过了一年的时光后，比利进入了学前班，并随后进入了公立小学。他一直与典型发育儿童一起成长，但当时是 20 世纪 80 年代中期，孤独症儿童还没有被融合进入常规教育课程中，所有人都反对比利在普通教育的教室里学习。从校长到学前班的老师们，甚至连特殊教育部门的主任也不想让他在普通教育的课堂里上课。但我们希望他能跟典型发育的孩子们在一起学习，他的父母也有同样的要求。

显然，这将是一场艰苦的战斗。

我们从负责特殊儿童教育的主任开始沟通。他的主要担忧是预算问题——比利需要大量的支持，而这将是非常昂贵的。主任告诉我们，在同一所学校里，他们有一个失聪失明的学生，其父母曾为了让他完全融合而起诉了学区。实际上，他是说既然他要为那个孩子支付费用，他就不想再为另一个孩子提供密集的支持了。于是我告诉他，我们的孤独症中心将提供帮助。尽管培养训练有素的助教可能很昂贵，但我们从教育部获得了一笔财政拨款，用于开发将有破坏性行为的儿童融合进入社区的项目。

我还想到，如果我们能向学校系统展示融合教育是成功的，他们可能更愿意接纳其他孤独症儿童。其中一个最大的问题是，许多孤独症儿童在公立学校系统中由未经培训和技能不足的助教负责。由于助教没有接受过培训，所以融合教育失败了，老师希望把孩子赶出班级，于是孩子又回到特殊教育环境中。但如果一开始就有一个熟练的人制订全面的行为支持计划，那么孩子就更有可能成功。

接下来的问题是老师的经验问题。她充满活力、年轻，刚从研究生院毕业没多久，但她以前从未与有孤独症儿童一起工作过——这并不是说她对残障儿童有偏见，而是因为她是学校里最好的老师，所以学校之前是让她教优秀的典型发育的孩子。这个老师也担心自己无法为一个孤独症儿童提供符合自己标准的教育。我们邀请她到比利家里见见比利。我们端上柠檬水和饼干，还准备了比利最喜欢的玩具，所以比利在她来访期间表现得非常好。我们向她保证，比利只是一个在某些领域有困难的孩子，他的需求在普通教育环境中能得到很好的满足。她最后决定，尽管比利确实有一些沟通方面的延迟，但她能应付得来。

给我们造成最大障碍的人是校长。他解决问题的办法太简单粗暴了，还会贬低孤独症儿童。但后来我们已经得到了负责特殊教育的主任和老师的支持，所以校长无法阻止比利入学。

开学的头两天，我们决定不进行干预，看看比利在没有帮助的情况下表现如何。那两天简直是一场灾难。我们原本希望他以前接受的干预措施会带来一些积极的影响，但事实并非如此。比利一整天都在不停地尖叫和喊出不符合语境的词语，如"冰箱""查克奶酪"和"三角形"。每次尖叫之后，他都会疯狂地大笑。事实是比利觉得课程很无聊，尤其是那些密集使用语言的课程，他想出了这个办法来活跃气氛。他还每隔二十分钟就去一次厕所。当他进入男厕所时，他用纸巾堵住洗手池和马桶，导致男厕所因无法排水被淹。在课间休息时间，他所做的就是在眼前晃动树枝和树叶。很明显，如果没有正确的干预方案，比利的融合将是一场灾难。

经过两天的观察，我们发现比利不会进行自我调节适应新环境，于是我们立即采取行动，实施了之前有效的方案，情况在一夜之间发生了变化。每天晚上，我们都要预习第二天的课件（预备活动），复习他在课堂上要做的作业和他在圆圈时间要读的故事。我们为他的良好行为制订了一个自我管理计划，他的儿科医生授权我们只在课间休息时让他上厕所，此时他会由一名成年人陪同，不让他玩水和堵塞马桶的游戏。我们每天都给他带额外的零食去学校分享（更多内容参见第五章），并且我们在每次课间休息时都密切关注他，辅助他与同学们一起玩。虽然我们已经实施了一些干预项目，而且比利严重的行为问题已经减少了很多，但校长还是坚持认为应该把比利送入特殊教育班里。

由于和校长出现了分歧，我们决定召开个别化教育计划会议。会议刚开始的时候情况很糟糕，校长痛斥家长说他们的孩子很糟糕，质问他们怎么能把一个孤独症儿童放在他最好的学前班老师的班级里，等等。这真是一种折磨。如果我是比利的父母，我一定会忍不住大哭起来，但他们静静地坐在那里，耐心地听着校长无休止的责骂。

但后来，令我们惊讶的是，老师站出来说话了。她说："我认为比利在我的班上会表现得很好，我想让他留在那里。"当她说出这番话时，我完全震惊了，因为比利的父母和我都知道，她从一开始就对整个融合的事情感到担忧。我真想拥抱她——终于有一个人，而且是一个关键的人，站在我们这边了。房间里静默了大约三十秒钟，在场的所有人，包括那个令人讨厌的校长，都盯着她不说话。

在老师表示她想把比利留在班上后，校长找不到让比利离开的理由了。我们成功了。会议结束后，我私下询问老师是什么让她改变了对比利的看法。她告诉我，在我们的紧急个别化教育计划会议之前，她刚与另一位家长进行了一次会谈，这位家长的孩子在学前班也遇到了困难。她说，校长对那个家庭很不好，她当时没有勇气站出来说话，但当他再次这样做时，她就再也无法保持沉默了。我们真是太幸运了！

大约十年后，这位老师生下了一个患有唐氏综合征的男孩。我一直觉得这个小男孩很幸运能有这样的母亲。她不仅掌握了很多教育孩子的技能，而且由于她的经历，她在对残障人士的态度也很积极。事实上，我发现自从比利在她的班级就读之后，每年她都会要求学校将一个有严重残疾的孩子安排进她的班级！

在比利的学前班学年结束时，他已经不再尖叫了，而且在一般情况下都可以像他的同龄人一样参与各种活动。有时他需要一点帮助，但并不影响他参与所有的活动。后来，老师接手了比利的自我管理计划，所以比利的助教实际上能够在他每天上学的三小时中的部分时间里逐渐退出。期间校长确实有几次设法成功地让比利停课了几次，但他始终无法如愿将比利转到特殊教育班级。

比利还和一个名叫莱克西的同学成为了很好的朋友。莱克西是个可爱的金发碧眼的小姑娘，她总是跟着比利到处跑。她特别欣赏比利，因为他是班上唯一愿意进入游戏屋的男孩。比利会扮演爸爸，而她当妈妈，对她来说，这比说服另一个小女孩当爸爸要有趣得多。尽管比利不是一个健谈的父亲，但他完全能够而且愿意在莱克西做家务的时候抱着娃娃，并用奶瓶给娃娃喂奶。每次在课间休息和圆圈时间，她都坐在他身边。如果他在圆圈时间换了一个地方，她就会像迷恋的粉丝一样跟着。为了鼓励他们之间的友谊，比利的父母每周放学后都会带莱克西出去玩几次，吃冰激凌、去麦当劳，或者做任何看起来很好玩的事情。他们把孩子们一起玩的时间控制得很短，并以特定的活动为中心，因为如果有任何非结构化的活动，比利就会把自己孤立起来，并开始进行自我刺激。无论如何，比利拥有了一个真正的朋友，这让我们太开心了。

在学前班结束后的那个夏天，比利的爸爸因为公司大规模裁员而失去了工作。他们全家搬到了另一个州，但仍然让比利继续在普通教育班级接受融合教育。他们在学校仍然采用同类型的干预措施，比利也继续取得了进步。

在高中阶段，比利的成绩都是 A 和 B，还参加了所有的普通教育课程。他有很多朋友，喜欢弹钢琴。他加入了田径队，是明星运动员之一。他跑过马拉松，喜欢骑越野摩托车。他是个高大、才华横溢且非常友善的人。

到了高中，比利已经成为一个很会交谈的人，但通过自我管理让他在社交互动中提问还需要一些努力。当时让我担忧的一件事是，他仍然有一些不恰当的寻求关注的行为，比如打嗝和放屁。我的青春期的女儿告诉我，很多男孩都有这些习惯。

现在，比利已经是个成年人了。他有一份工作，为自己租的公寓付房租。尽管他的父母称他在与异性的互动方面"大器晚成"，但他有一个交往很长时间的女朋友，他所有的空闲时间都陪着她。她是一个才华横溢的歌手，所以他们常在一起欣赏音乐。他弹钢琴，她唱歌。尽管比利的干预之路经历了不少挫折，但如今他已经成长为一个很棒的青年了。相信他以后的人生会越来越精彩。

实例　　没有确凿的数据表明孤独症儿童在特殊教育班的表现更好，反而越来越多的研究显示，融合环境为他们提供了提升社交和学业方面的机会。有一项研究以两组孤独症儿童为样本，其中一组接受常规教育，另一组接受特殊教育，结果表明接受常规教育课程的儿童比特殊教育班的儿童表现更好。而且，当残障儿童被融合进典型发育的学生的课堂时，后者的表现也更好。

经典问题解答

问题： 孩子的老师告诉我说我孩子的学习能力有限，我应该把他放在特殊教育班里。他没有行为问题，但是跟不上其他同学的学习进展。这是否是给孩子创设有更多限制的环境的理由呢？

你孩子的老师可能不了解何为"部分参与策略"。如果你的孩子和其他孩子做同样的事情，他将一直接触到典型发育儿童所接触到的事物。这一点很重要，因为如果你希望他成年后能够适应常规环境，他就需要学习在这样的环境中该如何应对各种问题。如果他的课程与同龄人完全不同，他就无法学习应该学到的东西。

你不应该把孩子的学习环境局限住。我可以从个人经验来谈这个问题。我女儿上小学四年级的时候，有一天我去她的学校，发现她在教室外面和另一个学生一起在一张小桌子前做作业。当我问老师她为什么在外面时，老师回答说她和另一个女孩的拼写能力很差，所以他让她们学习的单词量比班上其他同学少。我回答说，如果她的拼写能力这么糟糕，你让她多练习写单词不是才更合理吗？老师直视着我的眼睛告诉我，我对我女儿的期望太高了，她不可能在学业方面很突出。然而，这个原本在老师眼里学业很差的学生——我的女儿——却在读高中时取得了全优的成绩，成为了班长，还担任校报的联合编辑，参加了模拟法庭和模拟联合国演讲项目，后来考上了加州最好的大学的生物化学专业，并在斯坦福大学完成了医学院课程的学习，如今正在哈佛大学医学院实习。我无法想象，如果我当初相信了那个老师的话，我的女儿会长成什么样子！总之，不要因为一个人的意见而放弃你的孩子。孩子们往往能做到出乎我们意料的事情——但我们需要确保他们有机会去做。

所以，你需要确保你的孩子发挥出了他最大的潜能，不要假设他只能完成最简单的作业。曾经有一次我确实让老师在数学考试中给我女儿减少题目数量，但那是因为我确定疲劳是导致她粗心犯错误的一个因素，而不是为了对她"降低要求"。所以，对于孩子们需要完成的作业，我们可以先让特殊孩子"部分参与"，只让他写一部分，而不是一上来就彻底换掉作业内容。

> **问题：**我是一名小学四年级的教师。我班上有一个孩子在学校不需要全职助教，但他在做作业时有困难，占用了我大量的时间。您有什么建议吗？

你可能需要为你的学生找一个同龄人伙伴——也就是说，让他和一个愿意并能够引导他正确学习的孩子结对子。在某个学科领域有能力的同伴可能能够帮助你的孩子学会写作业。这个伙伴也会从担负的责任中受益。此外，你还可以考虑让父母或特殊教育工作者为他做预备活动。这样做可以很好地帮助他听从课堂上的基本指令。

> **问题：**我的孩子下午在学校里经常打瞌睡。她的老师建议她每天只上半天课就好。老师的建议是对的吗？

在决定是否让你的孩子少上几个小时的课之前，你可能需要评估几件事。首先，孩子的睡眠是否与活动有关？例如，我在高中特殊教育班观察过一个孩子，他容易在某些活动中睡觉，但在其他活动中保持清醒。他有这个问题可能是有一些活动让他感到无聊。于是，我们调整了他的时间表，让他在容易睡觉的时间改上体育课，然后回到教室上他喜欢的课。另外，你的孩子晚上的睡眠情况如何？一个旨在改善她夜间睡眠的计划（参见第八章）可能会使她在白天更清醒。第三，让学校活动使你的孩子在白天保持清醒，即使这意味着要经常让她散步或进行其他活动以使她振奋起来。孩子在学校或公共汽车上睡觉可能会影响夜间睡眠。

同样，有很多原因可能导致你的孩子在学校睡觉，你应该首先调查是否存在前面提到的这些情况，然后再决定是否缩短她待在学校的时间。

安德鲁的故事：学校生活

在关于社交技能的章节中，我写到安德鲁的第一次学校经历——参加了一个常规的"妈妈和我"亲子课堂。这就是"完全融合"，对吧？只是我们当时还不知道什么是融合，我们甚至不知道我们的孩子有孤独症。那时，他只是班级中一个难对付的孩子，他不像其他孩子那样说话或玩耍。我感到很孤独，因为没有人约我们一起玩。事实上，其他妈妈都不怎么跟我说话。

安德鲁被诊断出孤独症后，我们把他转到了另一个"妈妈和我"的项目，因为我们的言语治疗师认为那里的老师擅长把有特殊需要的孩子融入他们的常规课堂中。老师们已经充分了解了情况，不久之后，我就告诉那里的其他家长我的孩子有孤独症。这感觉比试图假装我的孩子没有与众不同要容易得多，妈妈们也从对我们两个人嗤之以鼻变得非常同情我们的遭遇。我不再被当作一个奇怪孩子的糟糕妈妈，而是一个正在努力养育有神经发育障碍的孩子的勇敢的妈妈。

尽管如此，还是没有人约我们一起玩。

安德鲁本应在这个课程中学会与我分离，但这并没有发生。他太紧张了，而且已经习惯了总和我在一起——这几年来他一直是我的同伴，即使他的弟弟出生也没有改变这一点。所以，每当我想离开他去喝杯咖啡休息一下时，他都会歇斯底里地哭起来。与其他孩子不同，安德鲁无法理解"妈妈只是暂时离开，还会回来的"。

在儿童早教中心

由于我们在分离问题上遇到了困难，给安德鲁做出孤独症诊断并一直为我们提供咨询的弗里曼医生建议我们把他送进她在加州大学洛杉矶分校神经精神病学研究所开办的儿童早教中心，这是一个为孤独症儿童开设的日间学校。安德鲁在原来的地方似乎没有取得任何进展，所以我们试一试特殊教育也无妨。

哇！那真是一种解脱。安德鲁从班上的"怪孩子"变成了整个学校中最受欢迎的两名学生之一。学校里有一个同样是三岁的小女孩，她有一头乌黑的卷发和我所见过的最大、最漂亮的棕色眼睛，那里的每个人都对她和安德鲁关照有加，因为他们都很可爱。事实上，弗里曼博士曾告诉过我们，她提醒项目中的护理人员和老师，让他们对安德鲁和那个可爱的女孩提出更多的要求，因为他们有很大的潜能可以发挥出来。我喜欢人们终于开始欣赏我的孩子了。

　　请记住，到目前为止，除了和他爸爸或他熟悉的保姆在一起的时候以外，安德鲁从来没有和我分开过。所以，当我们第一天把他带到日间学校时，我们不知道会发生什么。

　　"就把他留在这里，"负责该计划中自理技能训练的护士说，"他会没事的。"

　　"真的吗？"我问。

　　"真的"，她坚定地说。于是我们就照做了。我们把安德鲁交给她，然后走了。安德鲁的尖叫声非常响亮，我们走到电梯口的一路上都能听到。

　　在回家的路上，我几乎要哭了。我满脑子想的都是安德鲁是否还在为我的离开而尖叫。大约在我回家后一小时左右，电话响了，是那个护士打来的。

　　"他没事了，"她说，"你们走后他很快就不哭了。"

　　我立刻感觉好多了。从那以后，尽管每次我说再见时安德鲁还会尖叫（当我去接他时也是如此），但护士向我保证他从来不会尖叫很长时间。

　　多年以后，我发现那个护士欺骗了我们。当时诊所里的一名本科生志愿者后来告诉我："我从来没有听过一个孩子像安德鲁那样尖叫那么久。他刚来这里的头几天里，基本上整天都在哭泣和尖叫。"

　　我不怪那个护士对我撒谎，我认为她那样做是正确的。安德鲁最终确实在那所学校里取得了很大进步而且也获得了快乐，尽管他还是不习惯与我分离。如果我当时知道他哭得那么厉害，对我来说没有任何好处，我只会担心和不安。

　　在那所学校里，安德鲁学会了脱掉纸尿裤，这是我觉得我再过一两年也做不到的事情。由于有那位护士的帮助（和难以置信的耐心——她只是让他穿上内裤，定时带他去洗手间，而且她似乎并不为发生任何意外而烦恼），安德鲁学会了使用马桶。

　　其他看护者和老师（他们都很年轻，大部分是加州大学洛杉矶分校的在读学生或刚毕业的学生）也很了不起。安德鲁在一个充满爱的环境中学到了很多东西，那里的人都了解他的优点和缺点。

　　如果可以的话，我想让他永远留在那里。

不得不离开

遗憾的是，我们不能长期参加儿童早教中心的这个项目，因为其花费高昂，我们的医疗保险只能支付时间不长的"治疗费"。

有一天，当我们家长在谈论项目的费用以及保险公司的批准可能有多么困难时，其中一个妈妈说："我有一枚家传戒指，是我妈妈传给我的，它原本是我曾祖母的。我把它卖掉了，这样我儿子就可以在这里多待一段时间了。"她这样说时简直快要哭了，我们的心情也很低落。她说："我的儿子已经取得了如此大的进步——这远超出了这枚戒指的价值。我的意思是，这才是最重要的事，不是吗？"她是对的。

后来，当保险公司无论如何不再为我们支付费用时，弗里曼医生说，是时候让安德鲁回到现实世界了。就像凯格尔博士（当时我们还没有见过她）的看法一样，弗里曼医生认为让安德鲁与典型发育的同龄人在一起非常重要。

我们必须为安德鲁找一所新学校。

"特殊教育"幼儿园

我们当地的公立幼儿园简直让我抓狂。工作人员非常混乱，几乎可以说是相当滑稽。我花了好几个小时给不同的人打电话并见面，回答幼儿园的问题和填写各种表格，甚至还让安德鲁接受了幼儿园医生的检查。幼儿园的工作人员说会给我打电话告诉我安德鲁是否被录取。然而，一个月过去了，我没有收到任何音讯。当有人终于给我打电话时，对方说："那么……我们开始吧。我需要你提供一些信息。安德鲁多大了？"她问这样的问题，就仿佛之前那长达数小时的面试和检查根本没有发生过一样。我泪流满面，充满了挫败感。

后来，我们被推荐到了一个面向有言语障碍的孩子的公立学前班——每天上午安德鲁可以在那里上几个小时的课。我们很喜欢班上的一位老师，但是，在安德鲁开始上课的几个月后，她就被提拔为行政管理人员了。她离开后，课堂就不如原来好了。安德鲁总是在结构化的活动中表现得最好（如果一项活动能引起他的兴趣，他就能持续参与），但每次我去看他的时候，他都是在四处游荡，玩"手偶"游戏。另外，那所学校离我们家很远，我已经厌倦了把当时出生的孩子丢给保姆，而自己跑这么远的距离接送安德鲁。

"普通"幼儿园

就在那段时间，有几个朋友向我强烈推荐了一家幼儿园，他们说那里很温暖而且工作人员充满爱心。当我第一次向幼儿园咨询时，工作人员非常友好地说："我们很愿意接收安德鲁。我们认为有特殊需要的孩子能让学校里所有人有更好的体验。"

听起来不错，对吧？然而，当安德鲁真正开始去那所幼儿园上课时，一切都变了。首先是我的问题，我本应该为安德鲁雇佣一名助教，但我当时以为不需要（关于这个问题，后面会有详细介绍），后来看我这个决定是错误的。其次，尽管这所学校的员工态度热情，但他们并不想真正改变他们的方法来帮助安德鲁融合。例如，他的老师认为在孩子们看起来生气的时候，应该不断地和他们说话，而非分散他们的注意力或重新引导他们。我离开的时候，安德鲁会哭。老师就会把他拉到她的腿上坐着，对他说："妈妈走了，你很难过吗？你要知道妈妈会回来的。我知道你因为妈妈走了很难过，但是妈妈是爱你的。"当时安德鲁还没有语言，理解能力也相当迟钝。所以尽管这位老师说个不停，而他听到的只是"妈妈……妈妈"。她实际上是在用我的离开不断地刺激他。后来，安德鲁哭得更厉害了，老师只好给我打电话告诉我必须立刻到幼儿园，因为我的孩子无法适应与我的分离。

我最开始是建议老师当安德鲁哭泣时，可以尝试将他的注意力引导到喜欢的玩具上，但她拒绝了。她说她知道孩子需要什么，转移他的注意力是否定他的感受。我说他以前的学校就是这么做的，而且很有效。她说如果他感到难过，她必须肯定他的感受，并说她已经当了很长时间的老师，也有经验。我说我已经当了很长时间的安德鲁的妈妈，比一些傲慢、固执的陌生人更了解他的需求。（好吧，我其实并没有说这些话，但我真的很想这么说。）我真的无法相信她作为老师不虚心接受别人推荐的有效方法！

安德鲁确实是退步了，他在社交技能方面不但没有进步，反而还丧失了之前学到的一些技能。

失败的原因

现在回想起来，我意识到我应该在那两所幼儿园里更积极地为安德鲁协调干预措施，这可能会促进他社交能力的发展，但在那个时候，我还不了解孤独症，还没有意识到家长应该有多大的参与度。在普通幼儿园里，老师们根本没有接受过与特殊儿童打交道的培训。而在公立的特殊教育幼儿园，也存在很多问题。

我们都希望当孩子上学后自己能得到很好的休息，但是当你有一个特殊儿童时，你真的需要时刻关注周围的一切。

我现在意识到了这些，但当时我因为要照顾一个新生儿和一个有残障的孩子而感到压力重重和筋疲力尽，我只想让安德鲁在一个我们知道他会取得进步的地方安顿下来。到目前为止，我们只找到了一个这样的地方，所以我们又把他送回了加州大学洛杉矶分校的儿童早教中心，让他再次进行了为期六周的学习。安德鲁的进步是显著的，我们也松了一口气。但是，我们不得不再一次面对这样一个事实：这不是一个长期的解决方案。

寻找长期解决方案

后来，我开始尝试自己为安德鲁找合适的私立幼儿园，但这很难。我喜欢温馨而令人轻松的幼儿园环境，但经验证明，这样的幼儿园课堂对安德鲁来说太缺乏结构性了，以至他会整天玩"手偶"游戏和走圈圈。另外，安德鲁几乎还是不会说话，所以进行结构化教学和教授大量知识的幼儿园也不适合他。我们该怎么办呢？

一段时间后，负责我们所在区域特殊儿童教育的公立学校的员工给我打电话，说："我们有一个非常适合安德鲁的班。"当时，我已经对公立学校非常失望了，我说："我不感兴趣。"但她坚持要我去看看，在罗伯的催促下，我只好答应了。

结果我发现她推荐的班级非常好。班上有15个学生，其中大部分是典型发育的孩子，但每年班级都会接收一两个特殊儿童。班上的老师既受过专业训练又有经验。我们选择不为安德鲁配备助教，因为两小时的课程结构非常紧凑，能让他全神贯注地上课（我唯一对进入这个班级感到遗憾的是我们没有解决安德鲁一直是自己一个人在玩的问题）。老师要求孩子们记住如何写自己的名字和家庭地址，这激发了安德鲁的兴趣，因为当时他刚开始喜欢字母和拼写。

这个班是预备学前班，只持续一年：到了春天，学生们就要毕业，升入学前班了。由于安德鲁在社交能力和行为上还没有做好上学前班的准备，所以我们安排他在同一个幼儿园的预备学前班再读了一年。在那个班级孩子们都是新生，但老师还是原来安德鲁熟悉的老师，所以他感觉待得很自在。

但是那一年，我们不得不面对一个艰巨的任务——为他找到合适的学前班。

哪里适合我的孩子？

你该如何对待一个语言发展严重落后的孩子呢？当他不积极参与活动时，他就会进行自我刺激，而且表现得很奇怪、很孤僻，不像其他同龄的孩子，但他很聪明且有学习能力，他的未来仍然充满未知。

我们从各方面考虑什么样的班级适合安德鲁，首先是公立学校的孤独症儿童班。坦率地说，那样的班级很可怕。孩子们总是显得很痛苦和无聊。我们看到一位老师大声斥责一个不听话的孩子，然后愤怒地抓住那个孩子的胳膊。班级里没有有趣的活动——只有一些复印的练习纸——而且似乎很少有老师接受过专业的行为干预培训。我宁愿在家教安德鲁，也不愿送他去那样的地方。（这是几年前的事了，据我所知，这些班级从那时起已经有了很大的改进。我希望如此。）

但是，如果我们不去上公立学校的孤独症儿童班，那还有什么选择呢？我们认为，如果能找到一个思想包容并愿意接纳发育迟缓儿童的私立学校，也许可以试一试。

不幸的是，私立学校很难进，而且不能为安德鲁提供任何干预支持。安德鲁在大多数规模较大的私立学校里是无法跟上班级的学习进度的，而那些看似很有爱心的小型学校根本没有空的学位。

因此，我们的选择越来越少。我们去参观了当地的社区公立学校，令我们惊讶的是，我们喜欢上了这里。我们参观了一个一年级的班级，感觉非常好，之后，年轻漂亮的老师告诉我们，她喜欢有特殊儿童在她的班里。同时，这个学校还有其他许多优秀的老师。

寻找助教

现在我们已经有了一些了解，知道安德鲁需要帮助——我们不能只是把他扔到教室里，指望他能自己成长。与我们一起合作的一位专家不信任学校的助教老师。她认为孩子会对助教产生过度依赖（有一定的理由，因为她所见过的大多数助教都没有受过专业培训）。因此，我们在幼儿园就没有请助教，而我们也付出了代价，浪费了课间休息时间以及一些课堂上可能的学习机会。后来，安德鲁仍然存在语言发育延迟和过度自我刺激的问题，因此我们决定至少请一名助教来试一试，其费用由学校支付。我们能有什么损失呢？我们如果对情况不满意，可以随时做出改变。我们认为，最好从给安德鲁提供更多的辅助开始，然后再逐渐减少。

学校的管理人员同意安德鲁应该得到一些支持，尤其是在学前班，到时候班上将有30多个孩子。有一天，校长告诉我们她已经找到了一位名叫道恩的助教。她说："道恩以前从未做过这种工作，但我认为她会做得很好的。"

我们对她没有受过培训并不十分满意，并商量着说我们必须给她一个机会，但后来……好吧，总是会有解决办法的。如果有必要，我们会向学校争取，让学校安排一个受过培训的助教。

后来，助教道恩表现非常出色。是的，她最初的确没有接受过专业培训，但她非常渴望学习如何能更好地帮助安德鲁，于是我们给她安排了培训课程。经过我们的干预师的培训，道恩很快就学会了如何控制安德鲁时不时出现的崩溃，并使他保持专注。她的直觉总是准确无误——她似乎总是知道该怎么做——但每当她有疑问或出现了新情况时，她就会在安德鲁的家校沟通本里面记录下来，然后我们会研究对策。如果她遇到了一个非常棘手的问题，比如安德鲁在调整声音大小方面遇到了困难，我们会向我们的干预团队咨询她在学校应该怎样帮助安德鲁。

在那令人难以置信而美好的六年里，道恩是安德鲁在学校的"影子"：当他需要她的时候，她就出现；当他不需要的时候，她就消失。道恩帮助安德鲁与其他孩子建立联系，保持对学习的专注，学会控制挫败感，以及理解老师的指令。几年后，道恩称安德鲁为"我的孩子"——他们两个人非常喜欢对方——但不管道恩多么想引导和保护安德鲁，她都知道不能影响他与其他人的互动。不出所料，道恩和我成为了好朋友。我们保持着密切的联系，所以我知道她一直在为同一所学校的孩子们提供帮助——我们不是唯一在生命中的关键时刻得到了她帮助的幸运家庭。

经过道恩和干预团队的帮助，安德鲁的社交和学习技能得到了显著提高，他不再是那个一直大笑和进行自我刺激的孩子了。

然而，一切并非一帆风顺。在小学三年级开始的时候，我们收到来自学校的一封信。信上说道恩将被调走，不再担任安德鲁的助教。我们感到很震惊（道恩也是）。这些年我们合作得非常好，我们不希望她离开。我们找到了校长，说服他不要调走道恩，因为她对我们太重要了。

奇迹出现了，新学期开学时，道恩回到了安德鲁的身边。我们对学校给予的支持表示深深的感谢！

告知其他人实情

虽然安德鲁有助教帮忙，但他在学校里并没有被公开认定为特殊儿童。老师向其他家长介绍道恩时也只是说她是普通班级学生的助教。我们接触过许多融合教育方面的专业人士，但他们与安德鲁的同学们的沟通内容总是非常泛泛，从不具体到个人。他们从来不公开将安德鲁列为特殊儿童。在最初的几年里，安德鲁确实从班上被带走去单独接受适应性体育教育和一些语言技能训练，但我们后来决定，让他留在教室里比得到额外的帮助更重要。（我们有一位言语治疗师定期来家里和他进行练习，还有人帮助他学习一些基本的运动技能，比如骑自行车和扔球，所以我们并不依赖学校的干预服务。）

回顾过去，我在想当安德鲁还在上学前班的时候，我们没有将他患有孤独症的事实公之于众是否是一个错误。那时，他明显与众不同——他的行为很怪异，在社交方面也很笨拙——如果其他人能确切地了解他的情况，他可能会得到更多的同情和帮助。

随着时间的推移，我想大多数人不管是通过什么方式，最终都知道了安德鲁被诊断出患有孤独症的事实。后来我对安德鲁的残障直言不讳，而且我认为没有必要隐瞒。人们通常是善良的，大多数家庭都对其他人遭遇的不幸表示同情。不过，我学会了小心谨慎。如果我与那些一开始就看起来心胸狭窄甚至偏执的人交谈，我就不会提及此事。我也不会就以后的任何话题找他们聊天……人生太短暂了，我不想浪费时间。

事实上，任何对孤独症有所了解的人都可以在小学的头几年里识别出安德鲁的谱系特征。所以，这并不是什么大秘密。但是，以一种深思熟虑且正式的方式告诉其他人实情，可能有助于解释安德鲁的很多奇怪行为，唤起人们对他的同情，并寻求他们的帮助。

我有一个朋友，她的儿子在五岁时被诊断出患有高功能孤独症。她选择不告诉儿子小学里除了老师和行政人员以外的任何人。尽管她从没有后悔过自己的选择，但她确实向我坦言，有时看到其他家长急于帮助班上另一个有明显残障的孩子而对她儿子偶尔的异常行为反应冷淡，这让她很难受。她有时候有强烈的欲望想要告诉他们她的儿子有孤独症，以获得他们的同情，但她克制住了这种想法，因为她不希望儿子被"贴标签"。

这是一个艰难的选择。近年来我越来越少公开讨论安德鲁的诊断情况。他表现出的孤独症症状越少，我就越觉得没有必要向其他人解释任何事情。但是，正如我前面说的，在早些年，更加坦率可能会有帮助。

成功的尝试

安德鲁在小学度过了六年美好的时光。我们似乎找到了使融合教育发挥作用的正确方法。我们非常幸运，学校给了我们大力的支持，校长很愿意与我们合作，学校有一位真正出色的助教以及真心爱我的儿子并愿意不遗余力地帮助他的老师们。我们为他所做的努力也配得上这份幸运。我们尽最大努力支持道恩，尽可能在家里解决安德鲁在学校可能出现的任何问题，并与道恩、干预师、凯格尔博士定期举行会议沟通安德鲁的情况。

2002年秋天，罗伯和我知道我们必须开始考虑安德鲁读初中的问题了。我们的主要问题是，安德鲁在社交技能的发展方面仍有一些滞后。虽然他比同年级的大多数孩子年龄都大，但他看起来更小。我喜欢他的温柔、善良、纯真。当时我们在想是否应该把他送进特殊教育学校。

在一所为特殊儿童开设的学校里，安德鲁会是人群中的佼佼者。老师会理解他，他也会很轻松地交到朋友。他的自信可能会在这种氛围中绽放，而在普通中学里则有可能被摧毁。

我不太愿意将我们的想法告诉凯格尔博士。我知道她的观点——孤独症孩子最适合完全融合的环境。凯格尔博士并没有告诉人们他们的观点是错的。她只是温和地指引他们朝着正确的方向前进。当我告诉她我们正在考虑特殊教育学校时，她主动提出和我们一起去看看，但她也表示了担忧——安德鲁在那种环境中可能不会有太大的成长。我们出色的行为治疗师韦恩·塔什吉安也说，他更愿意看到安德鲁在普通学校里学习，但让我们自己做决定。

我们最信任的两位专家都给出了相同的建议，很快，罗伯和我就意识到我们不继续走之前一直走的路是不对的——毕竟，多年来我们已经看到了完全融合教育的效果。安德鲁从学前班开始就一直在进步，这都是因为在学校里和典型发育的孩子相处，使他想努力成为他们当中的一员。他已经学会了很多东西，也还有很多东西需要学习，比如如何解读别人对他的讽刺、读懂别人的表情……这些是他无法从其他孤独症孩子那里学到的。他在学校里迎接了一个又一个挑战，他最不需要的就是我们阻止他遇到挑战。他还没有让我们失望，那么我们为什么要降低对他的期望呢？

罗伯和我投入到对"普通"学校的考察中，无论是公立还是私立学校。最终，我们选择了私立学校，因为那里的班级规模比较小，我们希望有更好的师生比例，因为我们认为安德鲁已经准备好在没有助教的情况下学习了。

提交申请资料

我决定在我们向所有学校提交的申请资料中完全公开安德鲁的情况。我解释说，安德鲁在幼儿园时就被诊断出孤独症，而且他已经非常努力地战胜了这种残障导致的最严重的症状。

每所学校都对我们的坦诚表示感谢。一些负责人承认他们有一些担忧，主要是担心接收安德鲁是否会给他们的老师带来额外的工作，我们坦诚地回答了他们。我们承诺可以在家庭方面提供很多支持，只要学校及时向我们提供安德鲁在学校的表现情况，以便我们能够解决任何出现的问题，并在必要时为安德鲁提前做好准备工作。

这是一个漫长而艰难的过程，但我们终于有一个圆满的结局：安德鲁被我们最想申请的学校录取了。

当然，我仍然会在晚上躺在床上担心得夜不能寐。没有助教，安德鲁会做得很好吗？我们没有让他去当地的公立中学是不是错了？那里有很多已经认识并接受他的孩子。新学校的孩子们会友好地对待他还是会取笑他？他能在初中毕业时还保持自信吗？几年后，当他将升入高中时，我们该如何再次做出正确的选择？

这很难，但我觉得我们在幼儿园那段艰难的日子里学到了很多东西，当时似乎什么都不顺利。现在我们知道，要想让学校生活顺利进行，我们必须尽到自己的责任——时刻关注发生的事情，与安德鲁的老师分享信息和干预措施，必要时对安德鲁进行提前准备，并在需要时给他辅助。我们也学会了信任这个不可思议的孩子，他比我们认识的其他人都努力。而且，他一次又一次地证明，他能以优雅、幽默的方式应对新的挑战，并取得令人印象深刻的成绩。

十年后

我认为，养育一个特殊儿童最令人沮丧的是，你永远无法完全确定自己做出的所有选择都是正确的。我在前文曾提到，我们在主流教育和特殊教育之间很纠结，最后确定选择前者会给安德鲁带来最好的成长。我仍然相信这一点（研究也证明了正确性）。但是……代价是什么呢？作为一个成年人，安德鲁经常产生不安全感和自我怀疑。有时候我想，如果他不是一直觉得自己在普通同龄人周围有点像局外人的话，他会不会有更强的自尊心呢？也许他会在专门为孤独症儿童设立的学校里交到一些很好的朋友。另外，他努力工作和迎接挑战的能力又会受到什么影响呢？如果我们送他去上了特殊教育学校，他还能考上大学吗？

也许每种选择都需要付出代价。正如我最近对一位正在处理自己孩子问题的朋友所说，"在任何时候，我们都会根据所掌握的信息做出最好的选择。"在养育孩子过程中没有"对照组"。你永远不知道不同的道路会通向何方。

我现在怀疑我们当初选择的初中是否合适（它太小了，安德鲁在那里没有交到好朋友），但我们非常幸运地在安德鲁读高中时选择了一所拥有针对孤独症儿童的项目的学校。安德鲁没有报名参加这个项目，他是作为"普通"学生入学的（因为我们希望他在融合环境中学习），但我们知道，如果他需要的话，学校有资源提供支持，同时，他的高中学校对各种类型的学生都表示欢迎和接纳。（还记得凯格尔博士说过，你可以从与校长的交谈中，判断出这所学校将如何对待你的孩子吗？安德鲁所读高中的校长明确表示，他认为一所好学校应当有各种不同类型的孩子。他唯一不能容忍的学生类型是霸凌者。）

简单提一下：我们在安德鲁的高中学校确实遇到了一个不是很好的数学老师。她一直给安德鲁打低分，但从来没有让安德鲁把他的作业带回家，所以我们要求看看安德鲁的测验答卷。我们想做一下凯格尔博士建议的错误分析，这样就能弄清楚为什么安德鲁的数学成绩很差。你相信吗？老师不让我们看答卷。从她提供的线索中，我们能想到的唯一原因是，她担心我们质疑她的评分。但我们对测验结果感兴趣的唯一原因是找出安德鲁需要帮助的地方，这样我们就可以在家里和他一起练习。数学老师一直在拖延，声称她会把答卷给我们，但她总是找各种借口说"忘记"了。而安德鲁的成绩也始终无法提高。现在回想起来，我们当时应该让学校的管理层介入这件事情。我不知道当时为什么我们没有这样做！

总之，好消息是安德鲁刚刚学完了他在东海岸一所四年制大学的大三课程。他的大学生活一直都是一帆风顺的吗？并不是，但大部分时间是顺利的。而且他非常喜欢他的大学。

我想起了早期与我们的第一位言语治疗师（实际上她是我们的第一位治疗师）的谈话，她说："有时像他这样的孩子甚至能上大学！"果然，安德鲁后来真的上了大学。今天的安德鲁担心的不是他是否能上大学的问题，而是他毕业后会有什么工作。

因此，如果你觉得你永远无法让你的孩子在幼儿园安静下来并注意听讲，请振作起来并告诉自己："只要我们付出努力，一切皆有可能！"然后重新阅读本章中凯格尔博士的建议，尽你所能帮助孩子在学校取得成功。

第八章

家庭生活：
为回归正常生活
而努力

> **问题1：** 我的孩子总是半夜醒来，无论我怎么做都无法让他继续睡觉。大多数早上，我都很累，很难耐心地对待他或其他孩子。这种情况正常吗？
>
> **问题2：** 我的家庭生活似乎全都围绕着我的孤独症孩子展开。他要接受各种治疗，总是不停地有干预人员来我们家，这使我们不可能有正常的家庭生活。但治疗师告诉我们，这些干预是非常重要的。情况会一直这样下去吗？

所有家长都知道，有了孩子以后，生活会发生很大的变化。但如果孩子有残疾，生活更是会有意想不到的改变。许多与典型发育儿童互动的自然方式，那些帮助孩子变得快乐、健康、聪明的方法，对孤独症儿童都不适用。例如，你与典型发育的儿童交谈、互动得越多，给予他们有意义的体验越多，他们学到的东西就越多。然而，如果你的孩子患有孤独症，无法正确地处理语言信息或将你拒之门外，他就不可能获得成长——所有的谈话对他来说都只是难以理解的背景噪声。许多父母试图通过劝告孩子应该"使用语言"而非抱怨和哭泣来控制发脾气，但是，如果孩子根本没有学会使用语言交流，这种教导是没有用的。

在养育孤独症儿童过程中，有一个棘手的问题是，很多时候这些孩子表面看起来与典型发育的孩子并没有什么区别，所以其他人通常意识不到作为父母要面对的是多么巨大的挑战。曾经有个孤独症孩子的妈妈跟我说，她的公婆坚持认为她的孩子的孤独症症状是养育不当的结果，她还有一个发育完全正常的孩子。另一个妈妈告诉我，有一次，她的儿子在公共场所捣乱，她不得不把儿子带到车上，一个陌生人走过来告诉她有问题的不是她的儿子而是她自己。还有一位妈妈带儿子在商店里购物时，她的儿子像猫咪一样舔货架上的食物，这令她一筹莫展。大家都盯着她看，她用尽全力大声喊道："你们难道没有听说过孤独症吗？"在我听到的孤独症对家庭生活造成伤害的案例中，最糟糕的一个是：爸爸拒绝承认自己的孩子有残疾。这导致夫妻之间的关系非常紧张，丈夫告诉妻子说他要离开她。妻子非常生气，她决定报复他。于是当丈夫告诉妻子他总是感到很累时，她建议他服用一些维生素——然而，她给丈夫的维生素实际上是安眠药。当她听说丈夫每天都会在几个重要的会议上打瞌睡时，她高兴地说："这下他没有精力说要离开我了。"

显然，这是个极端的案例，但毫无疑问，一个有孤独症孩子的家庭往往会承受巨大的压力。养育一个特殊儿童，可能会使一个家庭分崩离析，但也可以使它变得更加强大——我见过许多家庭在孩子被确诊后建立了更紧密、更有爱的家庭关系，这些家庭中的成员很好地合作来应对孤独症给他们带来的挑战。

让你的家庭变得更强大吧！

毫无疑问，看似简单的日常活动对孤独症儿童来说也可能是一个挑战。吃饭、睡觉、度假，甚至与另一半或重要的人单独约会，对你来说都会有巨大的困难。但家人们齐心协力共同面对，将有助于你们拥有正常的生活。

帮助挑食的孩子

很多孩子都挑食。就像我的小女儿，她一直对食物很挑剔（而我的大女儿则愿意品尝任何放在她面前的食物）。如果能随心所欲的话，她会在学校只吃面包和喝巧克力牛奶。如果我们去一家很棒的海鲜餐厅用餐，她可以什么都不吃，除非餐厅愿意给她做一盘没有海鲜的意大利面。

典型发育的孩子有各种各样的饮食偏好，通常父母可以根据孩子愿意吃哪些食物搭配食谱，来安排营养均衡的餐食。但是，如果孩子有这些情况：除了两三种非常特定的食物之外拒绝吃其他食物；你不带上他能吃的食物就没法去餐馆就餐；不肯吃家里的食物；父母通过乞求、哄骗和采用强硬的态度要求孩子尝试一些新食物时却把自己弄得精疲力尽且看不到任何成功的希望，那么，你该怎么办呢？

很多孤独症儿童都有进食障碍。我见过一个很瘦的患孤独症的男孩，他只喝水和吃一种固定牌子的燕麦片。我问他的妈妈有没有试过在同样的盒子里放另一个牌子的燕麦片，她说试过，但是孩子还是不吃。他对食物的质地和口味也很挑剔，拒绝吃太稀或者太稠的食物。

我们合作的很多家庭已经从行为学的角度以多种不同的方式处理了孩子挑食的问题，不过我们总是会建议先向医生咨询，以便在开始干预计划之前了解和监测孩子的体重和饮食情况。下面是一些解决方案。

■ 只提供你希望孩子吃的健康食物

试着只提供你希望孩子吃的食物。让他清楚地知道，除了你给他的这些食物，他不会得到其他食物。虽然孩子可能会在最开始一两顿饭的时候拒绝进食，但当他们饿到一定程度时，大多数孩子都会开始吃大人提供的食物。

我们干预过的一个男孩，名叫安迪，只吃碳水化合物。当他去快餐店的时候，他只会点"一个汉堡包，不要牛肉！"。他还喜欢吃炸薯条和白面包。终于有一天，他的妈妈由于非常担心他的饮食习惯，干脆停止给他提供任何碳水化合物。最开始的几顿饭，他拒绝吃其他食物，宁愿饿肚子，后来他愿意尝一些鸡肉——令家里人惊讶的是，他竟然喜欢吃鸡肉了！当孩子的选择范围缩小到只能选择你给他的健康食物后，就容易培养他好的饮食习惯了。

还是那句话，在你开始做这件事之前，请确保你与医生或治疗师协商好，而且准备好过上几天艰苦的日子。

■ 减少孩子对食物的厌恶感

我们发表的一项研究成果表明，许多孤独症儿童是因为心理因素而拒绝吃某些食物。我们尝试了一种干预措施，让孩子们对他们拒绝吃的食物"脱敏"。为此，我们制订了许多小步骤，包括首先让孩子们习惯看到这些食物，接着愿意触摸这些食物，然后能够用舌头舔一舔，接下来我们让他们把食物真正放进嘴里然后吐出来，最后我们让他们吞下食物。在每个步骤结束时，我们给孩子提供他们喜欢的食物。

干预步骤非常缓慢和系统地执行，所以孩子们没有感到不舒服，而且很有效。到最后，每个孩子都能吃几十种新食物了。实际上，许多孩子说他们不敢相信以前居然没有尝过这些食物。如果你认为你的孩子可能会从这样的干预措施中受益，请确保你以非常小的步骤进行，即使他需要几个星期才能尝试一种新的食物。如果你进展太快，孩子又表现出厌恶感，那就回到上一步。脱敏法应一小步一小步地进行，并且在上一步成功后再进入下一步才有效。

■ 让孩子自己选择一种新食物

我之前提到过，提供选择能帮助孩子平稳度过转换困难时期或完成不喜欢的任务，让孩子尝试新食物时也是如此。我们可以把孩子带去小超市，让他挑选一种新的食物——他可以选择他以前没有吃过的任何食物。这样，孩子会觉得他对自己要吃的食物有一定的控制权，他对新食物的态度会更加积极。（请注意：如果你的孩子只吃一种特定类型的食物，如碳水化合物，你的选项中要剔除该类食物。）

这种方法非常奏效。我们曾对一个高中生进行过干预，他的父母因为他的饮食问题而无法旅行。我们每周带他去几次超市，让他自己挑选新食物，然后在吃饭的时候让他吃。这令他能吃的食物种类迅速增加。几个月之后，他的父母就能带他一起去外国探亲了。他们告诉我说，他吃了所有父母提供给他的食物，有些甚至是在美国都不常吃的食物。

■ 用孩子喜欢的食物作为奖励（"先，后"方法）

对有些家庭来说，另一个方法也很管用：孩子只有吃完不喜欢的食物后，才能得到喜欢吃的食物。

例如，利亚姆只吃薯片、炸薯条和面包。吃饭时，我们告诉他，只有在他吃了很小的一口肉之后，才能吃他想要的食物。在他不情愿地吃了一口肉之后，我们就把一整盘他想要的食物都给他了。渐渐地，我们让他吃的那一口肉变得越来越大，并且让他多吃两口，直到他的饮食变得均衡，整个过程花了几个月的时间。尽管利亚姆还是有一些不喜欢吃的食物，但他能吃的食物种类大大丰富了。这有点像许多父母对待典型发育儿童吃甜点一样，只有在孩子吃了健康的食物后才给他们吃甜点。

虽然有些人觉得这样做有风险——把孩子喜欢的食物作为奖励会使这个食物对孩子更有吸引力。但根据我的经验，只要让孩子们慢慢尝试新的食物，他们最后往往都会接受的。

■ 把健康的食物隐藏起来

一些家庭发现将孩子原本不吃的健康食物隐藏在他想吃的食物中，是很有效的做法。例如，加布除了面包几乎对其他任何食物都不感兴趣。加布的妈妈希望他能摄入一些蛋白质，于是决定在他的面包里偷偷放一些肉。起初，肉被切得非常小，他甚至都注意不到。

渐渐地，加布的妈妈在他的食物中放越来越多的肉，直到他能够吃完一个常规大小的夹有肉的三明治。我对自己的孩子也做过类似的事情。我的女儿不太喜欢吃蔬菜，所以我经常把蔬菜（如西葫芦）磨碎加入意大利面酱中。她似乎从来都没有注意到面酱里有蔬菜，而且把意大利面全吃光了。

教导良好的礼仪

很多时候，孤独症儿童的家人不想跟他们一起用餐，因为他们在进食时常有破坏性行为。没有他们在场的家庭聚餐对其他成员来说会更愉快、更轻松。因此，当家里的其他人都坐在餐桌前吃饭时，孤独症儿童往往坐在电视机前看电视。当他们感到饥饿的时候，就跑到餐桌前拿东西吃。这不是一个很好的家庭用餐安排，并且使一家人去餐厅吃饭成为不容易实现的事情。

对于如何处理这类问题，请先记住这条黄金法则：针对孤独症儿童的行为标准要与其他孩子相同——任何人都不能在吃饭时间到处乱跑。

■ 让孩子坐下吃饭

你要让孩子知道他只能在餐桌前坐着吃饭，他不能端着盛有食物的盘子坐在电视机前吃。如果他离开餐桌，表示这顿饭已经吃完了，就不能带走任何食物。你可以决定是否只在用餐开始时给他提供食物。或者，如果你的孩子离开了，半小时后他又回来，而食物还在桌子上，可以让他再坐下来吃一点。不要担心他会挨饿——如果他这一顿没有吃饱，很容易就饿了，下一顿他会更好地来到餐桌前用餐且坐得更久。我们是想让你的孩子明白吃饭必须是在餐桌前进行的。

如果你的孩子习惯每半小时吃一点零食，而你又不忍心完全不给他，那就试着每次只给他很小的量，这样他很快就会又饿了。这种方式对帮助孩子养成好的吃饭习惯来说可能会慢一点，但也有一定的效果。如果下一餐来临前孩子感到饥饿，他就会很配合地和你一起坐在餐桌前吃饭——对他来说，吃饭是对坐在餐桌前的自然奖励。

起初，你的孩子也许只能在座位上坐一小会儿，但坚持上面的方法一段时间，他就会整顿饭都坐在餐桌旁了。你可以使用计时器计时，规定孩子应该坐下的时间。或者你可以用孩子吃的食物逐渐引导他吃需要吃的食物，比如孩子吃到足够分量的你让他吃的食物后就奖励他自己喜欢吃的食物。你可以为孩子提供非常小分量的食物（尤其是他喜欢的食物），这样他就可以运用沟通技能来要求吃更多的食物。这不仅可以增强孩子的语言能力，还可以让他有机会在就餐时与家里人进行社交互动。

有些家庭发现，在餐桌上设置一个计时器，并在附近放上孩子爱吃的甜点是有帮助的。如果孩子安静地待在餐桌旁，直到计时器响起，他就可以吃到甜点。同样，设置安静地坐的时间的长度可以逐渐增加，直到孩子能够与家人共同吃完整顿饭。

■ 调整进食节奏

即使你的孩子能够很好地与其他人一起坐在餐桌前，他也可能并不总能理解与吃饭速度有关的社交暗示。我们经常发现有的孩子在午餐结束后还坐在学校餐桌前，其他孩子都去玩了他还在吃东西。这影响了他的社交时间。相反，如果孩子吃得太快，他就会错过大家一起吃饭时的社交谈话。

在采取行动之前，你需要先进行评估，弄清楚你的孩子为什么吃得太慢或太快。例如，我们干预的一个女孩子在学校吃饭速度很慢，我们了解到她这样做是为了避免午餐后在操场上的社交活动。有一些孩子仅仅是没有意识到该以什么样的速度吃饭或者是在发呆。还有一些孩子是因为吃得慢就可以得到大人的关注——大人催促孩子快点进餐，正好提供了孩子想要的大人关注，从而对吃得慢的孩子起到了正强化的作用。

对那些吃得太慢的孩子来说，他们要么是在逃避午餐后要发生的事情，要么只是在发呆。你可以试着在其他孩子吃完后把他们的午餐也收起来。很快他们就会知道，如果他们想吃饱就必须吃得快些。如果一个孩子为了获取关注而吃得很慢，要确保他只有在以较快的速度吃饭时才能得到大人的关注。和他说话要用"好样的！你吃完了你的胡萝卜！"这样鼓励的语句，或者给他任何他想要的其他类型的关注，但是要在他吃东西之后给予。另外，学校可以确保午餐后安排一项他喜欢的活动，这样你的孩子就会急于吃完然后继续进行下一项活动了。你也可以在家里这样做，确保孩子一吃完就会获得期待的东西或进行喜欢的活动。

如果孩子吃得太快，你可以给他把食物分成小份，或者教他小口吃。这需要几位成年人一起参与。理想的情况是，父母或治疗师可以在家里对孩子进行用餐训练，而学校的老师（或特教老师）、孩子的同龄人（如果孩子还小的话，则需要比他年龄大的同伴）可以在学校提供帮助。随着孩子进食速度的放慢，可以逐渐减少干预。

■ 坚持正确使用餐具

孤独症儿童往往喜欢用手而不是餐具吃饭。然而，只要稍加努力，你就可以教会你的孩子正确使用餐具（以叉子或勺子为例）。

你要做到的是，只在孩子的盘子里放一口食物，只有当他用叉子叉起食物或用勺子舀起食物时才可以吃（或者，你可以在这之前进行一个更简单的步骤，把这一小口食物直接放在叉子或勺子上）。要确保孩子喜欢吃你放在盘子里的食物，这会引起他的食欲。一开始他可能需要一点大人的帮助，但只要经过足够的练习，他就能学会怎么做。一旦孩子用餐具吃了第一口食物，就给他再多加一口。慢慢地，你逐渐增加孩子用餐具吃的食物的数量。

这个任务的好处就是会产生与任务相关的自然奖励（特别是给孩子的食物是他很喜欢吃的），所以即使你的孩子在刚开始的时候觉得很困难，他也很可能会继续学习正确的用餐规则。

■ 保持用餐卫生

有一些孩子在吃饭时很难保持干净，可能是因为他们的社会意识不够强，不明白就餐环境又脏又乱带来的后果。我们有一个上小学五年级的学生，她每次吃完饭后，衣服和脸上都是食物。很明显，这不利于她与其他孩子相处。于是我们教她一些方法来减少这种情况的发生。

我们观察到当她拿小份食物时，是用整只手抓，而不是用钳形抓握①的方式。因此，每当她用整只手拿食物时，我们就辅助她用钳形抓握方式去拿食物。这样做减小了手与食物的接触面积。接下来，我们提醒她每吃几口食物就要用餐巾纸擦一下脸。（这个孩子有语言沟通能力，所以我们采用口头辅助。但是对于没有语言的孩子，你可能要把餐巾纸递过去或者指给他。）然后，我们教她在任何需要的时候使用餐具，以保持她的手干净。最后，每顿饭后，我们都会提示她去洗手间，照照镜子，洗掉脸上和手上残余的食物。

如果你的孩子吃东西时经常弄得很脏乱，先观察一下，想出一些方法，然后把它加入干预计划中，帮助孩子养成好的吃饭习惯。

去餐厅吃饭

现在你的孩子已经可以坐下吃饭、保持干净，也不怎么挑食了。你可以准备带他去餐厅吃饭了。

如果你们在餐厅里遇到一些困难，不要灰心。餐厅里的一切都跟家里不一样：环境不同，周围都是陌生人，你必须等待你的食物端上来，而且熟悉的菜肴并不总是跟家里做的味道一样。

---

① 指用拇指和食指抓握。

我们建议你先从对儿童友好的餐厅开始，这些餐厅往往就餐规矩不多。快餐店就是很好的选择。通过提前订餐，你可以将等待的时间压缩到最短。而且快餐店经常有很多孩子，环境会比较嘈杂。

在这种环境下，用你在家里同样的方法来训练孩子正确的坐姿和进食方式，直到你的孩子明白大人对他的期待是什么。一旦你的孩子能够在环境较嘈杂的餐厅吃饭了，就是选一些稍微安静的餐厅进行练习的时候了。在那里，周围仍然有很多家庭带着小孩子一起用餐。父母们忙着应对孩子们在餐厅里的恼人行为。我还记得我女儿小的时候，我们在一家快餐店里用餐，当吃到一半的时候，她就开始捣乱了。我跳了起来，准备把她从高脚椅上抱下来带走，这时我丈夫提醒我，这样做是在正强化她的这种捣乱的行为，因为以后她就知道可以用这种方式逃离她不喜欢的环境了。因此，我们忍受了她的破坏性行为（当时我真的想钻到桌子下面去），直到她认识到行为不端并不是让这顿饭结束的方法。这仅仅是几分钟的事，但我感觉像是过了几个小时。无论是好的还是坏的行为，孩子们都学得很快，所以重要的是不要强化孩子的坏行为。请永远记住，你只要方法正确，就会对孩子产生长期的有利影响。

但也请记得，教学是分时间和地点的。如果你能在去餐厅之前，在家里就教会孩子吃饭时的恰当行为，那当然是最好的。但是我们无法预测孩子的行为，即使他在家里一直表现得很好，在外面也可能会失控。如果你要耐心等待孩子发完脾气再处理，一定要确保是在环境嘈杂的餐厅，在安静的餐厅出现孩子哭闹的情况是不合适的。如果你发现自己的孩子在一家高档餐厅里发脾气大哭，并且为了顾及其他顾客的感受而不得不带他离开，那么要记住带你的孩子去一个比他试图摆脱的环境乐趣更少的地方。另外，如果你必须带孩子出去的话，不要让其他人一同离开，你可以这样做：确保其他人留在里面继续吃饭，而你捣乱的孩子则坐在餐厅外面，或者和一个成年人（不会和他玩任何游戏的人）坐在车里，直到他平静下来，才可以回到里面继续用餐。这样，你的孩子就知道尖叫和哭闹不会帮助他离开餐厅，但他也不会打扰到其他人，而且他肯定也会明白在餐厅里是绝对不允许尖叫的。

一旦你的孩子在对儿童友好的餐厅里表现有进步了，你们就可以逐渐去到更高级一点的餐厅，直到他能在任何地方自如地用餐。如果你想让你的孩子坐很长时间，比如加上了你们等待食物或餐后大人之间交谈的时间，别忘了带上一些他喜欢的玩具和游戏卡片等。

解决睡眠问题

睡眠对孩子来说是至关重要的，对孩子的大脑发育极为关键，在整个家庭育儿中有着举足轻重的作用。同时，睡眠不足的成年人也很难清晰地思考问题，而疲惫的父母彼此之间的争执也更多。

遗憾的是，有资料显示，残疾儿童多半都有睡眠问题。我们服务的许多家庭都跟我们说，他们的孩子总是晚上不睡觉或在半夜醒来。一些家长告诉我，他们的孩子夜里连续几个小时进行重复性行为，如在床上跳跃或在房间里徘徊。虽然现在有很多专门针对儿童一般睡眠问题的书籍，但其中只有几个方法似乎对我们这样的特殊儿童家庭特别有帮助。

我们建议家庭做的第一件事是记录孩子的睡眠日记，从而发现孩子的睡眠模式是怎样的。睡眠日记应该包括日期，孩子晚上几点上床、几点入睡，夜里是否醒来、醒了多久，以及白天的每一次小憩。

我希望孩子的老师和家人还能记录下其他有用的信息，如孩子是在做什么时睡着的（有些孩子总是在特定的活动中睡着），孩子被放到床上后做了什么（他是一直起身还是躺在床上哼哼？），以及他半夜起来时做了什么（他是在床上跳了几个小时还是爬到爸爸妈妈的床上？）。所有这些信息对制订干预计划都很有帮助。确保睡眠记录表一直跟随你的孩子，并让每个看管你孩子的人都知道要这样记录。孩子可能在任何时候睡觉，我们要确切地知道它发生的时间。

■ 让孩子在日间保持清醒

安吉尔晚上睡得很不好，在记录睡眠日记一周后，他的父母发现了原因——安吉尔的老师报告说他每天在学校都要睡几个小时。虽然这种情况已经持续了几个月，但老师并没有及时跟安吉尔的父母沟通，直到学校要求老师正式记录学生在学校的表现。

同样，四岁的萨曼莎每晚都要到午夜以后才肯睡觉。她的睡眠日记显示，她每天在上学途中的公交车上都要睡上几个小时。直到公交车司机被要求填写关于萨曼莎的睡眠日记时，她的父母才真正注意到这个问题。掌握了这些信息后，萨曼莎的父母找了一所离家较近的学校，所以萨曼莎不再需要坐很长时间的车上学了。这就缩短了萨曼莎的午睡时间，她在夜里的睡眠情况也得到了很大的改善。

就像安吉尔和萨曼莎一样，如果你的孩子在晚上有睡眠问题，可能是因为他在白天获得了一些睡眠时间。记下睡眠日记应该可以为你提供线索。如果孩子白天睡得太多，你需要让孩子在白天保持清醒状态，直到他的睡眠周期恢复正常。如果孩子在白天的任何时候都显得非常困倦，你可能要让他进行一些活动，如带他散步、做游戏或唱歌。你也可以尝试给他吃一点他喜欢的甜食，或者用凉水给他稍微洗洗脸——只要是能有效帮助孩子清醒的方法都可以去做。请记住，你要帮助孩子建立良好的睡眠模式。如果孩子在白天总是睡觉，说明他可能需要更多的睡眠，那么你需要帮助孩子在夜里有好的睡眠。

如果你的孩子上学途中必须乘坐公交车或私家车，可能有必要找人陪他一起坐，让他在途中有事可做，这样他就不会睡着了。

■ 试试体育锻炼

几年前，我们发表了一些研究报告，表明体育锻炼减少了孤独症儿童的重复刻板行为，提升了他们执行任务的能力。锻炼需要是有氧运动，短暂的慢跑（20 ~ 30分钟）其效果只持续很短的时间，所以应在一天中重复进行。我们原本认为只要进行这样的体育锻炼就可能会对孩子的夜间睡眠产生一些影响，但据我们的观察研究发现事实并非如此。我目前参与了一些正在进行的研究，这些研究表明运动的时间不同对孩子睡眠的影响不同——如果在下午晚些时候或晚上早些时候进行运动，孩子夜晚可能会睡得更好。这只是初步研究结果，但可能值得家长一试，特别是当整个家庭都觉得很有趣的时候。请记住：这里需要的运动必须是较高强度的，所以穿上你的跑鞋陪孩子一起跑吧。另外，也请留意未来的研究，它们会进一步证明运动对睡眠的影响。

■ 严格遵守入寝程序

如果孩子的睡眠问题主要是晚上无法安静入睡，你必须仔细想想你是如何哄他睡觉的。大多数孤独症儿童都有入睡困难，但随着时间的推移，如果父母能为孩子安排一些入睡仪式，并且遵照执行，一般来说问题就不大了。对孤独症儿童来说，我们总是试图奖励好的行为，但由于入睡活动本身可能不会带来那么多奖励，所以你应该尽量为孩子创造机会，让他上床后从事喜欢的活动。读一本他喜欢的故事书，听一些喜爱的歌曲，妈妈或爸爸唱童谣，或者让孩子抱着心爱的玩具睡，都可以让孩子对入寝更加有兴趣。

如果有这些奖励后，孩子入寝仍然很困难，并且你的孩子希望你和他一起躺下或者要求你轻轻拍着他入睡，你可以在短时间内这样做，但要设置一个计时器或者给他一些其他清晰一致的信号来提示这个活动结束的时间。并且，确保在计时器响铃时你的态度要坚决——离开房间，不要再回来。只有保持坚定一致的态度，你才能说服孩子停止呼唤你，自己入睡。

■ 不要让步

许多家长表示，他们的孩子会在半夜跑下床并来到他们的房间。因此，父母和孩子都没有得到好的睡眠。如果你的孩子也是这种情况，那么他每次这样做的时候，你就带他回到他自己的床上。通过这样的反复练习和教育孩子，来帮助他摆脱这个问题。你必须每次都这样做，否则他就会总是想要和你一起睡。你这样做并不是在惩罚他。不管你有多累，也尽量不要大喊大叫或发火。但是也要记住，你不要因为他跑下床就无意识地奖励了他。如果你和他一起玩，给他吃零食，或者让他到你的床上来，哪怕是非常短暂的时间，这些方式的互动对他来说都是因为下床和把你吵醒而得到的奖励。你的孩子应该学会，当夜晚来临的时候待在自己的房间里入睡。

也许有的时候，例如在凌晨两点，对你来说，让孩子爬上你的床比强迫自己下床送他回房间更容易。但是你要知道，牺牲几分钟的时间把孩子带回到他自己的床上，来换取你们夫妻二人接下来好的睡眠，这是值得的。

■ 帮助孩子了解白天与黑夜的区别

有时，年幼的孩子很难区分什么时候需要待在床上，什么时候可以起床。他们可能会感到困惑，为什么妈妈或爸爸有时会在他们出现时发火，而在其他时候却很高兴给他们一个表示早安的拥抱。解决这个问题的一个方法是，让他明白当外面天黑时就不能去父母的房间了。你可以教他看窗户外面，观察天是亮的还是暗的，并告诉他，如果天是黑的，他就必须待在自己的房间里，但如果天亮了，他就可以到爸爸妈妈的房间去。这样即使孩子真的在半夜醒来，他也能学会不进入你的房间把你吵醒。

大多数孤独症儿童都有很好的视觉能力。尽管他们的沟通能力不太好，但他们如果练习得够多，应该可以学会区分光亮和黑暗。不妨尝试一下这样的方法，你们会从中受益。

进行如厕训练

孤独症儿童一般比典型发育儿童更晚接受如厕训练，因为他们的父母已经有很多事情要做了。此外，由于与他人沟通困难，他们可能更难理解学习如厕的过程。但是，无论孩子的发育或实际年龄如何，如厕训练都可以简单直接地进行。

在开始如厕训练计划之前，你应该向孩子的儿科医生咨询。要注意的是，当大多数孩子的肌肉控制能力可以满足憋尿时，就可以进行如厕训练了——从表面看就是孩子的尿布处于长时间的干爽状态（至少几个小时）时。如果孩子的尿布一直是湿的，那么你需要询问儿科医生孩子是否适合开始如厕训练。如果医生同意，你就可以开始了。

我们的诊所是这样做的：

使用本书后面附录中的如厕训练数据表来制订计划。你需要复印这张表，这样当你开始实施计划时，你就可以写下具体时间和地点，以及你的孩子是否发生了意外（没在厕所排小便或大便）、当他被带到厕所时发生了什么（排小便、大便或没有）、他是否自己去了厕所这些信息。记录表格将为你提供足够的信息，以了解孩子的排便习惯和训练项目的进展情况。

以下方法改编自纳森·亚林和理查德·福克斯《一天之内学会上厕所》（*Toilet Training in Less Than a Day*）一书。

1. 如果可能的话，选定一个在家中你可以获得他人帮助的日子。在最初的几天里，这项任务会有很大的工作量，有一些额外的帮助会更好，但也不是必需的。

2. 在选好的这一整天里，让你的孩子多喝一些水。这将促使他频繁排尿，从而会有更多的机会成功。孩子们必须把要小便的感觉和上厕所的行为联系起来。所以，过多的液体摄入可以增加孩子迫切想排小便的需求，从而加速如厕训练的进程。

3. 每隔20～30分钟带孩子上一次厕所。确保他在马桶上待上足够长的时间，以放松他的肌肉。在孩子坐着的时候，可以给他读书或进行其他方式的娱乐活动。就我个人而言，如果我知道孩子已经喝了充足的液体，我会让他坐较长的时间，直到他排尿。一些研究人员建议，如厕时看电影或电视可能会干扰孩子，但我没有发现这种情况。进行如厕训练时让孩子看电视，可以让他更长时间坐在那里，这样就有更多的练习机会和肌肉放松的时间。

4. 用孩子最喜欢的物品奖励他每一次的成功排便。

5. 定期因为孩子没有尿湿裤子而奖励他。在开始时，你要经常检查孩子的裤子。如果你想提高如厕训练成功的概率，频繁的检查很有帮助。你可以在带他上厕所的时候检查，其他时间也可以检查一到两次。如果孩子的裤子是干的，就欢呼吧！给他一个奖励、一个拥抱，或者别的他喜欢的东西。

6. 即使孩子不小心将排泄物排到裤子里了，也要让他坚持走去厕所并让他坐在马桶上。不要惩罚孩子，也不要责骂他。

7. 继续定时带孩子去厕所，保持警惕，不要错过任何他想上厕所的迹象。这在训练刚开始和孩子会主动要求如厕之前是很关键的。之后，你可以提示他自己去厕所。另外，要确保他所在的环境都是协调统一的。一旦你们开始了如厕训练，孩子周围的每个人——保姆、亲戚、学校工作人员等——都需要保持关注并定期带孩子去厕所。如果某个成年人疏忽大意了，或者又让孩子穿上了尿布，如厕训练将花费更多的时间。

一旦你决定对孩子进行如厕训练，一定要坚持下去。不要再使用尿布，否则他可能会试图憋尿直到你给他穿上尿布。如果照顾者能坚持，我们所服务的大多数孩子在 2 ~ 7 天内就能完全完成如厕训练。

进行如厕训练第一天之后，你可能需要确保你或与孩子在一起的其他人定时带他去卫生间，因为他可能需要一段时间才能学会主动去厕所。

这样对孩子进行如厕训练的好处是，许多孤独症儿童只是没有建立起相关的联系，即当他们的膀胱感到充盈时他们需要去厕所，但通过摄入大量的液体，你可以帮助他建立起这样的联系，并加快这一进程。

对于夜间如厕训练，请记住不要在晚饭后让孩子摄入太多的液体，否则会影响他夜间的睡眠。此外，要确保孩子在睡前去一次卫生间。我干预过的一个孩子存在较严重的尿床问题，但是一旦父母开始在他睡觉前（大约晚上 10 点）带他去一次卫生间以及夜里叫醒他一次，这个孩子尿床的情况就消失了。每次夜里被叫醒时，孩子都是正睡得昏昏沉沉，所以如厕后他总是能马上回到睡眠状态，这一点很关键——如果你的孩子不容易回到睡眠状态，就不要尝试这种方法。请记住，夜间如厕训练与白天不同：有些孩子睡得很沉，他们根本没有意识到自己在尿床。另外，有些孩子会梦见自己在上厕所！这种情况下"报警床单"或"报警尿布"（网络商店有售）就能起到作用。这些产品对尿液很敏感，当孩子的第一滴尿液滴上去的时候就会发出警报声，提醒孩子需要起床去上厕所了。另外，孤独症儿童睡眠方面的问题使得这个训练过程与白天的训练又非常不同，而且更具挑战性。

家庭旅行

我无法告诉你我听到了多少关于家庭旅行变成家庭灾难的故事。我们提供服务的一个家庭去了一家度假酒店，他们的孩子在游泳池里不停地跳到其他孩子身上。大人很快就因为试图控制住孩子而感到非常疲惫和紧张，于是他们只好放弃度假，提前回家了。另一个家庭的孩子对酒店的电梯非常着迷，导致他一直偷偷溜出房间去坐电梯。几天后，父母不得不打电话给酒店保安寻找他们的儿子，他们也决定不能再待在酒店里了。还有一个家庭的孩子在入住酒店的头两天就拉响了酒店的火警警报三次，酒店工作人员只好委婉地劝他们离开。孤独症儿童往往不知道如何在新的环境中表现出恰当行为，因此他们的家人很难拥有一个令人满意、美好的假期。

与特殊儿童一起旅行往往需要大量的额外准备，但如果能拥有一次成功的旅行，再多的准备都是值得的。

在旅行之前，确保你已经让孩子做好了准备。你们可以一起翻阅地图，讨论旅行的目的地、乘坐什么交通工具，以及需要多长时间。（谷歌地图上的街景功能是一个很好的工具，可以清楚地看到你们的目的地和周围的环境。）如果你的孩子的语言能力有限，你们可以从酒店和当地景点获得宣传小册子，并翻阅里面的图片。确保你提前了解了在你的度假目的地有哪些餐厅适合你的孩子和家人。尽可能多地带上孩子喜欢的玩具、书籍和游戏卡片吧。

总之，再多的准备也不为过。这里有一些实用的建议供你参考。

■ 带上助手或寻求帮助

可以考虑带上你家的保姆（如果你有的话）或你信任的亲戚朋友。这可能会多一些开销，但它会给你带来额外的帮助，让你能得到喘息的机会。

如果你没有保姆或亲戚朋友想一起去旅行，可以考虑邀请孩子的治疗师同去——许多人都想有机会享受免费的假期。如果你的治疗师不能去，也可以请他推荐他认识的有经验的同事帮助你。一个有经验的帮手也许能够避免可能发生的意外状况，并让你们拥有一个美好的假期。

另一个方法是，在你的目的地寻求帮助——许多地方都有孤独症儿童帮助中心，你也许可以联系一个机构，在你度假的时候获得一些专业的帮助。我们合作的一个家庭最近去了希腊，我们为他们联系了一位我们培训过的治疗师，他正好住在那里，结果这个家庭在治疗师的帮助下度过了一个非常愉快的假期。你可以在出发前与参与孩子干预计划的专业人士联系，看看他们是否认识在你的目的地从事类似工作的人。

■ 安排孩子喜欢的活动

请提前查看酒店或其所在的社区是否有你的孩子喜欢的活动。例如，我们服务的一个家庭住在一家有专人看管游泳池的酒店。他们的孩子很喜欢游泳，每天都很高兴地在游泳池里玩上几个小时，这让父母有机会去观光、在高级餐厅吃饭以及参加孩子不喜欢的大人活动。另一个家庭的孩子喜欢动物，他们找到了一个当地的动物营地，然后送孩子去参加了营地为期一周的活动。让孩子有机会参与他喜欢的活动吧，这样他会很开心，你自己也能获得一段自由的时间。

如果你们乘坐飞机、火车或汽车旅行，旅途中为你的孩子安排有趣的活动就更加重要了。如果你的孩子喜欢阅读，那就多带些书。有些家长会让孩子带上平时被限制玩的玩具——这暂时是可以的，如果这是让你们旅行成功的唯一方法。有一位妈妈告诉我，她的孩子喜欢捏橡皮泥，所以她总是把一堆装有橡皮泥的小盒子放进她的行李箱里。她的孩子可以在飞机上捏好几个小时的橡皮泥。另外，不要忘记带上孩子最喜欢的食物或他在家里喜欢的任何东西，如毛绒玩具或者小毯子。

请记住，大多数孩子都不喜欢在一个地方坐很久，所以如果你要开车出门，尽量多安排几次停下来休息的时间，让孩子下车活动一下。如果你们是乘飞机旅行，可以让孩子在机舱的过道来回走一下。另外，如果你担心孩子可能会踢到他前面的座位的后背，可以请空乘人员提供隔板。提前预防任何问题总是一个好办法。

经营家庭的日常生活

带孩子旅行可能会给你带来压力，日常生活同样如此，而且这通常不是一年中只持续几个星期的问题。你需要尽量让自己和家里人过得轻松和愉快，以获得对生活的掌控感。

■ 休息

当父母需要离开他们的孩子时，即使是很短暂的时间，他们也常常感到巨大的压力和深深的内疚。他们担心保姆或亲戚不了解孩子的需求，可能无法处理孩子具有挑战性的行为。有些父母甚至是一直都待在家里陪孩子，只有在孩子上学或睡觉时才休息片刻。

你要知道，有一些自己的时间是很重要的。你需要休息，晚上和你的配偶或朋友一起出去放松一下，甚至单独去度个假，这很重要。你把自己累到精疲力尽，对整个家庭都没好处。你还可能将你的婚姻置于危险的境地。我们曾服务过一个孩子，他的父母对彼此只有负面的评价，而他们的婚姻也似乎处于分崩离析的边缘。在这个家庭中，妈妈在家里照顾几个孩子，其中包括一个上小学的孤独症男孩，而爸爸则整天在自己的律师事务所工作。我们安排了一位治疗师，每周有一个晚上到他们家工作四小时。我们说服了这位父亲，他要在这些夜晚让他过度疲劳的妻子度过一段特别的时光。于是，这位父亲在高级餐厅预订了晚餐，并买了电影票跟妻子去看电影。后来他每周都会为妻子买一束漂亮的鲜花。过了不久，夫妻双方对彼此的负面评论就大大减少了，这位丈夫甚至会出席为他们的孩子制订个别化教育计划的会议。夫妻双方要多花时间单独待在一起，回忆当初相爱的感觉，这对改善他们的关系有很大的好处。

要想真正放松地度过一段美好的时光，你需要找到一个让你能放心把孩子交付的人。你可以找亲戚、朋友或治疗师来帮忙。他们可以轮流帮你照看孩子。如果你找不到有经验的人，可以找一个负责任的大学生或高中生，对他进行培训——教他如何与你的孩子沟通，告诉他你的孩子喜欢什么和不喜欢什么，以及如何应对有挑战的时刻。如果感觉这个人不合适，就换一个人。

总之，原则就是你要能偶尔出去放松一下，且保证你的孩子得到了很好的照顾，这样你的家庭生活就会更快乐。花一些时间和精力去寻找合适的人吧！然后你就可以计划与你的爱人约会、共进晚餐，或者一起度个假，好好地享受一下二人世界。

■ 寻找援助团体

每个人都需要他人的支持，而且人们都在以不同的方式寻找援助。有些父母觉得很容易与他们信任的治疗师谈论自己的担忧，而其他人则更喜欢向其他家庭成员或自己的配偶倾诉。还有些人则觉得需要与处理过类似问题的人交谈，并加入援助小组。

如果你要组织或加入一个援助团体，请认真思考你想从中得到什么，因为这将决定什么规模的小组最适合你。如果你有具体的问题，需要提出来讨论并得到反馈，一个人数较少的小组可能更有帮助——你会有很多机会发言并说出你的问题。如果你想低调一些，且只想了解一些大家普遍存在的问题的解决办法，一个较大的团体可能更适合你的需求（因为人数多，大家往往关注不到你）。另外，较大的团体有足够的资源来邀请业内知名的演讲者和专家，你可能会觉得这很有帮助。请记住，如果是在一个较大的团体中，你可能没有机会提出关于你孩子特殊情况的非常具体的问题。

通过我们在大学里的援助小组的实践，我们发现小组以一种富有成效的方式专注于讨论一个主题很重要，而不要让其演变成一个大家都在发牢骚的会议——虽然与有同样问题的人交流很好，但只是抱怨往往会使人们感到更加沮丧。援助小组的目标是帮助其成员感觉更好。主持人需要指导小组讨论，使成员们侧重于分享成功的技巧，让参与者在离开时能怀着积极的心态和带着新的方法去帮助自己的孩子。

如果你自己是一个援助小组的主持人，我建议你提前与每个参与者单独联系，了解他们的需求和期望是什么。这样，你就可以集中精力处理对小组中每个人都很重要的问题，并计划每次会议的主题，使会议能更有成效。

在小组内，你们可以共同制订资源清单，从每个家庭的名单中挑选出他们信任和尊重的人，从保姆到治疗师或其他专业人士都可以。此外，如果一个家庭需要朋友参加如个别化教育计划有关的会议，其他小组成员可以到场支援。还有一些在线家长援助小组，会根据成员的个人资料而非地理位置来进行分组，以便大家还可以在线下见面。如果大家彼此并没有住得很近，可以通过电话和电子邮件等方式进行交流。家长们之间交流经验是很有帮助的。

请记住：援助小组可能很有用，但需要付出一些努力以及制订合理的规划。

■ 家里的其他子女

我必须说，我见过的大多数孤独症儿童的兄弟姐妹都是很了不起的孩子。他们富有同情心、善解人意、有责任心，也许是因为他们看到了一个家庭如何用爱和奉献精神团结起来共同应对巨大的挑战。我们认识一些孩子，他们长大以后真的进入了残疾人士帮扶领域工作。我曾遇到过一个特别聪明勤奋的（孤独症儿童的）姐姐，她上高中时曾经有一个暑期在我们中心实习。在那段时间里，她写了一篇关于与一个患有孤独症的妹妹一起生活的文章，发表在《积极行为干预杂志》（Journal of Positive Behavioral Interventions）上。现在，她已经是残障儿童干预领域的专业人士了。

几年前，在美国，很多学校的董事会曾就是否能把所有中度至重度残疾的孩子排除在常规教育课堂之外存在争议。我们中的许多人都去参加了这些学校的董事会会议，讨论完全融合教育环境的问题。在会上，我一位很好的朋友说，她来参加会议是因为她的姐姐曾经受到了严重智力低下的影响，而她姐姐现在能够独立生活的唯一原因就是她接受了常规教育并参与融合性社区活动。这位女士的童年经历使她长大成人后更有这方面的意识，对残障人士也更有同情心。

然而，有一些事实我们也不能忽视。有些家庭里面兄弟姐妹之间是相互厌恶和怨恨的。我有一个远房亲戚，多年来从不跟我们联系，没有人能完全弄清楚到底发生了什么事，导致她如此疏远我们。孤独症儿童家庭的父母都承受着很大的压力，这可能会让已经很复杂的家庭关系变得更糟糕。

虽然研究表明，从整体上看，孤独症儿童的兄弟姐妹并不像他们的父母那样担心或经历同样程度的压力和担忧，但他们的生活确实也存在一些挑战。通常孤独症儿童每天的时间表排得非常满，干预项目占用了父母的空闲时间，于是他们的兄弟姐妹很难由父母陪伴参加课外活动。此外，由于孤独症儿童可能经常需要提醒才能参与日常活动，一些父母无法给予家中其他孩子更多的关注。父母花费太多的精力在孤独症儿童的干预方面，经常没有余力关心其他孩子，这也让其他孩子感觉被忽视了。

大多数已经成年的孤独症儿童的兄弟姐妹，都能回忆起童年时他们的度假被突然中断的事情。年幼的兄弟姐妹常常因为孤独症孩子不和他们一起玩而难过。一些孩子说，当他们有朋友来家里玩时，他们会因为家中孤独症孩子的行为比如过度的自我刺激行为而感到尴尬。

但是，也有很多兄弟姐妹能很好地应对这些困难。我记得在我读高中时，我一个亲密的朋友叫特里斯坦，他的哥哥有发育障碍。当我们举办派对或坐在他的房间里聊天时，特里斯坦的哥哥总是寻求弟弟的注意，而特里斯坦总是会让他哥哥和我们一起玩，给哥哥所有他想要的关注。我对他们兄弟之间的互动印象深刻——我真的认为特里斯坦很了不起。但是，后来当我成为一名专业人士回想起来时，我意识到在那个时候，特里斯坦一定也在处理内心很复杂的情绪，而那是我们其他人都无法想象的。

■ 为整个家庭服务

培养孩子们之间健康而牢固的手足之情，是需要整个家庭付诸努力的。研究人员发现，孤独症儿童和他们的兄弟姐妹之间的健康关系不会自然产生，就像很多典型发育的孩子的家庭里一样，都需要认真经营。

研究表明，如果兄弟姐妹能积极参与干预计划，孤独症儿童的情感会发生巨大的变化。在参与干预计划的过程中，如果典型发育的孩子也获得了父母的很多关注，他们就更乐于参与其中了。我发现，兄弟姐妹通常都是热情的帮手，而且非常善于帮助施行干预工作。他们为孤独症儿童与他人交流和社交互动提供了自然的机会，只要你能确保对他们的这些善举给予足够的关注，并定期奖励他们作为"小小干预师"的工作。

我们曾经与一位有五个孩子的单身母亲合作过。糟糕的是，孩子的父亲因为曾经殴打她和孩子们，所以被限制探望孩子。因此，这位母亲实际上是独自照顾孩子们，其中一个孩子还患有孤独症。她最担心的是，没有足够的时间与儿子一起进行干预。我们发现孤独症孩子的姐姐对帮助弟弟接受干预非常感兴趣，所以我们教了这个孩子一些他们姐弟俩都喜欢玩的棋盘游戏。在游戏中，我们加入了一些教学内容，如学习认识颜色、使用沟通技巧和学会轮流。姐姐真的非常棒！她每天都帮助弟弟练习，从她的热情程度来看，她很享受与弟弟在一起接受干预的每一分钟。每个星期这个小男孩都有进步，这主要是他姐姐的功劳。

虽然兄弟姐妹确实是很好的帮手，但重要的是不要忽视他们自己本身的兴趣爱好。他们在家中的角色不应该仅仅是"有特殊需要儿童的兄弟姐妹"——他们本身也是独立的个体。拥有多个孩子的父母都想一碗水端平。在我自己的家中，我的一个女儿比另一个女儿更爱说话，当她们还小的时候，我们不得不努力确保不太爱说话的那个女儿总是有机会发表她的意见。因此，在不牺牲孤独症孩子进步所需干预的情况下，我们要努力保持公平。你要尽力保证其他孩子不会错过他们喜欢的活动。你可能需要从朋友、家人或保姆那里寻求一些额外的帮助才能做到这一点，并且你的日程安排有时可能会非常紧凑，但你要知道家庭中的每个成员都很重要。

最后，一定要确保你选择的干预人员会将你的家人视为队友，并让你参与干预目标的制订——你的孩子需要学习家庭的经营之道，需要学习如何让家庭成员之间和睦。

事实

你可以教会其他子女有效地执行孤独症儿童的干预程序。

如果孤独症儿童的目标行为是与家人一起习得的，那么这些行为更有可能被长期维持。

如果孤独症儿童的干预目标能被纳入家庭日常活动中，父母的压力会减少很多。

例如，治疗师可能认为教会孩子接听电话很重要，而你的家人可能觉得如厕训练是一个更紧迫的任务。这两个目标可能都是有意义的，但你的家人应该更有发言权。同样，研究表明，被要求实施操练型干预计划的家庭，比将不太严格的干预措施纳入日常事务的家庭，承受的压力更大。

家庭的整体情况如何，与有特殊需要的孩子的表现如何同样重要，你有责任兼顾这两方面并为之努力。

经典问题解答

问题： 我担心我们没有花足够的时间对儿子进行干预，但我已经精疲力尽了。他到底需要多少小时的干预呢？

孤独症儿童的父母经常问及他们的孩子每周需要多少小时的干预。事实是，孤独症儿童的干预反映在生活的方方面面。如果他们有睡眠障碍，那在睡眠时间也需要干预。也就是说，要评估这个问题的一个重要因素是你的孩子能有多少时间参与进来。换句话说，如果你的孩子参与的活动是为了帮助大脑发育的，他可能在这段时间内不需要干预。但是，如果你的孩子花了几个小时在他的摇椅上摇来摇去，或者反复看同一段视频，那你就要介入，让他进行一些学习训练。请记住，你不需要把自己搞得精疲力尽——你的目标应当是在正常家庭生活中为你的孩子提供各种机会，而不是让干预极大地影响你的生活或者让你难以忍受。

问题： 我丈夫和我与儿子的相处风格完全不同。他总是喜欢对儿子提出要求，但我喜欢让儿子在家里享受自由。这使我们的家庭气氛很紧张。我总是问他："你不认为儿子在学校待了一整天后需要休息时间吗？"

这里有一个很适合你们家庭的方便有趣的解决方法——你可以把教学活动融入休息时间，这样你的儿子即使在放松的时候也可以学习。例如，让他主动要求吃什么零食，而非直接给他吃，有助于发展他的沟通技能；当他想出去玩时，让他说"外面"；让他在吃饭前摆好桌子，帮助他学习如何独立照顾自己。重要的是，你要在家庭的日常生活中找到教学机会，所以学习并不是一件时有时无的事情。

> **问题：** 我四岁儿子的家庭干预师说，我六岁的女儿在旁边的时候会让人分心，但她非常想和他们待在一起，她不明白为什么不能让她参与干预计划。我们真的需要让她走开吗？

你的女儿应该被接纳参与干预项目，特别是如果她有这个意愿。也许他们可以从一些轮流游戏开始，这些游戏可以帮助你的儿子提高社交能力。当治疗师不在的时候，你的女儿可以和弟弟一起玩。此外，你们可以给女儿安排一些跟弟弟一起完成的具体任务。许多孤独症儿童的兄弟姐妹非常喜欢这类型的互动，以至他们成年后投身于帮助残疾人士的工作。如果你的女儿愿意，应该欢迎和鼓励她帮忙，随着她能力的提高，你们可以让她承担起更多的责任。

> **问题：** 我班上的一个学生晚上睡觉会尿床，但白天根本不会尿裤子。他的父母不得不让他晚上穿上纸尿裤睡觉，但他已经很大了，不能再这样做了。我应该给他的父母什么建议呢？他们已经让他在早上帮忙换床单并训斥他了，但他还是会继续尿床。

许多家庭的孩子都有这个问题，他们会从专卖店购买报警床单（前文已有提及）。他们的孩子因此学会了在感觉有需要的时候醒来去上厕所。父母们要知道，孩子在睡眠状态下，可能根本没有意识到自己尿床了，生气或惩罚他是没有用的。他们需要帮助孩子理解自己的排便需求和醒来后去厕所如厕之间的联系。所以，不妨建议这位学生的父母试试使用报警床单。

> **问题：** 我怎样才能让我的孩子自己主动上厕所呢？他已经学会上厕所的技能了——只要我们每隔一小时带他去一次洗手间。但是，他从来没有主动提出过上厕所的需求。

有两种方法可以鼓励你的孩子独立上厕所。一种方法是消退你的辅助。例如，你可以把他带到厕所门口，而不是和他一起进去。然后继续逐渐消退——有几次是你在走廊等他，然后是在隔壁的房间等他。渐渐地，你可以越来越多地往后站，直到他不再需要你陪他去洗手间为止。在日常生活中坚持这么做一段时间，孩子就可能养成自己去厕所的习惯了。另一种方法是，你可以加入一个有仪式感的动作，帮助孩子养成习惯。例如，我们干预过的一个上幼儿园的孩子，他每天都在学校里尿裤子。于是，工作人员开始让他每天在吃零食前去小便，就帮助他养成了主动如厕的习惯。

♥

安德鲁的故事：家庭生活

安德鲁小时候是个很难带的孩子。因为他是我的第一个孩子，而且超级可爱，所以我特别疼爱他。他有一双蓝色的大眼睛和一头金色的卷发，但实际上，他让我很伤脑筋。儿科医生称他为"神经质"婴儿，因为唯一能让安德鲁不哭的方法就是给他吃母乳。在他出生后的前六个月，我每隔一个半小时就给他喂一次奶。在这六个月里，洛杉矶西区的每一家餐馆、博物馆和百货公司里的女厕所都留下过我给他喂奶的踪影。后来，我已经精疲力尽，可以完全不管周围的环境了，以至在任何地方都会把他塞进我的衣服里让他直接吃奶。当时我只穿大号的 T 恤衫。即使在晚上，我也要时常起来给他喂奶。在这六个月里，我丈夫一个人睡在本该属于婴儿的房间里，安德鲁则睡在我床边的摇篮里。

安德鲁最开始是拒绝用奶瓶喝奶的，所以当他终于接受用奶瓶吃母乳时，我在一周内就给他断了奶，改喝配方奶粉——我非常厌倦他咬我的乳房，我巴不得让他快点接受用奶瓶喝奶。

这么多年来，吃饭和睡觉问题一直困扰着我们俩。

睡眠问题

从表面上看，安德鲁根本不需要太多睡眠。他有时会在喝奶的间隙打个小盹儿，但他从未连续睡觉超过几个小时，而且他也从来没有自己独立睡着过。

我记得在安德鲁出生几个月后，有一次我去看别人的孩子。那个孩子看上去很开心地躺在摇篮里，盯着天花板。当我们聊天时，他的眼皮越来越重，直到完全闭上，就这么睡着了。我当时惊呆了，因为安德鲁从来没有在摇篮里自己睡着过。我不知道原来婴儿可以像这样渐渐入睡。

　　我整天都抱着安德鲁走来走去或给他喂奶以便让他入睡，但即使他睡着了，不久后也会醒来，再次哭起来。除了照顾他，我没有时间做任何其他的事情。罗伯一下班回家，我就把孩子推给他，然后瘫倒在沙发上休息。于是罗伯抱着安德鲁一直走来走去直到凌晨两三点，然后轮到我照顾安德鲁。记得有一天晚上，罗伯下班回家后抱着安德鲁，对我说："亲爱的你去睡一觉吧。"我说："不行，我太饿了，我一整天都没吃东西，因为他根本不让我把他放下。"罗伯说："好吧，那就去吃吧。"我泪流满面，抽泣着说："我太累了，吃不下；太饿了，睡不着！"

　　很多婴儿最初睡眠都不是很好，我知道这是很正常的事情。我还有另外三个孩子，他们没有一个人能在出生后几个月内就在夜晚睡整觉的。但最终（在我们的努力下）他们确实建立了稳定的睡眠模式，夜里睡的时间更长了。然而，安德鲁不行。即使在我们停止在夜间给他喂奶后很长一段时间，他仍然需要父母的安抚才能重新入睡。我记得大概在他两岁的时候，我们出去旅游住过一家酒店，罗伯和我几乎整晚轮流在酒店房间外的小楼梯上抱着他上下楼，就是为了让他能多睡上一会儿。

　　安德鲁不仅在夜里经常醒来，而且他早上五点就会起床，新的一天就这么开始了。我经常把我们俩裹在一张毯子里，然后抱着他坐在门廊的秋千上，看着太阳升起。这本来应该是一件很美好的事情，但我实在太累了，根本无法享受这份美好。

　　当安德鲁被诊断出患有孤独症的那一刻，我们才发现他的睡眠问题可能与孤独症有关。专家们给出了各式各样的建议，例如让他一直哭到累了就能睡着了或者每天晚上给他服用褪黑素。但他们也承认，目前还没有找到任何特别有效的治疗方法。我们试着让他在摇篮里哭（这在我们后来的孩子身上都很成功），但他从来没有学会让自己安静下来。不过我们没有尝试使用褪黑素——即使是天然药物，我也不是很放心。后来我听说一些孤独症儿童服用过褪黑素，并且效果很好，也许当年我应该试试。

　　后来，安德鲁终于长大了，不用再通过抱着他走来走去或摇晃来帮助他入睡了。但每当他醒来时，他仍然希望我们在旁边，这对我们来说太难了。我咨询过的所有人都有个共同观点，父母在半夜时面对孩子的这种需求必须严格和保持一致——不要心软，要坚持让孩子待在自己的床上。然而，在凌晨两点，我实在太累了，只想尽快解决问题继续睡觉，即使这意味着让他和我们一起睡。（我认为这往往是治疗师和父母之间最大的不同分歧之一——你知道最好的方法是什么，但你实在太累了，所以无法做到。）

我记得我们的行为干预师韦恩耐心地告诉过我，当安德鲁哭的时候，最开始我应该让他回到自己的房间，和他一起坐在那里。然后逐渐淡化我的存在，坐到离他越来越远的地方，直到我离开房间。经过这样循序渐进的练习，我可以让安德鲁习惯自己一个人待着，而不会触发任何引起他惊慌的事情。

如果是在白天，我认为韦恩的计划是有道理的。但如果是在凌晨三点，这是人最困倦的时候，我最不想做的事情就是起身坐在冰冷的地板上，我只想待在自己舒服的床上。如果这意味着要允许安德鲁爬到我身边，那么，就这样吧。我总是在第二天早上后悔，但到了夜里又无法坚持去做。

我认识的一位妈妈建议我在卧室的地板上放一个睡袋，坚持让安德鲁躺在里面，而不是躺在我们的床上（这是她为自己典型发育的孩子找到的解决办法）。我的办法更好——我们买了一个小躺椅。我向安德鲁解释说，当窗户外面看起来很黑的时候，他不能和我说话，但他可以悄悄地走进我的房间，自己躺在那张躺椅上，那椅子离我的床不远。这不是治疗师给的建议，但这是安德鲁学会在晚上不需要我的开始，更重要的是，这为我每晚多争取了几个小时的睡眠时间。

后来，使用躺椅的方法证明是安德鲁迈向夜间独立睡觉的良好过渡。由于不能得到强化（在我的床上睡觉），安德鲁越来越少进我们的房间了，他只在做了噩梦的时候才来到我身边。

然而，有一点仍然让我很苦恼，就是安德鲁早晨仍然很早醒来，而且希望我和他一起起床。为了获得足够的睡眠，我不得不在晚上九点就睡觉，比罗伯睡觉早了好几个小时（这影响了我和罗伯单独在一起的时间）。这种情况持续了好几年，后来我发现安德鲁愿意独自进行一些活动了——他学会了阅读，而且他还喜欢画画。我在睡前不断提醒他，他可以在醒来后做这些事情，而不需要叫醒我。起初他表现得时好时坏，但最终他明白了，如果不叫醒妈妈，他就可以做任何他想做的事情（包括我通常不喜欢他做的自我刺激活动，如"手偶"游戏）。慢慢地，安德鲁意识到这种自由比妈妈的陪伴更有吸引力。

后来，他终于不再在清晨总是叫醒我了。

多年以后，安德鲁变得非常独立，有意思的是他成为了我四个孩子中唯一几乎从不在清晨叫醒我的人。从小学高年级开始，他就自己按时上床，甚至不等我们催促他睡觉就能直接刷牙、穿上睡衣、放下窗帘、关上灯然后钻到被窝里，然后等着我们跟他说晚安。

不过，安德鲁入睡很慢，经常自己躺在床上醒着好几个小时才睡着。多年来，他一直是家里早上第一个起床的人，但他会安静地待在自己的房间里忙自己的事情，不会吵醒其他人。他几乎从不知疲倦，熬夜对他来说也没有什么影响。我多么希望自己也像他一样不需要那么多的睡眠啊！

十年之后

十年之后，长大成人的安德鲁不再像小时候那样总是很早起床了：如果安德鲁当天没有工作或实习任务需要出门，他会直到上午11点有时甚至到下午1点才从床上起来。而且，通常是我们催促他起床他才起来。我也不知道他晚上几点睡觉，因为我比他睡得早。这么多年以来，他都一直按照自己的时间表做事。孩子们进入高中后，我和他们有一个约定：只要他们能自己起床，并且在早上按时出门，我就不会干扰他们晚上的入睡时间。在高中的三年里，安德鲁不仅自己起床，还自己开车去学校，所以我只需要在他出门的时候跟他挥手告别而不用为他做任何其他事情，而且他从来没有迟到过。

重读这本书，真的让我意识到这么多年来我们生活发生的巨大变化。我面前这个独立的年轻人，真的是那个多年前因为睡眠问题让我几乎丧失了理智的孩子吗？说实话，那会儿我曾有一段时间认为我的孩子永远不会自己睡觉，永远不会。我还以为他这辈子都会伴随着太阳升起的时刻起床。而现在，我在上午11点去敲他的门，叫他起床，他还睡眼惺忪地嘟囔着说他其实是醒着的，只是没有起床而已。他告诉我如果他在日出的时候醒着，那是因为前一天晚上他熬夜了，而不是因为他醒得很早。

当然，因为多年来照顾安德鲁和他的兄弟姐妹产生的焦虑情绪破坏了我的睡眠质量，我现在很少能一觉睡到天亮。但这又是另一回事了。

饮食问题

安德鲁两三岁的时候，他只喜欢几种食物：面包、饼干、麦片、橙汁、意大利面，以及牛奶和酸奶等乳制品。他的饮食并不是不健康（我曾经让一个营养师检查过他每周的营养摄入量，她说已经相当好了），但种类上还是不够丰富。

只要一看到肉，安德鲁就感到恶心。如果我们让他用舌头舔一下煮过的牛肉——在干预师的建议下我们偶尔会这样做，他就会反胃。他对有强烈气味、特定颜色或特殊口感的食物非常敏感。

我们知道很多孩子都挑食，但在安德鲁被诊断出孤独症后，他的干预师韦恩说孤独症的孩子尤其容易挑食。而且他们与其他孩子不同，随着时间的推移，他们对食物的选择会更少。韦恩甚至告诉过我们一个警示故事，他认识的一个十几岁的孤独症男孩只吃蛋白棒和牛奶，结果他得了肥胖症。

有人建议我坚持让安德鲁只吃我想要提供给他的食物——不允许他几乎每餐都吃他喜欢的麦片和酸奶，而是每晚都把鸡肉和蔬菜放在他面前，让他没有其他选择而不得不由于饥饿吃下我给他的食物。他们说这样做很有效，我只需要坚持照做就行了。

也许他们是对的，但我无法坚持下去。困扰我的不仅是让我的孩子挨饿和不开心，还有我对这个计划的一些担忧。假设我把晚餐端到孩子面前，但他不吃，然后他在一小时后要求喝牛奶，我该怎么办？喝一杯牛奶本身并没有错，这是健康饮食的一部分。但是如果我给他喝了，他就不能承担之前不好好吃饭饿肚子的后果了。另外，我又不能不让孩子喝牛奶，因为牛奶对身体有好处，而我也希望孩子能多喝些牛奶。

我想不出有什么好方法来解决这个问题。因此，我们继续给他吃他喜欢的食物，但我们偶尔会采用"先吃，后吃"的方法——坚持让他在吃自己喜欢的食物之前尝试一小口新的食物，比如舔一下肉。我们希望他能有所突破，喜欢上一些新食物。虽然这种方法有用，但我们没有以任何有规划的方式进行；我们从未为孩子的饮食问题制订过干预计划，因为与语言学习和发展社交技能等事情相比，这个问题似乎并不重要。当你有一个有特殊需求的孩子时，你要选择你的"战场"。既然营养师向我们保证他的饮食没有问题，我就不用再纠结这个问题了。我只要确保能一直给孩子提供他喜欢吃的健康食物就好。

意外的收获

当安德鲁七岁时，他的弟弟里奥被诊断出患有乳糜泻，这种疾病使他无法吃任何含有麸质（一种存在于小麦和其他谷物中的蛋白质）的食物。患有这种疾病的人本身的免疫系统会破坏自身的肠道，以努力摆脱摄入的麸质。四岁的里奥已经停止长个子，身体虚弱，贫血，但是当他确诊后接受了无麸质饮食，在一年内就长高了很多，并重新变得强壮和健康了。

当然，当里奥开始进行无麸质饮食时，我们全家几乎也遵循了这个饮食习惯。在餐厅吃饭，我们可以各自点自己喜欢的东西；但在家里，我尽量提供无麸质饮食，这样里奥就不会感到被孤立了。这给安德鲁带来了一个有趣的变化。因为在那之前，他的饮食习惯是被称为"全天候全麸质"的——他吃的食物主要是面包、谷物圈和意大利面。起初他对这种变化很不高兴。我们尽力为他不能吃到的食物寻找味道不错的替代品，但就是找不到一样味道的（在那个时候，无麸质烘焙食品还没有现在这么好吃）。

但有趣的是，安德鲁的饮食突然发生了巨大的改变。他原本只吃几种食物，对无麸质饮食也感到非常厌烦，所以他不得不开始尝试新的食物，并且喜欢上了很多新食物：墨西哥玉米粉蒸肉、安吉拉卷、寿司、凯撒沙拉……安德鲁仍然不爱吃肉，但偶尔会吃热狗或汉堡包。

具有讽刺意味的是，由于全家都改为无麸质饮食，我们不得不像凯格尔博士和其他干预师建议的那样，把安德鲁喜欢吃的食物拿走，让他尝试新的食物。事实证明，这样做确实很有效，他也越来越能接受新的食物了，食物种类也更丰富了。

十年之后，安德鲁的饮食已经没有什么问题了。

家里的其他子女

很多年前，有一次，我跟我的一个朋友聊天，她恰好是一位言语治疗师。我们经常在一起谈论工作，她知识渊博并且总是很有见地。当我们讨论安德鲁的表现时，她对我说："你知道吗？正因为你有好几个孩子，恰好为安德鲁的干预创造了合适的环境。因为你的家庭总有很多事情要做，安德鲁一直有兄弟姐妹在身边，所以对他来说社交是自然而然发生且必须学会的。"

当然，当罗伯和我决定生下其他几个孩子时，我们并不是为了给最大的孩子安德鲁提供一个干预环境。你不会决定生更多的孩子来为你已经有的那个孩子服务。（至少，我希望你不会。）然而，我们却得到了意外的收获。

毫无疑问，从弟弟里奥能说话并能对安德鲁提出要求的那一刻起，他就是安德鲁最好的治疗师了。他认为哥哥是陪他玩的，而且哥哥不能接受别人拒绝自己。即使还只是个学龄前儿童，他似乎也明白，有时需要不止一次地喊安德鲁的名字才能引起他的注意，有时甚至必须非常大声地喊他："嘿，安德鲁！"里奥是这样做的，他很有耐心，也很自然。

随着里奥年龄的增长，他学会了各种各样的技能，例如与安德鲁分享他喜欢的事物，这有助于安德鲁社交能力的发展。在里奥读一年级时，他有一天回家，说必须要穿平角裤，因为班上没有人还穿紧身内裤。我打听了一下，发现他说得很对——班里赶潮流的孩子都穿平角裤。我给里奥买了平角裤，也给安德鲁买了（他自己是永远不会知道要穿平角裤的）。另外，安德鲁本来一直穿长筒袜。当里奥有一天回家要求我给他买一些短筒袜时，我环顾四周才发现确实已经很少有男孩还穿长筒袜了。于是我给他们哥俩都买了短筒袜。

当里奥二年级结束时，我们发现他喜欢顶嘴和说讽刺的话，而读四年级的安德鲁也是如此。这是件好事吗？事实上，是的。因为在那之前，安德鲁的声音听起来几乎总是异常有礼貌，而且明显让人感觉是被训练过的。我们总不能跟他说："你能不能对我们说话不要那么有礼貌？你能不能稍微粗鲁一点？"但是弟弟成了他真正的引导者。当听到有趣的话题时，他们俩就会一起咯咯地笑。

由于三个年幼的孩子总是喜欢举办聚会和家庭出游，安德鲁与其他孩子的接触也逐年增多，他的社交能力也因此得到了提高。我们家里不管什么时候总是人来人往，在这种氛围下，谁还不会社交呢？虽然里奥可能比安德鲁更具有社交意识，但他经常在公开场合表示对他哥哥的崇拜，因为安德鲁在很多方面都很出色。我经常听到里奥向朋友们吹嘘安德鲁知道关于披头士乐队的一切，或者安德鲁能说出美国历任总统的名字。（弟弟把这些事情看得很重要。）在安德鲁九岁和里奥七岁的那个夏天，他们告诉我说只有他们俩能在一起才去上夏令营，那样的话他们每天都能肩并肩、手拉手地一起参加活动了。

作为哥哥的担当

像许多其他孤独症儿童一样，安德鲁也不是一个刻薄或怀有恶意的人。我注意到，几乎在所有家庭中，最大的孩子总是能影响到一个家庭对所有孩子的培养。因为安德鲁一直都很温和、善良和包容，他为弟弟妹妹创造了一个真正有爱的家庭环境。随着时间的推移，他越来越能承担起作为哥哥的责任了。

我记得有一天，安德鲁四岁的妹妹做了个恶作剧——她把哥哥狠狠地推了一把，认为让他跌跌撞撞地走下楼梯会很有趣。我当时大怒，而安德鲁只是温和地笑了笑，告诉我他没事，他以后也绝对不会对妹妹进行报复（尽管在十年后，再提起妹妹当年的恶作剧他会有些不高兴，但兄妹俩的争吵只是口头上的）。

由于安德鲁从来不打人，不任性，总是毫无怨言地分享他的玩具，因此他的弟弟妹妹很容易学到他的好行为。他们也并不是真正完美的小"天使"——有时候几个孩子因为想要得到同一样东西而发生争抢——但我真心地认为我的孩子们比我在外面看到的大多数兄弟姐妹对彼此更友好。我将这一点归功于安德鲁。

带安德鲁接受干预的日子

从三岁到七岁期间，安德鲁每天都要接受各种治疗和干预，有些干预师会来我们家里，但许多人是不提供上门服务的。这就意味着必须有人开车送他去接受言语治疗、作业治疗，参加社交技能小组等。这个人有时是他的爸爸，有时是家里的保姆，但通常都是我。我想，这与其他孩子没有什么不同（我有一些朋友的孩子是运动员，父母开车送他们去训练的地方比我送安德鲁去接受干预的地方远得多，次数也频繁得多）。当然，安德鲁确实有孤独症，这是他与其他孩子的不同。

安德鲁被确诊孤独症的时候，他的弟弟里奥还是个新生儿，在接下来的一年多时间里，我被眼前的事情压得喘不过气来。我在各种选择和方案之间徘徊，试图找到可以让安德鲁保持不断进步、学习、参与和投入的治疗师。当我没有在做跟孤独症相关的事情时，我就沉浸在自己的焦虑和疲愈的深渊里。

毫不夸张地说，对于当年的小里奥，我是个糟糕的妈妈。

里奥在这样的家庭环境中慢慢长大。虽然当时我们有一个很好的全职保姆，我的丈夫只要在家都会帮忙（我当然很爱他），但我还是希望能有多一些时间陪伴里奥。我希望自己因为他的每一点进步而惊喜，可以多和他说说话。那一年对我来说，真的是很痛苦的一年。

有一段时间，我以为我的生活会一直这样下去——围绕着安德鲁和他的干预生活……

但是，后来安德鲁的情况有了好转，我们也有了更多的孩子，他们在逐渐长大，我们的生活也变得正常很多。

让每个家庭成员感觉自己同等重要

在孩子们还小的时候，我可能在有些方面做得不够好，但我现在已经学会了，所以我可以把这些来之不易的经验分享给别人，那就是没有一个孩子会觉得他的兄弟姐妹的需求比自己的更重要（或者说更不重要）。最好的家庭模式是这样的：家里的每个孩子都觉得，如果某件事对他很重要，他会得到来自父母的关注；如果某件事对他的哪个兄弟姐妹很重要，那个人也会得到同样的关注；如果他和兄弟姐妹的需求发生了冲突，父母会以公平的方式来解决。让你的家庭生活都围绕着一个特殊儿童展开很容易，但这并不能帮助他学会与其他孩子积极互动，而且对其他孩子也不公平。所以，你可以把孩子所需的干预都安排上，但也要确保当其他孩子有舞蹈会演、看医生、玩游戏、看表演、听音乐会等活动时，你都在场。你的目标应该是保持公平。

任何一个孩子都不应该感觉到他的需求在父母眼里不如其他兄弟姐妹的重要。如果你的孩子能感受到你公平的爱和关注，他会更加爱你和他的兄弟姐妹。

正常的生活

我喜欢家里有很多孩子。虽然孩子一多，家里难免会被弄得乱七八糟、很吵闹，但我喜欢这种感觉。这是我十年前写下的。

安德鲁是我们家庭中非常重要的一员。因为有他，我们能听披头士乐队的音乐、庆祝总统日、做很多的艺术手工，并对我们遇到的那些有点古怪的人保持耐心。他的兄弟姐妹同样出色和重要，他们也与我分享了自己的兴趣和在独特领域里掌握的知识。我们的生活不再是被送安德鲁去做干预这件事充满。我们也会送弗兰妮去找朋友玩，送里奥去打网球，送鲁宾去上学前班，而且我也一直在努力找时间写作。当里奥想去自然历史博物馆看昆虫展时，我们全家都去了，尽管安德鲁抱怨说不像弟弟那样喜欢昆虫。

重要的是，我们一家人一直在一起。我们的一个孩子患有孤独症，一个患有自身免疫性疾病，我们最小的孩子年龄还很小——这些都不会使他们中的任何一个人比其他人更重要或更不重要。只要是让家庭成员中每个人都受益的事情，我们都会去做。

十年后

"我们能过上正常的生活吗？"

这是十年前我问自己的问题。当时我们面临着很多问题——孩子的孤独症、自身免疫性疾病以及我们的焦虑情绪等。然而，我认为我们是一个快乐、普通的家庭。

然而，我们又是不普通的。我相信，很多家庭也并不普通。

我的孩子经常告诉我，我不是一个普通的妈妈。首先，我对他们很包容，我会毫不犹豫地回答他们的任何问题，我们之间总会展开一些疯狂的、有趣的对话。

另外，我愿意做任何事情以避免开车，即使是短途驾驶。我的意思是，当我不得不这样做时，我才会去做，但我真的很讨厌开车。

另外，如果你见过我，看过我的穿着，你就知道对一个住在洛杉矶西区的妈妈来说，这不是正常的。你可以称我的穿着为"旧货店的时尚"，只不过不是真正的"时尚"。

不过，我的孩子们似乎很喜欢我，即使他们嘲笑我看起来很奇怪，但他们好像很满意有一个奇怪的妈妈。而你知道吗？我也爱我的疯狂古怪的孩子们。虽然他们经常很难对付，但都很可爱。

我也不再认为"正常"一词在育儿书籍中应该占有一席之地了——无论你的孩子是否有某种疾病。事实是，我们并不真正了解别人的生活是什么样的，而且如果我们深入到任何家庭中，我真的怀疑是否存在所谓的

"正常"。

　　如果我们都接受这一点，并且（最好）拥抱它，那么我们就可以沉浸于生活中美好的一面，积极应对那些不好的一面，也不用担心我们的行事为人是否符合其他人的要求。

　　如果我们放弃对"正常"生活的期望，也许我们会学会欣赏不同的、独特的、美妙的、异于寻常的人和事……换句话说，这才是真实的生活。

第九章

自我管理策略：
帮助孩子独立

> **问题：**您一直提到自我管理策略，我大概知道它是什么意思。显然，它与教孩子监督和评估自己的行为有关，但我不知道具体该怎么做。

很小的时候，我们在日常生活的各个方面都需要很多帮助，包括学习如何说话和社交、如何控制情绪比如愤怒和沮丧。但随着时间的推移，我们学会对自己的生活负责。我们开始学习如何独立照顾自己，衡量对他人说什么话是合适的，了解什么可能会伤害他人的感情，并学习遵守社会中成文和不成文的规则。我们把这些一一列举并逐条核对，学会独立工作和控制自己的行为。

孤独症儿童往往缺乏自制力，也不够独立，或许是因为他们总是较少参与社交活动。因此，我们经常要教他们如何对自己的行为进行自我管理。这并不是说自我管理只对残疾儿童有效。事实上，一些早期研究关注的对象是抽烟的大学生。研究人员要求大学生们只是简单地记录他们在课堂外抽了多少支烟。仅这一项措施，学生们就减少了吸烟量。换句话说，仅仅通过意识到这件事是不对的，参与者就减少了抽烟的行为。

许多减肥项目也是运用了相同的理念。直到开始记下入嘴的每一口食物，我们才发现不由自主地吃下了多少食物以及我们正在吃的食物是多么不健康。记录是一个很好的开始，然后要制订一个计划，系统地监督和奖励自己，这确实有助于改变行为。

自我管理策略在学校里也特别有用，因为我们不希望孩子总是要被大人守着。如果执行得当，一些干预项目可以通过使用自我管理的方法，在不需要大人在场的情况下进行。但是，该项目确实需要非常系统化地执行并进行密切监测才能有效。我们将在本章进行详细解释。

关于自我管理，我的经验分享

很幸运的是，我在女儿上幼儿园的时候就了解了自我管理的方法。有一次召开家长会时，老师告诉我们说女儿在学校推搡其他孩子，她如果还继续这样做的话就会被警告。如果一个孩子被警告达到三次的话，就会被停学一天。（题外话：我一直讨厌学校太过注重惩罚孩子。想想有多少孩子被停学或开除，如果有人教他们合适的行为、辅导他们完成学校作业，或者只是给他们提供所需的帮助，他们会受益非常大。当孩子因为被停学或开除而暂停学习时，他们会更加跟不上学习的进度，与同伴相处的时间更少，这对他们未来的成功都没有帮助。学校往往不花时间去真正弄清楚孩子们做得不好的原因。）

回到女儿推搡同学这件事上，我清楚地记得她的这个行为开始的时间。在这件事发生的前一年，当时我的女儿在早教中心模仿了一个经常推人的同伴的行为。当我咨询中心的老师时，她说不用担心，女儿只是在男孩中"坚持自己的立场"，于是我就不再担心了……但女儿上了幼儿园后，还是会有推人行为。

当女儿入学后再有推人行为时，老师们认为这种行为的后果很严重，我也恳请老师找出女儿在幼儿园推人可能的原因（但并没有明确结论）。我到幼儿园与老师面谈，老师坚持说我女儿推人是"没有任何原因的"。在离开幼儿园之前，我还从老师口中获知了一些信息，主要是了解到女儿的推搡行为只发生在下午，从来没有在早上出现过。于是我制订了一个干预计划。首先，我对女儿的就寝时间做了调整。由于推人行为只发生在下午，我猜测疲劳可能是一个原因，所以我让她每天晚上早一点上床睡觉。其次，我问女儿推人的原因，她会为每一次行为都说出合理的理由。这并不像她的老师所说的是毫无理由的。罗里在排队的时候挤在她的朋友艾米前面，所以她不得不推他；丽贝卡骂艾米"愚蠢"，所以她推了她……这些都是女儿告诉我她推人的原因，显然她的老师不知道这些。

即使我们有必要教女儿适当的替代行为（参见第三章），但在教她用语言来表达的同时，也不能忽视她的推人行为——我们不能无视被老师警告的风险。所以，我为女儿制订了一个自我管理计划。我买了一袋糖，每天一到午餐时间，就去学校问女儿她早上有没有推人。如果她没有推人，就给她吃一颗糖。放学后，我们也这样做。一旦开始进行这样的自我管理，女儿就再也没有推过人了。一周后，我就不再在午餐时间去学校了。又过一周，我把对女儿的奖励也撤销了。我的这个措施很快就取得了令人难以置信的效果。

后来，女儿还会跟我谈论起那段日子。她仍然记得她用了多大的努力才没有推人，她是多么希望告诉我她没有那样做，得到奖励糖果是让她多么开心。

这里有两个重要的细节。一个是我从足够短的时间段开始，这样她就能体验到成功的滋味。她只在下午推人，但我在中午时检查，这样她就可以报告她上午的行为，并因为自己良好的表现得到奖励（这是正面反馈），以及感受到成功和自己有可以做到的能力。另一个细节是，当不良行为第一次出现时，忽视或原谅它是错误的。我们可以在小问题变成大问题之前将其消除。

自我管理策略的利与弊

自我管理策略有利有弊。它快速有效，能在任何环境中发挥作用，在学校里尤其有用，因为如果孩子的一个坏行为不能迅速消失，他就有被赶出班级或受到其他严重惩罚的风险。自我管理的弊端是，它并没有真正解决导致孩子出现问题行为的"根本原因"。而且，正如我们在第三章所讨论的，如果孩子要彻底摆脱一个问题行为，必须学会一种替代行为。不过，自我管理可以为你赢得时间，就像我女儿当时那样。因此，你（或学校）需要做的第一件事是，针对你想减少或增加的行为收集一些基线数据，然后你需要弄清楚问题行为发生的原因，这样你在对孩子施行自我管理的同时也可以致力教授他合适的替代行为。当然，典型发育的儿童本身往往已经拥有恰当的行为，所以对他们来说，只要确保不出现不恰当的行为即可。但是对有沟通障碍的儿童来说，可能需要做出一些努力来建立替代行为。你必须弄清楚孩子是否有能力，有的孩子具备相应的能力只是没有表现出来（有时被称为"表现缺陷"）；有的孩子根本就不具备这项技能，这就意味着你需要从头开始教他。尽管如此，在你教授他和（或）帮助他练习恰当的替代行为时，自我管理仍有帮助。

有趣的是，当自我管理这个干预方法首次出现在文献中时，它主要被用于智力中等或以上的成年人身上。这让人感觉似乎自我管理策略对残障人士来说是一个挑战。但是，我们在20世纪八九十年代初的研究显示，有严重残疾的人（孤独症人群被归入这类人）也可以使用自我管理策略。1990年，我们率先证明，自我管理策略可以被有效地用于孤独症儿童完全融合的环境中以减少其破坏性和不恰当行为，从而使他们能够在不需要成人持续监督的情况下参与活动。我们从美国国家心理健康研究所获得了资助，为孤独症人士开发了自我管理项目。多年来，我已经制订并实施了数以千计的方案。根据研究和临床经验，我可以说，五岁以上并且有一定语言能力的儿童都可以很容易地学会自我管理；年龄较小、语言能力较弱的儿童也有机会用上这个技能。在没有成人持续监督的情况下，如果我们期望孩子能做出恰当反应，或是在环境中有迅速改变行为的能力，自我管理是理想的干预方法。我们已经使用自我管理方法解决了孤独症儿童的攻击性行为、自我刺激行为，提高了他们的专注力、回应问题（口头）的能力、提问的能力、轮流做事的能力，以及提高了青少年和成人的自助技能、工作准备能力等。

以下是具体方法介绍。

如何实施自我管理策略？

1. 详细描述你想要增加或减少的目标行为

你要做的第一件事是清晰和具体地定义你所关注的行为。当我看我的研究生们写的报告时，我的测试标准是我能不能通过文字"看到"该行为。如果报告里写到"有攻击性行为"，我就不清楚到底发生了什么情况。但如果报告写"用紧握的拳头打同学"，我就能"看到"具体的行为。同样地，如果报告只是指出孩子"不专心"，我真的不知道发生了什么事。但是，如果报告写道"她经常离开座位，在教室里转来转去，眼睛盯着前方放空"，我就完全能想象到这是什么场景了。一定要确保目标行为被清晰和认真地定义，以便每个参与者都能关注到同一种行为。如果孩子以后出现了其他行为，那也没关系，我们同样可以解决。但就我们要监测的具体的目标行为来说，我们要评估在自我管理项目开始后该行为是否增加或减少了。

2. 测量你希望改变的行为

接下来，我们要了解目标行为发生的频率。你需要确定合适的测量方式——是行为持续的时间长度还是它发生的次数。这一点很重要，因为有些行为更适合采用时距记录法（一种测量行为的时间取样方法，记录一分钟内行为是否发生），而有些行为用发生的频率来测量更准确。

例如，如果你关注的是孩子"不专心"这个行为，那么可以测量孩子在15分钟内自我刺激行为发生的时间百分比。你可以在每15秒、每30秒或每1分钟的时候记录行为是否正在发生，然后进行计算。该行为发生的时间是占总时间的50%还是100%？它是否在某些活动中比在其他时间发生得更多？另外，如果它的开始和结束是不连续的行为，你可以使用计数的方法。如果你对行为进行计数，要确保数据记录的时间间距是一致的。如果你要统计孩子在圆圈时间内举手的次数，而圆圈时间从5分钟到30分钟不等，你的数据对比将毫无意义。但是，如果你每 5 分钟记录一次孩子举手的次数，那么你就能准确地比较孩子在干预期间和干预之后的行为变化。

在收集数据的过程中，你可能还要考虑其他重要的事情。例如，你的孩子是否在老师第三次提问后才回答问题？其他孩子接近他时，他是否每次都会推对方，还是只是有时候会这样？换句话说，要充分了解目标行为发生的频率和时间。（如果你想要增加某个行为，则要了解其不发生时的情况。）使用本书后面的行为数据表可能会有所帮助，尤其是当你试图控制住孩子的一个破坏性行为的时候。了解行为何时发生以及何时不发生，对制订干预计划至关重要。另外，正如我在上面提到的，它有助于我们了解哪些行为需要被教导、哪些行为是孩子已具有但是没有在所有环境中展现的。如果是表现上的缺陷，只需要在额外的环境中辅助孩子表现出适当的行为；如果不是，你就需要教授此行为。

3. 为你的孩子确定测量形式

你需要为你的孩子选择一个记录装置，来统计他完成目标任务的次数。你可以只用铅笔和纸（适用于时距记录法或计数），也可以去体育用品店买一个重复计时闹钟（适用于时距记录法）或者计数器（适用于计数）。你还可以在网上买到各式各样很不错的计数器，从机械的到电子的都有。有些可以戴在手腕上，有些可以像戒指一样戴在手指上。此外，现在大多数手机都有倒计时器或提供很多可以轻松下载的应用程序，这些都可以设置任意时距。如果你的目标是让孩子在一段时间内没有问题行为的话，那么这些做法非常有用。因此，要将记录设备与测量方法相匹配。如果是时距测量，你要教你的孩子使用可以设置时间段的设备，为此你可以使用手表或手机上的闹钟、倒计时功能或其他类型的计时器。如果是测量不连续行为，你可以使用手腕上的计数器、一张纸或其他任何可以用来计算每次行为的工具。

4. 教孩子评估自己的行为

你的孩子必须明白要记录什么。例如，如果你和孩子正在练习恰当回答问题的项目，你要让孩子练习如何做出合适的反应、避免出现不恰当的反应。你可以做示范，也可以通过给他反馈来教他对自己的反应进行区辨。我们曾对一个小男孩进行干预，他把自己的手指咬到流血———一开始是咬指甲，但随着时间的推移变得越来越严重。我们教他自己注意手指是应该放在嘴巴里面还是外面。我们还教孩子注意什么是"坐得好"（待在桌子前面的椅子上不跳起来）和"干得好"（完成任务）。大多数孩子在一到两次干预后就学会了区分恰当行为和不恰当的行为。

5. 教孩子记录行为反应

这被称为"自我监控"，是自我管理计划的另一个重要步骤。自我管理的一个真正好处是，它侧重于积极的方面。一旦孩子学会了目标行为，我们就可以在自我管理过程中测量这些积极的行为，例如记录积极行为发生的次数。

即使你的目标是消除孩子的一个负面行为，你仍然可以把关注点放在积极的方面。例如，如果我试图消除孩子的打人行为，我会因为他在一段时间内没有打人而给予奖励，并且我会称其为"安静的手"或"良好的行为"，以保持孩子对干预的积极性。或者，如果我的孩子在课堂上不举手发言，我会在他每次举手回答问题时给他加一分。你一开始就要给孩子很多奖励，所以要根据你在基线期收集的数据，确保你从短的、可管理的时距开始执行。

例如，如果你的孩子大约每 15 分钟就会离开他的桌子，你可能要以 10 分钟的时距开始施行自我管理计划，奖励他坐在桌前的好行为。你要让他因为做到了他力所能及的事情而得到奖励。为此，你需要选择比基线数据时间间隔更短或者回应次数更少的要求作为起点。如果大部分尝试都不成功，孩子就不想再继续努力了，只会感到气馁。你最初的期望值也不要太高。让孩子有成就感，有利于他继续坚持下去。

有时孩子们进行不同的活动需要不同的时间长度。我曾经为一个有很多分心行为的孩子制订了一个自我管理计划（他的不良行为包括：眼神放空，把不能食用的物品如纸、小石块和订书钉放进嘴里，玩地毯和桌子上的物品，吐口水和用口水吐泡泡，把手指放进嘴里，用手摸和戳同伴，以及大声说话）。对他来说最具挑战性的时间段是圆圈时间，所以我们从圆圈时间开始，以一分钟为单位开始增加计时时距。在实施自我管理计划之前，我们给他安排的座位是教室最前面的座位。在实施自我管理计划之前，我们给他安排的座位在最前排。我每隔 1 分钟就把他的自我管理表放在我的面前作为专心行为的提示（当时我们还没有给他使用计时器），以避免因为语言提示而打扰到其他同学，为此他的老师还觉得这很可笑。不得不说，在他坐在课桌前的时间里，专心的行为多了很多，所以我们之后就可以从每次增加 5 分钟开始延长计时时距。最后，在用电脑的时间段里，他几乎能全程专心地完成作业，因此，我们就延长至 15 分钟的时距。在大约一个月内这个孩子几乎整天都能保持专心的状态了。

6. 奖励孩子

只要你的孩子表现出你们的目标行为（即积极行为）并且在计数器或者纸上记下来了，你就要奖励他。从频繁的奖励开始，然后逐渐消退。"消退"需要逐渐地、系统地撤销对孩子的强化，直到目标行为在自然情形下（不需要强化）也能发生。例如，如果你一开始是孩子在座位上待了 10 分钟而奖励他，那么接下来你可以把时间增加到 12 分钟或 15 分钟。这样逐渐增加时间，直到你的孩子可以像其他孩子一样，只需要在每天结束时进行奖励。如果孩子每次回答同伴的问题后，都会在方框里打个钩，你可以给他增加几个方框，鼓励他多回答同伴的问题。换句话说，我们要逐渐地、有计划地淡化奖励，这样就需要孩子在更长时间内或者更多次地表现出目标行为。有趣的是，在我们为有轻度到重度残疾的儿童设立的数百个自我管理项目中，从来没有一个孩子抱怨过奖励的消退。事实上，有些孩子甚至在开始出现目标行为时就自然而然地自己淡化得到的奖励了。记住，奖励必须是有意义的。你可以给孩子奖励积分，也可以奖励他玩具、零食等这样的奖品。经常变换奖励，并时常检查，以确保你的孩子仍然认为他值得为之努力。

7. 淡化自我管理

最终，你想让孩子在他日常环境中的所有自然后效[①] 下展现出预期行为。在学校里，这些通常涉及某种惩罚制度（很不幸）。老师们可能都学过如何惩罚孩子以维持班级秩序，但很少有人知道，通过对良好行为的奖励来维持孩子的行为也同样简单，而且更有趣。

我曾经在一所学校观察一个全融合班[②] 的孩子。班级里将要举行一项活动。但老师由于某种原因迟到了，所以学生们都排着队等待老师。在这个过程中，孩子们的行为变得越来越糟糕。我静静地观察了他们一会儿，直到他们的行为从说话上升到了推搡和大喊大叫，这时我插嘴说："如果你们的老师看到你们都排好队安静地等她，她会非常高兴的！"有几个学生的表现立即变好了，我对他们大加赞赏。然后这些孩子开始要求其他人也停止喧闹。很快，整个班级的学生又一次安静地站好了队。孩子们喜欢正面积极的引导。

但是，大人并不能总是守在孩子身边给予表扬和鼓励，所以孩子们必须学会自己去做对的事情。这就是为什么对于孩子，我们要消退自我管理计划，以便自然后效能发挥作用。延长时距是消退的一个步骤：随着记录时距的延长，强化措施就会被淡化，即孩子需要在更长时间内表现出良好行为后才能获得奖励。我有

---

① 指一个行为发生后带来的自然后果。

② 在全融合班级中，特殊儿童与普通儿童在一起学习，旨在为特殊儿童创造正常的学习和生活环境。

时会尽量将时距延长到自然的课堂休息时间，以便老师可以在这个时段对孩子进行自我管理行为的检查，而不再需要助教或其他支持人员的帮助。同样地，如果孩子正在进行积分项目，随着时间的推移，你可以增加对他的奖励积分。你可能认为孩子们会抱怨这一点，但随着消退的逐步进行，他们是没问题的。最后，孩子们经常忘记在时距结束时做标记或记录积分，但仍表现出目标行为。这算是一种自然消退，因为行为发生变得更自然了。此外，如果你使用计时器，你就不需要自己来检查孩子的情况——这也是在淡化大人的支持和创造孩子独立的机会。最后，你可以教孩子给予自我奖励，这有助于培养他完全的独立能力。

现在你的孩子正在学会评估自己的行为和走向独立的道路上又向前迈进了一步。无论他走到哪里，即使干预人员不在，你也可以把手表或自我管理表格交给他。这个方法的好处是，孩子们能学会自己执行干预计划。如果孩子的自我管理执行得当，你应该能很快看到他行为的变化。同样，自我管理策略也很适合在学校里使用，也可以在家里、社区和孩子经常去的其他地方实施。

积极参与的重要性

任何干预项目的最后一步都离不开干预对象的积极参与。我们的每一个重要决定或行为的改变都离不开我们为之付出的努力，无论是减肥、运动、多陪家人、戒烟戒酒还是还清债务。当然，我们可以请别人帮助我们制订饮食计划或做预算——我承认，如果不是我丈夫每次在半夜被鞋子绊倒后说我几句，我可能仍然会把鞋子脱在鞋柜外面——但是，为了实现永久性的改变，我们需要对自己负责。我们必须学会自我管理，遵循一个系统化的方案是有用的，例如记录每天吃的食物或者每次完成任务后在清单上打钩。

这对孤独症儿童来说也是如此。他们需要在自己的干预项目中发挥积极作用，以获得独立。自我管理策略是帮助实现这一目标的完美途径。

成功案例分享

■ 泰——养成讲卫生的习惯

泰是一名十一岁的小学生，有孤独症和视觉障碍。每天他的父母很早就出门去上班了，所以他早上只能自己照顾自己，包括起床、吃早餐、洗澡、穿衣，然后去公交站等车。泰非常聪明，但是他在为轻度残疾学生开设的特殊日间班里上课（尽管我认为他应该进入全融合环境）。

总之，泰在自己起床洗漱和上学方面都做得很好，自己吃早餐也没问题，他在学校时从没抱怨过肚子饿，而且他还说每天早上都会吃一大碗他最喜欢的麦片。但是，他在卫生方面做得不太好。他有"维持同一性"的问题——必须每天都穿同样的衣服。人们经常看到他总是穿着一件脏兮兮的T恤衫、一条又短又脏的浅卡其色裤子和一双恶臭的袜子。他的身上总是散发着酸臭的味道。他也从不洗脸，从不清洁眼镜，眼角还经常会有很大的眼屎。

泰非常聪明，但很少有人愿意接近他。他太脏了，衣服不干净，身上的气味很难闻，以至于老师们都害怕他靠近，同学们也嘲笑和疏远他。很显然，我们必须帮助泰做些改变了。

因为泰要上学，他的父母也无法监督他的早间日常活动，所以我们决定帮助他制订一项自我管理计划。当然，对他来说这个计划清单很长，包括很多任务，如刷牙、洗脸、洗手、清洁指甲、使用除臭剂、清洁眼镜、穿上干净的衣服以及洗澡等。

一开始，我们清晰地列出了泰应该有的讲卫生的行为（如洗脸、换下弄脏的衣服、刷牙、清洁指甲等），并制作成表格供他填写。我们还讨论了如何对他进行奖励。他选择了如果积分少就奖励从图书馆借阅书籍，如果积分多就奖励他喜欢吃的零食。

真正开始实施自我管理计划的时候，我们决定只在表上写一个项目——洗脸。我们给泰看他脸上的脏东西和眼睛的分泌物，并告诉他，如果他洗完脸并把眼睛里的脏东西弄干净，他就能得到1分。我们与他达成的另一项协议是，如果没有洗脸就去上学的话，他就要在进教室之前去卫生间洗脸。

第一周的情况时好时坏。有时泰会在出门前把脸洗干净并且在表格上打钩，有时我们不得不在他进教室前先把他带到学校的卫生间洗脸。但第二周情况就好多了，泰有了很大的改进。他几乎每天都在早晨出门前就把脸洗得干干净净。偶尔有一天他忘记洗脸，竟然也能一下车就跟我们说他必须去卫生间清理一下。

泰在洗脸方面已经做得很好了，于是我们又增加了第二个项目。他知道这意味着他可以获得更多的积分，所以积极地同意了。我们把清洗眼镜加入了表格中。我的一个朋友给我们提供了一大堆清洁眼镜的专用布，于是我们教泰每天早上擦拭他的眼镜。因为有视觉障碍，所以泰很难确定眼镜是否被擦干净了，但我们发现，在眼镜的正反每面各擦拭五次就够了。现在，他的眼镜不仅从外面看干净了，我相信他从里面看也会更清晰，尽管他从来没有抱怨过脏眼镜对他造成的困扰。

就像进行大多数自我管理项目一样，如果你正确地开始了第一步，以后的步骤会更容易。逐渐地，在学会了擦拭眼镜后，泰学会了刷牙，接着是学会了穿干净的衬衫、裤子、袜子。他的父母会在前一天晚上把干净的衣服拿出来，接受了自我管理训练加上对赚取积分的渴望，使泰不再在脏衣服篮里翻找以前每天穿的脏衣服了。而在整个过程中，泰的诚实也令人难以置信。即使是在他看起来相当干净的日子里，他也会诚实地报告自己当天没有刷牙或清洁眼镜。

关于洗澡（包括清洗油腻的头发）这一项，我们确实挺担心的，因为我们没有办法跟进并确保泰在上学前真的洗过澡。因此，如果了解到前一天晚上他自己洗澡了，我们就会给他一个巨大的奖励。看到泰第二天顶着干净的头发、带着在"洗澡"栏里打了"√"的表格来找我们的时候，我们都高兴极了。

泰保持良好的卫生习惯持续了整个学年，我们也逐渐消退了积分制度，他每天只用接受一次检查就好。我们还逐渐淡化了奖励，使奖励的频率降低——更像是他在自然环境中所经历的那样。

■ 苏菲——学会保持专注

苏菲是一名小学一年级的学生，她比同班的其他同学大一岁，因为她的父母让她在学前班多待了一年，希望她能在社交方面跟上同龄人。苏菲在幼儿园时的情况时好时坏，因为她在全融合班里的一对一助教没接受过孤独症儿童干预相关的培训。事实上，有几次她妈妈来班里做志愿者时，她注意到助教在打瞌睡或在打电话聊天。令人欣慰的是，苏菲有一位了不起的老师，她付出了加倍的努力让苏菲保持专注并完成作业。

苏菲幼儿园毕业后，要接受个别化教育计划的帮助，大家认为苏菲应该开始进行自我管理，这样就可以不需要助教的帮助了。苏菲的主要问题是总是眼神直视前方发呆，在被提醒时有负面行为（如对助教或老师大喊"不"，或发出刺耳的尖叫声），不听从指令，上课时离开座位，以及大喊大叫。

一年级开始时，苏菲的学校在对她没有实施自我管理策略的前提下就撤走了助教。因此，苏菲的学习和行为都受到了影响。由于父母有苏菲学习退步的记录，他们要求召开会议并展示了许多苏菲未完成或根本就没有开始做的作业。尽管苏菲在拼写方面有天赋，从学前班起她就知道如何正确地写自己的名字，但她在一年级完成的作业中却把自己的名字拼错了，这说明她对作业是多么不感兴趣。

后来，学校同意为苏菲制订一个自我管理计划，但苏菲仍然完成不了作业。她的父母又跟学校开了一次会，这才使自我管理项目的一些问题得以呈现。

第一个问题，学校希望老师每五分钟检查一次苏菲的自我管理计划。班上还有其他 22 个孩子，苏菲的老师确实不可能那么频繁地对她进行监督。然而这对改变苏菲的行为非常重要。在自我管理计划实施的开始阶段，大人需要特别留心，以确保对苏菲的监测是准确的——否则她可能会表现出不恰当的行为却获得了奖励，以至她不理解什么才是恰当的行为。

第二个问题，苏菲会因为"尝试"而获得积分。例如，如果她大喊大叫之后立即捂住自己的嘴，老师会认为她学会了自我纠正不良行为，所以应该给她积分。虽然我赞成奖励她的尝试行为，但还不是时候——苏菲会认为，只要她事后捂住嘴，在任何时候大喊大叫都是可以的。

第三个问题，苏菲不适应班级的行为管理方法。班级的行为管理方法是老师会给每个孩子一个衣服夹子，上面写有他们各自的名字。墙上的一块长布从上到下涂成四种颜色，老师会根据孩子们的表现把衣夹夹在上面：夹子在绿色部分表示孩子表现良好；黄色表示孩子需要记住自己的行为举止；红色表示孩子再次出现行为不当；白色表示孩子在一天内有多次破坏性行为。每天课程结束时，夹子在绿色部分的孩子手上会被盖一个章；而其他的孩子则会带回家一张纸条，上面写明他们今天的行为用什么颜色代表，并提示他们第二天需要更加努力。问题是，每次老师把苏菲的衣夹移到代表不好行为的部分时，她就会大发雷霆，在地上打滚，大喊大叫。所以，无论苏菲当天的行为有多糟糕，老师都会给她手上盖一个章。

第四个问题，记录行为的图表太复杂了，连大人都不好理解，更别说一年级的孩子了。

最后一个问题，经常由老师来统计苏菲的所有分数。这根本就不是孤独症儿童的自我管理。

因此，我们做了一些调整。首先，我们使用了适合孩子的语言，并且只在她的图表上写上"我完成了我的任务，并且表现良好"。苏菲不需要一份详尽的清单列出所有的好行为，而只需要写出大致规定。接下来，我们让助教密切关注苏菲，并确保在一个时间间隔后给予她适当的反馈。这样，她就能清楚地知道自己是否表现出了预期的行为。这对老师来说工作量太大了，这也是苏菲在很多行为不佳的时间段里还能得到积分的原因。

我们还实施了一个消退计划。由于老师不能总是每 5 分钟就关注到苏菲，所以她很少在那段时间内真正有良好的行为。那些时间段通常都太长了——对于苏菲来说，要持续表现出这些良好行为太难了。现在助教从一个几乎能保证成功的时间段开始（基于我们的干预前数据），我们可以开始逐渐消退强化计划。我们决定，在四个成功的时间间距之后，将时间段延长 1 分钟。每个时间段之后，我们都会询问苏菲她的表现如何。助教以简短、直接、实事求是的方式给予她直接反馈："是的，我同意，我喜欢你的良好表现和完成工作的方式"，或者"没错，你刚才确实离开了座位，再试一次"，或者"我看到你发呆了，再来一次"。这样苏菲就能真正理解她何时表现得好，何时表现得不好。

仅用了一个月的时间，苏菲的表现就达到了同龄人的水平，她几乎整天都表现得很好。苏菲的进步需要付出一些努力，也需要成人给予一段时间的持续关注。短短几周后，她就能和其他学生融为一体，也能很好地完成作业了。正确地实施自我管理计划，让苏菲的生活完全不同了。

■ 凯——能与他人进行流畅的对话

凯是一名成绩优异但在社交方面有很大问题的大学生。他多年来一直接受干预，向心理治疗师倾诉自己与其他人相处的困难，特别是在找女朋友方面。这样的"谈话疗法"没有给凯带来任何帮助，因为治疗师无法确定他在社交方面有困难的原因。凯长相不错，待人也很贴心，但即使他能够得到第一次约会的机会，也从未与女孩继续发展下去。

我们把凯和一些同龄人放在一起，仅要求他们进行交谈，从而初步确定了他社交能力的基线。凯很乐意回答别人的问题，并在同龄人聊天时认真倾听。然而，每当谈话出现停顿时，他就变得沉默了。这样极其尴尬的场面使其他人在凯身边感到很不舒服。我们通过观察分析，意识到凯从来不会向他人提出问题。在与他人交谈时，他会点头，也有很好的眼神交流，但从没有提过问题。甚至当他的对话伙伴说"我度过了一个很美妙的周末！"时（他的伙伴明显希望凯能做出一些反馈或者提些问题），他也只是沉默，没有给对方任何反馈。

因此，在凯的干预项目中，我们将视频示范与自我管理策略相结合。我们让他观看自己的视频，并给他反馈一些在与他人的谈话停顿时可以提出的各种问题。在自我管理方面，我们与他进行对话，并让他用手腕上的计数器记录自己提问的次数。在四个干预期内，凯问了很多问题，而且在与人谈话过程中不再有令人不舒服的停顿了。

这是一个简单的干预计划，而且非常有效。凯从此有了一个稳定的女朋友。更重要的是，他知道了该做什么、自己的问题是什么，从而增强了自信心并且消除了社交焦虑和抑郁。

■ 曼尼——学做家务

当我们见到曼尼时，他还是一个八岁并且几乎不会说话的孩子。他每天大部分时间都在做非建设性的活动，比如在家里走来走去、看电影和进行一些重复性行为。他的母亲是一名餐厅服务员，大多数晚上都要出去工作。曼尼的母亲说她发现晚上回家后还要做家务，感觉压力很大，并曾反复要求过曼尼帮忙做一些事情，如喂狗、打包自己第二天的午餐和打扫自己的房间。尽管她多次要求，但曼尼从未参与其中。

我们开始为曼尼制订一个自我管理计划，以便曼尼每天晚上能够承担一些家务活。我们使用了背面有尼龙搭扣的图片：在曼尼成功完成每项任务后，我们教他把图片拿下来，然后放进贴在布板底部的一个信封里。

这些图片上画有曼尼需要完成的任务的图示：拿出狗粮（用食物的图片表示），往盘子里舀一杯（用杯子和盘子的图片表示），把狗粮放好（用袋子放回柜子里的图片表示），把狗的水盘装满（用水龙头下的碗的图片表示）。

我们练习了每一个步骤。当曼尼成功地完成了每个步骤后，他可以把这个步骤对应的图片移除。

我们让曼尼用同样的方法学习打包午餐。曼尼最喜欢吃三明治，他的妈妈会在周末时做好够他一个星期吃的三明治，然后把它们放在冰箱的冷冻柜里。她还会把一小袋切好的水果和蔬菜放在冰箱的冷藏室里，饮料放在厨房的架子上。曼尼会看着相应的图片，拿出指定的物品，并将每件物品放入当天的午餐袋里。

在曼尼的家务表的末尾有一张图片，是画着当他完成所有家务后就可以吃的特别的甜点。曼尼花了几周时间来学习每项家务，一旦他学会了，他就获得了一项新技能。我们可以把任务混合起来，他就会按照新的图片顺序来做，这让我们确信他是真正在进行自我管理而非简单机械地记下来。这极大地帮助了曼尼的母亲，大大地减轻了她的负担。

经典问题解答

问题： 我想教我的孩子用自我管理的方法学习如何梳洗，但她没有语言。这能做到吗？

对于无语言的孤独症儿童，可以通过使用图片来完成自我管理。你可以拍摄照片或从网上下载你想让孩子完成的每项活动的图片，如洗脸、梳头、刷牙等。将这些图片挂在一个环上，或放在布板上（图片背面有尼龙搭扣），或存进电脑里。然后你要教她根据图片提示进行活动，学会把图片拿走或翻开，或继续进行下一张图片显示的内容。一旦这些任务全部完成，你的孩子就可以得到奖励。

用图片来教无语言的孩子完成一系列任务，效果非常好。我们已经为一些活动设计了图片自我管理项目。如果你想评估你的孩子是否真的在进行自我管理，而非仅仅记住了一连串的行为，可以试着把原来的图片顺序打乱。如果孩子真的在进行自我管理，她会按照图片上的内容完成任务，而不是按照她学习时的顺序来做。

问题： 如果孩子坚持认为她是在练习目标行为，但我知道她并没有，我该怎么办？我女儿从学校回来时，她的自我管理表上关于坐姿良好的条目后面打了很多钩，但老师说她还是经常没有好好地坐在座位上。

这是个好问题！这里可能会有几种不同的情况。

可能是你的女儿在区辨上出了问题，她无法分辨不同的行为——请记住，她必须充分理解目标好行为和你想消除的不当行为之间的区别。她可能需要更多的练习来辨别什么是好的坐姿，什么是不好的坐姿。你可以用一个游戏来帮助她，让她告诉你什么时候自己是坐得好的、什么时候坐得不好。如果她对好的坐姿理解有误，你要及时纠正她。如果她对向你展示不恰当的行为感到尴尬或不舒服，那就意味着她知道那是不好的行为。

如果孩子已经完全懂得区分恰当和不恰当的坐姿了，那可能的原因是：

一种可能是，她非常想得到分数，即使得不到，她也要给自己加分。我们制订的一些项目可以同时关注孩子理解的准确性和正确行为这两个方面：孩子可以因好行为而获得 1 分，也可以因准确评估自己的行为获得 1 分。所以，即使她没有表现出好行为，但准确地报告出她没有表现出好行为，她仍然可以获得 1 分。而如果她报告说她的行为是好的，但大人看到了问题行为，她就不会得到任何分数——这教会了她要诚实地报告。

另一种可能是，有时是因为大人不够警惕，导致孩子的不恰当行为得以不被发现。因此，孩子可能认为——并且真正相信——不恰当的行为是合适的。在这种情况下，你需要重新开始她的整个自我管理项目，从保证孩子能够获得奖励的时距开始（根据数据显示问题行为的发生频率而制订）。发生这种情况是很可惜的，因为错误地实施一个项目可能会导致孩子的行为没有得到改善甚至变得更糟糕。

问题： 我要求学校为我的孩子制订一个自我管理项目，以帮助我的孩子集中注意力。但当我看到孩子带回家的表格时，我可以看出这是一个成年人做的记录。

这是大家最常犯的错误之一。即使是孩子的自我管理（注意我强调的是"自我"！），一些项目仍然是由成年人来做记录。正确的做法是让孩子自己评估和监督，这是极其重要的。否则，孩子就不可能变得独立并学会自我控制。同样，要确保观察自我管理项目的大人让孩子在没有任何提示的情况下进行评估。例如，如果大人热情地笑着问："你做得怎么样？"孩子很可能会回答："很好！"但是，如果大人在问孩子表现如何时显得不高兴或生气，孩子可能会说："不怎么好。"重要的是，孩子要学会自我评估的方法，这与大人评估他的行为有极大的不同。

安德鲁的故事：自我管理

当我们第一次去见凯格尔博士时，她提出了为六岁的安德鲁制订一个自我管理计划的想法：安德鲁有足够的语言能力和服从性，很适合这个项目，而且凯格尔博士还指出了几个她认为会很有效的方面。我不好意思承认自己对"自我管理"一无所知。我认为一个好母亲应该已经知道这个词了。我想罗伯可能知道它是什么意思，所以我小声问他："什么是自我管理？""我不知道！"他悄声回道，"我还希望你知道呢。"

我们最终向凯格尔博士承认了我们对"自我管理"并不了解，当然，她以一种非常简单的方式向我们进行了解释。了解了自我管理的概念及如何实操后，我发现这个干预方法确实很实用，而且效果清晰可见。我把这个方法告诉了我的一个亲戚，他的（典型发育的）女儿被老师认为有注意力缺陷障碍。我的这位亲戚还没有准备好带女儿去接受诊断或者药物治疗，他想先尝试一些不那么极端的方法，所以他为女儿实施了一个自我管理方案。每天放学后他都会查看女儿的情况，如果她能告诉爸爸自己在课堂上坐得很好并注意听讲了，她就能得到奖励。在不到一周的时间里，女儿的课堂习惯就发生了巨大的变化。自我管理方法真的很棒。

科技的进步

回顾15年前，当时的技术还没有现在这么发达，人们还没有用上智能手机。（在我怀着安德鲁时，为了能在待产时保持联系，罗伯为我买了一个BP机——对照现在人们联系起来是如此便捷，当时简直不可思议）。我们第一次拜访凯格尔博士的时候，她建议我们买一个腕式高尔夫击球计数器。我们在一家百货商店买到了计数器。安德鲁把它戴在手腕上，每当他做出预期行为时就可以点击它。而如今，你可以在手机上记录任何事情。事实上，如果在这本书出版时，有自我管理的应用程序出现，我也不会感到惊讶。（即使没有的话，也应该有人去做。）

一种生活方式

安德鲁非常喜欢自我管理的理念，当他稍大一些时——读初中或高中时——他甚至没有告诉我们就为自己设立了自我管理计划。我记得当我走进他的房间时，发现书桌上放着一张有标记的纸。他告诉我当他每次做完自己计划做的事情时，都会给自己打一个钩。这正验证了凯格尔博士说的——自我管理的最终目标是让人们学会监督自己的行为。

仔细想想，自我管理不仅是行为学家的工具，其实也是我们一直在做的事情：我们会控制自己不要有不恰当的行为（你不能在会议上咬指甲，而要等到独自在办公室时再咬），我们会因为表现出预期的行为而奖励自己

（你会为了瘦身坚持吃几天的沙拉，然后在周末给自己点个甜点作为奖励）。对孤独症儿童来说，我们要从头开始教孩子进行自我管理，而且要认真监管一段时间。但从长远来看，自我管理更像是一种生活方式，而不是一种干预措施。

第十章

PRT：
聚焦孤独症儿童
在关键领域的能力

问题 1：现在有很多各种各样的方法，都宣称可以帮助我的孩子。您说的这些听起来有道理，但我怎么知道它们真的有用？我怎么做才可以把它们结合起来用到我孩子身上呢？

问题 2：我正在为我三岁的儿子寻找训练项目。我想确保他喜欢这项训练，同时也能学到东西。我最近向一位专业人士咨询了孤独症儿童居家训练的问题，他认为我的孩子应该学会在不哭的情况下完成他不喜欢的任务。但到目前为止，这个目标似乎给他带来了很多痛苦。我应该怎么办？

PRT 也许可以解答这些疑问！我们将在后面的部分做详细解释。

了解PRT的本质

■ 让孩子有乐趣地去学

对孤独症儿童的干预，我们认为最重要的一点是，孩子必须享受他所做的事情。你不妨设想你的孩子认为与人社交沟通很困难，是因为社交太具有挑战性，让你的孩子想逃避。让孩子做他不喜欢的事情，这只会让他在未来拒绝更多的社交互动。而由此带来的问题将比你目前所面临的问题更严重。因此，我们才说动机对孩子来说至关重要。

另外，当你的孩子快乐时，你也会更开心。你的孩子会有大量的时间不得不参与他不喜欢的活动（例如一些学校的活动）。但是，当你教孩子时，让他有动力去学习是最重要的。并且请记住，我们仍然是在教学，只是我们在用一种有趣的方式来教你的孩子，这样他就会愿意继续学下去。学习说话、进行社交、自我管理、轮流做事等对你的孩子来说都是艰难的，但我们至少可以让学习过程变得有趣。而且有研究表明，教学越有趣，孤独症儿童学得越快，越能更多地独立展示目标行为、更少发生破坏性行为。还有什么比这更重要的呢？

■ 家长的积极参与

你需要确保自己参与了孩子所有的干预项目。家长的参与对孩子干预取得成功至关重要。一位家长曾经告诉我，她女儿的言语治疗师（每周见两次）要求她在女儿进行干预时待在等候室。我建议她要么坚持坐在干预房间里，要么另找一个新的言语治疗师。孩子接受每周两小时甚至每天两小时的言语干预都是不够的，他们在干预房间里所做的活动必须每天都在生活中得到泛化。你的孩子必须整天都要学习说话，并且与其他的活动协调起来。

我提供过咨询的另一个家庭告诉我，为他们的孩子提供应用行为分析干预的人员提出，当父母在场时，他们的儿子"更有破坏性"，所以他们不应该出现在干预活动中。这是很错误的观点。父母应该和专业人士成为一个团队。所有好的干预计划都应该有家长培训的部分，这是为了获得最佳的干预效果。

■ 保持一致很重要

这一点也与家长的参与密切相关。几年前，我们为一群年龄较大的孩子提供服务。尽管之前接受了多年的干预，他们仍然没有接受过如厕训练。他们中的大多数都不会说话，而且穿纸尿裤已经有六七年甚至更长时间了。我们发现，当我们在孩子所处的所有环境中都协调一致地使用干预程序时，孩子们在几周内就学会了在厕所如厕。仅仅是将所有的环境与干预程序匹配起来，就能发生很大的改变。孩子每一种行为的学习都是如此。正如我在前面提到的，我的侄子是在家里每个人都使用了经过协调的方法之后才开始说话的。如果有人跟不上计划，孩子则可能无法完全习得所需的技能。

■ 让孩子融入自然环境

我知道我已经反复提到过这一点了。由于它的确非常重要，所以我要重申一次：确保你的孩子融入自然环境。这意味着让他尽可能多地与典型发育的同龄人在一起。虽然当你出门办事或购物时，你可能更想把孩子交给家里的亲戚或保姆照顾，但从长远来看，更好的做法是让你的孩子在自然环境中学习。

例如，我服务的一个家庭的父母从不带他们的儿子去商店，因为他对自动门情有独钟，会反复进出。当父母试图把他直接带进商店（而不让他反复进出自动门）时，他就会大发雷霆，所以他们决定再也不带他去商店了。但显然，如果这个男孩不去商店，他就永远学不会在购物时表现出恰当的行为。因此，我们设计了一个方案：在父母购买完商品后，他们的儿子可以掷骰子，掷中的数字就是他可以进出商店自动门的次数。他很喜欢这个游戏，全家人会一起倒数剩余的次数。在其他人看来，这只是一项有趣的家庭活动。此外，由于事先已经跟父母约定好了次数，倒数完之后，他们的儿子便会不发脾气地离开了。

因此，不管是什么活动——运动、上学、购物、参加课后活动或亲子项目——重要的是你的孩子要学会如何得体地参与这些活动，并享受它们。在这些活动中，他的大脑神经也将产生新的连接，这些连接是当我们接触到新奇事物时才会产生的。

■ 瞄准关键领域

最后，但同样重要的是，记得要关注"关键领域"。

在 PRT 出现之前，关于孤独症有效干预方法的研究进展缓慢。孩子们认真学习并取得了进步，但我们不得不单独教授每一个目标行为，每一次也只能教一个孩子。我们总是在与时间赛跑，因为我们希望孤独症孩子能赶上同龄人，但日常训练中每次只教一个行为都要花上好几个小时——即使有如此高强度的学习，许多孩子还是跟不上。

有一天，我的丈夫忽然大声对我说："太糟糕了，孩子们就是没有学习的动力。他们看起来并不开心，而且好像他们唯一想做的事情就是离开这个地方。"（我相信这是他一直以来深入思考后的发现，他真的很聪明。）请记住，这是几十年前的事了。当时的教学方式就是对孤独症儿童每次进行长达数小时的训练（不幸的是，尽管这是一种过时的做法，现在仍然还有许多人这样做）。因此，我们确定了以后的工作方向——尝试寻找能够"激励"孩子们的方法。

起初我们的数据收集得很慢，研究范围也很广。后来通过研究，我们得到了一些发现，例如：让孩子们选择我们将要使用的玩具或材料对干预效果是有帮助的，他们会对任务更感兴趣，等等。所有这些都是我们在这本书中讨论过的。

教会孩子与他人沟通是我们的干预最初的目标。因为我们发现有很多孩子在旧的结构化、操练式的方法下是学不会说话的。孩子们甚至不愿意尝试说话。最终，我们把所有的部分结合起来：给孩子们选择的权利、分配不同的任务、奖励尝试的行为……之后，我们发现那些以前从未说过话的孩子都开始说出他们的第一个词语了。当时，该领域的统计数据表明，即使运用了最好的干预方案，也只有约 50% 的孤独症儿童能够学会说话，其余的儿童将终生不能说话。但是，当我们把动机因素考虑进去后，大约 90% 的五岁以下孤独症儿童开始说话了。与之前的 50% 相比，这是一个巨大的进步，而且孩子们都很开心。我们的干预项目很有趣，孩子们都愿意尝试说话。

我们在一篇题为《自然语言范式》（The Natural Language Paradigm）的文章中首次发表了这些新发现。这种教学方法看起来与以前的训练式课程有很大不同，它显得非常自然——这是一般孩子学习语言的方式。但此后不久，我们意识到，动机策略不仅在沟通领域有用，对许多其他行为的教学同样有效。所以，我们把这个方法改名为"关键反应训练"（在有的文献中也被称为"关键反应教学"或"关键反应治疗"）。

从本质上讲，我们重点教授的行为是"关键的"，可以在许多未经训练的领域产生广泛的积极影响。

什么是PRT?

PRT 建立在应用行为分析（ABA）之上，融合了更高一层的动机策略，能够有效帮助孤独症人士发展各种重要技能。

在 ABA 中，我们专注于改变行为而不是讨论它们。许多孤独症成年人士来到我们这里，说他们在治疗上花了很多年的时间在"讨论"为什么他们交不到朋友或为什么他们感到焦虑。我们没有进行这些讨论（因为讨论对发展技能并没有实质性益处），而是观察个体，制订一些具体的目标，并在越来越有挑战性的环境中进行练习，直到孤独症人士能够在没有支持的自然环境中使用它们。

例如，许多孤独症人士在社交谈话方面有困难，他们对与同伴在一起和认识新朋友感到焦虑。在这种情况下，我们不讨论为什么会产生这样的问题，而是观察他们与同龄人在一起的情况，并试图找出原因。他们是否提出了足够的问题？他们是否正视对方的眼睛？他们是否使用了符合情境的肢体语言？他们是否给予了对方赞美？他们是否因太过"诚实"而让对方觉得是在被批评？他们是否在谈话中加入了过多的细节？等等。

一旦我们弄清楚了哪些具体领域会从干预中受益，我们就会制订一个系统的计划并开始实施。这并不是说我们不考虑人们的感受和想法。我们赞同沟通，并感谢我们的客户向我们敞开心扉，但我们从经验中学习到，对于那些通常看上去属于情绪方面的问题，找出行为解决方案要更有帮助。例如，一些孤独症人士因为没有朋友而患上抑郁症。因此，他们可能会抱怨自己的抑郁症，但其实没有朋友才是真正的核心问题。一旦我们找到了帮助他们的方法，他们的抑郁症就消失了。所以，你可以看到，我们确实努力把重点放在具体的行为上。这些行为将对一个人的生活产生重要的影响。

有必要了解的术语

现在你了解 PRT 的本质，让我们来介绍一些专业术语。如果你觉得有点无聊，很抱歉，但这有助于我们的整体讨论。

首先，干预中都会有"回合"（这就是为什么你有时会听到人们把干预程序称为回合式教学法或 DTT）。每一个回合都有一个 ABC 模式。A 代表前事，就像一次机会或一个指令；接下来是 B，是一种行为，本质上是孩子对前事的反应；而 C 指的是这种反应的结果。

例子：

A（前事）：妈妈拿起一块饼干，说"饼干"。

B（行为）：孩子尝试说这个词，并发出"比"的音。

C（结果）：妈妈给孩子一块饼干。

在这个回合中，孩子尝试说一个词的行为结果是得到了奖励（一块饼干）。这增加了他在未来为了再得到一块饼干而尝试说这个词的可能性。

让我们再举个例子。

A（前事）：妈妈拿起一块饼干，说"饼干"。

B（行为）：孩子哭了。

C（结果）：妈妈给孩子一块饼干。

在这个例子中，孩子因为哭而得到了奖励——他刚刚学到，如果他哭，就有可能得到一块饼干。他可能会在以后试图通过哭来获得饼干。另外，如果后果是没有得到饼干，孩子最终会知道，哭是得不到饼干的。

在实践中可能会遇到的问题

现在，你知道了什么是回合，了解了观察并确保每个回合都进行得正确是多么容易的事情，同时你也知道了应该对目标行为而非对不恰当的行为给予奖励。另外，你要确保一天中有足够的回合机会，这样孩子就能很快学会目标行为。正如我在后面会提到的，有一些研究结果表明，许多在学校进行的项目中，孩子们每小时只有两次回合进行沟通训练。这实在是太少了。我们希望他们一天中的大部分时间里都能接受回合教学。如果你的孩子要迅速掌握某个行为，他将需要大量结合动机策略的回合训练。

有时，你可能还要密切关注在前事之前刚刚发生的事情（也被称为"环境事件""建立操作"或"动机操作"）。有时，你沿用了一直以来都在使用的方法，但你的孩子对你已经反复使用的同一前事的反应却不一样了。例如，你可能习惯于摇动车钥匙来提示孩子该坐上车了。你可能已经成功了很多次了。然而，有一天，你的孩子在你这样做时大发脾气。你真的不清楚发生了什么，因为几个星期以来，你一直都这样做，而且每次都很有效。通常情况下，这与奖励的程度有关，它可以影响孩子对前事的反应。

简单地说，有时会发生一些事情，它们改变了事物对孩子的奖励程度。例如，如果孩子吃饱了，饼干可能就失去了吸引力，所以如果你想让他说"饼干"，他可能就对这项任务不感兴趣了。或者，如果他感到不舒服或累了，他可能对动态游戏就不感兴趣了。当做一件事情后没有那么大的回报时，你可能就看不到他跟之前一样的反应了。在这种情况下，你需要做出一些改变。如果孩子生病或不舒服，你可能需要让他休息一下。如果孩子吃饱了，他就不会对跟食物有关的活动感兴趣了，所以要制订不同的计划。

但是，如果你的孩子只是在某一天不想做某项任务，请务必不要奖励这种行为。我有时会鼓励孩子们说："我现在不想玩那个游戏，但谢谢你问我。"这样他们就会知道他们需要使用口头回应，即使是为了摆脱某项社交活动。有些孩子因为生病不经意间得到了不做任务的奖励，你猜怎么着？是的，他们更频繁地生病了！即使他们并不是真的生病了。所以，在这件事上要小心，一定要留意那些可能会改变孩子反应的真正问题。

正如你所看到的，遵循 ABA 的基本原则是很重要的，但动机成分必须被纳入干预计划。如果没有动机策略，你的孩子可能会不快乐。当治疗师的车开到你家门口的时候，他就会开始哭，或者他每天都拒绝去上学。

有研究支持PRT吗？

已经有很多研究支持 PRT。如果你一直在寻找有关孤独症的信息，你可能已经反复看到过诸如"实证支持""经验验证""科学记录"和"基于数据"这类术语了。但是，为什么这一点如此重要？因为现在有很多所谓的治疗孤独症的方法，我们要学会分辨。你只要在网络上搜索一下"孤独症"，就会出现成千上万条信息。而你知道吗？它们中的大多数都不起作用。多年来，我见过一些不仅收费昂贵而且完全无效的方法。这些项目中有许多帮不了你的孩子，有些甚至是对孩子有害的。没有任何治疗方法是如奇迹般的，如果有人向你承诺会有奇迹发生在你孩子身上，请拿起你的钱包，尽快逃走！

　　然而，有许多机构和作者都发表了对孤独症有效干预措施的评论，PRT 是被公认为有效的一种方法。我们的实验室已经进行了两百多项相关研究。这些方法已经在美国和国外的其他实验室进行了复制。这些研究都经过了精心设计，并在文章发表前由其他研究人员进行了评审。一篇文章被接收和发表并不容易。我们首先必须使用科学方法来设计我们的研究方案，以确保实验者的偏见被排除，并且研究结果不是偶然发生的。然后，我们必须把研究结果写出来以便发表。之后，由两到三位同一领域的资深专业人士进行评审。他们可以接收文章并对文章进行修改，或者直接拒绝对文章进行评审。

　　即使文章被接收了，评审专家也会不断提出一些改进的建议或者要求研究者更清晰地解释一些内容。研究者的所有修改完成后，还需要把文章返回给他们进行第二次评审。然后，在文章发表前，作者必须对它进行再次审读和重新检查。所以，整个过程可能需要花费几年时间。但这是值得的，因为这个过程可以让我们确定这些方法确实有效，不会大量浪费你和孩子的时间。

　　因此，你可以理解为什么当一种没有任何数据支持的方法被新闻或受欢迎的电视节目所报道时，如此令人沮丧。许多记者不知道如何评估一个方法是否有科学依据（我想新闻学院没有教他们这些）。事实上，对记者来说，他们通常很喜欢寻找对事物的不同看法，并希望报道一些令人愤怒或不寻常的新闻，以引起人们的谈论或兴趣。但是，这对那些需要知道哪些方法被科学证明是有效的而哪些是无效的人来说是一种真正的伤害。

　　我曾经为一个备受推崇的有线电视频道做了一个栏目。当时我遇到的一个记者说，他想在节目中找到孤独症的治疗方法。他认为，如果他们做一个磁共振成像（MRI）或其他类型的医疗诊断影像，他们就能找到孤独症的原因。然而，我必须要说的是，在美国，一些非常优秀的研究人员研究这个问题几十年了，仍然没有找到原因，他们在几周的拍摄中就想找到原因的可能性非常小！

　　总之，我的观点是：一定要确保你所感兴趣的方法具备科学有效性——PRT肯定有大量的科学证明做支持。

关键领域

你如何知道一个行为是否是关键行为？

当我们教授给孩子一个关键行为的时候，我们会看到其他领域也有很多进步。让我们以动机为例。这是我们发现的第一个关键领域。但是，当我们将动机策略加入干预计划后会发生什么？孩子们更频繁地做出反应，不再试图通过破坏性或不专注行为来逃避教学情境了。另外，孩子们表现出更多快乐和兴趣以及更高的热情。

你可能想知道我们是如何衡量孩子的快乐、兴趣和热情的。我们对孩子们的学习时段进行录像，然后让观察员看录像带，并对孩子们的反应进行 1 ~ 6 分的评分。例如，在开心量表上，1 分或 2 分意味着孩子表现出低水平的开心度，孩子可能在哭、噘嘴、发脾气，或者显得悲伤、愤怒、沮丧等；6 分意味着孩子在微笑，或适当地大笑，并且表现出很开心。

当我们给孩子的兴趣打分时，如果孩子看起来很无聊、不想参与活动、不感兴趣，或者打哈欠甚至试图逃避活动，又或者心不在焉地四处张望或反应非常慢，他的兴趣评分会是 1 分或 2 分。然而，如果孩子很乐意关注这项活动，并且很积极地参与，就会得到 5 分或 6 分。

关于孩子热情方面的打分标准是：如果孩子试图离开房间，发脾气，乱踢，尖叫，到处乱扔东西，哭闹，把要完成的任务推开或拒绝参与，他将得到低分。如果孩子很快就关注到任务，在完成任务时大笑或微笑，大部分时间都看着治疗师并专注于手头的事物，展示出与任务有关的行为，那么，他将被认为是有很高的热情，会被给予最高分即 6 分。

通过这个系统，我们可以对孩子的整体参与度有一个很好的、详细的了解。请记住，我们要的是快乐的、有兴趣的、热情的学生。当我们喜欢正在做的事情时，我们会经常去做；而对于我们讨厌的事情，如果不是必要的话，我们几乎不会去做。像沟通和学习这样的事情，一般都需要孩子有动机去做才能做得好。我们不希望孩子是在大人强迫的情况下才开口说话。我们希望他们能热情地与他人接触，能自己主动进行交流。而当 PRT 的动机策略被加入干预项目后，我们的孩子能得到 5 分或 6 分。如果你执行得正确，他们就会很开心、很有热情。这对孩子的长期发展非常重要。

■动机

动机是关键。对孤独症儿童来说，沟通是挑战，社交是难题，典型发育的孩子喜欢的活动往往让他们不知所措。而这些困难会影响孤独症儿童的自理能力——你很难对一个语言发育迟缓和完全无法理解项目目标的孩子进行如厕训练。同样，当孩子的词汇量很少时，向他解释如何穿衣服、怎样把每只脚穿进正确的鞋子里或如何穿上衬衫使标签位于背后也不容易。很多事情对你的孩子来说都很困难，他有时候甚至可能会想要放弃，不再尝试。这就是为什么我们要关注孩子的动机是如此重要。当我们以动机为干预目标时，一切都会发生改变，每个孩子——无论是典型发育儿童、孤独症儿童还是有其他类型的残疾的孩子——都应该接受包括动机策略的教学。

不难想象，对孩子来说玩一次寻宝游戏可比一遍又一遍地学习课文要有趣得多。有很多人在做美食时，按照食谱将所需的食材加倍或者变成三倍都没有任何问题，却讨厌做乘法数学题。我还记得我小时候和姐妹们一起做布朗尼蛋糕。其中一个人在放发酵粉时错把四分之一茶杯的量当成了四分之一茶匙的量。几十年后，我仍然记得那次经历，当时我们简直上了一节关于测量的速成课程——在那次事件中，我们以最短时间学习到了关于测量单位的知识（在我们毁掉了一整盘布朗尼蛋糕之后）。同样，许多孩子在学前班时就能计算出自己有多少零用钱，那可远远早于他们开始学习十进制的时间。

教小孩子分数其实很容易。你只需要问他们要二分之一、四分之一还是十分之一块饼干。他们中的大多数人都会选择听到的数字较大的分法，因为他们认为数字越大，分得到的饼干就越大。但是，当你把饼干切成十块，给了他们一块时，他们只用一次就明白了分母越大意味着得到的饼干越小！

动机是每个孩子学习时很重要的影响因素。从现在开始，在每次活动前、活动中和活动后你都要想一想："我是否在唤起孩子的动机？"有一些行为需要外在的奖励才能让孩子开始，但不是很多，那些一般都涉及非常复杂的行为。在大多数情况下，我们都是有办法触发孩子的动机的。

所以，请记住，对孤独症儿童来说，所有的活动都必须是动机驱动的：我们希望他们喜欢这些活动，热情地参与、学习并最后达到同龄人的水平。动机不是一件"奢侈品"，而是一件"必需品"。激发孩子在每项活动中的动机，需要一些创造性的思考和反思，并把这种思考成为一个习惯，然而你会好奇为什么很多老师都不对孩子使用动机策略。

■ 主动发起

大多数孤独症儿童都没有主动行为，也几乎从不提出问题。我不知道为什么他们能回答问题，却不怎么发问（如果有一定的语言能力的话）。在第二章中，我们告诉了你如何教他们提问，但我们可能没有强调这有多么重要。

我们的研究发现，那些在婴幼儿时期就开始主动与他人交流的孩子将来会有更好的社交能力。他们的主动行为可能是把玩具拿到父母面前，向他们进行展示；或者走到另一个人面前，说出一个物品的名称——这些都是他们主动发起的社交互动。相比之下，那些总是自己一个人玩并且从未发起任何主动社交的孩子的长期表现较差。更重要的是，当观察员以"正常"为标准对孩子们的录像进行评分时，他们给那些不主动社交的孩子的评分非常低（这表明那些孩子可能有严重的残疾），而给有主动社交行为的孩子非常高的分数。

这项研究强调了孩子学会主动的重要性。主动，就像提问一样，能使孩子的语言更加丰富，使他的行为看起来更加得体。从本质上来看，提问题是社会性的，也给了孩子参与活动并与他人互动的机会，从而增加了后续学习的机会。这就是为什么我们要针对能驱动孩子增加主动性行为的最佳方法进行研究。

我们发表的一项研究成果表明，如果孤独症儿童不学习如何在学校的课间休息和午餐时间主动社交，他们很可能在以后的这些时间里都独自一人。如果没有人教他们主动发起活动，即使是那些在大人的协助下很善于交际的孩子，在大人不在的时候也不会社交。因此，无论什么时候，你都要教孩子主动。

你要教孩子学会提问典型发育孩子一般会问的问题，以及在谈话中如何用问题来回应，要让孩子与他人的互动有利于他的发展。在第二章中，我们讨论了如何从"那是什么？"开始教孩子提出问题，这是我们刚开始学语言时大部分人会问的问题。我们也要教授孩子主动发起其他的一些提问。例如，当你说"我今天吃了些好吃的东西"，你的孩子应该学会用"你吃了什么？"来回应。然后你就可以告诉他你吃了一块饼干，并且给他一块饼干作为自然奖励！

你也可以教你的孩子主动发起他最喜欢的活动。如果他喜欢滑滑梯，让他问朋友"去滑滑梯吗？"或者"你想滑滑梯吗？"。接着，他要得到滑滑梯的自然奖励。如果你把提问题和自然奖励联系起来，并使用我们上面讨论到的动机策略，你的孩子就会喜欢上提问题和主动发起活动。如果活动很有趣，孩子们能从中得到一些奖励，他们以后就会经常这样去做——这正是我们希望看到的。

■ 自我管理

我们已经在第九章用很长篇幅介绍了自我管理策略的应用，但我想在这里重提这部分内容，因为它是 PRT 的一个重要组成部分。

无论喜欢与否，我们都必须学会对自己的行为和举止负责。在我们小的时候，所有的责任都承担在父母身上：他们照顾我们，教我们走路和说话，并为我们提供成长的环境。但是，他们也逐渐地教我们为自己负责。我们学会了如何照顾自己——怎样穿戴整齐，按时起床，去上学或工作——并为我们所犯的错误承担责任。我们学会了遵守法律，依照社会规则生活。我们慢慢地变得更加独立，不再需要别人来指导我们的行为；我们不再轻易陷入困境，也更少出现因为缺乏自制力而导致的问题。

现在，我们大多数人都不是天生就有能力来进行自我管理：无论是注意自己的饮食健康、限制自己在聚会上喝酒以及不要暴饮暴食，还是制订购物清单、检查工作任务、写新年计划等，都需要我们有自我控制的能力。选定目标行为和制订自我管理计划能够帮助我们成为更好的人。我们有时甚至会从朋友和家人那里获取意见，来帮助我们了解需要进行自我控制的行为，而自我管理是改善这些行为非常好的方法。事实上，我已经为典型发育的儿童和成人制订了许多自我管理计划，例如成人是从学习如何正面积极地对待自己的孩子到不在会议上争吵（我为我的丈夫制订的这个计划非常有效）。自我管理是我们生活的一部分。

许多孤独症儿童需要额外的帮助来学习如何管理自己的行为，但是一旦他们拥有了自我管理和自我控制的能力，我们会看到他们身上积极的变化。最重要的是，当他们学会了这项技能，他们就可以对自己的行为负责。

由于孤独症儿童在社交方面有困难，他们可能需要一些帮助去学习如何对一些行为进行自我控制，以及如何通过自我管理来增加其好的行为，从而帮助他们适应社交场合。

在开始自我管理项目之前，孩子需要先完成几件事情。他必须首先学习辨别需要和不需要展现的行为。他可能会花费一段时间才能学会。然后，孩子必须跟踪记录自己的行为，记下他成功完成所需行为的次数或时间长度。当他成功达到了先前商定的次数或时间长度时，他需要得到奖励，奖励可以由其他人提供，也可以由他自己选择。

学习自我管理对孩子的独立很重要，但需要谨慎和系统地实施。

遗憾的是，自我管理项目往往没有得到正确的执行。我曾经为一个学区提供咨询服务，工作人员希望我观察一个孩子，这个孩子正因其分心行为接受自我管理的干预。这个孩子已经完全融入了小学的课堂，但是无法完成作业。当我去观察这个所谓的自我管理项目时，我发现学校之前是从 5 分钟的时间间距开始执行，这是基于学校老师认为这个孩子在课堂上可以参与的时间长度制订的。他的自我管理表上有一整张记录模糊的行为清单，老师一有时间就在他的表上做记号，通常最多是每 15 或 20 分钟一次。

这个项目在实施上有很多问题，我想你也已经发现了其中的一些。首先，如果由老师来记录的话，这根本就不是孩子真正的"自我"管理。其次，孩子在学校需要减少的不良行为太多了，包括：眼睛盯着前方发呆（分心行为）、把物品放进嘴里（从石头到订书钉不等）、吸吮他的手指和衣服、在不合适的时间玩东西（地毯、铅笔、剪刀），等等。虽然他能够在喜欢的活动中获得相当高的分数，例如学习计算机和数学，但他在需要较好的口头表达能力的活动（例如圆圈时间的活动）中始终会不断出现不当行为。即使只在不良行为发生一分钟过后，当我问他刚才是否在努力控制自己及是否表现良好时，他也总是回答"是"——显然他无法准确区分恰当和不恰当的行为。

由于老师无法在教室里同时密切观察这个孩子和其他 24 名学生，所以即使这个孩子在大部分时间内都不专心，他也会得到老师给的分数，他的不良行为从而得到了强化。更重要的是，即使他向另一个孩子扔沙子、大喊大叫，哭闹、坐立不安，并在一天中的大部分时间里无所事事，他也经常在放学时得到班级奖励，所以他会认为所有这些行为在学校都是没问题的。

这不是老师的错——她根本不可能在班级里严格执行这个项目——但这个孩子确实有很多的问题行为。所以，我们又回到了原点。我们在更具挑战性的时间段中缩短了时间间距，教孩子分辨什么是恰当的和恰适当的行为，还大大简化了他的自我管理表格（我甚至都弄不清楚原来表格的具体内容，因为上面有那么多目标行为，所以我们将其简化为"我是不是努力了并表现出了好的行为？"），并且让他评估自己的行为和给自己打分。

我们请一名特殊教育专业的助教观察了这个孩子一段时间，以确保孩子做得准确无误、这个项目能持续一致地执行。仅仅几周后，他就可以自己独立完成了，还表现得非常好。这个项目仅仅被稍微做了调整就成功了，而且现在这个孩子已经没有了上课走神、坐立不安等分心行为了，他开始更多地与同伴互动和完成作业了。

从这个例子中，你可以看到自我管理是多么"关键"。一旦项目被正确实施，这个孩子从只能保持平均 5 分钟的专心行为，到一天中大部分时间都有良好行为并完成所有的作业。让孩子学习如何管理和控制自己的行为是一项受益终生的技能。总的来说，我们花了很少的时间，却得到了不错的效果。

请阅读第九章，了解更多关于自我管理的内容，给你的孩子一个自我管理计划。

■ 对多重线索的反应

对多重线索（或提示）的反应能力是部分孤独症孩子需要重点干预的领域，而有些孩子则不需要。在过去，大多数孩子都能对单一线索做出反应，并且过分地关注了它（例如，卡片的边角翘起——他们会从翘边处认出卡片，而忽略其他更有意义的提示）。但现在我们使用了动机策略，有这种问题的孩子越来越少了。如果孩子对多重线索没有反应，他几乎不可能学习一项技能，因为对他来说，所有的线索在日常环境中都是独立运作的。你通常可以通过给孩子一个稍微复杂的指令来判断他是否能对多重线索做出反应。比如，你对他说："去穿上你的蓝色T恤衫。"如果你的孩子回来时穿上了一件 T 恤衫，但不是蓝色的，表示他可能无法对多重提示做出反应。同样地，如果老师对孩子说"拿出你的书和铅笔，然后翻到第 8 页"，而孩子只是拿出书然后坐在那儿，可能是他没有对多重提示的反应能力。曾经有很多老师告诉过我，如果孩子出现这样的情况就是"不听话"。我不得不纠正他们：如果一个孩子真的不听话，他可能不会对任何指令做出反应，但他能拿出书的事实表明，他只是没有对所有的线索都做出反应。

日常生活中的很多事情都需要我们同时对许多线索做出反应，这对孩子来说很关键。大多数孩子到学龄前阶段都能同时对几个线索做出反应，如果孤独症儿童只能对一个线索做出反应（这个线索可能与目标行为相关或不相关），这对他来说非常不利。

例如，你有时会遇到一个孤独症儿童，他只有在某人戴着特定的眼镜或穿着特定的衣服时，才能认得他——就像介绍他们认识当天的样子。当这个人没有戴特定的眼镜或穿着不同的衣服时，这个孩子就不认识他了。这被称为"过度选择性注意"：孩子关注的是单一的、不相关的线索。孩子们最开始都或多或少会有这样的问题，这就是为什么他们都会在一些字母（如"b"和"d"）上犯错，或者把所有四条腿的动物称为"小狗"，或者管他们看到的任何男人叫"爸爸"。但是，他们很快就学会对所有不同的提示做出反应，因此，他们知道有斑点的大动物不是"小狗"，而是"牛"——尽管它确实像小狗一样有四条腿。

过度选择性注意曾经是孤独症儿童的一个大问题，但多年来我们注意到，随着动机策略的加入，许多孩子的注意力得到了极大的改善，他们不需要进行专门的干预就能够注意到多重提示。

如果你的孩子表现出过度选择性注意，你可以这样做（方法非常直接和简单）：你只需要确保孩子对一个物体的所有方面做出反应，并在他这样做时提供积极和自然的强化物。

这里有一些例子。我服务过一个家庭，我们就是用扔球这个游戏来教授孩子对多重线索的回应能力的。这个家庭的上中学的孩子喜欢坐在家里的秋千椅上边荡边向妈妈扔球。所以，我们准备了几个不同颜色的大球和小球。在进行这项孩子喜欢的活动之前，他必须挑选一个球，而他妈妈会具体说明要哪一个，比如"把大黄球扔给我"。所以你看，他必须同时区分大小和颜色，关注两个而非一个线索。

同样地，另一个家庭的孩子特别喜欢喝巧克力牛奶，每顿饭都要喝，所以他的父母买了各种不同颜色的吸管，并把一半的吸管剪短。所以，他必须同时对颜色和长度做出反应，才能喝到他最喜欢的饮料，这就帮助他锻炼了同时对多重线索做出反应的能力。

最后，还有一个家庭用不同大小和颜色的碗来装孩子的点心。当孩子要求吃点心时，家人会说："好，给我拿绿色的大碗。"只要他选对了就能马上得到碗里的点心。有时，父母会反过来让孩子练习表达性语言，问他想要哪个碗，然后等他用颜色和尺寸来回答后，再给他吃那只碗里装的点心。

你可以逐渐增加孩子回应的线索数量，同时继续给他自然奖励。

要注意：很多人在教授孩子对多重线索的反应时都会犯一个错误。比如，他们会说"拿你的绿色铅笔"之类的话，并认为这是一个多重线索练习，因为它既有颜色又有物品的描述。但这并不是在教孩子对多重线索做出反应——你必须同时有其他颜色的其他物品，然后孩子必须听清选项选出你让他拿的物品。假设孩子喜欢涂色，你就应该准备一堆不同颜色的彩色铅笔和记号笔。然后，当你对孩子说"拿绿色的铅笔"时，他必须要对不同颜色和物品做出分辨（能区分绿色和其他颜色，能区分铅笔和记号笔）。你看到了吗？这样做才是真的在教孩子如何对多重线索做出反应。

但是请记住，孩子必须首先学会对单一线索做出反应。如果他不能辨认颜色也不会给物品命名，你要先训练他对单一线索做出反应的能力。

■ 共同注意力

有可能你还听说过另一个领域——共同注意力，这似乎与对多重线索的反应有关。典型发育的儿童在很小的时候，就发展出了共同注意力。大多数幼儿在一岁前，就会在成人和物体之间来回看。他们会看向你手指的物体，甚至看向你正在看的物体。

在孤独症儿童身上，我们往往看不到或者很少看到共同注意力的体现。许多人猜测，这种技能的缺乏会妨碍他们的发展，因为他们无法获得对社交和智力进步至关重要的社交刺激。幸运的是，研究表明，当动机成分被加入干预计划，孤独症儿童的共同注意力开始发展而不需要任何专门的干预——它只是自然地增加了。同样，当孩子受到动力驱使时，会发生很多好的事情。

■ 同理心

同理心是一个我们认为很关键的领域，但对它的研究并不多。许多人认为，孤独症儿童不能理解他人的感受，也不能设身处地为他人着想。但我并不完全相信他们不能，只是他们的情况会更复杂一些。

有些表明孤独症儿童不能从别人角度看问题的测试是有问题的。第一，孤独症儿童往往没有那么多的社交活动，所以他们可能没有机会学习如何对其他人"察言观色"。例如，他们可能不知道，如果有人独自坐在一边而且看起来很悲伤，他可能刚刚经历了不好的事情。如果他们没有参加过社团活动，他们可能没有学会，当有人说"我妈妈很生我的气，因为我打碎了她的花瓶"时，他们可以说："哦，真遗憾，我知道那是什么感受，如果你道歉会有用吗？"第二，表示同情需要大量的语言。对有语言发育迟缓的孩子来说，要把所有这些概念和词语组织在一起可能是一项艰巨的任务。这对他们来说太难了！我从来没有在任何孩子的个别化教育计划或行为干预计划中看到过关于解决这个问题的目标程序，但我坚信许多孩子确实有同理心，只是他们不知道如何表达。

例如，我们的诊所曾来过一个孩子，我想测试一下他是否需要一些同理心方面的干预，所以我让他的爸爸假装撞到了自己的脚而且撞得很疼。他的爸爸假装撞到了椅子上，并抱住自己的脚同时说"哎哟！"。这个孩子迅速转过身来，关切地看着他的爸爸。他的表情说明了一切——他是在关心他的爸爸，虽然他没有说一句话。所以，对于这个孩子，我们需要做的就是教他用语言来表达他的关心，例如"你还好吗，爸爸？"，这不是很难的事情。

我们还发现，如果一件事情与孤独症儿童的狭隘兴趣有关时，表达同理心对他们来说会更容易。例如，我的女儿最近与一个患孤独症的年轻人一起合作，她向他倾诉说，当她坐飞机的时候，她会吓得浑身发抖，因为她担心发动机会出现故障。这个年轻人的狭窄兴趣正好是飞机相关的。他回答说，大多数大型飞机都有多个发动机，所以她真的不应该担心，因为不太可能所有的发动机会在同一时间熄火。我们还遇到一个大学生，在我们对他实施干预计划时，他没有表现出任何同理心，直到他的一个同学提到自己的祖母刚刚去世的消息。这名大学生说他的同学一定感到很难过，因为他记得自己的祖母去世时自己也感到很悲伤。所以，我们不能笼统地认为孤独症人士缺乏同理心。

让我们换个角度看看同理心的许多不同层面。大多数男生都没有像女生那样有同理心，对吗？当一个人需要倾诉时，他的女性朋友可以陪着聊上几个小时，而大多数男性朋友只是不理睬或直奔谈话的主题。事实上，有研究表明，女性往往更喜欢讨论一个问题，而非采取行动。把你的问题告诉你的丈夫，他马上就会在电话里试图告诉你解决方案——不管你想不想让他这样做！这就是男性和女性不同的处理问题的方式。

现在让我们想一想，我们如何教导有语言发育迟缓的孤独症儿童。我们从提要求开始，对吗？这是正确的方法，因为我们希望他们能够获得自然奖励。他们通常可以学会提出要求，但他们不一定学会如何用语言表达自己的情绪。正如我在本书前面部分提到的，当我的侄子还小的时候，我发现他可以说"我想喝果汁"和"我想吃饼干"，但他不知道"我渴了"和"我饿了"是什么意思。所以，我们教他在要具体的饮料或食物之前说出表达这些感受的词语。我们会通过有趣的活动来教他。例如，我们一起玩他最喜欢的捉迷藏游戏，他的妈妈躲了起来，我带着他在房间里找他的妈妈，当时可以看出他有些着急。于是我就说"我很害怕"，然后他的妈妈跳了出来。这样他就知道当再遇到这种情况的时候该如何用语言表达自己的感受，而妈妈跳了出来就是对他表达感受的一种自然奖励。

还记得那些典型发育的孩子自己能学会，但孤独症孩子必须由我们来教的事情吗？一个有社交沟通困难的孩子不可能在没有人教的情况下使用对他人表达同情和怜悯的词语。知道一个人是否对他人有同理心并不是一件可以直接观察到的事情，所以对他们来说这是一个很难理解的抽象概念。但是，如果没有人教你如何阅读，你就会成为文盲，对吗？而如果没有人教孤独症儿童如何表达同理心，他们可能就一直不会。我们发现，我们不仅可以教授孤独症儿童表达同理心，还能引导他们表现出其他正向行为。

追踪进展

现在让我们来谈谈重要的事情，那就是我们需要确保你的孩子在干预方案中获得进步，而我们只有通过收集数据才能证明这一点。

我知道"数据"这个词经常会把人吓跑。有些人甚至会说："不是所有的东西都可以被测量"。但是，有的项目对某些孩子的效果并不好，我们需要知道这一点——即使是对其他孩子有效的项目也可能不适合你的孩子，而唯一能判断一个项目是否有效的方法就是收集数据。

我们在前面的章节中谈到过制订基线的重要性，但在执行干预计划时收集数据也很重要。这样一来，如果一个项目不奏效，我们就可以对它进行一些调整，使其发挥作用。

另一个要收集数据的原因是什么呢？防止参与者变得懒惰。在开完团队会议或制订完个别化教育计划之后，大家可能都跃跃欲试，迫不及待地要开始进行大量教学或回合练习。但几个月后，他们可能就会没那么起劲，变得有些松懈了。监测干预计划的进展是一个很好的方法，不但可以确保没有人偷懒，还能帮助判断孩子是否按照预期取得了进步。有时，孩子在家庭环境中的学习很长时间都没有进展，那么在其他环境中记录的数据有助于弄清楚是哪里出了问题。

但是，收集多少数据才够呢？这要根据实际情况来定。如果你的孩子每天都在学习大量的新单词，也许每周收集一次数据就足够了。如果你的孩子学习每一个单词都很困难，那么关于每一个反应收集的数据都可能有助于了解他在说什么、什么时候说，以及在哪里说。也许数据显示，他每天在家里会说很多话，但在学校说话很少，这对确定他可能在哪里需要额外的干预很有帮助。例如，你可能想收集以下数据：在提供辅助后他多快做出反应，他说出自发性语言的次数，他在一定时间内（如十分钟）说出的词的数量，以及他是否使用不恰当行为来与人交流（抓取物品、出现破坏性行为等）。这样我们就能了解孩子的行为，并能仔细观察出现的任何变化。要务实，但要善于观察。仅仅每年在年度个别化教育计划之前收集数据是不够的（相信我，我经常看到这种情况）。我们如果要很好地了解孩子的进展情况，就必须定期收集数据。如果某一行为的数据无法被收集，那它就不应该被列为干预目标。一切行为都应该可以被测量。

实施PRT时需要注意的事项

■ 避免共患病问题

许多孤独症儿童通常会在青春期出现像抑郁症和焦虑症这样的共患病。不过，在你开始担心之前，让我们来谈谈如何在它们生根发芽之前将其铲除。

之前，我们谈到过一些研究，内容都显示孤独症儿童希望拥有朋友并可以积极参与社交活动，但他们发现能做到很难。他们后来可能会因为在社会上被孤立而患抑郁症，或者对具有挑战性的社交环境感到焦虑。

你想要通过确保你的孩子拥有丰富和活跃的社交生活，来防止他未来可能出现抑郁和焦虑问题。学校是教授社交的理想场所，但不管你信不信，我发现有的个别化教育计划中连一个社交目标都没有。我仍然看到有些孩子其实根本没有社交能力，但学校坚持认为他们已经达到了所有的社交目标。现在，有些学校很关注孩子们的社交需求，也有很好的项目计划，但有许多根本没有按照孩子需要的方式来解决他们的社交问题。我永远无法理解的一件事是，为什么学校会仔细认真地制订关于阅读和数学的教学目标，也能告诉你你的孩子是否在这些方面不及格，但你的孩子所有时间都独自待在操场的角落里，这个现象甚至从来没有在家长会上或个别化教育计划中被提到。特别是如果一个孩子患有孤独症，只要他没有打扰到其他人，学校就不会怀疑他被孤立了。

总之，这里的重点是要协调每个环境中能帮助孩子发展社交技能的支持资源，以保证你的孩子有能力结交朋友和维系友谊，并在更加具有挑战性的社交环境中应对自如。这是避免他将来出现抑郁症、焦虑症这样的共患病的最好方法，并且会让孩子在各方面更快乐、更成功。

■ 关注优势

我将在往后的职业生涯中专注于孤独症儿童本身的优势。这有时很难做到，因为为了获得服务权限，我们往往不得不指出孩子的所有劣势。在美国，如果孤独症儿童的标准化测试分数不低于某个百分点，他们就不能在学校获得干预服务；如果他们的生活没有受到相当大的影响，他们就不能获得保险支持或国家的保障——事实上，许多第三方支付机构只资助那些有攻击性或自伤行为的孩子。这些要求迫使我们必须关注孩子每一个小的负面行为，而忽略了他所有的积极行为。然而，在日常生活中，让每个人都认识到你孩子的特殊优势，这是至关重要的。

　　每当你与参与孩子干预计划的专业人士会面时，请他务必告诉你孩子取得的所有成就。如果他告诉你说你的孩子有问题，也要问他孩子没有展现问题时的情况和他做得好的方面。如果你自己是专业人士，记得要用积极的措辞描述孩子的能力。例如，不要说："他的语言能力落后三年，他的说话水平相当于三岁幼儿。"而要说："他的词汇量不错，能将单词组合成短句，所以我们有很多可以做的。"

　　如果你的孩子有特殊的长处，要让你们周围的每个人都知道。我遇到过这样一些孩子，他们有一些特长，但学校压根就不知道。他们的特长既可以用于社交活动，还能给同龄人留下深刻印象。其中有一个孩子，他很不喜欢书写而且认为很难，每次拼写考试都不及格，但在学校开始让他用电脑输入单词后，他每次考试都是 100 分。

　　每个孩子都有长处和短处，许多孤独症儿童有很厉害的优势，这些优势应该让周围的人都知道。从长远来看，专注于优势而非劣势将为孩子带来巨大的改变。在我们谈论这个问题的时候，有一些研究（非常新的研究）表明，关注优势的父母在与孩子相处时做得更好。"关注积极方面"包括关注孩子做得好的每一件事情并给予及时的鼓励和认可，同时你也要感谢自己作为父母取得的成功。你要对自己有信心，不要对自己太苛刻。你只要知道如何正确处理孩子的行为，并且持续做下去就可以了！请记住，养育孩子是你能自己掌控的事情，你越是认为"我可以做到"，你就越有可能并且确实可以做到。

　　怀疑自己是很容易的。我有时晚上躺在床上，想着作为一个妈妈我本来可以做得更好或者以后可以做得更好的那些事情。没有人是完美的。事实上，在我们的干预项目中，如果家长能达到我们制订的标准的 80%，我们就认为他们的执行的忠诚度很高（即始终如一地执行我们所制订的计划）。这是因为，即使是训练有素的专业人员，也几乎不可能在项目执行时达到 100% 的一致性。因此，请表扬一下你自己。因为读了这本书，你学习了对帮助你的孩子有效的策略，并始终贯彻如一。你的孩子能有你这样的父母是很幸运的。难道这种想法不能激励你继续前进吗？

■ 注意对大脑功能的影响

　　耶鲁大学的一项重要研究最近揭示了 PRT 对孤独症儿童的大脑功能产生的影响。功能性磁共振成像（fMRI）测量了孤独症儿童大脑不同的功能区域。这是一项重要的研究，而且颇具挑战性，因为孩子们必须提前进行脱敏训练，以能够忍受长时间的静卧，以便收集测量结果。而且，研究人员必须保证孩子们在这些嘈杂和有些封闭的条件下会有所反应。为此，我们用孩子们喜欢的视频来帮助他们放松并对他们的反应给予奖励。

在最初的 fMRI 检查之后，我们为孤独症儿童提供了 PRT 干预，主要针对发展的关键领域，包括动机、社交主动性和反应能力，以改善他们的社交和语言能力。

结果显示在接受了 PRT 干预后，孤独症儿童的大脑活动更接近典型发育儿童。这一令人信服的发现表明，PRT 的效果已经超出了行为矫正的范围，它还改变了大脑的生理结构，为观察到的行为进步提供了生物学解释。这项研究在关于 PRT 对孤独症儿童大脑功能和发育带来益处的研究方面是个重大突破。

■ 期待未来

一般来说，孤独症儿童的干预效果不是一蹴而就的。如果有一些突破宣称能完全治愈孤独症的所有症状，那就太好了！我在这个领域已经工作了很久，看到了很多这样的噱头，但这些所谓的突破往往只是昙花一现。一些没有经过充分研究的干预方法，甚至对儿童和家庭造成了伤害。一位母亲曾经告诉我，如果有人向她承诺能够奇迹般地治愈她孩子的孤独症，她会拿起钱包，以最快的速度逃跑。

这就是为什么关于孤独症的研究需要继续进行。

我们要继续在所了解的基础上，找到仍然困扰孤独症人士的问题的改善方法，这需要各方面专业人士的通力合作。尤其在为孤独症儿童家庭提供支持这方面，我们做得还很少。我们需要在未来研究如何提供正确的帮助以减少家庭的压力。我们需要弄清楚如何将社区团结起来，让他们为孤独症儿童家庭提供更多的支持。同时，需要研究如何为孤独症人士提供终生的护理和支持，让他们的父母感到我们的社会接纳了这群人。我们还需要更多的包容。我经常会到一些学校参加关于不让孤独症儿童上课后兴趣班或者把他们安置到一个更有限制性的环境的会议，这样的会议让我感到很震惊。

我们的社会还没有为孤独症儿童家庭提供足够的支持，这让我感觉很遗憾。我们仍然有很长的路要走。变化是缓慢的，有时是困难的，但随着越来越多的人被诊断出孤独症，这些问题就再也无法被掩盖了。这些是真正的问题，需要好好研究以找到好的解决方法。

为人父母并不容易，孤独症儿童的父母应该得到奖励。他们值得称赞，因为他们积极解决孩子的各种困难，努力帮孩子融入自然环境，且不遗余力地把经验分享给需要的人。他们得到的嘉奖应该被所有人看到。孤独症儿童从前被认为是"不可教育的"，几乎所有的孤独症儿童到了青春期都会被送入收容所，而现在孤独症儿童能获得很多教育支持，许多人还融合进入了主流教育环境。这是一条漫长的道路，未来还有很长的路要走，但父母的努力是帮助孩子战胜孤独症的基石。

经典问题解答

> **问题：**我的孩子四岁了，他几年来一直在接受结构化的干预治疗。当治疗师来到我们家时，我的孩子会非常生气。请问有什么办法吗？

如果你的孩子在与治疗师在一起时会发脾气，这通常意味着治疗师在给孩子进行干预时没有运用动机策略。正如我们之前提到的，当干预计划中没有考虑孩子的动机成分时，孩子破坏性行为的发生率要高很多。因此，让治疗师找出孩子喜欢的事物，并将其嵌入干预活动中以激发孩子的动机，这是很重要的。

同时，还要确保你的孩子得到自然奖励。我经常看到有些孩子在并没有参加活动的时候得到了奖励。例如，一位妈妈曾经哭着打电话给我，说她的孩子在教室里跑来跑去，不完成数学作业。的确，对孩子来说，数学作业常常只是一组无聊的题目。我建议她拿出一些椒盐卷饼（孩子最喜欢吃的食物）来教孩子学习加减法。结果她的孩子很快完成了所有题目。你看，内在动机是多么重要。

尽管 PRT 项目通常看起来很有趣，但要确保系统科学地执行和将动机成分加入其中，需要实施人员付出努力并不断思考。给孩子们一张卡片或打印好的学习表要容易得多，但孩子们学起来会很慢，他们也不喜欢这样的学习方式。我们需要孩子成为热情和积极的学习者，要做到这一点，就必须加入动机策略。

> **问题：**学校经常打电话给我，让我去接孩子，因为他总是在班级里捣乱。这让我真的很有压力。学校这样做合理吗？

这种情况的发生涉及几个问题。最重要的一点是，孤独症儿童的不当行为往往是因为他们想摆脱一项自己不感兴趣的任务或是想逃避很难的任务。无论是社交还是学习方面的任务，孩子在家里很可能是不需要的。而如果你应学校要求把孩子接回了家，那你就帮助他实现了他的目标（即逃离任务）！所以，你应该明白：孩子的破坏性行为在无意中被奖励了。他看待事情的方式差不多是这样的：任务很难——我捣乱——妈妈把我接回家，我就不用做那么难的数学题了。或者是：我不想与人交往——我朝别的孩子脸上扔脏东西——我就被送回家，不用再社交了。所以，你应该跟学校沟通，告诉他们的做法是有问题的。

学校需要研究孩子问题行为发生的原因。有很大一部分原因是孩子对老师的教学不感兴趣或者有社交困难，所以孩子感到无聊或想逃离，因此表现出捣乱的行为。动机成分需要被嵌入孩子所有的活动中：可以是指跟朋友一起做有趣的小点心，这样他就得到了自然奖励；或者阅读他感兴趣的书籍。然后，还要让学校务必教孩子可以取代破坏性行为的替代行为，比如教孩子在遇到困难时说"这很难，我需要帮助"，或"我不想玩滑梯，你想和我一起荡秋千吗？"。最后，应该培训特教人员执行正向行为支持计划：问他们打算怎么做以确保孩子的捣乱行为在未来不会发生。要保证他们有很多想法。

有许多有效的方法可以减少孩子的问题行为。如果你孩子学校的工作人员不能列出一个清单，或至少想出几个策略，那他们需要更多的培训。

> **问题：** 学校的老师说我的孩子总是可以跟其他孩子一起玩，但每当我去看她时，她都和助教在一起。学校午餐时间，她也是在自己单独的桌子上和助教一起吃饭。我能做些什么呢？

听起来你孩子的学校需要投入更多的精力来保证你的孩子能和其他孩子一起玩。收集数据可能会有帮助。你可以和学校相关人员开一次会，告诉他们你去过学校，发现你的孩子与同龄人之间一起玩的时间几乎为零，你想让你的孩子能更多地、更好地跟同龄人互动。理想的情况是，你把这些目标写在个别化教育计划中，然后工作人员就必须去参照执行。

助教没有接受过培训，也不知道他们需要做更多的事情来帮助孩子进行社交，这种情况并不少见。在我提供咨询的一所学校里，我曾经为一个完全融合的孩子制订了一个自我管理计划。这所学校还有一个单独的孤独症儿童特殊教育班，整个课间休息和午餐时间，班上的两名助教都一直在聊天，而孤独症孩子们则在一边各玩各的。当一个孩子四次走到我面前问我想不想和他玩捉人游戏时，我的心都碎了。如果没有培训、督导和数据收集的要求，许多助教都不具备能够良好地执行干预项目的技能和意识。许多助教都表示，他们感到自己的培训和技能都不足。但我们的研究表明，并不需要付出太多的努力就可以改善对助教的培训。所以，你需要跟孩子的学校好好沟通一下看如何改善目前的状况。

> **问题：** 每个人都告诉我，我的孩子很棒，因为他上学前班了，还可以说出完整的句子，但他唯一说的就是"我想要（某种食物或物品），拜托你。"我对此很高兴，但这似乎还不够。请问有什么建议吗？

教孩子提要求是学习表达性沟通的好办法。你可以让孩子自己选择物品，这样他在学习活动中会得到自然奖励。这是一个很好的起点，你的孩子可以用语言表达自己的需求。但是，正如我们上面所讨论的，如果你的孩子要具备交流能力，并想获得更好的长期效果，就需要有人教他其他的沟通方式。你可以从简单的问题开始教他，如"那是什么？"和"它在哪里？"。

关键是你的孩子要学会利用交流来满足自己更多的需求，且要确保你在教这些问题的时候加入动机策略。这样，你的孩子会学得更快并且会喜欢做干预项目。如果这个过程进行得很愉快，你很可能会注意到他开始自己主动提问了——这正是我们教导的最终目标。请参考第二章关于语言教学更详细的内容和第五章关于帮孩子增加社交互动的介绍。

> **问题：** 我正在努力教我儿子说话，但他对什么都不感兴趣。看起来没有任何东西能作为对他的奖励或者激发他的动机。在没有任何东西能激励他的情况下，我该怎么使用 PRT 的动机策略呢？

大多数孩子都有自己喜欢的事物——一项活动、一个玩具或一种特别的食物。但是，如果你似乎找不到任何让你的孩子有足够动力去开口说话的东西，而你的孩子只是不断地试图回避或逃避教学，你可以先让他说一些诸如"再见"之类的话来结束这个环节。然后你们就马上停下来。如果你在他说完"再见"后还要让他做其他事情——例如，你又让他打扫卫生或让他转到其他活动——那么奖励的延迟时间就太长了，他可能以后就不会再说"再见"了。如果我们给一个只想结束训练环节的孩子做干预，我们会辅助孩子说"再见"或"完成了"，或者只是说出其中的一个字就好，这样训练的结束就被作为给予孩子的自然奖励。然后，我们让孩子立即离开——不要再跟他聊天。

　　有趣的是，一旦孩子们了解到他们的语言可以有这么大的能量，他们就会在干预活动中坚持更长的时间。接着，一旦"再见"变得容易说出口，我们就可以让孩子们说"开"来表示开门，说"关"来表示关灯等，所有这些都给他带来了自然奖励（对孩子来说，离开训练场所是一种奖励）。

安德鲁的故事：关于PRT

　　说实话，我本来不打算在这一章的结尾再写些什么（我们为这个修订升级版增加了这个章节的内容）。毕竟，PRT本质上是一个专业人士会用到的术语——它甚至听起来就很有医学专业的感觉。在所有的内容中，凯格尔博士的科学研究才是最重要的。作为一个妈妈，我还能给它补充什么呢？

　　但后来我意识到，就像凯格尔博士在本书中谈到的那样，PRT不仅仅是一个专业术语，它更帮助了安德鲁健康成长为今天这样一个活泼外向的年轻人，这个干预方法是那么积极、生动、有意义。

指向游戏

　　我想用一次美好的回忆来说明这点是最合适不过的了。那是我们以前拜访凯格尔博士的孤独症诊所时发生的事情。那天，我们带着几个具体的问题来向凯格尔博士请教。其中一个问题是，当我们用手指向某样东西时，如何才能让安德鲁看向它。他当时已经九岁多了，但仍然不明白手指方向的概念。如果我指着一张桌子说"你的书在那里"，他就会看着我的手指而非桌子——或者经常两者都不看。

　　那个时候，我对"分享式注意力"这个说法还不够了解，但我肯定当时凯格尔博士的脑海里立即就出现了这个名词。我确实知道典型发育的孩子喜欢用手指向他们想要让父母看到的事物，也希望父母用手指向某些事物来与他们分享（因为我的另外三个孩子能做到这些）。事实上，我对弗兰妮（我最小的女儿）小时候的大部分记忆都是她被我抱在怀里，吸着奶嘴，专横地指着所有她想给我看或想让我给她的东西。

　　当时九岁的安德鲁并不明白，当他问背包在哪里时，我指着背包就是在回答他的问题。

凯格尔博士想了一会儿——她是一个考虑周全的人——然后点点头说："好吧，我们要这样做……"她让我们全部离开房间，五分钟后她把我们叫回来并对孩子们说："我在房间里到处都藏了M&M巧克力豆。我将用手指出它们藏在哪里，你们可以轮流找出它们并吃掉它们。"孩子们都兴奋极了。他们要有糖吃了！这就是动机！

里奥和弗兰妮都参与了这个游戏。凯格尔博士一指向某个隐藏的地方，他们就争先恐后地去找M&M巧克力豆，然后把它们吃掉。安德鲁一开始动作有点慢，但看到哥哥和妹妹做的示范后，他很快就明白了：当有人指着什么物体时，你不应该直接看向手指，而应该顺着手指的方向，假想空中有一条线去看向所指的物体。很快，孩子们在房间里跑来跑去，大笑着乞求再来一次，最后找到了所有的糖果。

我毫不夸张地说，从那天起，当我们再把东西指给安德鲁看时，他就知道该看向哪里了。

这听起来有点神奇，但事实是，这个小游戏简单地融合了凯格尔博士的PRT方法中最基本和最出色的原则：有自然强化物（糖果），有乐趣（这是一个游戏），有融合（其他孩子也喜欢玩这个游戏，他们仍然记得找到那些M&M巧克力豆时自己是多么兴奋），而且我们可以很容易地将其融入自己的日常生活——尽管我们最开始是在办公室玩的这个游戏。这是世界上最容易在家里做的游戏。如果我们需要更多地练习这项技能，我们可以立即准备就绪，或者甚至只是确保把物品遮盖好，然后指着安德鲁最喜欢的任何食物（或他心爱的橙汁），告诉他这是一个游戏，他必须找到它。

最后，也是最重要的是，这项活动成功地提高了安德鲁的分享式注意力能力……这使得他的反应能力和社交能力都得到了全面的提高。现在，当同龄人和老师指着某个东西时，他就知道该看向哪里，就像典型发育的孩子一样。

在凯格尔博士的办公室里，她仅用了15分钟就解决了一直以来困惑我的问题。她是我心中的英雄。

同理心

凯格尔博士在前面内容中已经提到过，她不认为孤独症儿童一定缺乏同理心，尽管许多专业人士声称他们是这样。她认为更有可能的是，他们缺乏表达的技巧而非感受本身。我只想说，我非常同意她的观点。

这有点类似于过去人们说孤独症儿童智商低的情况。事实似乎是，在大多数情况下，他们只是没有社交或语言技能，又或是没有动机在智商测试中好好表现，不是真的智商低。我真的相信孤独症儿童的同理心也是如此——他们只是没有能力表达同理心，而不是缺乏同理心。

当安德鲁还小的时候，我们需要辅助安德鲁用提问来表达他对其他人的关心，因为他自己不可能主动发问，例如当我们表现出脚疼或者有不开心的情绪时。但是一旦他掌握了用提问来表达他的关心这项技能，就展现出他能了解他人感受的能力。这真的是不可思议，我没想到安德鲁会变得这么敏感、有同理心。直到今天，我还常常惊讶地发现，当我为某事担心或不安时，安德鲁会抬头看看我，然后说："妈妈，一切都好吗？你看起来有点不开心。"

对谱系人士来说，我们常常将他们的沟通困难与缺乏对别人的关爱混为一谈。我们不能这样做。让我们换个角度来看——他们也有着深厚的情感，只是不知道如何表达出来。运用 PRT 策略是一个比较合适的开端，可以确保我们帮助他们学习如何与所爱的人分享自己的感受。

结　语

从另一视角
看安德鲁

现在，你已经读完了这本书，从克莱尔的角度了解了安德鲁，但我[①]认为从专业人士的角度去看他也很有意思。我第一次见到安德鲁时，他还在上幼儿园。像其他孤独症儿童一样，安德鲁长得很漂亮。他有一双迷人的蓝色大眼睛，浓密的睫毛，一头棕色的卷发。站在安德鲁身后的是他的妈妈——一个身材娇小、迷人、朴实的女人，以及他身材高大并且面带微笑的爸爸。安德鲁的爸爸罗伯趴在地上和安德鲁一起玩，而我则和克莱尔交谈。

我仍然清楚地记得我们的对话。克莱尔非常担心安德鲁玩"手偶"游戏，他能花上好几个小时假装自己的手指是一个个独立的小人，它们互相对话。她的担心是有道理的，因为玩"手偶"游戏的人会被别人笑话，而且也不利于社交。

但当时我更关注的是那些安德鲁不会的技能，而不是他已掌握的技能。显然，他能够用简短的句子和清晰的发音来回答问题（尽管有时我不得不问好几遍），但他并不会自己提出任何问题或主动进行任何交流。多亏了他有一支优秀的专业干预团队和尽职尽责的父母，对一个孤独症儿童来说，他的进步非常大并且很稳定。然而，我们刚刚完成的一些研究表明，如果孩子不能主动发起互动，那么他们在成年后仍然会有明显的孤独症症状。而安德鲁就是这样一个乖巧的小男孩，他只是坐在那里。当有人向他提出问题时，他通常会用略带机械性的回答来回应，听起来好像是反复练习过的一样。他缺乏主动社交能力，经常注意力不集中。

在接下来的一小时里，我向克莱尔介绍了我认为安德鲁可以在哪些方面得到改善。现在，你已经读完了这本书，也许你能理解我为什么给克莱尔提出以下的建议，但容我再解释一遍。

1. 对安德鲁的不恰当行为进行功能分析。因为我只观察了安德鲁一小段时间，所以我不确定他的不恰当行为比如做"手偶"游戏是有什么功能。他是不是感到无聊？他在逃避任务吗？或者他是想引起别人的注意吗？我希望克莱尔和罗

[①]　此处及后文中的"我"指作者凯格尔博士。

伯能定期回顾和思考安德鲁的不恰当行为大都在何时发生，与谁在一起的时候发生，在行为出现之前发生了什么、之后又发生了什么，以及最重要的是他为什么要这样做。

2. 利用自我管理方法，在自由时间里增加适当行为。在大部分空闲时间里，安德鲁不得不进行着重复性和非社会性的行为，无论是长时间地荡秋千还是无休止地自言自语。我希望父母不是简单地转移他对重复性活动的注意力，而是辅助他参与适当的游戏，然后在他玩的时候给予奖励。

3. 在发出指令之前，要确保获取了他的注意力。在我们最初的几次见面中，安德鲁不太关注也不怎么回应他人。然而，当我们叫他的名字或轻轻拍拍他时，他几乎总是能给予我们回应。这是获得安德鲁注意力的一个简单方法。

4. 增加提问和与其他孩子交流的主动性。正如我之前所说，我担心如果安德鲁所有的互动都是单方面的，他就无法成功摆脱孤独症的症状。简而言之，如果你从不主动进行任何社交互动，那么你将永远看起来有孤独症。在我拜访期间，安德鲁甚至没有主动问过一个问题，无论是对我、他的父母或任何人。这与我的下一个问题直接相关。

5. 教他思考并提出问题，而不是只谈论自己感兴趣的话题。虽然安德鲁可以谈论少数几个他感兴趣的话题，但他对其他人聊的内容并没有兴趣。我试探过几次，对他说"我有东西要给你"之类的话，然后等待他的回应。可是，安德鲁只是默默地坐在那里。我说："我今天的午餐很不错。"安德鲁还是默不作声地坐在那里。我还抛出了好几个这样的话题。很明显，我们必须教他倾听他人，然后给出回应对对方刚说的话给出回应。

6. 教他正确表达过去发生的事情。安德鲁在讨论过去发生的事方面存在困难。如果你问他昨天做了什么，他说的是"我去上学"，而不是"我去上了学"。

7. 密切关注他的反应能力和反应速度。安德鲁似乎仍然无法对别人的问题做出快速的反应，但我认为在其他方面都很好的情况下，他可能只是需要在这个方面有所改善，并不需要参加特别的训练。

8. 当他在进行自我刺激时，给他反馈。当我第一次见到克莱尔夫妇时，有一件事让我印象深刻，那就是他们的孩子们表现得非常好。每一个孩子，不管年龄大小，都很棒。他们无论玩玩具还是一起做游戏表现都很好，他们会把玩过的所有东西都收拾好，而且每一个人都没有行为问题。但我可以看出，这并不是偶然的。罗伯和克莱尔也一直在引导他们的孩子，表扬他们的好行为。而当一个孩子不小心太粗鲁或玩玩具的方式不恰当时，他们会以善良和温和的方式提醒他（或她）不要这样做。但是，对于安德鲁和他的自我刺激行为，情况就不同了。如果他有重复性行为，比如玩"手偶"游戏，他们就不敢说出来。安德鲁的语言能力很好，理解力也很强，所以我问克莱尔，他们有没有想过简单地告诉安德鲁在公共场合玩"手偶"游戏看起来会很傻。克莱尔说，尽管她很担心安德鲁玩这个游戏，但她从来没有想过要明确地告诉他这样做看起来很可笑。她说，这很有意思，因为她告诉其他孩子不要挖鼻孔或在公共场合做其他小孩子习惯做的事情就完全没有问题。于是她照我的话去做了，这就是安德鲁学习何时何地可以进行自我刺激行为的开始。我也很确定，随着安德鲁开始主动发起更多和更有意义的对话，我们会看到他的自我刺激行为越来越少。

经过这么多年的互相陪伴，我已经爱上了这家人。他们全心全意地应对安德鲁的孤独症带来的每一个问题的方式，以及克莱尔和罗伯彼此之间的尊重，都让我印象深刻。每当我和罗伯交谈时，他总会对克莱尔给予很高的评价，而克莱尔也总是对罗伯说一些钦佩和爱慕的话。我知道早些年对他们的家庭来说有些艰难，安德鲁的诊断给他们的婚姻带来了压力，以至他们不得不咨询专业人士如何经营亲密关系。一切对他们来说并不容易。但他们作为一个充满爱的团队面对了每一个困难。如果有一个问题似乎影响了他们的家庭、婚姻或安德鲁，他们就会着手去解决它。此外，自从我们开始写这本书以来，克莱尔和我至少每天都会通一次电话，有时我们甚至一天多次在电话里交谈，她的多任务处理能力非常强，可以在写作的同时很好地照料四个孩子的生活。我不太清楚她是如何做到的，但她的确做得很好。

如今的安德鲁

几年前，我参加了庆祝克莱尔首部小说出版的派对。他们家庭的四个孩子都出席了这场派对。在聚会上，罗伯发表了我所听过的最温馨、最有趣的祝酒词。在祝酒词的最后，罗伯提到克莱尔正在和我一起写一本非虚构类的书。随后一位客人跑过来问我这本新书是关于什么内容的。当我回答说"是关于孤独症的"，她显得非常震惊，问道："克莱尔怎么会知道关于孤独症的事情？"当我告诉她克莱尔写的是她一个患有孤独症的儿子的故事时，我看得出她感到非常意外和震惊。

如今，安德鲁就读于美国东海岸的一所大学。我每年都会见到他几次，他很友善和外向。他有一群好朋友。我记得克莱尔和罗伯曾经遇到那么多困难，比如他们必须在学校争取助教的支持，并确保助教得到了充分的培训，但从长远来看，这都是值得的。安德鲁是一个了不起的人，他个性温和，给予许多人无条件的友谊，创作的精美的艺术作品为世界做出了巨大的贡献。他不再痴迷于"手偶游戏"，而是爱上了画画，他真是太可爱、太有才华了。我明白了为什么派对上的那位客人难以想象安德鲁曾是个独孤症孩子。安德鲁的症状现在非常轻微了，已经跟典型发育的人看不出太大差别了。

安德鲁被治愈了吗？

几周前，有一位顾问到访我们中心，他是来自一所重点大学的孤独症研究人员。当我开车把他从酒店接到我们中心时，他问："你有没有治好过一个孩子？"我告诉他，我从来不用"治愈"这个词，因为我们甚至都不知道孤独症到底是什么。但如果他是指我们是否让孩子不再有任何孤独症的症状，那么是的，我们有很多。然后，我问他："你呢？"他回答："是的，我们也有。"

没有任何症状是指什么呢？如果我今天在诊所之外的环境中遇到安德鲁，我不会把他当作一个孤独症人士。他会提问题，对其他人感兴趣。他能进行对话，如果在交谈中断了，他会提一个问题或发表一个有趣的评论。而且，他对人特别友善。他总是深思熟虑、积极向上。可以说，安德鲁已经战胜了孤独症。

未来会如何？

我经常在夜里躺在床上为我干预的孩子们担心。当他们没有取得我希望的进步或进步太慢时，我就会发愁。（我希望我不要因此失眠，这会影响我第二天的工作，但我就是管不住自己。）我必须承认，在安德鲁还小的时候，我确实有些担心他，但现在我完全不操心他的问题了。他不会再让我彻夜难眠了。

当然，我知道罗伯和克莱尔仍然担心安德鲁多过担心他们的其他孩子。但现在他已经是个成年人了，他可以约会，能和朋友出去玩，是个很好的谈话对象，我想他还会找到一个爱慕他的妻子。

其他孩子怎么办？

虽然几乎所有孤独症儿童的问题都可以通过行为干预得到改善，但改善的程度和速度因人而异。关于孤独症我们仍有许多未知，研究人员也一直在努力寻找更有效的干预方法。其实，关于孤独症干预方法的研究取得的进展，不只是仅有利于孤独症儿童。很多孩子都存在社交、沟通问题，只是严重程度不一样而已。

我们希望通过改进和完善基于科学研究的干预方法，有朝一日，所有的孤独症儿童都能像安德鲁一样取得很好的干预效果并过上有质量的生活。

附　录

行为数据表

日期： 姓名：

	问题行为							
时间								
地点								

行为发生之前： 备注：

被告知要做某事								
活动发生变化								
被赶走								
独自一人								
被打断								
被拒绝								

行为发生之后：

获得关注								
获得某样东西								
失去某样东西								
离开某个区域								
被忽略								
被惩罚								
撤回需求								

续表

原因：

想摆脱……						
活动切换						
想获得……						
寻求关注						
逃避某人 / 某地						
其他：请注明						

注：表格出自 W.D. 弗雷亚、琳恩·柯恩·凯格尔及罗伯特·凯格尔 1994 年合著的《理解孩子问题行为背后的原因：家长评估问题行为及设计干预方案指南》（*Understanding Why Problem Behaviors Occur：A Guide for Assisting Parents in Assessing Causes of Behavior and Designing Treatment Plans*）。

如厕训练数据表

小 = 小便　　　大 = 大便　　　无 = 没有大小便　　　主动提 = 主动提如厕需求

地点	日期	时间	尿裤子（大 / 小）	去厕所后（大 / 小 / 无）	主动提（大 / 小）

注：表格出自 G. 邓拉普、琳恩·柯恩·凯格尔及罗伯特·凯格尔 1989 年合著的《给严重残疾孩子的如厕训练指南：教会孩子在不同环境中如厕的操作手册》（*Toilet Training for Children with Severe Handicaps: A Field Manual for Coordinating Training Procedures Across Multiple Community Settings*）。

推荐资源

希望你现在已经仔细阅读了这本书，它提供了实用且经过验证的方法，以便你在所在地区的专业人员的帮助和指导下，为孩子制订一套科学的干预计划。

在这个过程中，你和孩子可能会出现问题和疑虑，这将促使你寻找更多信息。此外，不断会有新的研究成果和发现来继续帮助你的孩子。因此，我们为你整理了一个简短的资源列表，这些资源对于家长和教育工作者采取下一步行动非常有价值。我们鼓励你继续阅读和提出疑问。你知道得越多，你就能帮助孩子越多。

相关研究的更多信息

根据统计数据显示，一项研究从开始到将成果应用于日常实践，通常大约需要十年的时间。欢迎随时在我们的网站（www.autismprthelp.com）上联系我们，以获取与最新的研究进展和治疗发现、资助项目、培训项目有关的信息。你还可以在互联网上搜索"关键反应训练""关键反应培训"或"关键反应教学"，来找到更多有用的信息。我们研究的领域被称为"关键反应"，因为我们的研究集中在孤独症儿童的关键行为上。当教导孩子关键行为，例如产生动机、主动发起、自我管理、对多重线索的反应和表现出共同注意力时，我们会在他们的其他方面也看到许多积极的变化。我们的目标，就是要通过训练孤独症儿童的关键反应，来加快他们学习的进程，使他们能够更快、更高效地战胜孤独症的症状。

书籍推荐

Educating Children with Autism, by the National Research Council

(Washington, DC: National Academy Press, 2001)

在这里，我们的第一个建议，就是阅读这本美国国家科学研究委员会的书籍。该书介绍了十个孤独症儿童综合干预计划。这本书会对孤独症儿童家庭很有帮助，因为其编委成员都是在孤独症研究领域备受尊敬的研究人员。比如，编委主席凯瑟琳·洛德，她在开发孤独症诊断工具方面做出了卓越的贡献。该书包括对孤独症相关文献的全面评估，并对其进行了总结，以使家长和从业人员能够了解当今该领域的动态。它还审查了十个综合干预计划（其中也包括我们的计划，列在"关键反应培训"下），并根据研究提供了重要的治疗建议，例如，尽早开始干预、为孩子提供大量的训练时间、协调机构与家庭关系等。

The PRT Pocket Guide: Pivotal Response Treatment for Autism Spectrum Disorders, by Robert L. Koegel and Lynn Kern Koegel (Baltimore, MD: Paul H. Brookes, 2012)

这本袖珍指南将为你简要介绍关键反应训练法，以及它的一些使用技巧。

Teaching Children with Autism: Strategies for Initiating Positive Interactions and Improving Learning Opportunities, by Robert L. Koegel and Lynn Kern Koegel (Baltimore, MD: Paul H. Brookes, 1995)

这本书也讨论了关键反应训练法，但更具学术性。它包含了许多参考文献以及更多的研究数据（较上一本书）。

Sleep Better!: A Guide to Improving Sleep for Children with Special Needs, by V. Mark Durand (Baltimore, MD: Paul H. Brookes, 1998)

如果你的孩子仍然在睡眠方面存在困难，这本书会给你提供处理睡眠问题的建议。

The Everyday Advocate: Standing Up for Your Child with Autism, by Areva Martin (New York: New American Library, 2010)

这本书提供了很多有用的建议，帮助家长成功替孤独症儿童获取应有的服务。作者有一名患有孤独症的孩子，因此了解家长经历的种种困难。

手册推荐

如果你想要更多关于本书中描述的特定干预方法的信息，且带有一些自测问题，你可以查看下面的手册，这些手册可以在我们的网站上获得（www.autismprthelp.com ）。

Using Pivotal Response Treatment to Teach First Words to Children with Autism (2011), by Lynn Kern Koegel

Pivotal Response Treatment: Using Motivation as a Pivotal Response (2011), by Lynn Kern Koegel

Teaching the Pivotal Behavior of Initiations to Children with Autism (2011), by Lynn Kern Koegel

Pivotal Response Treatment: Improving Socialization in Individuals with Autism (2012), by Lynn Kern Koegel

How to Teach SelfManagement to People with Severe Disabilities: A Training Manual (1992), by Robert L. Koegel, Lynn Kern Koegel, and Deborah Rumore Parks

Increasing Success in School Through Priming: A Training Manual (1992), by Laura D. Wilde, Lynn Kern Koegel, and Robert L. Koegel

Toilet Training for Children with Severe Handicaps: A Field Manual for Coordinating Training Procedures Across Multiple Community Settings (1989), by Glen Dunlap, Robert L. Koegel, and Lynn Kern Koegel

Understanding Why Problem Behaviors Occur: A Guide for Assisting Parents in Assessing Causes of Behavior and Designing Treatment Plans (1994), by William Frea, Lynn Kern Koegel, and Robert L. Koegel

期刊推荐

再一次，要感谢孤独症研究领域的专家们，他们大量的研究成果和最新发现，你都可以在相关期刊中找到。有很多期刊可供选择，而且大多数像下面列出的期刊那样，都对孤独症儿童的干预提供了实用的解决方案。它们呈现了孤独症研究领域内的最新研究和发展，因此你可能会发现，同时订阅多个期刊会更有帮助。

Focus on Autism and Other Developmental Disabilities

搜索和订阅网址：PROED, 8700 Shoal Creek Blvd., Austin, TX 787576897, or its website: www.proedinc.com

Journal of Autism and Developmental Disorders

搜索和订阅网址：http://link.springer.com/journal/10803

Journal of Positive Behavior Interventions

搜索和订阅网址：*PROED,* 8700 Shoal Creek Blvd., Austin, TX 787576897, or its website: www.proedinc.com